法治与发展论坛

——诉源治理法律研究

金彭年　主　编

ZHEJIANG UNIVERSITY PRESS
浙江大学出版社

图书在版编目(CIP)数据

法治与发展论坛:诉源治理法律研究 / 金彭年主编
. —杭州:浙江大学出版社,2020.10
ISBN 978-7-308-20618-1

Ⅰ.①法… Ⅱ.①金… Ⅲ.①社会管理－法治－研究
－中国 Ⅳ.①D922.104

中国版本图书馆 CIP 数据核字(2020)第 181223 号

法治与发展论坛——诉源治理法律研究

金彭年　主编

责任编辑	石国华
责任校对	高士吟　汪　潇
封面设计	刘依群
出版发行	浙江大学出版社
	(杭州天目山路 148 号　邮政编码 310007)
	(网址:http://www.zjupress.com)
排　　版	杭州星云光电图文制作有限公司
印　　刷	杭州杭新印务有限公司
开　　本	787mm×1092mm　1/16
印　　张	19.25
字　　数	480 千
版 印 次	2020 年 10 月第 1 版　2020 年 10 月第 1 次印刷
书　　号	ISBN 978-7-308-20618-1
定　　价	68.00 元

浙江大学出版社市场运营中心联系方式　0571－88925591;http://zjdxcbs.tmall.com

编 委 会

目　录

上篇　法学教育与司法实务

从"纠纷化解"到"诉源治理":商事纠纷社会协同治理机制构建

——基于Z省非诉讼与诉讼不同解纷方式的实践研究

傅　勇　张静霞　邵春朝

【摘要】　推进社会多元主体参与是基层社会治理的基本理念,也是商事纠纷社会协同治理机制构建的具体路径。实现从"纠纷化解"到"诉源治理"的转变,需要解决非诉讼纠纷解决方式存在的短板,将其挺在前面,并充分发挥司法的引领、保障和断后作用,尽可能提高一次程序解决率,减少"衍生案件",形成衔接紧密、密切配合的纠纷解决模式。

【关键词】　商事纠纷;诉源治理;社会协同治理机制

一、引　言

商事主体是市场经济发展到成熟阶段的产物,商事交易活动的活跃度是透视经济发展繁荣程度的"晴雨表"。毋庸置疑,在频繁的市场交易活动中,不可避免地会产生各种各样、纷繁复杂的矛盾纠纷。然而,随着我国经济进入新常态,商事主体越来越离不开公平、高效、可预期的法治营商环境保障。市域社会治理现代化的理念倡导利用现代化的治理方式和治理能力,构建多元共建共享的治理格局,这种理念为在商事领域构建社会协同治理机制提供了根本遵循与价值引领。构建社会协同治理机制,实现从"纠纷化解"到"诉源治理"的转变,将为商事主体释放更多改革红利,为社会治理体系和治理能力建设贡献更多力量。

二、现实图景:商事纠纷处理与解纷资源配置情况的实证考察

根据纠纷进入诉讼程序的时间节点、流入渠道,可区分为非诉纠纷和诉讼案件。商事纠纷非诉解决渠道主要有人民调解、商会调解、商事仲裁、公证债权文书等几种,诉讼即通过法院解决。比较非诉与诉讼矛盾纠纷数量、解纷资源配置、处理效率等因素,主要呈现以下几个态势:

（一）诉讼案件收案增幅高于非诉纠纷

从商事纠纷的受理量来看,诉讼案件在纠纷处理量中占极大比重,非诉解决方式在收案

作者简介:傅勇,宁波市海曙区人民法院党组书记、院长,法学博士在读;张静霞,宁波市海曙区人民法院审管办（研究室）主任,法学本科;邵春朝,宁波市海曙区人民法院审管办（研究室）法官助理,法学本科。

上还有较大潜力,而法院案多人少的压力长期持续。2018 年 Z 省法院新收各类案件 176.8 万件,办结 179.3 万件,收结案数量位居全国前列。非诉讼解决纠纷方式程序简单、形式灵活、处理周期较短,本应成为商事主体快速解决纠纷的首选,在调研中也发现约 89% 的企业认为非诉讼解决方式更节省时间成本。但在实践中并非如此,以 H 市为例,近三年商事仲裁、公证债权文书等非诉讼解决方式仅解决了该地区不到 1% 的涉企商事纠纷,99% 以上的纠纷仍然需要企业花费更多的时间成本通过诉讼解决,诉讼案件收案增幅是非诉纠纷的十几倍。

(二)诉讼案件与非诉纠纷人均工作量相差悬殊

法官人均结案数多达 300 件以上;相比较而言仲裁委和公证机构完全不存在案多人少的问题,如何开拓案源甚至成为他们的问题。法官人均结案数甚至是仲裁员(未考虑仲裁员的兼职因素)人均结案数的几十倍甚至更多(见表 1)。

表 1   Z 省部分地区法院和仲裁委办理案件数量和质效比较

比较参数		N 市		H 市		S 市	
		法院	仲裁委	法院	仲裁委	法院	仲裁委
商事员额法官和仲裁员人数/名		232	557	77	116	120	340
结案数/件	2016 年	60573	897	18750	120	35073	840
	2017 年	67912	1041	21345	52	38319	805
	2018 年	79382	1533	23831	103	38762	769
2018 年案件调解撤诉率/%		60.46	70	63.84	77	55.1	85
2018 年案件平均审理天数/天		52	63	54.30	50	71.68	75
2018 年人均结案数/件		341	2.75	310.73	0.88	323.2	2.24

(三)诉讼案件案均处理周期高于非诉纠纷

从商事纠纷各种解决方式的案均处理周期看,商事仲裁和法院诉讼解决纠纷时间较长,而商会调解和公证债权文书处理周期较短。例如,2018 年 S 市非诉讼的四种纠纷解决方式中,人民调解 11 天,商会调解 20 天,公证债权文书 33 天(公证协议 3 天,签发执行证书 30 天),商事仲裁 75 天;诉讼中法院平均审理天数 71.68 天。

(四)诉讼案件一次程序终结率低于非诉纠纷

从商事纠纷各种解决方式的一次程序终结情况看,多数纠纷能够通过一次程序终结,但仍有少量纠纷需要二次甚至二次以上的程序解决。例如,2018 年 Z 省 N 市人民调解、商会调解失败率 4%;商事仲裁因程序问题当事人申请撤销或不予执行仲裁决定书比例为 3.48%;公证债权文书中未发现裁定不予执行的案件;法院一审上诉率 5.47%。

三、问题归纳:社会协同治理机制不健全的集中体现

(一)理念层面:"诉源治理"的影响力未凸显,停留在"纠纷化解"

"诉源治理"的基本内涵是指社会个体及各种机构对纠纷的预防及化解所采取的各项措施、方式和方法,使潜在纠纷和已出现纠纷的当事人的相关利益和冲突得以调和,并且采取

联合行动所持续的过程。[①]"诉源治理"是一种全新的社会治理理念,强调司法与其他纠纷解决机制的有机衔接,注重矛盾纠纷的源头治理和诉外化解,这种理念的价值不单单在于实现纠纷当地解决,更是实现社会治理现代化的有力之举。

从目前的商事纠纷处理现状来看,无论非诉还是诉讼渠道,基本都停留在"纠纷化解"的层面,没有从"诉源治理"的角度思考如何化解矛盾纠纷。一方面,在纠纷化解过程中,未建构一套行之有效、运转有序的纠纷化解体系;另一方面,没有着眼于纠纷的发生领域,即从源头上杜绝或减少诉讼性纠纷的发生。

(二)操作层面:多元化纠纷解决模式参差不齐,解纷效果不尽如人意

近年来,为构建多元化纠纷解决机制,国家从顶层设计层面下发多份文件,要求提升诉讼外纠纷解决水平、加强与诉讼的衔接。如中共中央办公厅、国务院办公厅2015年专门印发《关于完善矛盾纠纷多元化解机制的意见》、2018年年底印发《关于完善仲裁制度提高仲裁公信力的若干意见》等。从实际运行状况看,各类非诉纠纷的解纷主体对商事纠纷的增长态势都作出了积极回应,也发挥了一定的作用,但主要存在不平衡、不充分的问题,不同地区的纠纷解决模式参差不齐。

由于不同地区的经费保障、资源倾斜程度不同,非诉渠道的解纷组织培育不充分、解纷体系运行碎片化的问题突出,整个多元化纠纷解决体系中解纷主体之间的联动不足,非诉与诉讼的衔接不畅,未形成分层递进、衔接配套的"漏斗形"纠纷解决体系,解纷的效果自然不佳。

四、原因检视:社会协同治理机制构建的掣肘因素分析

(一)非诉解决方式存在短板影响作用发挥,造成资源闲置浪费

对商事主体而言,追求经济效益必然需要节省时间成本,长期纠缠、拖延在无休止的争端中对其损耗极大。这说明商事纠纷非诉讼解决方式存在严重短板,相关机制仍不完善,宣传推广力度不大,处理效果不佳,影响了企业选择的积极性。

1.强制力欠缺,公信力不足

人民调解、商会调解存在强制力差、公信力不足的共性问题。调研发现,认为人民调解、行业调解公信力不足的企业占比44%。一方面,协议对当事人无强制力,降低了调解组织和调解员的公信力;另一方面,实践中调解员引导当事人申请司法确认的意识不强,比如N市人民调解委员会调解协议的司法确认率为5%,最多的H市也仅为10%。

少数企业反映政府部门缺乏诚信意识和契约精神,损害投资者合法权益。在债务融资、政府采购、招标投标等领域存在"新官不理旧账"的现象,增加了投资者维权的时间成本,也损害了政府的公信力,对营商环境的破坏较大。

2.机构不健全,能力不匹配

人民调解侧重民事纠纷,不擅商事纠纷调解。涉企商事纠纷多为合同类纠纷,包含买卖、服务、保险、加工承揽等10余种类型,涉及市场交易活动的方方面面。近年来,新类型案件层出不穷。涉企商事纠纷具有案件类型多、涉及的法律关系和法律制度复杂、处理的专业要求高等特点,而人民调解组织的多数调解员是基于生活常识和人情世故,对家长里短的民

① 郭彦.内外并举全面深入推进诉源治理[N].法制日报,2017-01-14(7).

事纠纷的解决较为得心应手,因此更侧重于对婚姻家庭纠纷、邻里纠纷、道路交通纠纷、劳资纠纷、物业纠纷等民事案件的调解,在涉企商事纠纷的处理方面则作用发挥不明显。比如 N 市人民调解组织每年调解的道路交通纠纷多达 6 万件,劳资纠纷 5000 余件,这两类案件占所有调解纠纷的 70%;H 市 W 区人民调解组织每年调解涉企纠纷 9000 多件,其中劳资纠纷占比 90%。

此外,部分地区反映由于各地根据上级要求对退休公务员的兼职情况进行了清理,一些专业能力较强、善于处理复杂问题的退休法官、检察官等退休公务人员退出兼职调解员岗位,如何弥补这批优质调解员资源退出后带来的高素质纠纷调处人员缺口,以助力民商事纠纷的解决、提高整体调解队伍素质问题需要关注。

商会调解缺乏足够规范的调解组织。多数商会没有建立规范的调解组织,比如 S 市只有三分之一的行业商会设立了调解委员会。调委会调处的纠纷数量也不多,如 2018 年 H 市商会仅调处 82 件,N 市商会调解组织也仅调处 2000 件,而 N 市法院同期结案数为 79382 件(见表 2)。

表 2　Z 省部分地区商会处理商事纠纷情况

统计参数	N 市	H 市	S 市	J 市
商会数/个	90	29	23	40
其中行业商会数/个	10	10	13	8
设立调解委员会的商会数/个	8	0	4	0
2018 年调处纠纷数/件	2000	82	246	108

商事仲裁中仲裁员的专业能力有待提高。部分兼职仲裁员对案件事实把握不准,存在同一案件多次开庭的情形,影响仲裁效率,而专业能力强的仲裁员又活跃度不够,造成商事仲裁员队伍整体业务水平不高。

3. 宣传推广不到位,企业认知有偏差

企业认为商事仲裁经济成本较高。商事仲裁具有双方自愿的属性,还具有保密性强、高效便捷的特点。尽管如此,近三年 N 市仲裁委员会商事案件年均收案 1157 件,仅为同期全市法院收案数的约 1.67%。许多企业误认为仲裁的经济成本高,实际上,争议标的额在 100 万元以上时,仲裁费用低于诉讼费。另外,企业还认为仲裁委不够权威,仲裁员在调查取证时经常吃"闭门羹"。

企业运用公证债权文书预防纠纷的意识不强。公证债权文书是具有给付内容并载明债务人愿意接受强制执行承诺的债权文书。[①] 债务人违约后,债权人可直接申请法院强制执行,具有简便快捷、强制力高的特点,而且收费标准弹性较大,明显低于诉讼费和仲裁费用。但在调研中发现,涉企公证债权文书的适用率并不高,以 H 市为例,2018 年全市共办理公证23675 件,其中办理公证债权文书 4096 件,而涉企的公证债权文书数仅有 20 件,仅占比 0.5%,其余公证债权文书是个人之间的借款等合同公证。2018 年 N 市 H 区人民法院新收执行案件 8406 件,执行依据为公证债权文书的仅有 16 件且当事人均为自然人,可见公证债

---

① 法律出版社社规中心.民事诉讼法学生常用法律手册:应用版[M].北京:法律出版社,2013:56.

权文书在涉企商事纠纷中的适用十分不理想。在调研中发现,占比53.2%的企业对公证债权文书等非诉讼解决纠纷方式的程序、规则不了解,说明企业普遍缺乏运用上述手段预防纠纷、保障交易安全的意识。

4.信息化服务供给不足,影响企业选择非诉渠道

近年来 Z 省法院信息化建设成效显著,全国已经设立多家互联网法院,以微信小程序为依托的"移动微法院"先后在浙江以及全国推广。相比而言,非诉方式的信息化建设水平较为低下。比如,H 市仲裁委员会开发了网络仲裁平台,但主要用于网贷案件办理,适用案件范围不广。公证机构的互联网平台开发和运用不足,办理公证债权文书时要求当事人到公证处面签协议,存在"办理一次公证、需跑多次腿"的问题,公证互联网平台的开发和运用不足,影响了公证债权文书的适用率。

综上所述,商事纠纷非诉讼解决途径存在各种短板,自身能力建设水平不高。正是由于商事纠纷非诉讼解决机制不健全、不畅通,纠纷过滤、疏导、化解功能不完善,纠纷处理的"社会调解在前,司法裁判断后"的顶层设计难以落实,致使本该属于最后一道救济防线的司法程序成为商事纠纷的第一道关口。

(二)诉讼中难以实质性化解,易产生"衍生案件",加剧司法资源紧张问题

法院成为最拥挤且越来越拥挤的商事纠纷解纷通道,案件的提质增效难以兼顾、捉襟见肘的问题愈演愈烈,原本就紧张、稀缺的司法资源已处于"供不应求"的尴尬境地。此外,在进入诉讼后,纠纷的实质性化解难度较大,二次程序较多,容易产生"衍生案件"。

1.法院人案矛盾突出,提质增效难以兼顾

法院案多人少的压力长期持续。在保证案件审判质量的基础上,近年来 Z 省三级法院逐步完善了立审执衔接机制,民商事案件实行繁简分流,但审判效率提升的幅度仍然不明显,如2018年 Z 省案件平均审理天数比上一年度仅减少1.43天(见图1)。由此可见,在法院收案超负荷的大背景下,在审判人力、物力资源有限的条件下,案件增效方面空间有限。

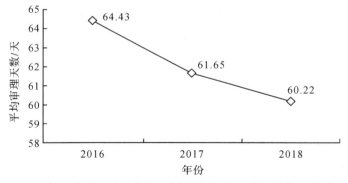

图1 2016—2018年 Z 省全省法院案件(不含执行案件与破产案件)平均审理天数比较

2.金融机构(含保险公司)内部管理灵活度低,对员工授权空间小导致相关商事纠纷实质性化解的调撤率低

由于金融机构的内部考核管理机制严格,对员工的授权空间不灵活,过度维护自身权益,抱有规避问责风险的本位主义思想,致使案件事实和法律关系清楚,双方争议不大的金融借款、保险合同类纠纷不能通过调解、和解有效解决,延长了案件的审理周期。2018年 N

市 H 区法院共受理涉金融机构(含保险公司)案件 2542 件,调撤率仅 18.5%,比普通涉企纠纷的调撤率低 37.8 个百分点,案件平均审理天数比普通涉企纠纷多 10.2 天。审判实践中,民营企业提出分期归还贷款的调解方案,负责应诉的银行员工考虑签署调解协议面临追责风险而不肯签。在涉保险公司案件中,在法院已有明确的同类判例情况下,一些保险公司由于授权不足不肯作出调整和让步,甚至在调解与判决结果一致的条件下,仍坚持要求法院出具判决书,无形中增加了诉讼的时间。

3. 企业负责人下落不明后致使法院送达周期长且判决后均进入执行

送达周期长是造成法院平均审理天数较长的重要因素。近年来,受经济下行压力、行业不景气的影响,企业负责人跑路、失联现象多发、频发。反映到审判实践中,民营企业做被告的案件中缺席审理、公告送达较多,以 H 市 W 区法院为例,2018 年受理涉企商事纠纷共 4160 件,其中企业做被告的案件有 2632 件,被告下落不明公告送达 253 件,公告送达率 9.6%。由于公告的送达期限为 60 天,加之公告前的邮寄送达时间,公告案件的送达周期最少也要 70 天;该类案件的平均审理天数 135.15 天,是公告未送达的涉企纠纷案件平均审理天数的 2.25 倍。除企业经营不善、负责人跑路以外,有些企业本身就是"皮包公司",自登记之日起就无固定经营场所;但还有部分企业工商登记地址和实际经营地址不一致,导致法院送达材料被退回。这些公告案件在判决后,均进入执行程序。

4. 上诉、再审等二次程序较多,一次程序解决率还有提升空间

一次程序解决率也是衡量涉企纠纷处理效率的重要因素,如果纠纷需要经过多次程序才能有效化解,必然会延长商事纠纷的处理时间。2018 年 Z 省民商事案件的调撤率为 55.49%,同比上升 1.99 个百分点,而调解案件自动履行率为 59.68%,较 2017 年下降 2.34 个百分点。2018 年 N 市 H 区法院开庭审理的 5405 件商事纠纷中,二次开庭的有 409 件,三次开庭的有 54 件,四次开庭的有 13 件,二次以上开庭数占比 8.8%。

此外,2018 年 Z 省民商事案件的上诉率为 6.32%,但上诉后多达 88.32%的案件被二审法院维持了一审判决,其中还不包括新证据导致的改判。这说明绝大多数案件在一审程序中作出的裁判结果并无不当。虽然诉讼的规律讲究对抗性和救济性,法院也不能限制当事人的上诉权,但涉企商事案件中法官的释明是否全面、类案裁判的尺度是否统一,当事人对裁判结果的判断和预期是否准确、是否稳定是影响当事人是否行使上诉权的重要原因。

五、路径求解:商事纠纷社会协同治理机制构建的完善之策

(一)以宣传推广为突破:提升非诉讼纠纷解决途径的知晓度

提升涉企商事纠纷解决效率,就要拓宽纠纷解决途径。调研中发现 55%以上的企业经历过法院诉讼,仅有 15.2%的企业接触过商事仲裁,3.3%的企业办理过公证债权文书。可见诉讼已成为企业最为熟悉的方式,而企业对商会调解、商事仲裁等非诉纠纷化解途径的知晓度仍然不高。建议司法局在向企业普法,以及律师在向企业提供法律服务时加大对商事仲裁等替代性纠纷解决方式的宣传力度,仲裁和公证机构也应进行有效的业务推广和宣传,通过扩大知晓度来提升运用的广泛度和接受度。作为各种纠纷汇聚中心的法院需要在发挥纠纷多元化解渠道的作用以及引导、分流和宣传方面多下功夫,在效率、成本、简便性等方面入手营造优先选择非诉解决方式的氛围。

（二）以补强短板为手段：有效发挥商会等行业调解组织以及商事仲裁的功能

培育多元化纠纷化解机制的当务之急是补强非诉解决通道的短板。在涉企商事纠纷多元化解机制构建中，发挥商会、协会等行业调解组织、仲裁的作用是关键之举，而调解人员、仲裁员的业务素质提升是其中的重中之重。2018 年年底两办下发的《关于完善仲裁制度提高仲裁公信力的若干意见》相关机制在实践中要真正得到落实。建议工商联等组织或部门加强对商会的指导、引导和服务，支持商会成立纠纷调解委员会。相关部门可定期组织培训或发布具体案件指导性材料，着重提高调解员的职业道德、商事纠纷调解能力和素质，商会调解委员会可设立驻法院工作室，便于法院进行业务指导，也可以让企业就近办理司法确认，赋予调解协议强制力，提高商会调解的公信力。

（三）以"一次程序解决率"为导向：加强非诉与诉讼程序间的衔接

如何减少和避免一些不必要、徒劳的二次程序是一项值得研究的课题。一方面，需要加强不同纠纷解决方式之间的信息共享和互动衔接，不仅要完善调解、商事仲裁、公证与诉讼的对接，还要在诉讼中多渠道引入人民调解组织、行业协会、律师事务所、仲裁机构等社会力量，建立健全"开放式"委托调解机制，案件进入诉讼程序后仍可向非诉调解渠道逆向流转，实现非诉调解资源与诉讼程序的对接和在诉讼程序中的共享。另一方面，法院要尽可能减少多次开庭、提高一审息诉率和自动履行率。从立案至结案后的全程释明、判例公开、提高透明度等方面着手，加强裁判文书中裁判依据的说理，开发运用类案裁判检索系统，统一同地区类案的裁判尺度，减少"类案不类判""同案不同判"现象，提升司法公信力，减少上诉。

（四）以搭建信息平台为抓手：树立商事纠纷处理"少跑快跑"的目标

提高纠纷处理效率最终还要从依靠人力向依靠科技转变。破解案件送达周期长、中介机构评估鉴定耗时长难题，必须要充分运用"互联网＋"科技手段，推广使用电子送达、网上处理等方法。除电子邮件、短信等常规电子送达方式外，N 市法院依托微信小程序建立的"移动微法院"电子诉讼平台，因具有电子签名功能保证了受送达人的真实性，可真正实现案件材料"一键送达"，2018 年 N 市两级法院已通过"移动微法院"线上送达材料 16 万人次。传统邮寄送达至少需要 3 天，"移动微法院"几分钟内即可完成，能够达到事半功倍的效果，现已全国推广，其信息化方面成功的经验可在商事仲裁、公证债权文书领域内效仿和借鉴。建议广泛采用网络询价、评估平台等新型模式，倒逼评估、鉴定等中介机构改革传统模式，运用大数据，强化信息化建设，提高评估鉴定的效率。此外，应关注类似于 H 市仲裁委开发的网络仲裁平台，使之发挥更大的作用。相关非诉纠纷解决渠道的信息化的架构也应由相关部门重视并统一搭建，避免多头多地开发，成本高且效率低。

（五）以形成合力为保障：构建涉企商事纠纷的"多元化解联动"机制

在地方党委的统一领导、协调下，建立健全涉企商事纠纷处理的"府院联动"机制是一个方向。机构改革后各地司法局的职能扩大，主管范围覆盖了多种非诉解决渠道，建议进一步整合司法局的法律服务与纠纷化解资源，强化在涉企商事纠纷调处中的作用。法院可与司法局牵头成立矛盾纠纷调处中心，联合公安、劳动等部门，推行涉企纠纷"一站式"调处服务，除了要进一步强化行政调解作用之外，还需要减少企业反映问题或投诉时，政府部门之间推诿扯皮、不及时解决的现象，为涉企纠纷处理开通"绿色通道"，最大限度缩短涉企纠纷解决时间。法院则需要通过判例引领等方式发挥宏观业务指导作用。

（六）以弘扬传统文化为纽带：营造诚实守信、文明和谐、开放包容的商事活动氛围

我国古代传统文化中就有"商人求财，以和为贵"的思想，倡导和谐包容、互利共赢的理念符合商业活动的本质要求，也符合我国的传统文化。加强对传统"无讼"法律文化的宣传，鼓励企业通过协商、谈判、和解等手段，用最小的成本、最少的时间自行化解纠纷，将损失降到最低。同时，也要增强企业诚信经营的意识，通过培育尊重契约、诚实守信的现代企业家精神，让讲诚信、守信用、遵法律在商事活动中蔚然成风。

六、结　语

千人同心，则得千人之力；万人异心，则无一人之用。市域社会治理现代化将社会协同治理机制上升到前所未有的高度。商事领域矛盾纠纷化解中，必须将非诉讼与诉讼纠纷解决方式紧密衔接，才能形成强大工作合力，实现从"纠纷化解"到"诉源治理"的转变，营造更加公平、高效、可预期的法治营商环境。

法学专业实践教学课外拓展之
"圆桌"系列品牌创建

金彭年　韩　缨　蒋　奋　董玉鹏

一、教学成果简介及主要解决的教学问题

(一)成果简介

法律作为社会制度之一,是应用法律理念、法律思维和法律手段建立社会良好秩序、解决争议纠纷的社会上层建筑。法学作为一门应用型学科,法学本科教育中理应包含实践教育和职业素质培养。浙江大学宁波理工学院法学专业从 2001 年建校时就已设立,在完成正常理论体系教学之外,法学专业一直努力探索法学实践教学体系建设,也取得了一定的成果。在前期工作基础上,从 2015 年开始,以提升学生价值和综合职业素养为导向,以法学专业学生"圆桌法学社"为平台初始基础,法学专业逐步建立起以"圆桌"系列品牌为核心的法学专业课外实践教学体系。

"法学专业实践教学课外拓展之'圆桌'系列品牌"教学成果将专业知识教学空间从课堂内拓展到课堂外,利用学生课外时间和各种实践活动平台,将专业实践教学进行了全方位体系建构。该品牌活动体系引入了外部优质实务师资(法官、检察官、律师、专家教授等)和多元化实践教学形式(演讲、辩论、模拟庭审、公益普法、创新创业等),集中进行多种形式的实践教学和实践活动,通过设立"圆桌学堂"系列(圆桌精英学堂、圆桌实践学堂、圆桌创新学堂)"圆桌名师大讲堂""圆桌法学社"和"圆桌公益普法团"等四大类子平台,突破了课堂教学的时间和空间限制,为法学专业学生提供了深层次多角度的"教、学、做"一体化的全方位综合性课外实践教学平台。

(二)主要解决的教学问题

法学专业的人才培养目标是培养德智体全面发展,具有法律思维和法律实践技能,能够运用法学理论和方法分析问题、解决问题,能够适应法律相关岗位要求的应用型、复合型专门人才。根据法学专业 2017—2020 级培养方案,目前法学专业课程体系共包括 26 门必修课程、20 门选修课程、7 门实践课程。就目前法学专业课程的实践教学效果而言,仍存在以下教学问题:

(1)法学专业课堂教学仍需要以理论知识传授为主,实践教学内容受限。法学作为一门

作者简介:金彭年,浙大宁波理工学院法政学院教授,法学博士;韩缨,浙大宁波理工学院法政学院副教授,博士;蒋奋,浙大宁波理工学院法政学院教授,法学博士;董玉鹏,浙大宁波理工学院法政学院副教授,法学博士。

一级学科,具有法学理论、民商法学、刑事法学、经济法学等共 10 个二级学科,专业理论知识体系庞大,内容相互独立,专业课堂教学需要充足的学时完成理论基础知识的传授和讲学,不适宜展开较大规模的实践教学。

(2)法学专业课堂中的实践教学环节实施空间较小。目前法学专业课堂教学中多数专业课程都会结合教学内容进行相关案例分析和交流,另外还有 5 门课程有较为独立的实践环节,但总体上实践学时分配少,小班化教学无法全面铺开,纠问式、论坛式、研讨式的实践教学方法无法开展,实践教学受到客观条件和环境的限制。

(3)专门的法学专业实践课学时较少,无法有效展开全方位多层次的实践教学。在法学本科学位教育总学分(164 分)固定的情况下,专门的全实践教学课程能够占用的学时比例明显受限,只能通过有限的几门实践课,例如诉讼模拟训练、法律基本技能训练等展开一定程度的教学实践活动,但是由于学生集体授课,个性化教学、情境教学、互动式教学效果不尽如人意。

综上,无论从课堂环境、讲授形式、学分学时等因素考量,法学专业传统的课堂教学体系不足以满足实践教学的开展需求。

二、教学成果解决问题的方法

为解决上述法学专业实践教学遇到的障碍和限制,法学专业使用 2003 年 5 月就成立的法学专业学生社团"圆桌法学社"为品牌名称,从 2015 年开始着力打造"圆桌"系列品牌,将法学实践教学体系向课外拓展空间,形成独具自身特色的"圆桌"系列法学专业实践教学综合平台。

(一)将实践教学分为"教和学"和"学和做"两大环节

从学生吸收、消化和应用知识的客观规律出发,将法学实践教学分为"教和学"和"学和做"两大环节。前者是知识信息输入阶段,后者是知识技能消化和输出阶段,然后针对这两个环节分别设置对应的实践教学内容。

(二)实践"教和学"的输入环节——圆桌系列"教学"平台

在"教和学"的输入环节,主要通过设置圆桌学堂系列和圆桌名师大讲堂两种形式开展实践教学的知识讲学、技巧传授和互动交流。具体活动体系如表 1 所示。

1.圆桌学堂系列

圆桌学堂系列共由 3 个相对独立的学堂类型构成:

——圆桌精英学堂(律师为主要师资;不超过 20 人的小班化教学)

——圆桌创新学堂(专业教师为主要师资:创新创业项目申报和学术论文写作和发表)

——圆桌实践学堂(模拟法庭和真实庭审的实践教学展示)

2.圆桌名师大讲堂

圆桌名师大讲堂是面向全体专业学生的实践实务专题讲座,主要从校外聘请专家、教授、法官、检察官和律师,就当前前沿理论和热点的法律实务问题进行讲解和讲学。

表 1　实践教学输入环节（圆桌系列"教学"平台）

实践教学输入环节		成立时间	师资来源	教学内容	面向对象	教学方式	上课频次（每学期）
圆桌学堂系列	圆桌精英学堂	2016年3月	执业律师——与律师事务所保持长期合作关系	民事、刑事、行政实务案例分析	20人以下专业学生为一班（自愿报名，轮流参与）	讲授式；研讨式	3～4次
	圆桌创新学堂	2015年9月	专业教师；学工教师	创新创业项目申报；学术论文写作和发表	有志于开展相关学术和实践活动的学生	讲授式；经验交流式	1～2次
	圆桌实践学堂	2015年9月	实务部门法官、检察官、律师等	模拟庭审全程展示；真实庭审进校园	全体专业学生	情景展示；流程演示	1～2次
圆桌名师大讲堂		2015年9月	校外专家学者（高校、公检法系统等）	前沿理论问题、热点实务问题	全体专业学生	讲座式	2～3次

（三）实践"学和做"的输出环节——圆桌系列"实践"平台

在圆桌学堂和圆桌名师大讲堂的实践教学知识输入基础上，再进一步将实践教学拓展到实践操作平台，实现学生边学边做、边做边学，对实务知识进一步消化吸收和实际应用的动态学习过程。这个知识输出过程主要通过圆桌法学社和圆桌公益普法团两大平台得以实现（见表2）。圆桌法学社成立于2003年5月，是在校内和地方高校都享有较高知名度、具有优良传统、深厚实力的优秀法学学生社团，其常规的活动包括学生自己组织的模拟庭审、社团刊物《圆桌谈》以及实践活动研讨小组活动等。圆桌公益普法团则是在前期法学专业学生普法活动基础上，于2015年9月正式成立固定机构和组织，每年通过公开招募"普法形象大使"和优秀学生组成公益普法团开展活动。

表 2　实践教学输出环节（圆桌系列"实践"平台）

实践教学输出环节		成立时间	实践内容	实践主体	活动范围	实践频次（每学年）
圆桌法学社	模拟审判	2003年5月	模拟庭审	全体学生	校内	2～3次
	期刊制作		论文汇编	全体学生		1次
	研讨小组		实务研讨	全体学生		不定期多次
	论文发表		学术研究	全体学生		10篇（2017年度）
圆桌公益普法团	情景剧制作	2015年9月	公益普法	全体学生	校外	2次
	舞台剧公演			全体学生		1次
	社区宣传			全体学生		1次

三、教学成果的创新点

法学专业实践教学"圆桌"系列品牌成果的创新点有如下三点：

（1）以"圆桌"品牌为识别特征，将法学专业实践教学活动纳入一个综合性系统性平台。通过圆桌学堂系列、圆桌名师大讲堂、圆桌法学社、圆桌公益普法团四大子平台，突破课堂教学的时间和空间限制，充分利用课外时间和校内外实践空间，构建起"圆桌系"的法学专业实践教学的全方位综合性实践平台。

（2）将实践教学过程分为"教和学"和"学和做"两大环节，并分别设置对应的实践教学内容。实践教学有别于一般的课堂理论教学，在实践教学过程中，教、学、做三个环节缺一不可，互相关联，前后衔接，相辅相成，才能真正让学生融会贯通并实际应用专业知识。本成果能够正确利用这个教学规律，将实践教学拓展到课外空间，使得学生真正有渠道、有机会、有平台实现真正的实践教学效果，提升学生的实践能力和专业素养。

（3）将实践教学与学生课外实践活动有机结合，实现"教、学、做"的无缝对接。本成果将以教师为主导的课堂教学和以学生为主导的社团活动有机结合，将课外实践教学拓展到学生社团活动层面，实现了教、学、做的有机结合，真正体现实践教学的实质含义，也使法学专业学生无论是课内还是课外都始终处于专业教学和实践的氛围当中，丰富了专业性的校园文化，也有利于学生专业素养和综合素质的提升。

四、教学成果的推广应用效果

法学专业实践教学"圆桌"系列品牌成果从 2015 年开始培育至 2018 年共 3 年，从实践教学水平的促进、学生专业素质的提高、学生实践能力的增强以及就业质量的进一步提升方面，都取得了较为显著的效用，主要体现在：

（一）法学专业学风进一步优化，学生获奖率显著提高

法学专业学生学习氛围和学风建设得到明显优化，日常平均到课率和大学英语四、六级通过率稳步提升。法学专业获得国家奖学金、国家励志奖学金、浙江省政府奖学金、优秀学生奖学金、十佳学生、党员之星、三好学生、优秀学生干部、先进班级、文明寝室等人数明显增加。

（二）法学专业学生创新能力进一步提升，发表学术论文数量居全校第一

法学专业学生参加省级以上学科竞赛获奖多项，国家级大学生创新创业训练项目总排名列全校第二，其中创新项目立项 4 项，列全校第一。获省大学生科技创新活动计划暨新苗人才计划 1 项。学生在公开刊物发表学术论文 10 篇，学生发表论文数量居全校第一。

（三）法学专业毕业生就业率和就业质量保持较高水平

2017 届法学专业毕业生就业率 97.5%，考研升学率列全校第三。2018 年，法学专业学生考研工作取得了新突破，考研率达到历年最好成绩。

解码社会治理转型难题

——从行政协议纳入法院非诉执行开始

张 严

【摘要】 社会治理方式的转变和创新是完善和发展中国特色社会主义制度、推进国家治理体系和治理能力现代化的重要内容。在从管理型向服务型的治理方式转变中,行政协议被各地政府广泛应用于不同行政管理领域。但对于行政相对人不履行行政协议的情形,行政机关却遭遇了行政法救济上的法律瓶颈,无异于束缚了行政协议的适用和社会治理方式的创新。我国《行政诉讼法》修改之后,增加了行政协议作为受案范围,但是对于行政相对人不履行行政协议的行为却未作明确规定。多数行政机关自身不具有强制执行权,行政协议的执行难题有赖于法院通过非诉执行途径予以救济。本文着重对行政协议执行难点、困境进行探讨,提出行政协议非诉执行的途径和方式,以及审查此类案件的要点,回应现阶段中的欠缺,解决行政协议案件的非诉执行难题。

【关键词】 行政协议;非诉执行;破解

【案例】 2014 年浙江省宁波市的栎社国际机场三期工程需要扩建,由当地拆迁部门负责具体拆迁工作。2015 年 4 月,拆迁部门与被拆迁人甲、乙、丙等分别签订了三份房屋拆迁安置补偿协议。协议约定,2017 年 4 月底拆迁部门将安置用房提供给被拆迁人居住。当拆迁部门提供安置用房时,双方应按房屋拆迁具体实施方案等规定,结清安置房款的差价。2015 年 6 月通过抽签,确定了上述人员的安置房屋,同时经计算,被拆迁人甲、乙、丙尚需支付房款差价共计 47 万余元。当三名被拆迁人各自入住安置房屋后,却拒绝履行协议内容,拒不支付房款差价。拆迁部门多次催告无果,无奈之下,向当地区法院申请强制执行。由此,引发了对行政协议能否纳入法院非诉执行领域的思考。

一、创新:行政协议作为社会治理的方式

构建中国政府的现代社会治理体系,是我党自十八大以来对社会格局作出的重大工作部署,同时社会治理体系的创新有助于化解社会风险。虽然不同地区社会治理方式不同,但行政协议这一现代社会行政管理发展的产物,兼有公益和私益,体现了协商民主精神和柔性执法的原则,成为当下社会治理中非常重要的一环。

(一)行政协议概念

行政协议是指行政机关为实现公共利益或者行政管理目标,在法定职责范围内,与公

作者简介:张严,宁波市海曙区人民法院审管办(研究室)副主任。

民、法人或者其他组织协商订立的具有行政法上权利义务内容的协议。从广义角度考察,行政机关为履行法律规定的行政职责,实现行政管理目标,采用了与相对人经过协商一致达成协议的方式。除了政府特许经营协议、土地房屋征收补偿协议,常见的行政协议包括:

(1)自然资源使用类的行政协议。国有土地使用权出让合同、海域使用权出让合同、草原使用权出让合同、林地使用权出让合同、滩涂使用权出让合同、矿产资源勘探或开采协议。

(2)委托培养等教育行政合同。行政机关将可以外包的教育培训、科研、立法或决策调研等行政管理职责任务,通过外包方式交由专业组织代为完成所签订的协议。

(3)公共工程合同。公共工程承揽合同、公共工程特许合同等,常见于行政机关为公共利益的需要与建筑企业签订的建设某项公共工程的合同。

(4)国有资产承包经营、出售、租赁合同。受委托管理、经营国有财产的形式是多种多样的,为保证国有资产的保值和增值,行政机关与他人签订的国有资产的出租、经营协议也属于行政协议范围。

(二)行政协议纠纷出现

社会治理创新必须要适应中国经济社会现代化、市场化、技术化、城市化的要求,行政协议在政府创新治理中也遭遇了本土化的各类问题,例如行政相对人反悔,拒不履行协议。行政协议纠纷不是一个单一的行政行为,包括签订、履行、变更、解除行政协议等一系列行政行为。例如签订行政协议纠纷、单方变更或者解除行政协议纠纷、不依法履行或者未按照约定履行行政协议义务纠纷、行政协议的强制执行行为纠纷、行政协议赔偿和补偿纠纷等多种类型。[①]

二、困境:行政协议缺乏双向救济

现代社会中的公民需要的不仅仅是国家安全、社会秩序良好,对国家政府提供的公共产品也提出了更高的要求,社会福利便是人们需要的新公共产品之一。而对政府提供公共产品功能的升级要求是行政协议中权力因素存在的根源。如何处理好行政协议中提供更多更好的公共产品职能的实现和协议双方当事人共同约定的履行之间出现的隔阂甚至是冲突,是行政协议制度中一个尤为重要的任务。[②]

(一)立法空白难题

行政协议一方面被大量应用在自然资源使用、拆迁安置等领域,但是另一方面由其引发的行政争议也不断增多。对于行政机关违约的情形,人民法院可以采取的判决形式有,责令其通过继续履行、采取补救措施或承担损害赔偿责任。但是对于行政相对人不履行的情况,法律并未给出直接的答案,这就在制度上留下了一片空白之地。新修订的行政诉讼法将行政协议列入了受案范围,但是 2018 年新通过的《最高人民法院关于适用〈中华人民共和国行政诉讼法〉的解释》却未提到关于行政协议的执行问题。因此,对于行政协议的非诉执行是非常不利的,不同地区的法院有可能因为法律、司法解释不明确,拒绝行政机关对行政协议的非诉执行申请,从而无法为其提供救济途径。

① 郭修江.行政协议案件审理规则——对《行政诉讼法》及其适用解释关于行政协议案件规定的理解[J].法律适用,2016(12).
② 江必新.行政与执行法律文件解读(第 10 辑)[M].北京:人民法院出版社,2016:106.

（二）缺乏有效保障

法律缺失造成了当前一个较为尴尬的局面，即行政协议的非诉执行缺乏法律规定，行政机关处于相对弱势地位，无法获得足够的司法救济。在某些特殊情况下，如在取得拆迁许可证的部分拆迁补偿案件中，拆迁人与被拆迁人达成拆迁补偿协议，仍可视为属于平等主体之间签订的民事合同，发生纠纷后，行政机关可通过民事诉讼途径解决。行政协议的强制执行在现实中遭遇了不少障碍，苦于无明文规定的保护措施，行政机关为解决此类问题，不得不通过给行政相对人做工作、给以额外的行政压力、许诺履行外的利益等手段，寻求行政协议的履行。行政机关绕开法院的后果非常不堪，因为在对合法性审查、维护公共利益等方面，缺失了法院的有力监管，在行政管理目标实现和私人权利保障之间缺乏公平、公正的司法机关介入进行保障。

（三）困境成因分析

1.对行政协议重视不够

行政诉讼又称为"民告官"，传统行政理念认为政府权力过于强大，因此规定行政诉讼的被告恒定为作出行政行为的行政机关和法律、法规、规章授权的组织。由于被告在行政管理活动中，处于支配者的地位，其实施行政行为一般无须征得公民、法人或者其他组织的同意；而原告在行政管理活动中，处在被支配者的地位，相对而言是弱者。在行政诉讼法的举证责任分配中也规定被告对作出的行政行为负有举证责任。公民、法人或者其他组织对于行政机关单方变更、解除行政协议，不依法履行、未按照约定履行行政协议，行政诉讼规定有权对行政机关提起行政诉讼。但是，行政诉讼法没有赋予行政机关具有行政诉讼的原告主体资格，虽然行政协议已经纳入行政诉讼法范围，但行政机关对于公民、法人或者其他组织不履行行政协议的行为，无法提起诉讼，因此对于行政协议的非诉执行缺乏制度保障。此番局面是之前行政诉讼法立法时难以想象的：一是在传统的行政法理念中，行政机关在行政协议的签订时具有绝对的优势地位，很少出现行政机关被行政相对人欺诈、胁迫的情况；二是保护行政相对人的信赖利益大过于保护行政机关的信赖利益，立法者认为行政机关的毁约概率远大于公民、法人或者其他组织，因此在立法时并未将行政相对人不履行行政协议的情形纳入。但行政协议并非简单的协议，在土地房屋征收补偿、国有土地使用权出让合同、招商引资、国有资产转让等行政协议中，均体现着个人利益、社会利益、公共利益和国家利益的融合，任何一方对行政协议的率性违反，都将破坏稳定的行政管理秩序，造成社会资源的浪费。

2.义务履行不对等

根据合同法第八条规定，依法成立的合同，对当事人具有法律约束力。当事人应当按照约定履行自己的义务，不得擅自变更或者解除合同。行政协议属于合同法规制范畴，无论是行政机关或是行政相对人应同样遵守依法履约的义务。但在行政协议的纠纷中，往往强调要防止行政机关以协议方式推卸责任进而严重损害行政相对人的合法权益，而忽略了因行政协议不履行所带来的对公共利益的损害。"行政审判法官也应当扬弃对传统行政行为较为单一的审查习惯，逐步建立以'关系审'为主'行为审'为辅、既要依法履行义务也要依约履行义务，坚持依法签约与鼓励交易并重，法定赔偿与约定赔偿相融的裁判理念。协议类行政案件裁判时，应当充分贯彻保障依约行政与保障依法行政并重的理念。"①

---

① 耿宝建，殷勤.行政协议的判定与协议类行政案件的审理理念[J].法律适用，2018(17).

三、解局：社会治理引入司法保障

社会治理体系的构建是多层次的，意味着如果要实现整体的社会发展目标，必须通过制度安排，协同各方面资源，共同推动发展。通过行政协议可以起到以往的管理型政府无法起到的作用，但是行政协议的履行也依赖于政府和行政相对人之间的诚信履行。如果行政相对人违反行政协议，需要司法机关介入，进而保障协议效力。通过将行政协议引入非诉执行，可以畅通行政机关的救济途径，保护公共利益。

（一）引入非诉执行的思路

行政协议的非诉执行是指将具备执行条件的行政协议纳入法院的行政强制范围，以此保障行政协议的履行。在新行政诉讼法解释的起草时，曾有人建议将行政协议纳入非诉执行范围，规定公民、法人或者其他组织对行政协议既不提起诉讼又不履行约定义务，行政机关申请人民法院强制执行的，人民法院应当依法受理。人民法院审查行政机关申请强制执行行政协议的案件，应当进行听证，并对协议的合法性、有效性以及双方履行协议等情况进行审查。经审查准予执行的，应当作出具有执行内容的裁定。① 但是上述内容，基于多方面因素考虑被删除，可是思路值得借鉴。解决行政协议非诉执行的问题，应当从法律入手，寻找、确定基本路径和法律适用原则。在相关司法解释未出台之前，以行政诉讼法、行政强制法为基本架构，对法院实践操作提供具体的方法和思路。

（二）以行政命令的方式提起

1. 具有强制执行权的行政机关

对于法律法规明确授权的行政机关，可以直接依法自行对行政协议采取强制执行，此类强制执行不在本文讨论范围，不再赘述。

2. 不具有强制执行权的行政机关

对不具有强制执行权的行政机关，可以依职权通过行政命令的方式将行政协议进行转化。理由是行政协议与民事合同相比较，兼具有行政性和协议性两种特点。行政协议的合同目的在于通过合同的方式，行政机关可以借此达成本应当通过作出具体行政行为的行政职责，包含通过合同方式达成向社会大众提供公共服务的目的，而民事合同的当事人订立合同的意愿一般出于对其自身利益的考虑。基于公共服务原则，行政机关享有诸多特权，如合同履行的指挥权、单方变更协议标的和单方解除权等行政优益权利。② 根据以上行政协议的特点，行政机关对于行政相对人不履行行政协议的情形，可以作出限期履行的行政命令，将行政协议的内容转化为行政命令，以书面方式明确告知行政相对人。如果未按期履行，则根据行政强制法的具体程序规定，向法院申请强制执行。以行政命令的方式保障行政协议的履行，主要法律依据是行政诉讼法第九十七条及行政强制法。行政相对人的瑕疵履行、不适当履行和不履行都会对公共利益和公共政策的执行造成不可逆的影响，并且这种影响早已超越了合同本身。行政机关在行政协议中具有双重身份，不仅是合同的一方当事人，而且是公共利益的维护者。此时亟待行政机关以公函、政府令等命令的形式保证合同的实施。由此，合同关系就会转化为权力关系，命令作为单方行政行为也就具备了执行名义的特征。总

---

① 江必新. 中华人民共和国行政诉讼法及司法解释条文理解与适用[M].北京:人民法院出版社,2015:639.
② 陈鉴宇.行政协议范围探析[J].泉州师范学院学报,2018(1):107.

而言之,行政机关应先行向行政相对人发出具有行政行为效力的履行合同命令,命令其在期限内履行义务;如若不然,行政机关便以该命令为执行依据,申请非诉执行。① 以行政命令的方式,保障行政协议的执行,具有较强的可行性,但它的执行依据是行政命令,而非行政协议本身。通过行政命令的方式进行催告履行,因涉及赋予行政相对人起诉、复议等救济权利,也带来了执行周期普遍过长的问题。

（三）以行政协议为根据的方式提起

1.行政协议约定执行条款

合同法中的违约责任是促使当事人履行合同义务,使对方免受或少受损失的法律措施,也是保证合同履行的主要条款。合同违约分为非根本违约与根本违约,对于行政协议的根本违约,将使得行政机关订立合同的目的完全落空,无法实现,也意味着行政管理的落空。对于根本性违约情况,行政协议中可加入执行条款。当行政相对人明确表示或者以自己的行为表明不履行合同义务的行为之时,行政机关除要求继续履行、采取补救措施或者赔偿损失外,亦可向法院申请强制执行。理由是在行政协议中,如果行政机关和行政相对人已经约定双方接受合同的强制执行条款,则协议签订后强制执行条款已经成为合同的一部分,行政相对人未按合同约定履约时,行政机关可以根据这一执行条款向法院申请强制执行。因为执行条款是双方当事人通过事先一致约定,保障合同得以履行的承诺,该条款赋予了行政机关对行政相对人不履行协议的救济权利。

2.行政协议未约定执行条款

行政机关直接将行政协议作为申请法院进行执行的内容和根据,该做法在实践中具有一定争议。有观点认为,行政相对人拒绝履行行政协议所产生的纠纷,没有改变行政机关在行政协议履行过程中处于相对优势地位之状态。在行政行为作出时,行政机关一般会告知行政相对人可以在法定期限内提起行政复议或行政诉讼进行救济的权利,但在行政协议中,一般不会书面告知行政相对人的这些救济权利。因而,行政相对人不履行行政协议的,行政机关不将行政协议作为可以强制执行的依据,而是作出行政决定,明确赋予和告知行政相对人行政复议或行政诉讼权利,体现了法律对弱势一方行政相对人的人文关怀。但考虑到行政协议的目的是为了便捷、高效的行政管理,同时本身也是双方主体意思自治、协商自由下的产物,因此在一方不诚信履行协议,故意拖延或者违反协议规定时,应尽快启动对守约方的法律保障。由此,行政协议应可以作为行政机关申请非诉执行的直接依据。

从浙江地区的实践探索而言,行政协议可以纳入执行的观点在浙江省高级人民法院《关于理顺我省行政强制执行体制全面推进"裁执分离"的调研》②中被认可,因为在实践中出现不少公民、法人或者其他组织在协议约定期限内不提起行政诉讼,又不履行承诺义务(特别是不动产限期搬迁义务等),行政机关缺乏主张权利、寻求司法救济的相应手段之情形。此种情形客观上会阻碍国家利益、社会公共利益及时获得实现,一些地方重点建设项目难以推进,群众安居工程无法实施,党政中心工作和行政效率受到影响,引发各种新的矛盾。行政协议既然属于可诉的行政协议,其本身就具有公定力、确定力和执行力。当行政相对人不履行协议时,行政机关就可以依照行政诉讼法第九十七条之规定,向人民法院申请强制执行。

---

① 周雷.行政协议强制执行的容许性与路径选择[J].人民司法(应用),2017(16):101.

② 江必新.行政执法与行政审判(总第68集).北京:中国法制出版社,2016:27.

该途径不存在法律障碍,是最符合法律规定、最可行、最符合行政效率的一种选择。[①]

四、途径:司法审查的内容

行政协议的非诉执行,既涉及传统合同法领域,也更多涉及了行政法领域。两个制度之间对于合同履行和合同履行之保障都有不同的要求,行政法官对于行政协议的审查对象、举证责任、审查方式、审查力度等无异于新的尝试。经过探索,笔者认为法院在审理行政协议非诉执行的申请时,仍应立足于行政诉讼法,以行政法律关系为主线,对于复杂纠纷中的法律关系、主体利益等妥善处理,包括以下三个方面:

(一)申请主体适格

行政协议主体包括行政主体和行政相对人,行政主体必须要在其权限范围内订立行政协议,不得超越权限范围。向法院申请强制执行的主体也必须是具有相应资格,例如在被拆迁人拒绝履行征收补偿协议的案件中,协议签订一方可能是受房屋征收部门委托的机构,因此需要由房屋征收部门向法院提出申请。

(二)协议内容合法有效

行政协议具有双重属性,因此需要从民事和行政的法律规定两方面进行审查。依法成立的合同,自成立时生效。法律、行政法规规定应当办理批准、登记等手续生效的,依照其规定。从民商法角度看,行政协议不应当出现以下内容:(1)一方以欺诈、胁迫的手段订立合同,损害国家利益;(2)恶意串通,损害国家、集体或者第三人利益;(3)以合法形式掩盖非法目的;(4)损害社会公共利益;(5)违反法律、行政法规的强制性规定。从行政法角度看,行政协议应当符合行政法规、地方性法规、地方政府规章及有效的规范性文件。例如(2017)最高法行申 5250 号翟好志等人诉海南省三亚市海棠区人民政府签订征收补偿协议行为和不履行依法安置法定职责一案,最高院认为行政协议案件涉及行政管理职能的履行和公共管理目标的实现,作为行政案件审理,必须按照行政诉讼法的规定,对被诉的行政协议行为进行合法性审查。凡是违反法律、行政法规、地方性法规、合法有效的规章以及规章以下规范性文件的行政协议行为,均属于违法的行政行为。行政机关签订行政协议,应当在其自由裁量权范围内行使,不得侵犯国家利益、公共利益和他人合法权益,也不得以协议为名,损害行政协议相对人的合法权益。因此,法院在审理行政协议的非诉执行案件时,必须要在最基本的合法性上进行严格把关,对具有明显违法、明显侵害公共利益的行政协议,不赋予其强制执行效力,应驳回其申请。

(三)协议订立程序合法

对于行政协议的非诉执行申请,法院应当按照行政强制法的规定进行审查,最好能通知各方到庭进行询问,作出裁定前听取被执行人和行政机关的意见。如果发现订立行政协议未遵循必备的法律程序,存在胁迫、欺瞒,行政协议不符合生效要件,则应驳回其申请。例如行政协议通常应以书面形式存在,如果仅以口头达成协议作为理由,向法院提出强制执行申请,不应准许。

在现代的社会治理中,政府的职能从注重控制开始转向合作与协调,行政协议作为治理方式的创新,有助于塑造政府与公民之间的相互信任,推动社会治理实现宏观调控、社会管

① 江必新.行政执法与行政审判(总第 68 集)[M].北京:中国法制出版社,2016:27.

理和公共服务三大目标。如果行政协议缺乏强制力的保障,则出现治理盲点。将行政协议引入非诉执行中,可以畅通救济渠道,为政府探索社会治理的创新提供极其有力的帮助。因此,法院不应拘泥和局限于现有的法律规定,要在把握好协议合法性的基础上,在保护好各方当事人利益的前提条件下,鼓励循序渐进地接纳行政协议非诉执行申请,破解行政协议在非诉执行中的"执行难题",弥补法律法规模糊之处的遗憾。

行政黑名单制度的法律问题探析

郑心韵

【摘要】 行政黑名单制度凭借其便捷、高效的优势,已成为行政执法机关不可或缺的执法手段。有别于传统行政保护手段,行政黑名单制度通过违法事实的公布与行政执法机关的联合惩戒,打击破坏市场经济秩序和社会管理秩序的行为。但近年来,行政黑名单制度的适用逐渐呈现出滥用与泛用的问题。究其原因,是行政黑名单制度法律性质混乱和关联性法律法规缺失所导致的。通过厘清行政黑名单制度属于行政处罚的手段之一,明确行政黑名单制度只能由法律、行政法规创设并只能在与公共利益关联度较高的执法领域内适用,规范行政黑名单制度适用过程中的告知、陈述申辩、听证程序,完善行政黑名单制度的独立复议、诉讼和预防性救治制度,使行政黑名单制度在现实适用,更具正当性。

【关键词】 行政黑名单制度;失信惩戒机制;行政处罚;违法事实公布;联合惩戒

随着市场经济的发展和政府监管方式的变革,在数字技术的革新使得信息交互变得简便快捷、诚信已然成为市场主体的核心竞争力的背景下,行政黑名单制度凭借其便捷、高效的优势,受到行政执法机关的高度重视。行政执法机关通过将失信主体列入行政黑名单,达到令失信人在市场中"寸步难行"的效果。

一、行政黑名单制度概述

受益于行政黑名单制度操作方式的便利性、适用范围的广泛性、实施效果的显著性,行政黑名单制度已然成为行政职能机关不可或缺的执法手段。

(一)行政黑名单制度的定义

行政黑名单制度在我国的理论研究尚处于初始状态,由于研究视角的差异,各学者对其的理解各有千秋,并未得出统一的定义。本文依据《社会信用体系建设规划纲要(2014—2020 年)》《浙江省公共信用信息管理条例》等公共信用信息相关文件总结得出,行政黑名单制度是行政职能机关、法律法规规章授权的具有管理公共事务职能的组织以及群团组织[①],通过公布破坏市场经济秩序和社会管理秩序的企业或个人的违法违规事实,使其在市场交易中受到制约,[②]并由各级人民政府在市场准入、资质认定、行政审批、政策扶持等方面对其

作者简介:郑心韵,华东政法大学法律学院研究生。

[①] 《浙江省公共信用信息管理条例》第二条第二款所称公共信用信息,是指国家机关、法律法规规章授权的具有管理公共事务职能的组织以及群团组织等(以下统称公共信用信息提供单位)在履行职能过程中产生的反映具有完全民事行为能力的自然人、法人和非法人组织(以下统称信息主体)信用状况的数据和资料。

[②] 《社会信用体系建设规划纲要(2014—2020 年)》:"制定信用基准性评价指标体系和评价方法,完善失信信息记录和披露制度,使失信者在市场交易中受到制约。"

施以限制,加以惩戒的一种失信惩戒制度。① 旨在打造以失信②为耻,以守信为荣的信用社会。

除了行政黑名单,社会生活中应用较为广泛的黑名单制度还有司法机关针对"老赖"的黑名单、行业协会针对本行业机构与个人的黑名单、企业用于调整和限制合作和交易对象的黑名单等。行政黑名单与其他黑名单最本质的区别在于行政黑名单具有行政监管性,是行政职能机关利用其所有的行政权力,对违法、违规企业进行的强制性调节和管理,维护公共利益。③

（二）行政黑名单制度的分类

通过将行政黑名单制度进行分类,更为直观地研究行政黑名单制度。

1. 单独惩戒行政黑名单和联合惩戒行政黑名单

依据实施行政黑名单制度的行政职能机关个数的多寡,可以将行政黑名单分为单独惩戒行政黑名单和联合惩戒行政黑名单。单独惩戒行政黑名单指由行政黑名单发布机关独立完成行政黑名单的发布、限制等一系列流程,失信者仅受到单一领域的限制,由于这种行政黑名单的惩戒力度普遍较低,现已较少适用。联合惩戒行政黑名单则充分利用数字技术的优势,将对失信者的限制从过去的单一领域扩大到多个相关领域。行政职能机关通过签署合作备忘录,在向社会公众发布行政黑名单的同时,还将该行政黑名单推送给相关行政职能机关,由数个行政职能机关在各自监管的领域内,共同对失信者加以资格上的限制,通过引起连锁反应,增加失信者的失信成本,这已成为当下最主要的行政黑名单模式。

2. 个人监管行政黑名单和企业监管行政黑名单

依据行政黑名单制度惩戒的对象的不同,可以将行政黑名单区分为个人监管行政黑名单和企业监管行政黑名单。个人监管行政黑名单惩戒的对象是自然人主体,可以是在社会活动中违法社会管理秩序的个人,如无票搭车、使用捏造身份证件买票乘车等,也可以是在商业活动中破坏社会经济秩序的商主体的法定代表人或主要负责人。企业监管行政黑名单是指行政黑名单的惩戒对象为严重破坏市场经济秩序的企业。④

3. 市场经济秩序行政黑名单和社会管理秩序类行政黑名单

依据行政黑名单制度监管内容的不同,行政黑名单可以分为市场经济秩序类行政黑名单和社会管理秩序类行政黑名单。前一种主要针对市场主体严重破坏市场经济秩序的行为,如偷税漏税、发布虚假违法广告、生产不合格食品等行为;社会管理秩序类行政黑名单则针对公众破坏社会管理秩序的相关活动,⑤如高铁"霸座"⑥行为等。

① 《社会信用体系建设规划纲要（2014—2020 年）》:"在现有行政处罚措施的基础上,健全失信惩戒制度,建立各行业黑名单制度和市场退出机制。推动各级人民政府在市场监管和公共服务的市场准入、资质认定、行政审批、政策扶持等方面实施信用分类监管,结合监管对象的失信类别和程度,使失信者受到惩戒。"
② 失信即是严重破坏市场经济秩序和社会管理秩序的行为。根据《浙江省公共信用信息管理条例》第二十四条第一款第二项所称严重破坏市场经济秩序和社会管理秩序的行为,包括商业贿赂、逃税骗税、恶意逃废债务、恶意欠薪、非法集资、合同诈骗、传销、无证照经营、制售假冒伪劣产品和故意侵犯知识产权、围标串标、虚假广告、聚众扰乱社会秩序等行为。
③ 裴丽萍.行政"黑名单"制度的法律问题分析[J].哈尔滨学院学报,2018(4).
④ 兰皓翔.行政黑名单制度研究:一个权利保护的视角[J].山东行政学院学报,2017(1).
⑤ 连建彬.市场监管视角下的黑名单制度研究[D].苏州:苏州大学,2016.
⑥ 孙杰.惩戒兑现!高铁"霸座"男列入限制乘火车"黑名单"[EB/OL].（2018-09-03)[2019-04-01].https://baijia-hao.baidu.com/s? id=1610570935635649675&wfr=spider&for=pc.

（三）行政黑名单制度的功能

行政黑名单制度作为有别于传统行政执法手段的"新"制度,具有下述功能。

1. 惩戒失信行为

违法事实的公布不仅对相关企业或个人的人格利益进行了限制,还利用"市场排斥"和"市场孤立"来减损其潜在的经济利益,部分行政主体还通过将其发布的行政黑名单共享给其他行政主体,限制甚至剥夺了行政相对人在其他相关领域活动的能力。

2. 履行社会责任

迫于舆论压力,或是为了破除资格限制进行正常的市场交往活动,失信者将不得不履行其应当履行的社会责任,并弥补其之前的违法行为给社会带来的损失。同时,严厉的惩戒措施还大大提高了失信的成本,对其他市场主体产生警示的作用,令其对失信行为望而却步。

3. 指导市场行为

适时发布黑名单,可以有效减少市场主体间的信息不对称问题,给市场主体选择合作伙伴、确定交易对象等市场行为提供一定的指导,在一定程度上提前规避了风险,减免了事后救济所需要的社会资源,大大提高了市场效率。

二、行政黑名单制度适用的现实困境

当前,我国多个部委及地区政府均设立了行政黑名单相关制度,并且各行各业对于这一制度都表现出了较高的接受度。但是随着适用范围的日益扩大,行政黑名单存在的问题也日益暴露出来。

（一）行政黑名单制度创设依据的失范

与我国立法者谨小慎微的表现恰恰相反,我国行政职能机关在执法过程中对行政黑名单制度的适用呈现出大刀阔斧的状态。截至目前,我国已经在医疗卫生领域、消防安全领域,乃至慈善捐助领域等方方面面制定了相关黑名单制度,全国信用信息共享平台已发布失信黑名单信息 1421 万条,涉及失信主体 359.4 万个,[①]呈现出了一种"似乎谁都可以设立黑名单制度"[②]的乱象。在高效打击失信行为的同时,过大地限制并克减了行政相对人的合法权益。

（二）行政黑名单制度实施程序的失序

行政黑名单制度在实施的过程中,行政职能机关鲜少及时地向行政相对人告知和说明理由,更没有听取行政相对人的陈述与申辩以及利害关系人的意见等。[③] 农夫山泉砒霜门事件就是海口市工商局未遵守正当的程序所造成的惨痛教训。虽然农夫山泉系列产品的复检结果表明,其砒含量完全合格,不存在之前披露的超标问题,但此前的错误披露对农夫山泉的否定性影响并没有得到轻松的解决,而是不断发酵。农夫山泉官方表示,通过测算的终端销售数据,农夫山泉整体损失预计超过 10 个亿,其中的农夫果园产品和水溶 C100 产品销售环比直降 50%。而相关政府部门的公信力也因为该事件大大受挫,人民网的一次网上调查

---

① 国家公共信用信息中心.2018 年失信黑名单年度分析报告发布[EB/OL].（2019-02-14）[2019-04-01].http://www.gov.cn/fuwu/2019-02/19/content_5366674.htm.

② 胡建淼."黑名单"不能黑列[N].北京日报,2016-02-01(14).

③ 张倩.食品安全黑名单制度的探析[J].延边党校学报,2017,33(3).

显示,87.3%的网民认为该事件存在竞争对手的幕后策划。①

（三）行政黑名单制度救济机制的失衡

目前,许多黑名单制度存在"只入不出"的问题。行政相对人在被错误地列入行政黑名单后,难以通过正常的行政诉讼途径进行自我救济。由于缺乏明确的法律指引,法律定性也尚未厘清,行政黑名单目前难以独立成为行政诉讼审查内容,对于行政黑名单的司法审查,通常需要依赖于基础行政行为,即对基础行政行为先行起诉,在审查基础行政行为的过程中,附带性地审查相应的行政黑名单。但由于基础行政行为与行政黑名单之间并不是绝对的一一对应关系,部分行政黑名单甚至难以按照附属性救济模式来进行救济。②

三、行政黑名单制度现实困境的法律原因剖析

虽然在实施过程中,行政黑名单制度存在种种遗憾,但是我们不能忽视行政黑名单制度在行政执法中的不可替代性。一方面,作为一种事后管理手段,行政黑名单制度充分满足了市场经济背景下"非禁即准""宽进严管"的标准,又基于其便捷、高效的特点,已经成为替代事前行政审批程序的不二选择;另一方面,作为一种政府力量主动介入的社会信用体系建设方式,行政黑名单制度可以有效弥补社会信用自发建设过程中的速度缓慢等问题,强化行政相对人的自我信用制约,逐步消除"习惯性诚信缺失心态"③。此外,行政黑名单制度充分利用我国数字技术变革带来的红利,通过公布违法事实、共享行政黑名单,利用社会监督的功能,降低行政管理的成本。2018年度,共计217.52万个失信主体通过主动履行法律法规确定的相关义务,纠正违法违规的行为,弥补其带来的恶劣影响等方式,修复信用后退出行政黑名单。④ 由此,解决其现实适用中出现的滥用与泛用问题已刻不容缓。

行政黑名单制度的滥用与泛用问题,究其原因,是行政黑名单制度法律性质的模糊和关联法律体系的缺失所导致的。行政黑名单制度实为一个舶来品,目前在我国仍处于实践先于认知的状态,我国关于行政黑名单制度的理论研究依然处于萌芽阶段,关于行政黑名单制度的性质与内涵,尚未得出系统、完备、统一的认知,并影响了其合法性控制机制和当事人权利救济方式的安排。由于缺乏正确的法律法规的指导与限制,我国行政职能机关在实践中普遍倾向于将行政黑名单制度认定为一种行政事实行为。相较于创设依据严格、发布程序繁杂的行政处罚或行政强制措施,行政事实行为由于对当事人权利义务不会产生否定性的评价,对创设依据与发布程序的要求最为宽松。

（一）法律性质混乱

关于行政黑名单制度法律性质的认定,学界一直争议颇多。"行政事实行为"在我国曾居于通说的地位,传统行政法学界的多数学者从作为信息发布方的行政职能机关与作为信息接收方的社会公众的角度着眼,将公布违法事实活动界定为行政职能机关实施的信息提

① 陶斯然.农夫山泉受砒霜门影响预计损失超10亿[EB/OL].(2019-12-08)[2019-04-01].http://finance.sina.com.cn/g/20091208/04177069690.shtml.
② 徐晓明.行政黑名单制度:性质定位、缺陷反思与法律规制[J].浙江学刊,2018(6).
③ 胡立彪.社会信用体系建设的关键是失信规制[N].中国质量报,2018-06-08(1).
④ 国家公共信用信息中心.2018年失信黑名单年度分析报告发布[EB/OL].(2019-12-08)[2019-04-01].http://www.gov.cn/fuwu/2019-02/19/content_5366674.htm.

供行为,对当事人无拘束效力。① "行政处罚说"则关注行政黑名单对行政相对人的"惩戒"性质,将行政黑名单定性为行政处罚。提出该学说的学者普遍认为,违法事实的公之于众事必会减损相对人的声誉,与声誉罚的一般特征是完全符合的。② 并认为行政黑名单制度当属于《行政处罚法》第八条的兜底条款。支持"行政指导说"的学者更关注行政黑名单制度对市场行为进行指引和导向的作用,认为其表面上虽然符合行政处罚的外观与效果,但其并不具有行政处罚的性质。还有部分学者通过对行政黑名单制度功能的类型化分类,与形式化行政行为相衔接,提出了"类型化学说"。该学说通过对行政黑名单制度功能的类型化分类,与形式化行政行为相衔接。即将惩罚性行政黑名单定性为行政处罚,警示性行政黑名单定性为行政指导,备案性行政黑名单定性为内部行政行为,普法性行政黑名单定性为非行政行为。更有学者认为,传统的行为形式理论已经不能满足新型行政行为方式的法律属性界定,应在行政过程论研究范式的指导下,动态地判断行政黑名单制度的法律属性。③

(二)关联法律制度的缺失

依据行政行为法律性质的不同,将其归属于不同的行政行为类别,并配套与之相适应的法律法规,行政行为对行政相对人权利的限制与克减越重,则关联法律制度对行政权力点限制与克减也越严。行政黑名单制度法律定性上的混乱,已从根本上影响了该制度的法律制度构造。通过在北大法宝上检索内容中含有"黑名单"这一关键词的法律法规,得出了如下数据:在中央立法层面,现有法律 0 篇,行政法规 1 篇,部门规章 33 篇,部门规范性文件 668 篇;在地方立法层面,地方性法规 33 篇,地方政府规章 53 篇,地方规范性文件 10441 篇。④ 从上述数据可以看出,立法者或基于某种程度的考量,我国仅仅出台了一些总括性、抽象性、低位阶的法律法规,用于规制黑名单制度。⑤ 在创设依据、使用程序与救济制度等方面,都鲜有规定。以《药品安全"黑名单"管理规定(试行)》为例,此规定只有第十五条涉及对相对人的保护,但也只是简单地规定了对食品药品监管人员滥用职权等违法行为要进行处分,但如何处分,处分后因滥用职权等行为给相对人造成损失后该怎么采取救济措施并没有任何规定。⑥

四、行政黑名单制度法律制度的理论完善

厘清行政黑名单制度的法律性质,完善其合法性控制机制和当事人权利救济方式,缓解行政黑名单制度在现实适用中的滥用与泛用问题,使行政黑名单制度的实施更具正当性。

(一)法律性质的厘清

借助行政过程论研究范式下的阶段性构造分析,黑名单制度本质上是一种复合型行政活动方式。行政职能机关首先将在行政执法过程中收集的当事人及其不良信息列入行政黑名单,而后将载有当事人及其不良信息的行政黑名单以一定的方式对外公布,即"公布违法事实",并将载入行政黑名单的事实通报给其他行政职能机关,各个机关共同对当事人进行

---

① [德]哈特穆特.行政法学总论[M].高家伟,译.北京:法律出版社,2000:393-397.
② 章志远,鲍典娇.作为声誉罚的行政违法事实公布[J].行政法学研究,2014(1).
③ 范伟.行政黑名单制度的法律属性及其控制——基于行政过程论视角的分析[J].政治与法律,2018(9).
④ 马宏浩.行政黑名单制度研究[D].长春:吉林大学,2018.
⑤ 张蔓容."黑名单"制度的法律问题[J].天水行政学院学报,2018(2).
⑥ 马宏浩.行政黑名单制度研究[D].长春:吉林大学,2018.

资格限制,即"联合惩戒"。

1．"公开违法事实"

"公开违法事实"手段是属行政处罚,或是行政强制措施,抑或仅是行政事实行为一直是理论界争议最多的一个问题,而该手段的定性也从某些程度上影响到行政黑名单制度的定性。

行政职能机关惯用的"公开违法行为"手段具有制裁性,当属于行政处罚学理分类中的申诫罚。申诫罚要求行政主体向违法当事人发出警告,说明其有违法行为,通过对其声誉、声望、信用等施加影响,引起其精神上的戒备,达到惩戒当事人,使其不再违法的目的。[①] 首先,违法事实公布中的失信信息是行政职能机关在实施行政执法活动中所收集、获取的信息,显然涉及公权力的使用,其行政性显而易见。其次,违法事实公布不仅仅是行政职能机关内部的信息共享,这些信息的受众是普通的社会大众,满足外部性的条件。再次,行政职能机关通过公布失信者的违法违规行为,对其产生精神上的制约,使其震慑于社会舆论而不敢再犯。最后,违法事实的"公之于众"将给企业或个人的名誉带来严重的隐性负担,其中包含的拘束力是不言而喻的。可见,行政违法事实的公布与申诫罚的一般要求是完全一致的。特别是在市场经济领域中,在诚信已成为一种无形资产的背景下,行政职能机关通过向社会公众公开披露和曝光企业或个人的失信记录,还会贬损市场主体以信用作为依托的核心竞争力。我国台湾地区 2005 年开始实施的"行政罚法"早已将公布违法事实规定为一种行政处罚措施来规制。该法第二条直接阐明了由于公布姓名或名称、公布相片或其他的行为将对当事人的名誉进行不利于当事人的限制,具有裁罚性,因而当属于该法所称的其他种类的行政罚。[②]

虽然行政黑名单中的"公开违法行为"与行政事实行为中的"公开"在形式上具有一致性,但两者存在本质上的不同。行政黑名单中的"公开违法行为"意在对不履行义务的企业或者个人形成心理上的拘束力,而行政事实行为中的"公开违法行为"意在为社会工作提供相关资讯,对当事人不产生不利后果。随着信息交互的日益便利和快捷,"公开违法行为"给行政相对人带来的负面影响日益加深,逐渐从单纯的"提供咨询"转向"对权利的限制或克减",行政事实行为已经不足以评价"公开违法行为"所具有的拘束效力,这也是为什么越来越多的学者对"事实行为说"展开了反思,进而认为"公开违法行为"当属行政处罚。[③] 此外,虽然行政黑名单制度的"公布违法事实"的行政强制措施的"公开"在功能上具有部分一致性,均具有令违法者改正违法行为的效果,但是也不能忽视该"公布违法事实"还具有惩戒失信当事人的目的和否定性法律效果。虽然行政职能机关将失信人加入行政黑名单的原因非常复杂,但是,行政职能机关只要是以相对人违法违规为前提,将相对人列入"黑名单",并直接导致许多人的权利受到限制甚至剥夺的,就是行政处罚。[④]

2．"联合惩戒"

为了实现"一处失信,处处受限"的失信惩戒格局,各个行政职能机关已经共同签署了联

---

① 胡建淼．"黑名单"管理制度——行政职能机关实施"黑名单"是一种行政处罚[J]．人民法治,2017(5)．
② 施立栋．行政上的公布违法事实活动研究[D]．杭州:浙江大学,2012．
③ 李建良,林合民,陈爱娥,等．行政法入门[M]．台北:元照出版有限公司,2004 年:324;李震山．行政法导论[M]．台北:三民书局,1999:228．
④ 胡建淼．"黑名单"管理制度——行政职能机关实施"黑名单"是一种行政处罚[J]．人民法治,2017(5)．

合奖惩合作备忘,通过信息的共享,联手惩戒失信人。基于此,一旦某一行政职能机关将其制作的行政黑名单通报给其他行政职能机关,将产生责任连锁效应,失信者将会受到来自政府采购、不动产交易、旅游、社保等一个乃至数个领域的直接限制。以税收违法"黑名单"为例,税务部门通过将其制作的税收违法"黑名单"发送给相关行政职能部门,公安部门将配合税务机关处理阻拦偷、逃税人出国;工商部门、市场监督管理部门则配合税务机关限制上榜人员成为企业的董事、监事、经理职务及其法定代表人。其中,阻止出境以剥夺违法当事人人身自由为惩戒手段,符合人身罚的功能特征,限制任职则以剥夺违法当事人进行不动产交易等某些特定行为能力和资格为手段,属于资格罚。基于此,可以明确"联合惩戒"这一措施具有制裁性。

不论是"公布"行为给行政相对人造成的隐形负担,还是联合惩戒类的黑名单的名单通报措施给相对人带来的直接限制,都表明了行政黑名单制度的侵益性,当属于行政处罚的手段之一。由此,行政黑名单制度关联法律制度的构建便应当严格遵守《行政处罚法》中的相关要求,并在不突破《行政处罚法》的规定的范围内,针对行政黑名单制度所具有的社会监督、信息共享等特点,将关联法律制度加以具体化、细化。

(二)明确行政黑名单制度的创设依据和准用范围

合法行政原则要求行政职能机关及其工作人员只能在法律法规规章所允许的范围内行使行政权力,没有法律法规规章的允许,行政职能机关不能对公民、法人或其他组织作出限制其权利或增加其民事义务的行政行为,遵守合法行政原则是法治政府的基本要求。行政黑名单制度作为一种具有惩戒性质的行政行为,它的法律属性应当属于法律责任,行政职能机关利用行政黑名单制度对市场主体的权利进行限制,或者说给市场主体增加一些义务应该有明确的上位法依据。依据《行政处罚法》第九条、第十条、第十一条的相关规定,行政黑名单制度只能由法律和行政法规进行创设,同时,考虑到各地信用体系建设的不同步,可以通过法律法规授权的方式,授权省级人民政府或者有关部门在特定情形下通过制定规章或者规范性文件的形式对行政黑名单制度的具体适用作出进一步细化规定,但是不得突破法律、行政法规关于行政黑名单制度的惩戒行为、种类及幅度的范围,不得限制与克减失信主体的人身或财产权益,也不得增加或扩张行政职能机关的行政权力。

在遵守合法性原则的基础上,还要遵循合理性原则。通过严格控制行政黑名单制度适用领域的宽窄程度[①],平衡行政黑名单制度所欲达成的目标价值与被监管对象权利可能受到的限制,改善行政黑名单制度在实践中出现的滥用和泛用问题。有必要适用行政黑名单制度的领域,可以以"公共利益关联度"为具体评判准则。某一公共领域与社会公共利益相关度越高,社会公众对于被监管对象的行为依赖程度就越高,施加特别行政规制的必要性就越强,[②]例如我国的税收、食品药品等领域。行政黑名单制度的进入标准,则可以从次数和程度两方面来考虑。次数方面主要考虑到,某个单一的违法违规行为可能并不足以达到被列入行政黑名单的标准,因此转而通过判断其违法违规次数,同一被监管主体反复实施该领域行政黑名单制度所规定的某一违法违规行为次数越多,则社会危害性越大。进入行政黑名单所要求的违法违规次数的确定,应当由法律法规事前进行明确的规定。次数并非一个抽象

---

① 范伟.行政黑名单制度的法律属性及其控制——基于行政过程论视角的分析[J].政治与法律,2018(9).

② 徐晓明.行政黑名单制度:性质定位、缺陷反思与法律规制[J].浙江学刊,2018(6).

且难以描述的评判标准,因此应当尽量限缩行政执法机关在这一方面的行政裁量权,行政职能机关可以通过直接判断相对人的违法行为是否符合法律、法规确定的次数标准,而决定是否需要将被监管人员纳入黑名单制度规制范围。从程度的方面考虑,则需要行政执法机关妥善地行使其自由裁量权,通过考察被监管对象某一违法行为对于法律秩序的破坏程度,是否达到足以严重破坏行政法律秩序的程度,甚至从本质上触犯了行政法治的底线,来确定该被监管人是否需要被纳入行政黑名单。

（三）规范行政黑名单制度的行政程序

正当法律程序原则是从传统的"自然正义"原则逐渐发展而来,依据正当法律程序原则,行政职能机关在行使行政权力的过程中,必须严格完成法律预先规定的每一项程序,以保护行政相对人的权利。行政黑名单制度在适用过程中,也势必要遵循正当程序相关的制度,如听证制度、陈述申辩制度、回避制度等,严格遵从行政程序,保证行政权力得以公正、公平、公开的行使,是程序正义的体现,也是实体公正实现的基石。

行政黑名单的发布将对失信人的名誉、声誉、可期待收益等无形财产产生贬损,并且难以回复。为了确保行政行为的合法性及相对人的权益保护,行政黑名单进入程序的设置需要适当严厉化。在公布行政黑名单之前,要妥善保障上榜人员的知情权、陈述权、申辩权等相关权利。对当事人提出的事实、理由和相关依据,应当认真、谨慎地对待;失信人提出的事实、理由或者证据成立的,行政职能机关应当采纳。由于作为行政处罚性质的行政黑名单是一种"综合性""连锁性"的处罚,当事人的几十项权益由此会被或将被限制或剥夺,对相对人的不利程度远远高于通常性的罚款、责令停产停业、吊销证照等"单项性"处罚手段,[1]因此行政职能机关在作出"公布违法事实""通报相关部门"等行为前,还应当告知失信主体,如果其对行政黑名单的内容有异议,可以要求行政职能机关进行听证。对于失信主体要求听证的,行政职能机关应当在法律规定的期间内尽早组织听证。

行政黑名单制度的目的不仅仅在于惩治市场失信者,其意义还在于督促失信主体及时改正错误行为。因此在严格控制行政黑名单进入程序的同时,还应该确保主动履行义务的企业及个人可以及时地退出行政黑名单。黑名单的退出机制要求"黑名单"原则上必须有期限,超过法定期限的,应该恢复相对人的原始状态。即便在保留期限内,行政职能机关也应定期检查失信企业和个人的义务履行状态,或依据当事人的申请,一旦当事人被列入"黑名单"的事由消除,有关机构应立即将该主体移除行政黑名单。[2] 便捷、及时的退出机制既有利于提高企业、个人履责的积极性,又震慑了妄图失信于社会的企业及个人。

（四）完善行政黑名单制度的救济机制

权责一致原则要求行政主体实施行政行为要有相关法律法规赋予的强制手段,同时行政主体在行政活动中违法或者不当行使相应的行政权力,应承担相应的责任。有权力必有救济,是保障行政职能机关合法合理使用其行政权力的依托,也是保护行政相对人合法权益的要求。

行政黑名单制度适用的否定性法律后果是独立对当事人产生,而非依赖于现行的警告、罚款行为,因此该制度是一个独立的具体行政行为,依法给予失信上榜人员对行政黑名单单

---

① 胡建森."黑名单"管理制度——行政职能机关实施"黑名单"是一种行政处罚[J].人民法治,2017(5).
② 周昕.法律视角下的"黑名单"[N].学习时报,2018-10-22(3).

独申请复议、提起诉讼、要求赔偿的权利,是行政黑名单法治化的最低要求,也是必然要求。此外,由于行政黑名单制度的否定性法律后果,需要通过相关市场主体的市场行为来实现,对失信企业或者个人所带来的直接或间接损失,行政职能机关难以估计,也无法控制。错误的发布行为即便被纠正,所带来的负面影响依然会持续、发酵一段时间,因此相对于别的行政处罚,行政黑名单制度更需要一个有效的"预防性救治制度"。具体而言,可以在将来修改《行政诉讼法》时引入临时禁令制度,在满足可能对相对人造成不可弥补性的损害、不具有明显的公共利益存在、情况的紧急性等条件之时,赋予法院命令行政职能机关暂时停止公布违法事实的职权,并由法院对该公布行为的合法性进行迅速审查。同时,通过在政府信息公开立法中设置一定期间,规定行政职能机关在作出信息公开决定之后的该期间内不得执行公开行为,以便被公布方能够从容提起上述预防性的停止作为之诉。[1]

---

[1] 施立栋. 行政上的公布违法事实活动研究[D]. 杭州:浙江大学,2012.

P2P 网络借贷平台的法律规制研究

——基于涉刑事、行政、民事司法的互联网金融案例实证分析

王惠珍　董际峰　施　益

【摘要】　P2P 网络借贷是一种独立于传统金融机构体系外的新型借贷形态,自 2007 年我国第一家 P2P 网络借贷平台"拍拍贷"成立以来,平台呈爆发式增长,与此同时,P2P 网贷平台乱象频发,资金流断裂、倒闭、卷款潜逃等问题凸显,加之目前整体金融市场环境收紧和杠杆率上升,P2P 网贷已逐步进入行业洗牌阶段,在此大时代背景下,我国 P2P 网络借贷平台如何真正规范发展、行业面临的法律监管问题,都是亟待探讨的问题。

【关键词】　P2P 网络借贷;法律风险;司法监管

一、引　言

作为互联网技术革新"金融脱媒"趋势下的产物,近几年,P2P 网络借贷平台在一定程度上缓解了中小企业的融资压力,但整个 P2P 借贷行业发展良莠不齐、乱象层生,在社会中引起轩然大波,对其监管势在必行。

二、管窥——P2P 网络借贷的内涵特征及运营模式

(一)P2P 网络借贷的含义

P2P 的英文全称是"Peer to Peer",即"个人对个人",学术界统称"对等网络",其本质即整个网站结构中不存在类似中心服务器,网络中的每个个人地位都是对等的,既可以成为网络服务器,亦可为网络提供服务[①],简单来说就是通过互联网促进网络用户之间直接进行信息共享。网络借贷最早源自欧美国家,目前欧美提供网络借贷金融服务主要模式有 Zopa 和 Prosper,实现网络用户之间资金的借入和借出,在整个借贷过程中完全没有金融机构的介入[②],对比来说,Zopa 对借贷双方的信用评级要求较高,用户选择性强,然而 Prosper 对用户的信用评级要求不高,用户的风险就增大,国内 P2P 网络借贷的模式类似于 Prosper,对用户双方的信用评级要求不高,加之国内信贷制度空白,因此造成 P2P 网络借贷市场乱象频出。

作者简介:王惠珍,宁波市海曙区人民法院党组副书记、副院长;董际峰,宁波市海曙区人民法院民二庭庭长;施益,宁波市海曙区人民法院民二员额法官。

①　瑞顿. Lending Culb 简史[M]//P2P 借贷如何改变金融,你我如何从中受益.北京:中国经济出版社,2013.

（二）P2P 网络借贷的特征

P2P 网络借贷依赖于互联网技术，出借人和借款人可直接联系，借贷流程灵活快捷。实际操作中，P2P 网贷平台则脱离银行媒介，借款人和出借人自行配对，平台则充当信用中介的角色。笔者采用表的方式将传统借贷和网络借贷相比较，具体阐释 P2P 网络借贷的特征，如表 1 所示。

表 1　P2P 网络借贷与传统借贷比较

类型	P2P 网络借贷	传统借贷
借贷金额	小额为主	大额为主
借贷流程	快捷灵活	复杂烦琐
借贷利率	借贷双方协商	金融中介机构决定
借款主体	个人与个人、企业	金融机构与个人、单位
属性	信息中介平台	金融机构

1.高效便捷

P2P 网络借贷业务主要由计算机操作进而处理数据，操作流程完全标准化，客户无须像传统金融机构一样现场排队等候，借款人直接通过网络，进行线上流程操作即可。整个流程高效便捷、用时短，迎合了互联网金融市场经济的发展需求。

2.借贷门槛低

P2P 网络借贷本身作为信息中介平台，对借款人的贷款设置都是依据提供的初步信息进行信用评估，获得贷款的条件。相反，传统金融机构借贷的门槛高，往往需要借款人提供抵押担保，要求严格。另外，P2P 网贷平台投资借款无次数限制，只要通过审核即可参与。

3.主体覆盖面广

传统金融机构的借贷对借款人的要求极高，借款人若不能提供金融机构所要求的抵押和担保条件是不符合借贷条件的，而 P2P 网络借贷的最大优势即在于借款人覆盖面广，借款人只需根据网站步骤提示进行注册成为会员，验证自己的身份信息（身份、收入、学历、资产等）便可申请借款。

（三）P2P 网络借贷的运行模式

根据我国目前 P2P 网络借贷平台不同运行模式，主要划分为单纯中介模式、复合中介模式两类。

1.单纯中介模式

P2P 网络借贷平台仅仅作为借贷双方的信息中介，借款人发布借款信息，随后上传资料，平台初审通过后才会放入借出区域供投资人投标，是否出借由借款人定夺，投资人也要承担借款人逾期不归还本息的风险。此模式中，P2P 网络借贷平台收益主要来自其提供信息中介产生的手续费和服务费，这种模式的网贷平台仅仅充当信息中介的角色，强调投资者风险自担的意识，不提供担保，我国使用该模式的平台典型代表是"拍拍贷"，主要提供的中介信贷服务是纯信用无担保的。

2.复合中介模式

复合中介模式平台除了向借贷双方提供信息中介服务，还为借款提供担保。该种模式中，P2P 网络借贷平台在整个交易过程中成为中间人，如借款人须签订合同、强制要求借款人需按月分期偿还借款、借款人通过将一笔资金借给多个借款人等措施来降低借款人的风险。平台这种中间人功能角色与银行相似,借贷双方不是一对一关系,平台把自身的信用转化替代了借款人信用,"宜人贷"是此种模式的典型代表,此类平台收益主要来自借款人融资金额手续费以及年费,该类平台一直在我国受到追捧,但引发诸多风险,因此已被明令禁止。

三、现状——我国 P2P 网络借贷的实务与司法判例解析

(一)我国 P2P 网络借贷的金融市场发展概述

自 2013 年以来,P2P 网络借贷在我国发展迅猛,大型传统金融机构、上市公司和民间资本都涌入 P2P 网贷市场,第一网贷数据显示,截至 2018 年年底,全国 P2P 平台数达到 6063 家[①],其中正常运营的平台数量为 1185 家,同比减少 46.5%。与此同时,问题平台数量快速上升,提现困难、经侦介入、卷款跑路甚至倒闭等事件不断刷新数据[②]。震惊一时的 e 租宝案件涉案金额就高达 581 亿元,波及超 80 万投资人,诸如此类的 P2P 事件,严重损害了投资者的利益,甚至对社会金融稳定造成一定隐患。据零壹数据不完全统计,截至 2018 年年末,歇业停业的平台至少有 976 家,占到问题平台总数的 30%。网站关闭、失联跑路和提现困难 3 类问题平台均已超过 300 家,占比分别为 20%、11% 和 15%(见图 1 和图 2),同时,我国 31 个省、区、市均有正常运营的平台,作为经济发达地区的北、上、广的平台数量位居前三(见图 3)。

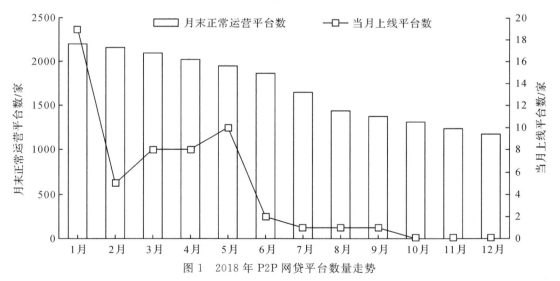

图 1 2018 年 P2P 网贷平台数量走势

(二)我国 P2P 网络借贷的法律法规体系

P2P 网络借贷是互联网金融的新型产物,主要的法律关系介于借贷双方之间,然而由于 P2P 网络借贷依赖互联网,因此要求 P2P 网络借贷在网络技术、借贷程序、电子合同签订方面更加规范,涉及的法律关系更加复杂,需要更多明确的法律进行规制。

---

① 该统计剔除了 334 家上线时间、问题时间、转型时间等不明确的 P2P 网络借贷平台,下文同此,仅包括有 PC 端业务的平台,且不含港台澳地区。

② 于德良.48 万 P2P 投资人"踩雷"—— 1300 家平台风险集中爆发[N].证券日报,2017-02-04(B02).

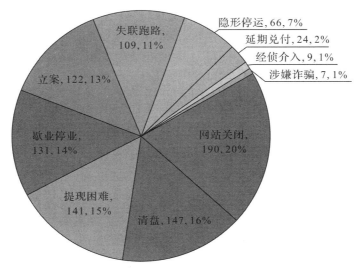

图 2　2018 年 P2P 问题平台类型构成

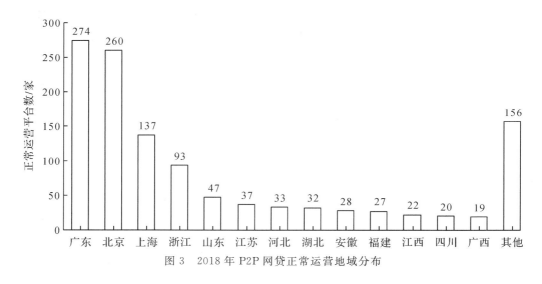

图 3　2018 年 P2P 网贷正常运营地域分布

1. 与平台相关的刑事法律规范

刑事法律对 P2P 网络借贷的规定主要有《中华人民共和国刑法》的非法吸收公共存款罪、集资诈骗罪、非法经营罪等。P2P 网络借贷平台涉及非法吸收公共存款罪和集资诈骗罪是指平台为了非法占有,或者违反信贷管理法律、法规来吸收公众存款的行为,但是两种罪之间主观故意不同,P2P 网络借贷涉及的非法集资罪是指平台虚构事实、隐瞒真相,想要通过平台永久非法占有出借人的资金,非法占有的主观故意明显,而非法吸收公众存款罪,只是指 P2P 网络借贷平台临时占用出借人的资金,犯罪嫌疑人承诺并且本意也愿意还本付息。P2P 网络借贷平台涉及非法经营罪主要是指平台违反国家规定非法从事资金结算业务或者非法经营活动。

2. 与平台相关的行政法律规范

2011 年银监会发布《关于人人贷有关风险提示的通知》,第一次在国内以官方的形式对

P2P 网络借贷平台的监管提出了新的要求。2015 年,中国人民银行、工业和信息化部、公安部等十部委发布了《关于促进互联网金融健康发展的指导意见》(以下简称《指导意见》),第二条第(八)款规定了网络借贷平台必须坚持中介服务,为投资者和金融家提供信息交换、匹配、信用评估等,鼓励创新,并明确网络借贷的监管主体为银监会。2016 年,银监会出台了《网络借贷信息中介机构业务活动管理暂行办法》(以下简称人《暂行办法》),规定了 P2P 网贷平台的中介属性,即网络平台是撮合借贷双方之间的直接交易,是信息中介不是信用中介,同时对平台的备案、银行的存管、信息披露等方面提出较为详细的规定,《暂行办法》为网络借贷行业不仅制定了严格规定,更制定了其发展框架。2018 年 8 月,国务院金融稳定发展委员会召开预防和化解金融风险专题会议,为 P2P 网络借贷行业风险防范建立了 P2P 网络贷款风险专项整治工作领导小组,并下发《关于开展 P2P 网络借贷机构合规检查工作的通知》,查摆、总结、分析行业内的突出问题,重拳出击,严格整治网络借贷行业。

3. 与平台相关的行业自律规范

行业自律是特定行业的共同约定制定的规范性条款。P2P 网络借贷行业自律规范的制定一般是网贷的主要参与者,每个参与者具有平等的民事法律地位,站在平等的角度制定自律规范,同时制定参与者立足实践,通过自由协商、共同研讨、合作治理的方式研讨自律规范条目,对网贷中的法律空白进行补充。

2012 年,互联网借贷行业委员会成立,并于 2013 年颁布了《个人对个人小额信贷信息咨询服务机构行业自律公约》,委员会的全体成员都适用于此公约。2013 年,互联网金融千人俱乐部成立,同年,中关村互联网金融行业协会成立。2016 年,中国互联网金融协会正式成立,该协会的成立为 P2P 网络借贷行业自律提供了平台,对 P2P 网贷行业来说具有里程碑的意义。

4. 与平台相关的民事法律规范

P2P 网络借贷的民事法律关系主要立足于网贷参与者之间的合同关系,基于 P2P 网贷是一种新型的民间借贷模式,法院在解决 P2P 网贷纠纷时,主要参照民间借贷的解决方式,从《合同法》和《关于审理民间借贷案件适用法律若干问题的规定》等相关法律、司法解释中寻找审判依据。

2015 年,《关于审理民间借贷案件适用法律若干问题的规定》颁布并实施,该规定最初是为审判者能以此为依据在面对民间借贷的纠纷案件时作出正确的审判,但是作为 P2P 网贷,其基本的民事法律关系与民间借贷的法律关系有些许相似的地方,因此在法院审判 P2P 网贷纠纷案件时,通常采用该规定,用于明确各主体的法律责任。

(三) 涉 P2P 网贷平台典型司法判例述评

笔者通过整理中国裁判文书网①发布的案例,总结归纳几个突出的刑事、民事法律问题。

案例 1:非法集资问题

被告人甘某于 2010 年 5 月投资成立广州市环宇投资有限公司(简称环宇公司),2014 年 2 月环宇公司开设"中大财富 P2P 网络理财平台"(www.zhongdacaifu.com),对外宣传环宇

---

① 笔者以"网络借贷"为关键词搜索裁判文书网,截至 2019 年 4 月 22 日,共搜查 5852 份裁判文件,其中包括 291 起刑事案件和 3381 起民事案件、5 篇行政案由,可见 P2P 网络借贷涉及民事纠纷较多,从审判地域来看北京市涉案 2000 余起,遥遥领先于其他省份和城市,广东、上海次之,可见 P2P 网络借贷纠纷主要发生在经济发达地区。

公司对该平台拥有经营权,向投资人提供信用咨询及为交易提供信息服务,由投资人通过该平台借款给借款人,广某投资集团有限责任公司、广州市环宇纺织品市场经营管理有限公司作为担保方,对投资人和借款人之间的借贷事宜提供本息连带责任担保,承诺投资人可获得借款利率22%左右的回报。被告人甘某虚构借款人需要借款的信息,指使手下员工将虚假的借款信息发布到平台,利用该平台接受被害人黄某丁等371人资金共计人民币8407.2万元,被害人累计提现共计人民币3347.8万元。被告人甘某将上述款项用于支付投资人回报和偿还个人债务,造成被害人损失共计人民币5059.4万元。一审法院认为,甘某采用欺诈手段的方式非法占有募集资金,扰乱行业秩序。

该案例为典型的刑事案件,甘某经营P2P平台,非法筹集公共资金,并且由于支付高利率造成巨额债务,构成非法集资诈骗罪。这类案件涉及的受害者较传统的集资诈骗较为广泛,且不受地域限制,涉案金额大,涉案财物一般难于追回,容易滋生群体性事件,对社会稳定危害极大。

案例2:隐瞒或虚假披露信息问题

华新网由被告华新公司经营管理,原告胡某先后在华新网上投资了多种理财产品,到期后不能提取资金。被告于2017年2月28日出具承诺书,明确截至当日已到期但无法正常提取的借款本息为22591.65元,另有115000元分别于2017年3月至5月间陆续到期,并承诺将到期金额全部结算给原告。在原告起诉之前,华新网的个人账户上显示的账户状态为:账户总额139491.66元,可用余额125399.99元,冻结金额14091.66元。在法庭审理中,被告华新公司表示,其在第三方支付平台开立的基金存管账户以华新网的名义开立。因此,当借款人的贷款本金和利息到达指定账户时,被告将及时将收取的金额支付给相应的投资者。但是,由于借款人的钱未能返还基金存款账户,华新公司无法向胡某付款。

本案中,在线借贷平台没有按照行政监管机构的规定和要求对借款人的基本信息和信用状况进行必要的审查,或者借款人和贷款合同的相关信息没有以真实、及时、全面和充分的方式向贷方披露,导致贷款人的损失。如果贷款人要求网贷平台承担相应的责任,则应予以支持①。本案也反映了P2P网络借贷平台实践中在信息披露方面存在的问题,部分P2P网络借贷平台为了抢占市场,获取利润,存在捏造虚假信息的现象、建立虚假网站或成立空壳公司、虚构借款人、假借正规的第三方如银行或者理财公司等金融机构名义博取出借人的信任。

案例3:担保责任产生责任认定问题

2016年6月22日,吴某与轻易公司签订贷款服务合同,吴某通过网上借贷方式发放贷款需求。吴某同意并承诺,每笔交易必须通过在线点击确认,以接受个人贷款和担保协议的电子协议,吴某通过轻易贷以网上贷款确认方式申请一定数额的贷款。同日,作为担保公司,昊瑞签署了担保函作为借款人,并声明作为借款人的担保公司,昊瑞公司自愿向出借人提供借款人不可撤销的连带担保。后创金公司,吴某,昊瑞公司和轻易公司签署了《借款和担保协议》,规定:创金公司为贷款人,吴某为借款人,昊瑞公司为担保人,昊瑞公司对吴某和创金公司通过轻易贷达成的借款以担保函形式提供连带担保。贷款期满后,吴某没有结清上述借款和利息。创金公司起诉法院要求吴某偿还本金和利息,并要求昊瑞公司承担担保

---

① 详见北京市东城区人民法院〔2017〕京0101民初9551号民事判决书。

责任。

法院认为：吴某通过网上交易平台向创金公司借款，并签订了贷款担保协议，担保函和不可撤销的联合担保函。创金公司向其指定账户付款后，两者已建立明确的债权债务关系。吴某违反共同约定，应当承担依法还款的义务。昊瑞公司自愿为吴某担保，因此他签署的担保函合法有效，并在保证期内承担担保责任。昊瑞公司共同偿还贷款；昊瑞公司承担担保责任后，可以向债务人追偿①。

四、溯因——我国 P2P 网络借贷平台的风险及原因分析

（一）涉刑法律风险——基于法律法规不完善

P2P 网络借贷作为互联网金融新生事物，原有证券法、商业银行法、反洗钱及刑法等对其表述分散，原有民商法缺乏对互联网环境下 P2P 网贷问题的设计，可见法律的滞后是造成 P2P 网贷问题的一个重要因素，另一方面，近年来 P2P 网络借贷规模不断加大，监管滞后导致资金风险无法规制，借贷市场出现大量非法集资风险。

1. 借款人利用平台非法集资

P2P 网络借贷平台作为借贷双方的信息中介，对出借人未能履行如实告知义务，对借款人信息资料的审核未能合理分析，且不能通过有效的技术手段对其平台上的用户实施管理，造成虚假借贷通过表面的合理行为，向平台上的投资人进行借贷以便募集资金，从而平台又能将这些沉淀资金运用起来，进行大规模投资获取高额利润。该前提下，借款人以非法占有为目的，通过虚假借款人名义，进行资金募集，构成集资诈骗罪。

2. 平台自身非法集资

目前，P2P 网络借贷平台常见的非法集资模式有两种，网络借贷平台自融模式和资金池模式②。网络借贷平台自融模式即网络借贷平台经营者通过虚构交易、增加借款数额等方式，向出借人发布虚假借款人信息来获取资金，例如"东方创投"网络借贷平台向公众进行大肆宣传，以提供网络借贷信息中介服务为由，向出借人承诺高额回报，并同时在网络借贷平台上虚构、伪造借款人的借款需求资料，吸收 1325 名出借人共达 1.2 亿元资金，然后将这些资金擅自挪用，为网络借贷平台经营者个人投资使用，平台负责人构成非法吸收公众存款罪。

网络借贷平台资金池模式即平台通过设计借贷理财产品，借款人有需求时将金额转换成对应的理财产品出售给出借人或者先将理财产品出卖给出借人，以便归集投资人的资金，再寻觅借款对象，促使出借人的资金流入平台账户形成资金池，该形式即为网络借贷平台自融模式下的非法集资。

（二）担保风险——基于平台异化担保模式

在我国，P2P 网络借贷平台不仅作为信息中介的功能角色，平台还异化发展产生了担保模式的平台，不仅通过第三方担保机构担保甚至自身担保。近年，互联网金融监管层要求平台"去担保化"，目前自行担保模式已被明令禁止，但《暂行办法》中没有明确规定第三方担保机构提供担保的行为是违法的，该类平台大量存在并受到青睐，究其原因，投资者希望通过

① 详见江西省宜春市中级人民法院《〔2018〕赣 09 民终 702 号民事判决书》。
② 零壹财经,零壹数据. 中国 P2P 借贷服务行业白皮书[M].北京:中国经济出版社,2014.

P2P 平台投资获取利息,若平台仅仅是信息中介,担心自己资金会亏损,而引入第三方担保机构进行担保,投资者便有一定保障。我国 P2P 网贷行业中便异化发展了很多通过引入第三方担保机构进行担保的平台,其实担保本质上转嫁了风险,并未分散风险。此种模式平台如人人贷、陆金所、红岭创投等。随着 P2P 业务不断扩大,担保机构所能担保的数额远远超过最高 10 倍的杠杆,极高的杠杆率使担保承诺的可行性面临考验,最后只能使得担保公司宣告破产,投资人更是血本无归[①]。

(三)信用风险——基于信息不对称、征信不完善

P2P 网贷平台涉及民众众多,借款人素质各有差异,有的借款人为了能顺利借到钱,利用互联网的虚拟性,提交个人信息时,刻意规避不利于自己的真实信息,反而提交的是经过美化加工过的虚假信息,这就为逾期违约风险埋下隐患。很多情况下,信息的不对称会造成借款人利用这种虚假信息而获得借款,甚至在多家平台多次借款,一旦发生借款人逾期还款甚至销声匿迹而无法再追回借款时,民众对平台的信任会严重受损。

(四)其他风险及原因分析

1. 道德风险及原因分析

P2P 网贷平台能生存的原因之一就是信息不对称,这也是所有金融服务中介服务产生的前提,在相关监管及征信体系尚未完善的背景下,P2P 网贷中的绝大多数问题就是利用信息不对称而牟取利益。如 P2P 行业大量问题"跑路"的平台,有相当大一部分是恶意虚构借款人和借款用途,一旦吸收了公众大量资金,便立刻卷款逃跑,从开始就是非法集资。

2. 流动性风险及原因分析

P2P 网贷平台的流动性风险主要强调平台是否能够应对任何时刻投资者的取现要求,即是否有足够的备用金用来应对支取现金。流动性风险主要是由于期限错配导致平台流动性转换风险,若此时发生信用风险导致大规模投资者挤兑,P2P 网贷平台资金链极易断裂进而还会使平台面临倒闭。

五、策应——P2P 网络借贷法律规制的完善建议

(一)健全 P2P 网络借贷的监管体制

1. 明确监管主体

目前,国内 P2P 网络借贷的监管主体特性为多头监管,未能有效规制法律风险的管控,监管规则应当进一步明确相关核心银行业监管机构的监管主体地位[①](如银保监会),负责网络借贷领域的行为监管和审慎监管,同时在细则中明确规定其他部门机构应有配合的义务,制定以核心监管机构为首的联席会议制度,加强各部门的沟通协调,弱化多头监管或交叉监管的弊端,从而指引网络借贷市场的良性发展。

2. 规范准入机制

P2P 网贷平台备案制度的实施,虽一定程度上淘汰了不少问题平台,但是其本身作为一种形式性的规范条件,准入门槛缺位,备案程序倒置,一定程度上仍迷惑着投资人对平台的逆向选择。

(1)设立准入门槛。如上所述,目前国内平台的准入机制是设立平台备案制。具体操作

---

① 赵渊,罗培新. 论互联网金融监管[J]. 法学评论,2014(6):118-126.

来讲,网络借贷平台向地方金融机构进行备案,对平台先前的业务行为进行审查,看是否存在不良从业记录。同时应设立注册资金的门槛,用于风险控制,对 P2P 网络借贷设立许可制,设定金融牌照的门槛,从行政许可的角度对网络借贷平台实行信用背书,加强平台的法律义务,保障投资人的资金安全。

(2)规范备案程序。基于 P2P 网络借贷平台具有金融机构的特性,其运营资质的获取,应参照金融机构许可制的规则,而不是同类于公司的工商注册规则,工商登记注册属于对世权,一旦公示,公众就会相信网络借贷平台合规,取得政府信用背书,就会误导投资人对网络借贷平台资质的识别。同时应增加 P2P 网络借贷平台退市的制度规则,在准入阶段就针对网络借贷平台倒闭时,对债权债务的处理提交方案,并根据平台后续运营情况,对其进行定期的更新,从而保证在平台倒闭服务中断时,最大限度地抑制风险,减少借贷双方的利益损失。

(二)完善 P2P 网络借贷的配套制度

1. 建立信息披露制度——确立基本原则

国内确立信息披露制度的基本原则,应以实质性和形式性的基本原则并重。实质性基本原则主要规范信息披露的真实、完整以及准确的特性,强制要求 P2P 网络借贷进行信息披露。形式性基本原则主要对信息披露的规范性作要求,信息披露事项的公开由法律统一规定,同时规定平台法定义务,并且集中管理平台的信息数据,要求平台在指定场所进行披露,以便投资者能及时有效地了解平台情况。同时,对网络借贷平台的运营资质、运营模式、业务数据以及风控技术进行详细的披露,以便出借人在选择平台投资的主动权中,能有效把握平台信用评级和预测资金的安全系数,从而采取合理的投资行为。

2. 完善个人征信制度——信息共享机制

P2P 网络借贷一直处于征信困局,无法集中采集信息以便评估借款人的信用,加之国内征信机构量少且分散,导致现有的征信信息无法实现共享。笔者认为,国家应从政策和制度上提供收集信息的便利渠道,鼓励允许各征信机构之间实现信息共享。同时对私营征信机构设立个人征信牌照,限制准入门槛,发挥有效调整征信市场的作用。设立公共征信机构,将各征信机构的信息数据载入其中,在公共征信机构中的中央数据库内,设立征信咨询通道,以便各机构可根据自身需求,申请查询特定人的信用评估情况,实现信息共享。

(三)增强 P2P 网络借贷的风控能力

1. 加强个人信息保护力度

P2P 网络借贷平台为抑制借贷引起的信用风险,要求平台用户提供较为详细的个人信息资料。而实践中用户却遭受来自平台本身的利益泄露和平台之外的窃取盗用,不同层面不同程度地泄露用户个人信息,造成借贷双方存在严峻的个人信息安全风险,为此应该加强网络信息保护的技术操作,加强平台自身的防火墙技术,以便确保用户信息的安全。在明确信息公开边界的基础上,对个人信息中涉及的隐私和非隐私的信息进行分离,对涉及隐私信息部分采取加密处理,以防信息被泄露或盗用。

2. 重视行业自律组织监管

行业自律内容上应注重推广平台可行的风控经验,在平台自律管理过程中集合各平台成熟可行的风控经验,并加之向全行业进行推广,提高网络借贷平台的风险管控能力,提升平台的管理水平从而降低行业风险。目前 P2P 网络借贷风险的法律规制不健全,行业自律具有不可替代的风险控制作用。平台在市场实践中应树立诚信原则进行合法经营,建立数据共享机制消除系统性风险,引导用户合理进行投资行为,降低投资人的风险,规范行业经营行为。

六、结　语

当前科技和信息迅速发展,P2P 网络借贷紧跟互联网金融的前进步伐,不断探索和创新,随着法律法规的不断完善,新的问题也将层出不穷,笔者拟通过此文,希望能为后续的P2P 网络借贷相关学术研究和法律监管提供参考和帮助,从而呼应普惠金融政策,促进国家经济的发展。

探析认缴制下股东出资义务的加速到期

沈丹钦

【摘要】 2013 年《公司法》修订,注册资本制度从实缴制改为认缴制,一般公司的股东出资期限不再有法律限制,而由股东自由约定。在公司不能清偿到期债务而股东出资期限未届时,股东认缴的出资能否加速到期是实践难题。本文论证了在一般情况下加速到期之不合理性,对适用加速到期的特殊情况做了说明,并探讨了实践中的具体操作方式。

【关键词】 资本认缴制;股东出资义务;加速到期

一、问题的产生

(一)2013 年我国《公司法》的修订

2013 年,我国《公司法》进行了修订,将注册资本实缴制改为认缴制,带来的几个变化为:一是取消了最低注册基本金的要求,除一些特殊的公司外①,一般的公司没有最低注册资本金的要求;二是股东可自由约定出资期限,《公司法》对于出资期限没有上限规定,只要出资期限不长于公司的营业期限;三是对于公司设立时实缴出资的比例没有限制,股东只要在认缴的出资期限内将其出资认缴到位即可;四是股东在出资期限届满前,可以协议延长出资期限,且对于延长的次数没有限制。注册资本的认缴制改革,契合了鼓励创新创业的要求,激发了市场活力,但同时也带来了问题。实践中,一些公司在设立时就约定了长达几十年的出资期限,虽然认缴的出资数额较大,但实际没有一分钱出资;一些公司的股东在出资期限届满前,为逃避出资义务,恶意延长出资期限。在公司不能清偿到期债务的情况下,股东出资义务能否加速到期,逐渐成为理论研究和司法实践中的热点问题。其实在 2013 年《公司法》修订前,就已经存在着非破产情况下,公司不能清偿到期债务,股东出资义务能否加速到期的讨论。只不过在最低注册资本制和 2005 年《公司法》第二十六条、第八十一条中规定的 2 年、5 年的出资期限之限定下,债权人的等待期限尚可容忍,但 2013 年《公司法》的修订取消了对出资期限的限制,使股东出资义务能否加速到期的问题凸显。

(二)现行法律规定供给不足

若公司对到期债务无清偿能力,债权人是否可以请求出资期限尚未届满的股东提前履行出资义务?从目前的法律规定看,债权人请求股东出资义务加速到期主要有两种路径:一是申请债务人破产。《企业破产法》第三十五条规定:"人民法院受理破产申请后,债务人的

作者简介:沈丹钦,西北政法大学民商法学院本科生。

① 根据《保险法》第六十九条的规定,设立保险公司的注册资本最低限额为 2 亿元;根据国务院《金融资产管理公司条例》第五条的规定,设立金融资产管理公司的注册资本金为 100 亿元。

出资人尚未完全履行出资义务的,管理人应当要求该出资人缴纳所认缴的出资,而不受出资期限的限制。"根据上述规定,债权人申请债务人破产,股东出资义务加速到期。二是申请公司强制清算。根据我国《公司法》第一百八十四条的规定,公司应当在解散事由出现之日起十五日内成立清算组,开始清算,如逾期不成立清算组进行清算的,债权人可以申请人民法院指定有关人员组成清算组进行清算。《最高人民法院关于适用〈中华人民共和国公司法〉若干问题的规定(二)》(以下简称《公司法规定二》)第二十二条第一款规定,公司解散时,股东尚未缴纳的出资均应作为清算财产。股东尚未缴纳的出资,包括到期应缴未缴的出资,以及依照《公司法》第二十六条和第八十一条的规定分期缴纳尚未届满缴纳期限的出资。显然,在债权人申请债务人强制清算的情况下,股东出资义务亦加速到期。但债权人申请债务人强制清算的前提是债务人出现解散事由,故此条的实践运用范围有限。由此可见,现行法律未对非公司破产之场合下,公司无法清偿到期债务,股东的出资义务能否加速到期这一问题作出规定。

实践中,也有人提出,可以适用《最高人民法院关于适用〈中华人民共和国公司法〉若干问题的规定(三)》(以下简称《公司法规定三》)第十三条第二款的规定,请求债务人出资义务加速到期。从该条来规定看,"公司债权人请求未履行或者未全面履行出资义务的股东在未出资本息范围内对公司债务不能清偿的部分承担补充赔偿责任的,人民法院应予支持",显然隐含的前提为出资期限已届满。如果出资期限尚未届满,即使目前未出资完毕,股东也完全有可能在剩下的期限内将资金实缴到位,因此无法将其评价为"未履行或未全面履行出资义务"。特别需要注意的是,《公司法规定三》制定于 2010 年,在我国《公司法》认缴制改革之前,故该司法解释规定的出资义务显然是针对实缴制下的出资义务。

(三)实践中的问题

司法实践中已经出现了大量债权人请求股东出资义务加速到期的案例。很多公司约定出资期限过长,如上诉人文斌与被上诉人济南邦容经贸有限公司等买卖合同纠纷一案中,文斌作为永力重工公司的股东,认缴出资额为 6850 万元,实缴出资时间为 2065 年 9 月 20 日[①],出资期限已经超过 60 年。更有甚者,直接约定公司清算时缴付认缴出资[②]。但司法裁判对该问题的处理持谨慎态度,少有支持加速到期的判决。在多数判决中,法院都对《公司法规定三》第十三条第二款进行严格解释,在注册资本认缴制下,股东出资义务未履行或未完全履行仅指股东实际违约的情形,并不适用于股东未到期的出资义务[③]。与此同时,很多判决中都提及若公司资产不足以清偿债务,债权人可申请债务人破产,可见法院更倾向于通过破产程序来解决问题。如何在保护债权人利益和保护债务人公司股东出资的期限利益之间取得平衡,成为司法实践中的紧迫问题。在此情况下,股东出资义务加速到期作为一种能相对快速救济债权人的方法,非常具有讨论价值。

---

① 山东省济南市中级人民法院〔2016〕鲁 01 民终 5731 号民事判决书〔EB/OL〕(2017-03-01)〔2019-04-01〕. http://oldwenshu.court.gov.cn/content/content? DocID=b9b98694-45f3-4192-a98d-a72900f58fbb&KeyWord=济南邦容经贸有限公司.

② 林晓镍,韩天岚,何伟. 公司资本制度改革下股东出资义务的司法认定[J]. 法律适用,2014(12).

③ 福建省厦门市中级人民法院〔2017〕闽 02 民终 4380 号民事判决书。

二、应否加速到期

(一)学界争议

在公司不能清偿到期债务的情况下,股东出资义务能否加速到期,学界众说纷纭,主要有以下三种观点:

1.肯定说

支持该观点的学者认为,在公司章程约定中股东虽享有出资期限利益,但在公司没有能力偿付到期债务时,债权人有权请求股东出资期限加速到期,理由如下:(1)约定无效说。有学者认为股东订立出资期限过长的合同,属于订约权的滥用,应认定为合同无效[①]。畸长的出资期限意味着出资义务缺乏履行之可能,对于债权人来说显失公平。若认定为合同无效,可视为股东未约定具体的出资期限,参考《合同法》第六十四条第(四)项之规定:"履行期限不明确的,债务人可以随时履行,债权人也可以随时要求履行,但应当给对方必要的准备时间。"公司对到期债务不具备清偿能力时,债权人可以随时请求股东承担补充赔偿责任,但要给对方一定的准备时间。(2)公司章程不具备对外效力。公司章程仅对内具有最高效力,不得对抗善意第三人。虽然公司章程是要求登记公示的文件,但商事活动讲究效率原则,查阅登记文件既麻烦,又不太现实[②]。债务人作为第三人,应不受公司章程对于出资期限规定的影响。再者,股东内部约定的较长的出资期限,其实是一种吸引出资的策略,是公司与股东之间协商后产生的优惠政策,并不能代表债权人的意愿,债权人并没有给予股东宽限。(3)效益之考量。如果出资期限不能加速到期,债权获得快速实现的唯一方法就是申请公司破产,公司破产对于公司、股东、债权人三者都没有很大的好处。破产清算程序费时费力,往往时间跨度较大,也不利于对债权人利益的保护。从股东需履行的责任来看,申请破产和请求加速到期的结果并无区别,股东都要履行出资义务,对到期债务承担补充赔偿责任,但是前者招致破产,使公司不复存在,后者使公司存续,能够继续开展业务,不仅免于破产,还能让债权人的债权更快得以实现。

2.否定说

该观点认为,出资期限未至的股东无须承担补充赔偿责任,具体理由如下:(1)无明确的法律规定。《企业破产法》第三十五条仅在公司破产之场合下适用。对《公司法规定三》第十三条第二款应进行严格解释,仅在出资期限已至的情况下,股东才对公司到期债务承担补充赔偿责任。由此可见,并没有法律明确规定出资期限未至的股东需要承担补充赔偿责任,故债权人应尊重公司章程中的约定。(2)公司章程的公示效力。公司章程虽然只对内部人员具有约束力,但经过公示也能对外产生一定效力。《公司管理登记条例》第二十、二十一条明确规定公司章程是公司应向登记机关提交的文件之一,而股东的出资方式、出资额和出资时间是公司章程应当载明的事项。在国务院印发的《注册资本登记制度改革方案》中规定:"公司应当将股东认缴出资额或者发起人认购股份、出资方式、出资期限、缴纳情况通过市场主体信用信息公示系统向社会公示。"现代信息技术飞速发展,债权人可以在网络等各种传播

---

① 李建伟.认缴制下股东出资责任加速到期研究[J].人民司法,2015(9).
② 朱锦清.公司法学[M].北京:清华大学出版社,2019:130.

媒介上获取股东的出资信息①,并且是在此种期待下与公司进行交易,因此不能剥夺股东的出资期限利益。(3)存在其他可替代的救济方式。若公司资本中存在较多出资期限较长的认缴资本,而公司又不具备基本的偿债能力,说明股东旨在借助公司之面纱将投资风险外化给交易相对人,债权人可以提出公司法人格否认来矫治恶意的股东对于公司人格独立和有限责任之滥用。

3. 折中说

该观点主张,一般情况下股东出资不能加速到期,但特殊情况除外。对于"特殊情况"的界定具体又有两种说法:(1)债权区别说②。该理论以债权产生的原因作为判断出资是否加速到期的标准。若债权因偶然因素发生,股东出资可以加速到期。"偶然因素"是指债权人意志以外的原因,债权人与公司产生债权债务关系并非由契约关系引起,而是由其他因素导致。例如因产品质量而导致的侵权损害中,消费者处于被动状态,即使知晓了公司出资状况,也无法预测和拒绝此种债权债务关系的产生,更何况让消费者在购买前查询产品所在公司的出资状况显然是不合情理的,远超其一般注意范围。因此在此类由偶然因素产生的债权关系中,股东的出资期限可以加速到期。反之,若债权的产生出于债权人的自愿,典型情况如契约关系,债权人具有决定权,在与公司开展交易前,为了自己的利益应了解公司的出资状况和信用等信息。故此时债权人应尊重公司章程对出资期限的约定。(2)经营困难说③。该观点认为,一般情况下债权人不能主张股东提前承担补充赔偿责任,除非公司无法清偿到期债务,且面临严重的经营困难,难以继续维持之时,应允许债权人申请股东出资加速到期,而不用等待公司破产或出资期限到来。

(二)笔者观点

笔者认为,肯定说和否定说均存在一定的缺陷,折中说不失为一种务实的选择。

1. 对肯定说的批判

(1)约定无效说把法律之手伸得过长。公司法并没有禁止股东约定一个较长的出资期限,不能仅凭出资期限去推断股东的意图,据此得出显失公平的结论。公司法修订后引入资本认缴制,赋予股东自由约定出资期限的权利,如又以出资期限过长为由认定约定无效,有出尔反尔之嫌,这既是对合同双方意思自治的不尊重,也不符合公司法修改的目的。(2)肯定说会损害公司独立人格。诚然,股东出资期限加速到期较之公司破产程序,在效率方面有着明显优势,且能使公司继续存续。但是,公司独立人格是现代公司制度的基石之一,股东出资义务加速到期则意味着越过公司,直接追究股东的个人责任,恐有不妥。(3)肯定说之救济方式的缺陷。"公司不能清偿到期债务"在司法实践中应指公司财产经强制执行仍不能清偿的情形,因此在通常情况下,债权人要先起诉公司,待执行完毕、公司仍无法清偿债务时再起诉股东。但部分支持肯定说的学者认为该方案不够便捷,提出了一种新的方案,即公司对债务本身不存异议且表示不具有清偿能力的情形下,法官询问出资期限尚未到期、未缴足资本的股东是否自愿缴足资本补充赔偿,若同意,追加其为第三人并要求其承担补充赔偿责

---

① 李娜,孙学会.认缴制下股东是否提前承担资本充实责任[J].法制与经济,2016(6).

② 岳卫峰.公司非自愿债权人的法律保护[J].法律适用,2012(6).

③ 王士鹏.未全部出资股东在公司期限未到前的债务承担[EB/OL].(2012-07-06)[2019-04-01].http://www.chinacourt.org/article/detail/2012/07/id/531894.shtml.

任;若不同意,则按照通常方案先诉公司、后诉股东①。笔者认为,上述方案的成立条件比较苛刻,要同时满足债务不存疑、公司表示无清偿能力、股东同意三个条件。实践中既已出现不少案例,说明股东显然认为自己没有责任在到期前出资,加之现有法院判决多不支持出资期限加速到期的诉请,因此股东不会轻易放弃出资期限利益,主动同意提前出资。故只能先诉公司,在强制执行后仍不能清偿再诉股东,这就回到了肯定说学者也承认的不够便捷之通常方案。如此看来,不如直接申请破产,还无须起诉两次。

2.对否定说的理性分析

(1)无明确法律规定不能作为答案。它没有回答问题本身,本文中的问题就是因为没有明确的法律规定才产生的,法律的空白为学者留下了探讨的空间,将其作为支撑否定说的理由比较牵强。(2)否定说替代性救济方式的缺陷。公司法人格否认应被谨慎适用,一旦适用,将刺穿公司面纱而追究股东的无限责任,等于同时打破了公司独立人格与股东有限责任,如此特殊的例外情况不应作为该问题的普遍解决方案。

3.对折中说的修正

笔者赞同折中说之观点,即一般情况下股东出资义务不能加速到期,但特殊情况除外。然而,目前的两种学说对"特殊情况"的判断标准皆存在一些缺陷。

(1)债权区别说之缺陷。债权区别说违反了债权平等性的基本原则,债权仅具相对性,无排他的效力,因此数个债权,不论其发生先后,均以同等地位并存(债权平等性)②。以《企业破产法》第一百一十三条为例,破产财产在优先清偿破产费用和共益债务后的清偿顺序为:职工工资和劳保费用,所欠税款,最后为普通债权。可见,当我们对债权作出排序时,要么情况足够特殊,例如劳动者的工资和拖欠国家的税款,要么本身有法律依据的支撑,如担保债权优先受偿。而非自愿债权人虽然属于无辜的受害者,遭遇值得同情,但是从根本上来讲,仍然属于普通债权,既不具备足够的特殊性,也没有优先受偿的法律依据,应该遵循债权的平等性原则而不是被区别对待。因此债权产生的原因不应作为加速到期的判断标准。

(2)经营困难说之问题。首先,"经营困难"的认定在实践中是一个难题,其判断标准难以掌握。再者,依照该说之逻辑,公司不能清偿到期债务且面临严重的经营困难,可以加速到期,公司不能清偿到期债务之情况应包含严重的经营困难。若是正常经营但因策略错误导致负债,用破产清算程序就可解决,也符合破产制度的设计初衷,仅因效率高就要适用特殊的加速到期缺乏说服力。若是股东借公司外壳恶意拖欠债款,只要通过维持一定的经营,就可规避"严重的经营困难"这一标准,债权人依然无法通过加速到期的方式获得救济,而此类债权人恰恰是最应该获得救济的。

综上,"特殊情况"应有一个新的合理的判断标准,"特殊情况"的界定应从多维度考虑,笔者将在下文进行详细阐述。

---

① 李建伟.认缴制下股东出资责任加速到期研究[J].人民司法,2015(9).
② 王泽鉴.民法概要[M].北京:北京大学出版社,2011:130.

三、加速到期的路径与设想

(一)以不支持股东加速到期为原则

首先,公司章程具有一定公示效力。章程记载了股东出资期限,且通过工商部门登记备案并向社会公示,交易相对人可以通过市场主体信用信息公示系统查阅公司章程。再者,进行商事活动有一定风险,交易相对人为了自己的利益,应了解对方公司的章程和资信状况,尽力避免交易风险。在交易相对人知晓公司出资期限的情况下仍与之交易,应自担风险。因此,一般情况下,股东出资义务不应加速到期。

(二)以支持股东加速到期为例外

实践中出现不少实缴出资 0 元的案例,这显然超出了交易相对人的正常期待,因此,在特殊情况下,股东出资加速到期又不失为一种好的解决办法。所谓特殊情况,是指实缴出资额或公司现实资产明显与开展经营所需资金不相匹配等情况。上述情况由于出资期限尚未来到,虽不能全部断定为恶意,但可以推定股东缺乏与相对人开展商业交易的诚信,而使债权人蒙受了损失。至于"明显不相匹配"的标准,可以通过公司股东的实际出资、公司现实资产与公司经营规模、公司营运费用的对比予以掌握。当然,公司也可以提供账本等证据以证明股东之出资额可以维持公司正常经营,或可以提交证据证明自己拥有交易的诚信,例如股东会对出资进行更加细致的安排,且股东此前一直遵守出资的安排,如今确因困难无法出资等。2019 年 11 月初,最高人民法院出台了《全国法院民商事审判工作会议纪要》,其中第六条明确规定,在注册资本认缴制下,股东依法享有期限利益。债权人以公司不能清偿到期债务为由,请求未届出资期限的股东在未出资范围内对公司不能清偿的债务承担补充赔偿责任的,人民法院不予支持。但同时规定了两种例外情形:公司作为被执行人的案件,人民法院穷尽执行措施无财产可供执行,已具备破产原因,但不申请破产的;在公司债务产生后,公司股东(大)会决议或以其他方式延长股东出资期限的。该纪要显然也是采用了以不支持股东加速到期为原则、支持加速到期为例外的原则。

(三)具体设想

为避免债权人主张权利上的烦琐,在程序的具体设计上,可考虑在债权人起诉债务人公司并由法院作出生效判决后,在执行阶段,可申请追加公司股东为被执行人。《最高人民法院关于民事执行中变更、追加当事人若干问题的规定》第十七条规定:"作为被执行人的企业法人,财产不足以清偿生效法律文书确定的债务,申请执行人申请变更、追加未缴纳或未足额缴纳出资的股东、出资人或依公司法规定对该出资承担连带责任的发起人为被执行人,在尚未缴纳出资的范围内依法承担责任的,人民法院应予支持。"其中的未缴纳或未足额缴纳应视为一种事实状态,不受出资期限之影响,可作为法律依据。此种程序设计与申请债务人公司破产和先诉公司、再诉股东之方法相比,显然效率更高。对于股东出资义务加速到期的数额,应以生效判决确定的债务数额与公司可供执行财产的差额为限,股东只需对剩余的债务承担补充赔偿责任,无须股东全部的出资义务加速到期,兼顾债权人利益的保护和股东出资期限利益的保护。对于加速到期的出资数额,对债权人,各股东互负连带责任,并以其未实缴到位的出资为限;对内,各股东可以根据认缴数额的比例进行分担。

中美关于股东查阅权的法律问题比较研究文献检索报告

叶锦乐

【摘要】 在现代公司治理模式中,公司遵照所有权与经营权相分离的原则,使得大部分公司股东并不直接参与公司的经营与管理,公司的主要经营权、决策权与管理权都掌握在董事及高级管理人员手中,信息不对称模式由此产生。为了保护股东的合法利益,法律法规保障股东对公司经营行为进行干预的权利,而这些权利行使的首要之处就在于对公司信息的获得,故股东知情权在股东权利体系中十分关键,而股东查阅权作为知情权的重要组成部分,其地位可见一斑。

【关键词】 股东查阅权;股东权利;文献检索报告

一、引　言(Introduction)

(一)主题摘要(Abstract)

目前,我国《公司法》虽然对股东查阅权有一定程度上的规定,但仍然不够完备,导致在司法实践中,股东与公司之间、个体股东与整体股东之间、股东与控股股东之间、股东与公司管理层之间的利益冲突仍不断发生。相较于发达国家,如美国,其对于股东查阅权的规定便较为完善,致力于在保护股东权利的同时,维护公司的发展秩序。

通过对关键词进行检索,以及对现有的学术文献、法律制度和司法案例的分析,本文试图以中美两国作为切入点,从主体、对象范围、主观方面、客观程序以及权利限制这五个具体方面入手来解决"股东查阅权"相关的利益冲突问题,力图在深入剖析和研究的基础之上,对问题形成明确的认识,并提供相关的改善意见,展开具有价值的学术研究。

(二)5W 分析法

1. WHO:研究问题涉及的法律主体

股东(shareholder)、董事会(board of directors)、中国证券监督管理委员会(China Securities Regulatory Commision)、中国银行保险监督管理委员会(China Banking and Insurance Regulatory Commission)、会计师事务所(accounting firms)、法院(court)、利益相关者(stakeholder)、工商局(Industry and Commerce Bureau)、银行(bank)。

2. WHAT:研究问题所面对的法律事项

(1)什么是股东查阅权?

(2)股东查阅权包含什么内容?

作者简介:叶锦乐,浙江大学光华法学院 2018 级法律硕士。指导教师:美国华盛顿大学法学院罗伟博士。

3．WHEN：研究问题涉及的时间因素

（1）股东自何时起可以行使股东查阅权？

（2）股东的股东查阅权何时消灭？

（3）股东查阅权的行使有无时间间隔？

（4）股东查阅权的行使有无次数限制？

4．WHERE：研究问题涉及的空间因素

（1）国别：中国；美国。

（2）管辖权问题：股东查阅权涉及的管辖部门及其级别。

（3）股东在什么范围内享有查阅权。

5．WHY：研究问题涉及的法律问题

（1）为什么股东应享有查阅权？

（2）股东行使程序中应注意的问题？

（3）股东查阅权的限制与保障。

（三）关键词（Keywords）

股东（shareholder）；股东权利（shareholders' right）；

股东知情权（shareholders' right to be informed）；

股东查阅权（shareholders' inspection right）；

公司会计账簿（company accounting books）；

公司原始凭证（original certificate of the company）；

账户（account/book/record）；公司法（Company law）；

会计凭证（accounting document）。

（四）检索词句与检索资源（Boolean Connectors and Sources）

1．检索词句（Boolean Connectors）

（1）shareholder /2 right 3/ (inspect! or examine)；

（2）股东权利 and 股东查阅权；

（3）股东权利 and 股东知情权；

（4）查阅公司会计账簿。

2．检索资源（Sources）

（1）中文资源：北大法宝；中国知网；无讼案例网；浙江大学图书馆；

（2）外文资源：Westlaw；Heinonline；Lexis；Library Genesis。

（五）本法律检索报告受众（Object of Reading）

本法律检索指南的主题是中美关于股东查阅权的法律问题比较研究。可以为股东查阅权主体在行使权利的过程中和有关国家机关处理相关事项过程中提供相关信息，为其他以股东查阅权作为课题的研究者提供参考。此外，本法律检索指南对其他希望了解姓名变更权利制度和实践的律师、法科学生以及普通群众也有一定帮助。

二、中国法律资源（Chinese Legal Sources）

（一）原始或一次资源（Primary Sources）

1. 法律（Statues）

【检索路径】北大法宝—法律法规—中央法规，检索"股东查阅""权利""股东权利"，选择"全文""同篇"，"精确"匹配（见图1）。

【检索结果】根据相关度进行筛选，保留如下1篇文章。

图1 法律检索

（1）中华人民共和国公司法（2018修正）

第三十三条 股东有权查阅、复制公司章程、股东会会议记录、董事会会议决议、监事会会议决议和财务会计报告。

股东可以要求查阅公司会计账簿。股东要求查阅公司会计账簿的，应当向公司提出书面请求，说明目的。公司有合理根据认为股东查阅会计账簿有不正当目的，可能损害公司合法利益的，可以拒绝提供查阅，并应当自股东提出书面请求之日起十五日内书面答复股东并说明理由。公司拒绝提供查阅的，股东可以请求人民法院要求公司提供查阅。

第九十七条 股东有权查阅公司章程、股东名册、公司债券存根、股东大会会议记录、董事会会议决议、监事会会议决议、财务会计报告，对公司的经营提出建议或者质询。

第一百六五条 有限责任公司应当依照公司章程规定的期限将财务会计报告送交各股东。

股份有限公司的财务会计报告应当在召开股东大会年会的二十日前置备于本公司，供股东查阅；公开发行股票的股份有限公司必须公告其财务会计报告。

2. 行政法规、部门规章（Regulations）

【检索路径】北大法宝—法律法规—中央法规—行政法规、国务院规范性文件、部门规章，检索"股东权利""股东查阅""股东知情"，选择"全文""同条"，"精确"匹配（见图2）。

【检索结果】根据相关度进行筛选，保留如下3篇文章。

（1）优先股试点管理办法（2014）

图 2 行政法规、部门规章检索

第十二条 优先股股东有权查阅公司章程、股东名册、公司债券存根、股东大会会议记录、董事会会议决议、监事会会议决议、财务会计报告。

（2）上市公司章程指引（2019 修订）

第三十二条 公司股东享有下列权利：

（一）依照其所持有的股份份额获得股利和其他形式的利益分配；

（二）依法请求、召集、主持、参加或者委派股东代理人参加股东大会，并行使相应的表决权；

（三）对公司的经营进行监督，提出建议或者质询；

（四）依照法律、行政法规及本章程的规定转让、赠与或质押其所持有的股份；

（五）查阅本章程、股东名册、公司债券存根、股东大会会议记录、董事会会议决议、监事会会议决议、财务会计报告；

第三十三条 股东提出查阅前条所述有关信息或者索取资料的，应当向公司提供证明其持有公司股份的种类以及持股数量的书面文件，公司经核实股东身份后按照股东的要求予以提供。

（3）国务院办公厅关于进一步加强资本市场中小投资者合法权益保护工作的意见（2013）

保障中小投资者知情权——增强信息披露的针对性。有关主体应当真实、准确、完整、及时地披露对投资决策有重大影响的信息，披露内容做到简明易懂，充分揭示风险，方便中小投资者查阅。健全内部信息披露制度和流程，强化董事会秘书等相关人员职责。制定自愿性和简明化的信息披露规则。

3. 法律解释：立法解释、司法解释、行政解释（Legal Interpretations：legislative，judicial，and administrative interpretation）

【检索路径】北大法宝—法律法规，检索"股东查阅""股东知情""股东权利"，选择"全文""同条"，"精确"匹配（见图 3）。

【检索结果】根据相关度进行筛选，保留如下 3 篇文章。

（1）最高人民法院关于适用《中华人民共和国公司法》若干问题的规定（四）

图 3　法律解释检索

第七条　股东依据公司法第三十三条、第九十七条或者公司章程的规定,起诉请求查阅或者复制公司特定文件材料的,人民法院应当依法予以受理。

公司有证据证明前款规定的原告在起诉时不具有公司股东资格的,人民法院应当驳回起诉,但原告有初步证据证明在持股期间其合法权益受到损害,请求依法查阅或者复制其持股期间的公司特定文件材料的除外。

第九条　公司章程、股东之间的协议等实质性剥夺股东依据公司法第三十三条、第九十七条规定查阅或者复制公司文件材料的权利,公司以此为由拒绝股东查阅或者复制的,人民法院不予支持。

第十条　人民法院审理股东请求查阅或者复制公司特定文件材料的案件,对原告诉讼请求予以支持的,应当在判决中明确查阅或者复制公司特定文件材料的时间、地点和特定文件材料的名录。

股东依据人民法院生效判决查阅公司文件材料的,在该股东在场的情况下,可以由会计师、律师等依法或者依据执业行为规范负有保密义务的中介机构执业人员辅助进行。

第十一条　股东行使知情权后泄露公司商业秘密导致公司合法利益受到损害,公司请求该股东赔偿相关损失的,人民法院应当予以支持。

根据本规定第十条辅助股东查阅公司文件材料的会计师、律师等泄露公司商业秘密导致公司合法利益受到损害,公司请求其赔偿相关损失的,人民法院应当予以支持。

(2)最高人民法院关于适用《中华人民共和国民事诉讼法》的解释(2015)

第二十二条　因股东名册记载、请求变更公司登记、股东知情权、公司决议、公司合并、公司分立、公司减资、公司增资等纠纷提起的诉讼,依照民事诉讼法第二十六条规定确定管辖。

(3)最高人民法院关于适用《中华人民共和国公司法》若干问题的规定(二)(2014 修正)

第一条　单独或者合计持有公司全部股东表决权百分之十以上的股东,以下列事由之一提起解散公司诉讼,并符合公司法第一百八十二条规定的,人民法院应予受理:

(一)公司持续两年以上无法召开股东会或者股东大会,公司经营管理发生严重困难的;

(二)股东表决时无法达到法定或者公司章程规定的比例,持续两年以上不能作出有效的股东会或者股东大会决议,公司经营管理发生严重困难的;

（三）公司董事长期冲突，且无法通过股东会或者股东大会解决，公司经营管理发生严重困难的；

（四）经营管理发生其他严重困难，公司继续存续会使股东利益受到重大损失的情形。

股东以知情权、利润分配请求权等权益受到损害，或者公司亏损、财产不足以偿还全部债务，以及公司被吊销企业法人营业执照未进行清算等为由，提起解散公司诉讼的，人民法院不予受理。

4. 案例（Cases）

【检索路径1】无讼案例—检索"股东查阅权""股东知情权"关键词，选择"民事"案件类型、选择"判决书"文书类型（见图4）。

【检索路径2】北大法宝—司法案例，检索"股东查询权""股东知情权"关键词（见图5）。

【检索结果】根据相关度进行筛选，保留如下2篇文章。

图4　无讼案例检索

图5　北大法宝案例检索

(1)彭升与句容彤泰机械技术咨询有限公司技术咨询合同纠纷案

案号:句容市人民法院〔2017〕苏1183民初2344号

基本案情与裁判要点:彤泰公司于2011年8月2日经镇江市句容工商行政管理局登记设立,股东为原告彭升等22人,其中彭升出资额占注册资本3.33%,由彭升于2012年2月27日履行全部出资义务。2017年2月21日,为维护自身作为股东的合法权益,彭升通过EMS向彤泰公司邮寄《关于要求行使股东知情权的函》,要求彤泰公司于2017年2月27日之前向彭升提供诉请中的相关公司材料供彭升查阅、复制。该函于2017年2月22日由彤泰公司前台代收。后彤泰公司法定代表人陈炜以彤泰公司名义向彭升出具回函一份,载明彭升作为股东有权查阅、复制公司章程、股东会会议记录、执行董事决议、监事决议和财务会计报告,有权查阅会计账簿。让彭升在查阅前一周与公司联系确定具体时间,自行前往公司会议室进行查阅,且应由彭升本人亲自前往查阅,对于彭升之外的第三人,公司有权拒绝向其提供相关资料;对于其他资料,公司无义务提供。2017年5月17日,彭升前往彤泰公司查阅未果。

本院认为,股东知情权是股东知晓公司信息的权利,依法保障股东行使知情权是维护股东合法权益的基础。根据《中华人民共和国公司法》第三十三条的规定,彭升具有彤泰公司股东身份,其有权行使案涉股东查阅权和复制权,具体表现为:第一,其依法有权查阅、复制公司章程(包括章程修正案)、股东会会议记录、董事会会议决议、监事会会议决议和财务会计报告,彤泰公司对此亦予以认可,故对彭升要求查阅、复制上述公司文件的诉请。第二,彭升对其要求查阅会计账簿的目的正当性尽到了说明义务。现彤泰公司辩称从未拒绝彭升行使股东知情权,应承担举证责任,但彤泰公司并未能提供相应证据予以佐证,故支持彭升要求查阅会计账簿的诉请。第三,在公司法及彤泰公司章程均未作限制性规定的情况下,彭升有权委托具有专业知识的律师、注册会计师代为行使上述知情权并进行协助。

(2)李举与武汉市房开置业有限责任公司股东知情权纠纷案

案号:武汉市硚口区人民法院〔2014〕鄂硚口民二初字第00396号

基本案情与裁判要点:被告前身系国有经济,2004年经企业改制后更名为房开置业公司,原告李举等个人为公司的股东,其中李举占有该司22.67%的股份,2013年武汉华宝投资有限公司通过购买其他个人股东股份的方式占有该公司73.44%的股份,并于同年12月20日经过武汉市工商局硚口分局办理工商变更,公司现有部分股东及持股比例为:武汉华宝投资有限公司占有77.33%股份,李举占有22.67%股份,原告李举从1999年5月24日至2011年4月18日担任该公司法定代表人,2014年4月2日,原告向被告邮寄查阅公司会计账簿申请书一份,要求被告提供自2011年4月16日至申请日的股东会议记录、董事会会议决议、监事会会议决议和财务会计报告供原告查阅、复制;并要求查阅自2011年4月16日至申请日会计账簿(包括总账、明细账、日记账和其他辅助性账簿)。而被告在收到该申请书后未向原告作出书面答复并说明理由。原告为维护自身合法权益起诉至本院。

本院认为:股东知情权系股东的一项基础性权利,是股东知晓公司经营状况和财务状况的前提和基础,非因法定事由不得随意限制或剥夺。本案原告李举作为占被告22.67%的股东,已经根据《中华人民共和国公司法》第三十四条的规定向被告书面申请,但被告并未履行相关义务,且在庭审中也未提供相应证据证明其已履行了相关义务或表明原告行使股东知情权具有不正当目的的,故被告借故拒绝查阅、复制2011年4月16日至2013年12月31日之间相关资料的抗辩意见不能成立,本院不予支持。关于查阅原始会计凭证,根据《会计法》第九条、第十四条和第十五条的规定,会计凭证是会计账簿的原始依据,如果股东查阅权的范围仅限于会计账簿,作为公司的股东特别是中小股东,将难以真实了解公司的经营情况,亦无法保障股东作为投资者享有收益权和管理权之权源的知情权。《公司法》第三十四条实际上是对公司股东知情权的范围进行列举式的规定,尽管没有明确会计凭证是否可以查阅,但该条赋予股东查阅权的目的在于保障其知情权的充分行使,允许股东在必要时查阅会计凭证,契合保护有限责任公司中小股东知情权的价值取向,故对原告的该部分请求本院予以支持。

（二）二次资源（Secondary Sources）

1. 图书：学术与实务（Books：scholarly and practicing materials）

【检索路径】浙江大学图书馆—检索"股东查阅权""股东知情权"。由于以"股东查阅权"为关键词,无检索结果,故以"股东知情权""股东权利"为关键词进行检索（见图6）。

【检索结果】根据相关度进行筛选,保留如下5篇文献。

图 6　图书检索

（1）李建伟.股东知情权研究：理论体系与裁判经验［M］.北京：法律出版社,2018.

（2）丁俊峰.股东知情权理论与制度研究 ：以合同为视角［M］.北京：北京大学出版社,2012.

（3）蓝寿荣.上市公司股东知情权研究［M］.北京：中国检察出版社,2006.

（4）刘毅.股东权利保护研究［M］.北京：北京大学出版社,2016.

（5）杨署东.中美股东权益救济制度比较研究［M］.北京：知识产权出版社,2011.

2. 硕士或博士学位论文（Dissertations）

【检索路径】中国知网—检索"股东查阅（权）""股东知情（权）""股东权利"等关键词。选择"博硕"论文选项。

【检索结果】根据相关度进行筛选,保留如下6篇论文。

表 1   学位论文检索

题目	作者	时间	院校	学位
股东查阅权研究	肖礼芳	2017.3	西南政法大学	硕士
论有限责任公司的股东查阅权	高伟平	2015.9	西南政法大学	硕士
论股东查阅权的保护	吴程程	2012.3	中国政法大学	硕士
论股东查阅权	涂浩	2011.3	中国政法大学	硕士
论股东知情权——以查阅权为中心	户娟	2013.4	吉林大学	硕士
股东查阅权若干问题探析	李知博	2015.5	吉林大学	硕士

3. 法学评论文章(Law review articles)

【检索路径】中国知网—检索"股东知情权""股东查阅权""股东权利""股东查阅"等关键词。选择"学术期刊""报纸"选项(见图 7)。

【检索结果】根据相关度进行筛选,保留如下 3 篇。

图 7   法学评论文章检索

(1)彭真明、方妙:股东知情权的限制与保障——以股东查阅权为例

《法商研究》2010 年第 3 期

摘要:2005 年修订后的《中华人民共和国公司法》对股东知情权制度进行了大刀阔斧的改革,增强了股东知情权保障与救济的可操作性。然而,《中华人民共和国公司法》的相关规定并非尽善尽美。就股东知情权中的股东查阅权而言,行使查阅权须受三个方面的限制:不应泄露公司的商业秘密,不应影响公司的运营效率,不应损害公共利益。考虑到我国法治的本土资源因素,我国股东查阅权制度的完善应以引入英国的检查人制度为主,即建立公司检查人制度。既对大股东权利进行限制,又对中小股东的查阅权予以保障,以完善我国的公司治理结构;同时,还应完善相关具体制度,以限制与保障股东查阅权。

(2)吴高臣:股东查阅权研究

《当代法学》2007 年第 1 期

摘要:我国修订后的公司法完善了股东查阅权制度,但还是十分粗陋。国外股东查阅权制度也经历了从无到有不断完善的过程,并且这一过程还在继续。借鉴国外先进的公司立法,剖析查阅权的主体、行使查阅权的条件、查阅权的客体及查阅权的限制等,有助于进一步增强我国股东查阅权制度的可操作性。

（3）于莹:股东查阅权法律问题研究

《吉林大学社会科学学报》2008 年第 2 期

摘要:股东查阅权可能引发的利益冲突模式有:股东与公司之间、个体股东与整体股东之间、股东与控股股东之间、股东与公司管理层之间的利益冲突。要解决这些利益冲突,主要是实现股东利益的保护和公司正常独立经营之间的平衡。从股东查阅权的主体、对象、行使程序以及对股东查阅权的限制等方面设计利益冲突解决的具体规则,应为解决之道。

4.新闻报道（News report）

【检索路径】中国知网—检索"股东查阅权""股东知情权""股东权利"等关键词。选择"期刊""报纸"选项（见图 8 和图 9）。

【检索结果】根据相关度进行筛选,保留如下 5 篇新闻报道。

表 2　新闻报道检索

题目	作者	刊物	时间	性质
浅议股东查阅权之"正当目的"	胡菲菲、张红强	江苏法制报	2013.8.29	报纸
浅析股东知情权的实现路径	杜晓强	法治日报	2012.11.7	报纸
有限责任公司股东查阅权研究	时光	东南大学学报（哲学社会科学版）	2018.12	杂志
浅议股东查阅权的边界	郭春宏	中国律师	2017.11	杂志
有限责任公司股东查阅权穿越行使的正当性研究	樊琳	法制博览	2017.8	杂志

图 8　期刊检索

图 9　报纸检索

三、United States Legal Sources（美国法律资源）

（一）Primary Sources（原始资源）

1. Statutes（法律）

（1）Federal Statutes

【检索路径】Westlaw—Home > Statutes & Court Rules > United States Code Annotated（USCA）>adv：shareholder /2 right /3 （inspect! or examine）（见图 10）。

【检索结果】共检索到 4 个结果，根据相关度进行筛选，保留如下 1 篇立法。

图 10　Federal Statutes 检索

（2）State Statutes

【检索路径】Westlaw—Home ＞ Statutes ＆ Court Rules ＞All States ＞shareholder /2 right /3 （inspect! or examine）（见图 11）。

【检索结果】共检索到 210 个结果，根据相关度进行筛选，保留如下 2 篇州立法。

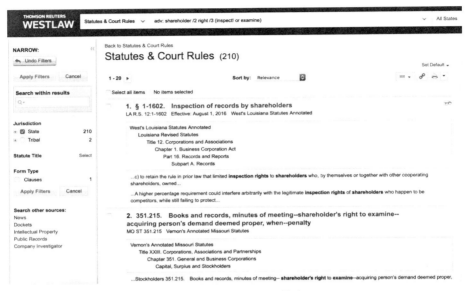

图 11　State Statutes 检索

● T. C. A. § 48－26－104. Shareholders right to inspect and copy records；court order（2012）

（a）If a corporation does not allow a shareholder who complies with § 48－26－102（a）to inspect and copy any records required by that subsection to be available for inspection，a court of record having equity jurisdiction in the county where the corporation's principal office （or，if none in this state，its registered office） is located may summarily order inspection and copying of the records demanded at the corporation's expense upon application of the shareholder.

（b）If a corporation does not within a reasonable time allow a shareholder to inspect and copy any other record，the shareholder who complies with § 48－26－102（b）and（c）may apply to the court of record having equity jurisdiction in the county where the corporation's principal office （or，if none in this state，its registered office） is located for an order to permit inspection and copying of the records demanded. The court shall dispose of an application under this subsection （b） on an expedited basis.

（c）If the court orders inspection and copying of the records demanded，it shall also order the corporation to pay the shareholder's costs （including reasonable counsel fees） incurred to obtain the order if the shareholder proves that the corporation refused inspection without a reasonable basis for doubt about the right of the shareholder to inspect the records demanded.

（d）If the court orders inspection and copying of the records demanded，it may impose reasonable restrictions on the use or distribution of the records by the demanding shareholder.

若公司不允许符合规定的股东对公司的记录进行查阅和复制，或公司未在合理时间内允许符合规定的股东查阅和复制记录，拥有管辖权的法院可要求公司提供相关信息以供查阅和复制。对于因拒绝提供信息而给股东造成的不必要费用，法院可判定由公司承担该支出。

● C. G. S. A. § 33－704. Shareholders' list for meeting(2011)

（b）The shareholders' list for notice shall be available for inspection by any shareholder，beginning two business days after notice of the meeting is given for which the list was prepared and continuing through the meeting，at the corporation's principal office or at a place identified in the meeting notice in the city where the meeting will be held. A shareholders' list for voting must be similarly available for inspection promptly after the record date for voting. A shareholder，his agent or attorney is entitled on written demand to inspect and，subject to the requirements of subsection（d）of section 33－946，to copy a list，during regular business hours and at his expense，during the period it is available for inspection.

股东投票名单在投票记录日期后应可供查阅。股东及其代理人或律师，有权以书面请求要求进行查阅，并在符合规定的前提下，在正常工作时间内自费复制名单。

2. Regulations(行政法规)

（1）Federal Regulations

【检索路径】Westlaw—Regulations ＞ Code Of Federal Regulations ＞adv：shareholder /2 right /3（inspect！or examine）（见图 12）。

【检索结果】No document founds.

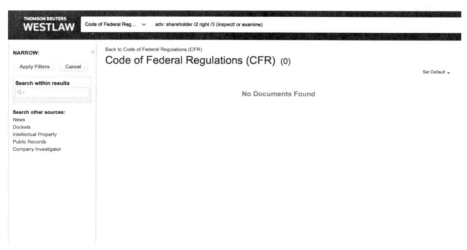

图 12　Federal Regulations 检索

之所以联邦法规没有查阅权方面的规定，是因为股东查阅权受私法调整，是一种民商事关系,故联邦法规作为公法,不调整股东查阅权。

（2）State Regulations

【检索路径】Westlaw—Regulations ＞ Tennessee ＞adv：shareholder /2 right /3（inspect！or examine）（见图 13）。

【检索结果】No document founds.

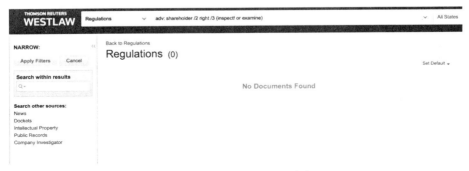

图 13　State Regulations 检索

各州法规也属于公法范畴,而股东查阅权受私法调整,故各州立法中没有查阅权相关规定。

3. Cases（判例）

【检索路径】Lexis—Cases ＞ Federal ＞ shareholder /2 right /3（inspect！or examine）（见图 14）。

【检索结果】共 144 个检索结果,根据相关度进行筛选,保留如下 2 篇论文。

图 14　Cases（判例）检索

（1）Guthrie v. Harkness，199 U. S. 148，26 S. Ct. 4，50 L. Ed. 130，1905 U. S. LEXIS 1041（1905）

The national bank denied a request made by one of its shareholder's to inspect the bank's books and accounts. The state court granted the shareholder's application for a writ of mandamus to compel the inspection. On appeal, the national bank argued that the preemption of federal law regarding national banks abrogated the common law right of inspection. In affirming the granting of the writ of mandamus, the court held that (1) the banking act did not abrogate the shareholder's common law right to inspect the national bank's books and accounts, and (2) the state court had a right to exercise a reasonable discretion to what extent the shareholder would be permitted to examine the books and accounts of the bank. The court found that the inspection was desired for the purpose of ascertaining the true financial condition of the bank and for the purpose of enabling the shareholder to find out the value of his stock, and whether its business was being conducted according to law. There was no suggestion that the shareholder was acting in bad faith or from improper motives, or that he was seeking in any way to misuse the information that the books would afford him.

The state court judgment, which granted the shareholder a writ of mandamus to permit him to inspect the books and accounts of the national bank, was affirmed.

本案中,原告作为被告(国家银行)的股东,要求查看银行的会计账目,国家银行拒绝该要求。法庭认定,原告作为股东提出要求查看会计账目的要求是合情合理的,此举并不会对银行造成负面影响,故支持原告诉求。

(2)Luxottica Group S. P. A. v. United States Shoe Corp., 919 F. Supp. 1091, 1995 U.S. Dist. LEXIS 20471(1995)

The corporation refused the shareholders' request for access to shareholder records on the ground that the request did not comply with the proxy rules of the Securities and Exchange Commission. In general, a corporation's shareholder records would not reflect the names and addresses of the beneficial owners, but instead would list the names of nominees used by depository firms. However, the shareholders sought a list of non—objecting beneficial owners (NOBO list), which must be compiled by brokers and other record holders of stock at a corporation's request pursuant to 17 C. F. R. § 240.14b—1(b)(3)(i) (1994). The shareholders contended that they had a right to inspect and copy the NOBO list under Ohio Rev. Code Ann. § 1701.37(C). The court agreed that Ohio law was controlling in the case, but held that Ohio Rev. Code Ann. § 1701.37(C) should be narrowly construed. Accordingly, the court ruled that if the corporation was in possession of the NOBO list, then it would be required to disclose it to the shareholders. Because the corporation was not in possession of the NOBO list, the court would not order its production.

The court denied the shareholders' motion to require the corporation to procure and produce a NOBO list. The corporation was not in possession of the list, and the court refused to compel the corporation to compile the information.

本案中,被告(公司)以原告(股东)请求不符合美国证券交易委员会的规则为由拒绝了股东查阅股东记录的请求。而股东是否具有对特定要求汇编表的查阅权,依公司是否持有而定。法庭认定,被告公司现实中不持有该汇编表,故原告股东无查阅权。

（二）Secondary Sources（二次资源）

1. Books：scholarly and practicing materials（图书：学术与实务）

【检索路径】library genesis—"shareholder * right * "（见图 15）。

【检索结果】根据相关度进行筛选，保留如下 1 部。

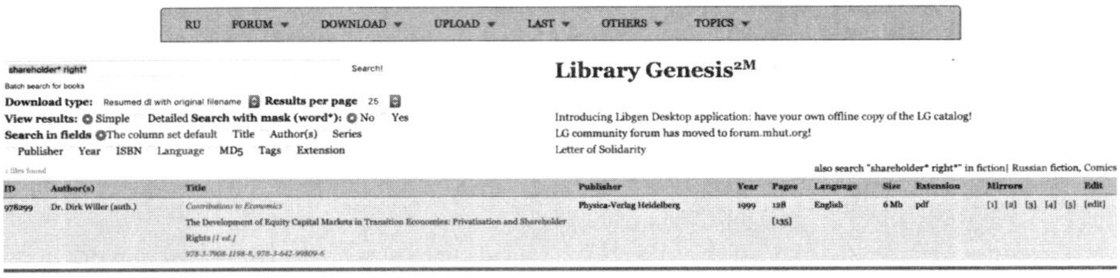

图 15　学术与实务（图书）检索

● Dr. Dirk Willer，The Development of Equity Capital Markets in Transition Economies：Privatisation and Shareholder Rights，Physica-Verlag Heidelberg，2016.

This book addresses two different but related topics that can arise during the development of equity capital markets and which could possibly hinder their development：partial privatisation and shareholder rights. Both issues are developed in the context of transition economies in general and Russia in particular. Chapter 2 puts forward a theory of partial privatisation，i. e. a model that aims to explain why the state keeps some residual shares. Several recent surveys for Russia have shown that the state does often not actively use the voting rights of its residual shares. If this was true，partial privatisation could entrench management and hinder restructuring. It would also limit the supply of shares，which could lead to low liquidity. This would be likely to slow down the development of the equity capital market. However，the model in chapter 2 shows that it can be rational to hold back shares from sale in order to maximise privatisation receipts. Another issue which holds back the development of this market is the fact that shareholder rights cannot be guaranteed by the state due to weak institutions. Chapter 3 contains an empirical examination of which firms honour shareholder rights and also provides a direct link between this problem and partial privatisation. Maybe surprisingly，some weak evidence is presented that shows that the residual state holding does not exert a negative influence with respect to the introduction of shareholder rights，but might even be a weak positive force.

2. Law review articles（法学评论文章）

【检索路径 1】Westlaw—Secondary Sources—Law Reviews & Journals > shareholder /2 right /3 (inspect! or examine)（见图 16）。

【检索路径 2】Heinonline—Law journal library> shareholder /2 right 3/ (inspect! or examine)，选择"articles"（见图 17）。

【检索结果】根据相关度进行筛选，保留如下 2 篇论文。

图 16　Westlaw 检索

图 17　Heinonline 检索

（1）Horton J D. Oklahoma Shareholder and Director Inspection Rights：Useful Discovery Tools? ［J］Okla. L. Rev.，2003，56：105.

When seeking to obtain information helpful to their clients，attorneys have a variety of devices available. Some are formal discovery devices like interrogatories，depositions，subpoenas，and document requests. Other devices，such as freedom of information requests，exist independent of litigation but still provide valuable methods of obtaining information to assist the client. One such information-discovering device is the request of a shareholder to inspect corporate records.

股东和董事的查阅权需要借助有效的发现工具。律师作为辅助人，可以使用正式的发现渠道来获取有效信息，如证词和传票等；同时，自由信息请求权作为独立的权利，也是帮助客户的具有价值的方法。

（2）Thomas R S. Improving Shareholder Monitoring and Corporate Management by Expanding Statutory Access to Information［J］. Ariz. L. Rev. ，3311996，38：331.

Good monitors need cheap and easy access to information and unimpeded，inexpensive methods of communicating to other shareholders. Investors can learn much at a low cost through informal mechanisms, such as meetings between managers and shareholders, or from examining public documents filed by reporting companies under the federal securities laws. These investors can also establish their own internal communication networks, as institutional investors have through organizations such as the Council of Institutional Investors.

通过扩大法定信息的范围以改善股东监督权和公司管理。监督者需要便宜且易于访问的信息以及与其他股东沟通的畅通且廉价的方法。投资者根据联邦证券法审查公司提交的公共文件,也可以建立自己的内部沟通网络。

四、初步结论(Preliminary Conclusions)

股东查阅权是指股东对公司会计账簿、会计文书等相关会计原始凭证和文书、记录进行查阅的权利。本文通过对中美相关的法律资源的检索,进行初步综述和比较分析,得出如下结论:

第一,就查阅权主体而言,我国未对股东持股比例提出要求,因此我国查阅权立法应属于单独股东权模式。美国各个州的立法不同,以《特拉华州普通公司法》为例,其规定采取了分类处理的办法,任何股东都可以要求查阅公司账簿记录,但查阅股东名册以外的账簿记录需要额外证明。

第二,就查阅权的行使条件而言,我国要求需要遵循正当程序和具有正当目的,但并非查阅所有账簿记录都有严格要求。美国《特拉华州普通公司法》对非单一目的进行了规定,在既有正当目的又有不正当目的的情况下,股东可在可证明的正当目的范围内行使股东查阅权。

第三,就查阅权客体而言,我国《公司法》采取"列举式"规定,即将股东有权查阅的账簿种类全部列明。美国各州立法采取的则是"列举加概括规定"的方式。

第四,就查阅权的特别限制而言,我国公司立法对此缺乏明确规定,美国立法要求行使查阅权的股东承担保密义务,又在特定情况下免除其保密义务。

综上,股东查阅权的法律问题重心在于其是否平衡了股东利益与公司利益的实现。此外,国外的立法、司法制度虽然有一定借鉴性,但各国的实况并不相同,需要结合具体需求进行参考,切勿盲目跟风。

从"刘强东名誉权纠纷案"看《侵权责任法》第三十六条的适用

刘睿凡

【摘要】 本文以发生于 2019 年 7 月的"刘强东与赵盛烨网络侵权责任纠纷案"为切入点,根据我国《侵权责任法》等法律法规,探讨了网络名誉权侵权中的言论自由与名誉侵权的界限、网络服务提供者的责任承担以及电子证据的证明力。

【关键词】 网络侵权;名誉权;网络服务提供者;电子证据

随着社交网络的普及化和公民对于社交平台选择的多样化,网络文化生活日益丰富,微博、微信等文字媒体以及 bilibili、抖音等视频媒体的使用日趋广泛。然而,社交平台用户在浏览各种信息、发表各种言论的同时,也有可能成为名誉权侵犯的受害者抑或加害者。近年来,网络名誉权侵权案件频发,由于网络平台的匿名性等原因,且我国民法典人格权法编正在起草中,网络名誉权侵权如何认定、社交平台上侵权的追责等问题亟待解决。2019 年 7 月,京东商城创始人、董事局主席兼首席执行官刘强东起诉微博大 V、讯网云计算集团董事长赵盛烨,声称后者在微博发布的数个帖子侵犯了其名誉权。这涉及我国 2009 年《侵权责任法》第三十六条的适用问题。

一、案情介绍

根据该案的民事起诉状显示,刘强东诉称,从 2018 年 3 月起,拥有一百余万微博粉丝的赵盛烨使用其同名的新浪微博账号和今日头条账号发布数十条言论,持续对其进行侮辱与诽谤,并捏造事实称其"强奸""性侵",并使用"下三滥""强奸犯"等具有强烈侮辱性的言论持续谩骂。起诉状还指出,赵盛烨诽谤刘强东经营企业"就是为了得到美女们的青睐",恶意丑化其企业家形象。由于赵盛烨明知美国检方此前对刘强东一案的结果不予起诉,且刘强东已经就相关事实进行了澄清,赵盛烨构成侮辱诽谤,侵犯了其名誉权。刘强东诉至北京互联网法院,请求判令赵盛烨停止侵害、公开赔礼道歉、赔偿精神抚慰金、经济损失、诉讼费用。[①]

随后,赵盛烨通过微博回应称,刘强东是行业前辈,明州事件(即 2018 年 9 月刘强东在美国明尼苏达州涉性侵案被捕,并于同年 12 月 12 日被无罪释放)之前也一直在微博上表扬和支持他,但事出以后,影响中国企业家形象、影响中国 IT 行业形象的正是他本人,自己只是尽了道德批判的义务,没有偏离事实,也没有抹黑意愿。

作者简介:刘睿凡,浙江工商大学法学院法学专业本科生。

① "刘强东与赵盛烨网络侵权责任纠纷案"民事起诉状,〔2019〕京 0491 民初 18408 号。截至本文写作时本案仍在审理之中。

本案中,赵盛烨的言论源于刘强东在美国的强奸案,尽管美国检方已经对刘强东进行无罪宣判,但网络舆论对案情长期众说纷纭,其中赵盛烨持反对美方判决的观点,从而在社交平台发布数条言论,指控刘强东犯有性侵罪。

司法能解决的仅是当事人提交法院审理的名誉权纠纷。科学争议、学术观点本身的真伪是非问题,是难以也不宜作为司法裁判的对象的。[①] 因此,可以由"司法谦抑"原则发散得出,虽然事件由此公众议题引发,但赵盛烨的言论实际上是在客观事实基础上发表的主观观念,社会议题本身的是非判断不应由司法裁决来定性。因此,赵盛烨是否构成侵权,应当脱离其具体观点独立看待。

我国 2009 年《侵权责任法》第三十六条规定:"网络用户、网络服务提供者利用网络侵害他人民事权益的,应当承担侵权责任。网络用户利用网络服务实施侵权行为的,被侵权人有权通知网络服务提供者采取删除、屏蔽、断开链接等必要措施。网络服务提供者接到通知后未及时采取必要措施的,对损害的扩大部分与该网络用户承担连带责任。网络服务提供者知道网络用户利用其网络服务侵害他人民事权益,未采取必要措施的,与该网络用户承担连带责任。"结合案情,该案涉及的问题包括:言论自由与名誉侵权的界限、网络侵权中网络服务提供者的责任承担、电子证据的证明效力等。

二、言论自由与名誉侵权的界限

言论自由的边界是一个永恒的主题。一方面,我国《宪法》第三十五条规定:"中华人民共和国公民有言论、出版、集会、结社、游行、示威的自由。"另一方面,《民法总则》第一百零九条和第一百一十条规定,"自然人的人身自由、人格尊严受法律保护","自然人享有生命权、身体权、健康权、姓名权、肖像权、名誉权、荣誉权、隐私权、婚姻自主权等权利"。众所周知,在微信、微博等网络平台上,公民有权自由发表言论,与此同时也要遵守法律的规定,不得侵害他人名誉权。由于在信息网络中发表的言论往往会更加激进自由,厘清网络名誉权侵权和言论自由界限的标准比现实生活中的更为复杂。

本案中,赵盛烨辩称自己尽到了举报义务,并没有主观侵权恶意。为了判断其行为是否构成侵犯名誉权,首先要从网络名誉权侵权的构成要件出发。根据我国侵权行为法基本理论,名誉权侵权的构成要件有四:一是有侵权行为的存在;二是有损害事实;三是损害事实与侵权行为间存在有因果关系;四是行为人有过错。

在是否有侵害名誉权行为的判断上要注意三点:一是该行为需为第三人知晓;二是该行为是针对特定人作出的;三是行为内容具有妨誉性。结合本案,赵盛烨在网上发表的微博言论显然能够或已经为第三人知晓;同时,其言论针对的是刘强东,受侵害人身份十分明确和特定。需注意的是,实践中网络言论不一定是针对现实生活中的特定人,而是指向"虚拟主体"(网名或 ID)。此时,如果"虚拟主体"的真实身份已为网民所知晓,则可认定受侵害人已特定化;如果"虚拟主体"的真实身份不为他人所知晓,也可认定受侵害人已特定化,因为网名或 ID 类似于民事主体的笔名或别名。[②]

① 李颖.网络侵犯名誉权案件的审理思路和主要问题——以方舟子与崔永元互诉侵犯名誉权案为例[J].法律适用:司法案例,2017(10):13.
② 刘满达,孔昱.网络环境下的名誉权保护初探[J].浙江社会科学,2007(3):202-205.

同时,赵盛烨发表的数条微博,旨在对美国检方作出的判决提出质疑,这本身不构成名誉侵权。然而,他使用的"下三滥""强奸犯"、将企业当作自己的"后花园"等用语包含了侮辱和人身攻击的成分。这在一定程度上激发了部分网民对刘强东的敌视心理,刘强东的社会评价因此而降低。

对于赵盛烨主观上是否有过错的问题,可以从公众人物言论自由的限制来考察。在北京金山安全软件有限公司与周鸿祎侵犯名誉权纠纷案中,周鸿祎[奇智软件(北京)有限公司董事长]在微博上发表多篇博文,恶意诽谤、诋毁原告商业信誉及产品信誉。北京海淀区法院一审认为,周鸿祎作为金山公司的竞争对手奇虎360公司的董事长,且是新浪微博认证的加"V"公众人物,拥有更多的受众及更大的话语权,应当承担比普通民众更大的注意义务,对竞争对手发表评论性言论时,应更加克制,避免损害对方商誉。[①] 因此,结合本案,赵盛烨身为一百余万粉丝的微博用户,在享有言论自由权利的同时应当对自己发表的言论承担较高的注意义务。赵盛烨的发言对其广大粉丝的观念有一定的引导作用,社会影响力广,也扩大了不良损害,由于赵盛烨没有尽到注意义务,具有主观上的过错。

综上,根据《侵权责任法》第三十六条第一款规定:"网络用户、网络服务提供者利用网络侵害他人民事权益的,应当承担侵权责任。"我们认为,赵盛烨的行为就是利用微博平台侵害刘强东名誉权并降低了社会对刘强东的评价的行为,符合名誉权侵权的构成要件,应当承担侵权责任法中的责任。

三、网络服务提供者的责任承担

网络信息一经发布,可以瞬间实现全球范围的传播,损害后果将被无限放大。尤其是在网络环境下,侵害人格权的损害后果往往具有不可逆性;损害一旦发生,即难以恢复原状,这就需要更加重视对人格权侵权行为的预防。[②] 因此,本案责任承担方是否应包括新浪微博平台管理方,当发生网络侵权时网络服务提供者是否应承担责任?

在立法状况方面,《侵权责任法》第三十六条第二和第三款规定:"网络用户利用网络服务实施侵权行为的,被侵权人有权通知网络服务提供者采取删除、屏蔽、断开链接等必要措施。网络服务提供者接到通知后未及时采取必要措施的,对损害的扩大部分与该网络用户承担连带责任。网络服务提供者知道网络用户利用其网络服务侵害他人民事权益,未采取必要措施的,与该网络用户承担连带责任。"

此外,最高人民法院2014年《关于审理利用信息网络侵害人身权益民事纠纷案件适用法律若干问题的规定》第三条规定:"原告依据侵权责任法第三十六条第二款、第三款的规定起诉网络用户或者网络服务提供者的,人民法院应予受理。"

在司法实践方面,在战一诉北京雷霆万钧网络科技有限责任公司名誉权、肖像权案中,北京市东城区人民法院认定,被告作为网站经营者,未经原告同意即刊登原告的照片,捏造不利于原告的信息,网络经营者未尽到谨慎审查义务,严重侵害了原告的名誉权和肖像权,应当给付侵害名誉权的精神损害赔偿金。[③]

---

① "北京金山安全软件有限公司与周鸿祎侵犯名誉权纠纷案",〔2014〕三中民终字第04779号。
② 王利明.民法典人格权编草案的亮点及完善[J].中国法律评论,2019(1):99.
③ "战一诉北京雷霆万钧网络科技有限责任公司名誉权、肖像权案",〔2010〕东民初字第10071号。

结合本案,并根据国家网信办 2018 年《微博客信息服务管理规定》第十二条第二款规定:"微博客服务提供者发现微博客服务使用者发布、传播法律法规禁止的信息内容,应当依法立即停止传输该信息、采取消除等处置措施,保存有关记录,并向有关主管部门报告。"

应说明的是,我国有关网络服务提供者(含微博客服务提供者)的侵权责任认定规定沿自美国 1998 年《跨世纪数字版权法》(DMCA)的避风港规则(即俗称之通知—删除制度)。至于微博客服务提供者是否"发现"或"知道"微博客服务使用者发布和传播法律法规禁止的信息内容,应依据最高院《关于审理利用信息网络侵害人身权益民事纠纷案件适用法律若干问题的规定》第九条中列举的网络服务提供者管理信息的能力以及所提供服务的性质、方式及其引发侵权的可能性大小、侵权类型及明显程度、社会影响程度或者一定时间内的浏览量、网络服务提供者采取预防侵权措施的技术可能性及是否采取了相应的合理措施以及是否针对同一网络用户的重复侵权行为或者同一侵权信息采取了相应的合理措施等因素综合判断,最终再认定微博客服务提供者是否构成帮助性侵权并承担连带责任。本案中,在赵盛烨发布的言论侵权的情况下,微博平台未尽到审查管控的义务即安全保障义务,没有及时删除或屏蔽赵盛烨的毁谤言论,如果刘强东在本案中将新浪微博客服务提供者列为共同被告情况下且法庭认定赵盛烨侵权事实属实,后者应当承担共同侵权责任。

此外,应指出的是,从利益平衡角度看,通知—删除制度存在不少固有的弊端:网络服务提供者有义务评估是否侵权并对评估决定负责、易引发用户的言论自由与权利人的权利冲突、"侵权"行为和网络服务提供者的行动之间缺乏比例协调(将成为用户不满甚至面临第三人诉讼)、网络服务提供者为免责目的及未谨慎考虑侵权投诉是否具有正当性而直接删除内容等。因此,能否设计某种模式,既能及时防止损害结果扩大,又能使网络服务提供者不至于陷入用户之间的纠纷中,同时又不妨碍用户的言论自由,是摆在我们面前的考验着国家立法者智慧的一个难题。

四、电子证据的证明力

名誉权侵权的构成要件中,需要有损害事实且损害事实与侵权行为间存在因果关系。本案中体现为刘强东的名誉权受损害是否与赵盛烨的行为有因果关系。尽管目前存在网络中的侵权案件并不需要对因果关系作出过多讨论的观点,但正是由于社交网络的匿名性,侵权行为主体如何证明,如何判断账号是否被盗及上传文件的真实性等,都需要进一步明确。

一方面,国家互联网信息办公室发布的《互联网用户账号名称管理规定》于 2015 年 3 月 1 日正式施行后,微博、QQ 等规模较大的网络服务平台已经先后强制实行了实名认证,这在一定程度上起到了规范互联网用户言行的作用。即便如此,这并不意味着"全网实名制"已经成形,成熟有效的监管机制也尚未建立。当网络侵权发生后,侵权人的身份往往难以发现。我国现存关于实名制的规定大多为行政法规、部门规章甚至一些政策,法律位阶较低,且对实名制的具体内容规定较少,应制定专门的法律,切实对实名制的领域、主体等各方面因素予以考虑,寻求公民权利保护与该项制度的平衡化解或控制制度的负面因素。①

另一方面,在举证责任问题上,最高人民法院 2010 年发布的《关于适用〈中华人民共和国侵权责任法〉若干问题的通知》规定,《侵权责任法》第三十六条规定的侵权责任类型,参照

① 张璇.网络用户实名制面临的冲突困境与平衡保护[J].中国矿业大学学报:社会科学版,2016(2):35.

《侵权责任法》第六条第一款(即过错责任)规定适用法律,不适用第六条第二款(即推定过错)和第七条(即严格责任)规定。显然,我国对网络侵权是按照一般侵权的归责原则来处理的。如此规定似有不妥,应该具体情形区别对待。首先,对网络服务提供者是否具有过错需要原告举证证明,这与原告(用户)的实际举证能力是不相称的。因此,对网络服务提供者的归责宜采用过错推定原则,实行举证责任倒置,由服务提供者证明自己尽到了安全保障义务。其次,对直接侵权人(被告)和受侵害人(原告)实行过错原则,采用"谁主张、谁举证"的一般证明责任。前者需证明账号被盗的事实(如果其主张账号被盗)、所提言论的真实性(如并非毁谤而是事实);后者需证明被告言论的非法性(即是否侮辱毁谤)并因此而导致社会评价降低的损害事实等。

在电子证据的提取、审查方面,最高院、最高检与公安部于2016年发布了《关于电子数据收集提取判断的规定》,就电子数据的完整性、真实性以及收集、提取工作的合法性、被告网络身份与现实身份的同一性及与存储介质的关联性等作出了原则规定。但是,该规定也存在不少问题,如"收集、提取电子数据,应当由二名以上侦查人员进行,取证方法是否符合相关技术标准"中"相关技术标准"的界定以及实际操作的专业技术部门和司法鉴定机构的选定和资质问题、"计算电子数据完整性校验值"中"校验值"本身的完整性和真实性问题、电子数据被侦查人员冻结前的真实性如何认定、被采取覆盖删除方式即时删除的数据如何冻结等。

浅议《侵权责任法》中的不可抗力

张鼎立

【摘要】 《侵权责任法》第二十九条规定:"因不可抗力造成他人损害的,不承担责任。法律另有规定的,依照其规定。"使不可抗力作为免责事由,可以让当事人避免承担与自身行为无关并且无法控制的事故的后果。因此,本文对于不可抗力的探讨和研究,可以对不可抗力的正确界定以及更好适用作出一些参考。

【关键词】 侵权责任法;免责事由;不可抗力;无过错责任

一、不可抗力的概念和特征

(一)不可抗力的概念

不可抗力是指,存在于行为人意志以外的,不能预见、不能避免并且不能克服的客观状况。由于界定标准的不同,因此学术界产生了不同的三种学说:

第一种,客观说。这个学说以客观性作为界定的标准,所以只要是正常人无法预见和抗拒的重大事件都属于不可抗力。在古代法律中,存在着大量的自然因素导致的不可抗力,因而更加倾向于客观学说。

第二种,主观说。该学说以人是否能够主观地预见和避免这类事件作为判断标准,如果在尽力而为之后仍然发生这种客观状况,则属于不可抗力。随着法律的近代化,人类发展在不断进步。越来越多人类无法预见和避免的事件在不断地发生,导致了在近代法律中主观说被不断地应用。

第三种,折中说。随着社会不断进步,法律制度也越来越现代化。该学说综合了以上两种学说,既有客观事实也有主观判断,在外界发生时,当事人尽了自己的努力仍然不能避免和防止的事件,则被称为不可抗力。①

三种观点虽然不同,但终究没有脱离主观和客观的角度来界定不可抗力。依主观说认定不可抗力时缺少客观实在的标准,解释时弹性过大,有被滥用的可能,故不宜采纳此观点。客观说太过强调不可抗力的客观性,却忽略了对当事人主观因素的考量,打击了人们积极抵抗客观不利情况的信心,进而使人们对他人权力和利益冷眼相待、漠不关心,故也不应采纳。②而折中说,既考虑了客观存在的因素,也强调了人的不可预见和避免的因素,更为现代法律所接受。从我国法律来看,我国采取的亦是折中说。

作者简介:张鼎立,浙江大学城市学院法学院本科生。

① 王利明,杨立新.侵权行为法[M].北京:法律出版社,1997:93.

② 刘凯湘,张海峡.论不可抗力[J].法学研究,2000(6):110.

（二）不可抗力的特征

1. 不可抗力的无法预见性

无法预见的事件是指,事件本身已经超过了一个正常人的一般预见能力标准。但是如果是专业人员,对于特定的预见能力有高于正常人的水平,那么应该单独判断。而对于能够借助现有科学技术预见的,应该以能够预见的范围为依据。如果超出或者虽然预见但是产生影响远超过预见的事件,也应属于不可抗力的范围。

2. 不可抗力不能被当事人克服

也就是说当事人已经穷尽自身的能力,并且借助了一切可以依靠的外界力量仍然无法阻挡损失的产生。例如,当发生突发的大地震时,对于非专业人员来说,地震发生时保全性命已是万幸,而对于财物总会出现或多或少的损失,这些损失是当事人无法阻挡的。

3. 不可抗力具有客观性

不可抗力具有客观性是指一个事件的产生与人的意志无关,独立于人的行为。① 也就是说,不可抗力只存在于客观,不能受到人的主观影响和人的意志左右,否则不能称为不可抗力。就如同地震的发生是客观存在的,而不是当事人凭空想象出来的。

4. 不可抗力的破坏性

不可抗力引起的侵权损害结果必须有实质的作用主体。例如,同样是地震,若发生在无人居住的海上,则因没有承担财产和人身损害的对象,自然不存在法律上的免责抗辩。②

二、不可抗力的范围

（一）不可抗力的范围

一般而言,不可抗力主要指自然现象产生的不可抗力,是由于各种无法预见的自然现象造成的损失。例如,地震、暴雨、暴雪、泥石流、台风、火山喷发等。而对于社会性事件是否属于不可抗力存在争议。社会性事件可能产生的不可抗力包括:社会原因的不可抗力,即社会矛盾激化而构成的不能预见,不能避免并不能克服的客观情况,如战争,武装冲突等;国家原因的不可抗力,即国家行使行政、司法职能导致损害后果扩大的情形。③ 认为社会性事件不属于不可抗力者主张:"从国内外的立法例来看,如果战争、暴乱、罢工等需要被列为免责事由,则与不可抗力等并列规定。因此,战争、暴乱、罢工等具有不可抗力的性质,但不属于不可抗力的范围。"④笔者对此观点是赞同的。例如,某汽车公司故意拖欠员工工资而导致员工罢工,车辆交接时无人管理导致旅客滞留产生损失。在此情况下,如果将罢工认定为不可抗力,而免除了汽车公司的责任,这显然不合适。所以,社会性事件有不可抗力的性质,却不能认定为不可抗力的范围。

（二）不可抗力的适用范围

1. 在过错责任与过错推定中的适用

《侵权责任法》第二十九条规定:"因不可抗力造成他人损害的,不承担责任。法律另有

---

① 王利明. 中国侵权责任法教程[M]. 北京:人民法院出版社,2010:28.

② 冯玲. 论侵权责任法不可抗力制度责任承担问题[J]. 成都:成都师范学院学报,2013,29(7):29.

③ 张新宝. 侵权责任法[M]. 北京:中国人民大学出版社,2010:75-76.

④ 全国人大常委会法制工作委员会.《中华人民共和国侵权责任法》条文说明、立法理由及相关规定[M]. 北京:北京大学出版社,2010:111.

规定的,依照其规定。"从中可以看出,在通常情况下,不可抗力可以免除当事人的侵权责任。但是有两种情况下不能适用:第一,不可抗力的发生与损害结果无关,即不可抗力在损害结果发生之后或者早就已经发生,与损害结果没有任何联系。第二,虽然损害结果与不可抗力有关,但是当事人没有在不可抗力发生后进行补救,导致损害结果进一步的扩大或产生了其他的损害结果。这两种情况下,第一种由于缺乏损害结果和不可抗力的因果关系而不能成为免责事由,第二种是不可抗力和开始的损害结果有因果关系,但是由于有能力阻止却未能阻止已产生的结果进一步扩大而使不可抗力不能成为扩大后产生的结果的免责事由。

2. 在无过错责任推定中的适用

关于无过错原则是否可以适用不可抗力,历来在学界有着十分大的争议。有学者认为无过错责任下不存在不可抗力的抗辩,因为不可抗力从主观上正式说明行为人无过错。但是同样也有学者认为不可抗力是通用的免责事由,同样适用于无过错责任原则。[①] 笔者认为,在无过错责任中是否适用,应以《侵权责任法》的规定为限。《侵权责任法》第二十九条规定:"因不可抗力造成他人损害的,不承担责任。法律另有规定的,依照其规定。"从中可以看出,侵权责任法中没有说明是否适用在哪种情况下,并且最后一句为"法律另有规定的,依照其规定"。因此,在无过错责任原则下是否适用应由法律规定。例如,可以适用的情况,《侵权责任法》第七十三条规定:"从事高空、高压、地下挖掘活动或者使用高速轨道运输工具造成他人损害的,经营者应当承担侵权责任,但能够证明损害是因受害人故意或者不可抗力造成的,不承担责任。被侵权人对损害的发生有过失的,可以减轻经营者的责任。"但也有不可适用的情况。比如,《侵权责任法》第七十一条规定:"民用航空器造成他人损害的,民用航空器的经营者应当承担侵权责任,但能够证明损害是因受害人故意造成的,不承担责任。"由于在无过错责任推定中,既可以适用不可抗力作为抗辩事由,也有不适用的情况,所以,应以法律的明确规定为限。

三、不可抗力存在的问题及建议

(一)不可抗力存在的问题

(1)总则中对于不可抗力在无过错责任中的适用规定模糊。《侵权责任法》第二十九条没有明确过错责任和无过错责任是否都应适用,虽然说明了"法律另有规定的,依照其规定",但是没有明确是不是本法或者是他法,所以较为模糊。但是具体规定却规定了一系列与无过错责任有关的规定。比如,上述的第七十一条、第七十三条。

(2)具体责任中对于无过错责任的适用无法规定完全,如果一一列举也仍有一些规定以外的责任难以认定。我国正处在高速发展的阶段,时代在不断变化,客观状况在不断改变,新的事物也不断产生,现有的法律难以规定完全。列举式的条文表面上简化了裁判,但是在实际生活中受到侵权的事件类型是一个动态的不断更新的过程,是无法量化的。试图将其固定到固定模式的做法忽略了生活本身的偶然性与随机性,不可能每件案子都完全相同,在不同的案件中使用统一标准是不公平的。

(3)对于多因一果情形不可抗力的适用状况。有时候一个损害结果的造成,并非是一个原因导致的。当不可抗力与其他原因共同导致同一结果时,是单适用不可抗力的免责还是

---

① 李海宁,张新宇.浅谈《侵权责任法》中的无过错责任原则[J].商业文化,2011(6):388.

不可抗力只是减轻责任的一个原因。

（二）不可抗力完善的建议

（1）应该更加具体地规定部分适用或者规定不可抗力是无过错责任的通用规定。因为在现有的侵权责任法中，已有对于无过错责任适用不可抗力的规定，但是也有部分规定是不能适用无过错责任原则的。笔者认为，应规定无过错责任是通用的规定，但是对于具体的适用，因通过具体的条文来限制，就如同上述的第七十一条、第七十三条。

（2）应该通过司法解释来进行补充说明或者对于已有规定进行补充和增加，与时俱进。判断标准应该是一个有范围的、有弹性的标准，是能适应生活偶发情况的标准。对于不断发展的时代来说，互联网越来越与生活息息相关。如果在互联网上，因为断网等原因造成的经济损失，以及系统漏洞导致的是否能属于不可抗力，需要进一步的规定。

（3）对于这一类情形，必须明确不可抗力是否是单一原因，可以规定不可抗力作为免责事由之一的前提是其为单一的原因。对于多种原因造成的情形，具体情况具体分析。例如，在不可抗力与其他原因结合之情况下，被告一方仅仅能主张不可抗力免责部分的责任得以解除，不得就其他因过错或者法律规定的责任免责。我国实务判例上的"工棚被强热带风暴刮倒致人截瘫赔偿案"可作佐证。[①]

四、结　语

风起于青蘋之末，良好的法律制度发轫于精细的法律概念之界定。通过对《侵权责任法》中的不可抗力进行初步和简单的探讨，我们可以发现我国现行立法对不可抗力规定的缺陷，笔者不揣鄙陋，对不可抗力规定提出一些修改建议。虽然现有的法律法规对于不可抗力的规定可能仍然存在着缺陷，但是法律总是在不断进步的，因而不可抗力的制度也将不断地完善和更好地适用。

---

① 江平,李显冬.侵权责任法经典案例释论[M].北京:法律出版社,2007:261.

论网络消费背景下对未成年人民事行为
能力的认定

沈　萌

【摘要】　近年来,随着网络的全面普及,支付宝、微信支付等虚拟支付工具的快速发展与完善,未成年人通过网络进行消费的情况日益普遍。未成年人在网络直播平台中巨额打赏主播、在网络游戏或手机游戏中购买装备和虚拟货币等类型的案件频发,社会对此予以高度关注。为了适应社会经济、文化的发展,我国的民事立法也产生了新的理论,相应的法律制度也在逐渐地完善。然而,通过网络进行消费与传统的线下消费在法律上仍存在一定的区别,我国 2017 年颁布实施的《民法总则》虽然在某种程度上做到了与时俱进,但仍然存在一定的滞后性以及实践操作中的不确定性。本文在这样的背景下进行研究讨论,探寻网络消费背景下对未成年人民事行为能力的认定。力图在参考域外关于未成年人民事行为能力认定的立法的基础上,结合分析国内目前现行有效的相关法律制度以及从相关典型案例显示的司法实践现状,从立法角度和司法实践角度对我国网络消费背景下未成年人民事行为能力的认定提出相应的建议。

【关键词】　未成年人;民事行为能力;电子合同;网络消费

一、引　言

近年来,我国的第三方支付(例如支付宝、微信支付等)技术快速普及,人们的生活消费与娱乐等涉及的电子合同数量日益增加、日渐普遍。益索普在 2018 年上半年发布的有关第三方移动支付用户的研究报告显示,在最近几年里用户的数量大约可达到 8.9 亿。[①]2018 年 9 月 10 日,我国社科院新闻与各单位共同发布《青少年蓝皮书——中国未成年人互联网运用和阅读实践报告(2017－2018)》(以下简称《报告》)。该《报告》对比研究 2006 年至 2017 年这十多年未成年人首次接触网络的年龄后发现,中国的未成年人首次接触互联网的年龄不断下降。十多年来,城乡未成年人的触网率的差距逐年减小,截至 2017 年,城乡未成年人互联网接触率已经基本持平:城市 98.7％,农村 97.9％,被调查的未成年人拥有自己的手机的比例达到 73.1％,小学生拥有自己手机的比例达到 64.2％,初中生有 71.3％,高中生达到 86.9％[②]。

目前中国的未成年人在互联网上订立电子合同以及使用手机、电脑等进行第三方支付的情况实属常见。《2018 网游及手游消费数据报告》显示,以深圳为例,相关未成年人网络

作者简介:沈萌,浙江嘉兴人,浙江大学光华法学院国际法硕士,国浩律师(上海)事务所律师。

①　于英.益索普发布 2018 上半年《第三方移动支付用户研究报告》[J].计算机与网络,2018,44(15):8-11.

②　社科文献.报告精读|青少年蓝皮书:中国未成年人互联网运用和阅读实践报告(2017－2018)[R/OL].(2018-09-10)[2018-12-11].https://www.ssap.com.cn/c/2018-09-10/1071885.shtml.

游戏消费投诉情况表明,2016 年 1 月至 2017 年 6 月间,深圳共受理未成年人网络游戏投诉 649 宗,涉案金额超万元的占 16％,截至 2018 年上半年,投诉量同期相比增长较快,其中,使用父母账户进行游戏充值的现象呈爆发式增长。数据显示,将近三分之一的投诉金额超过 5000 元。①

未成年人通过互联网学习知识、游戏娱乐、进行消费等的人数愈发庞大,这是一个不可逆的过程。② 网络消费背景下会出现与日常消费中不一样的情景,目前已经衍生出了一些传统消费环境中不会出现的新兴商品。对于网络消费背景下未成年人民事行为能力的认定进行单独的研究和讨论是很有必要的。

二、网络消费背景下未成年人民事行为能力

（一）未成年人的民事行为能力的概念

"未成年人"是指青少年儿童,每个国家都是通过年龄的划分来界定未成年人,但每个国家的具体成年年龄又不尽相同。关于未成年人的保护制度最早可以追溯到古罗马法。③

"民事行为能力"这一概念最早由法学家萨维尼系统阐述。德国学者卡拉·拉伦茨认为,行为能力是指法律赋予自然人实施民事法律行为的能力。④ 自然人的民事行为能力是指自然人通过自己的行为取得民事权利,并承担民事义务的资格。⑤ 只有拥有民事行为能力的自然人才能够有资格独立实施法律行为⑥,民事行为能力本质上属于一种"理智地形成意思的能力"或意思能力⑦。⑧ "理智地形成意思"暗含的意思是当自然人不理智地形成意思时,是不具备民事行为能力的。本质上说,没有足够的意思能力会使得民事行为的效力有瑕疵。拥有意思能力的自然人能够认知和判断其所参与民事活动的本质以及民事活动会产生的后果。⑨ 如果自然人的意思能力出现了问题,就意味着其不能够正确认识或者其行为不能为其意志所控制,在这样的情况下实施的法律行为极有可能导致行为人不能形成正确的行为意思和表示意思,不能预见行为的效果。⑩

未成年人的民事行为能力也就是指因年龄被定义为"未成年人"的自然人在民事生活中的意思能力,一个自然人如果拥有足够意思能力,那么他是具有民事行为能力的,反之,若其没有意思能力,则应该认定其没有行为能力。

（二）未成年人电子合同述评

1. 电子合同的概念

电子合同,又称为电子商务合同,广义上的电子合同是指合同双方通过互联网以电子形

---

① 葛文琦.《2018 网游及手游消费数据报告》显示:未成年人大额游戏充值家长均不知情[EB/OL]. (2018-12-07) [2018-12-11]. http://right. workercn. cn/161/201812/07/181207093825255. shtml.

② 孔德雨. 论未成年人电子合同效力[D]. 重庆:重庆大学,2010.

③ 彭梵得. 罗马法教科书[M]. 北京:中国政法大学出版社,1992:44.

④ [德]卡尔·拉伦茨. 德国民法通论(上册)[M]. 王晓晔,邵建东,等,译. 北京:法律出版社,2013:99.

⑤ 宋宗宇,刘云生. 民法学[M]. 重庆:重庆大学出版社,2006.

⑥ 谢怀栻. 民法总则讲要[M]. 北京:北京大学出版社,2007:78-79.

⑦ "意思能力"的称谓在相关国家的立法上并不一致,如在瑞士民法称之为"判断能力",但是在理论上,则一般称之为"意思能力"。

⑧ [德]迪特尔·梅迪库斯. 德国民法总论[M]. 邵建东,译. 北京:法律出版社,2013:409.

⑨ 刘凯湘. 民法总论[M]. 3 版. 北京:北京大学出版社,2013:105.

⑩ 关兆曦. 意识能力欠缺成年人致害责任研究[D]. 山东:山东大学,2018.

式设立、变更、终止财产性民事权利义务关系的协议;①狭义上的电子合同是指在互联网上通过数据电文缔结的合同。②

2.电子合同与传统合同的区别

我国《合同法》将电子合同与传统合同都定义为合同,进行统一的规制,但在现实生活中,电子合同和传统合同有着很大的区别,笔者大体将其归纳为以下几点:

第一,电子合同当事人的身份具有隐蔽性。电子商务的特征之一就是传输及时到达对方的电脑或者指定的 EDI③ 中④。与传统合同签订及履行时,双方能够面对面交易不同,电子合同的当事人均是通过互联网进行合同从磋商到签订的一系列过程。传统合同中,合同双方能够面对面谈,有利于双方对对方是否拥有订立合同的主体资格进行更准确的判断。而电子合同的签订中,双方通过在手机或者电脑上按键就可以完成整个流程,双方对于合同相对方身份的判断可能仅仅只能通过对方在特定时间选择展示的信息,对于该等信息的真实性很难判断,对于对方可能隐瞒的对交易有重大影响的信息无从知晓。网络对于掩藏真实身份,欺骗交易对方提供了很好的技术支持。

第二,电子合同具有虚拟性。电子合同的签订通过虚拟数据进行的,并非实体事物,无论是电子合同内容本身,还是合同订立双方的身份都是以网络作为媒介储存和传递的,很难通过采取像是加盖骑缝章等措施将合同内容固定下来,合同被篡改的风险也会大大增加。

第三,电子合同当事人的意思表示真实性难以判定。通过互联网数据传输的"真实意思表示"可能会因为网络的故障,计算机程序的错误等导致意思表示出现了瑕疵导致误解,也存在着被篡改的可能。

3.未成年人电子合同的效力

从本质上来说,电子合同也是合同的一种,对电子合同效力的判定与传统合同的效力判定规则是相同的。依照我国《合同法》的规定,未成年人电子合同的效力也可分为有效、无效、可撤销和效力待定四种情况。

(1)无效的未成年人电子合同

与传统合同相同,若电子合同的内容属于我国《合同法》第五十二条⑤所规定的情形之一的,该电子合同属于无效合同。但是网络中存在着大量的不良信息,包括黄色的、暴力等不符合公序良俗内容的信息,或有不法商家以此等信息来吸引公众与之订立合同,因此获益。对于未成年人来说,这类信息对其造成的影响相较于成年人来说更大,也更容易对未成年人有不好的引导。该等电子合同的效力必然是无效的。

(2)可撤销的未成年人电子合同

对于我国《民法总则》规定认定为未成年人有民事行为能力情形下订立的合同,以及限制民事行为能力人订立的,其监护人同意、追认的合同,合同效力的认定方式与传统合同并

---

① 齐爱民,万暄,张素华.电子合同的民法原理[M].武汉:武汉大学出版社,2002.
② 胡廷松.论电子商务合同的成立[J].重庆邮电学院学报,2005,17(6):892-893.
③ EDI:electronic data interchange,是指利用电脑网络传输格式化(standardized formats)之电子文件,作为商业往来交易手段(method)的一种电子资讯传输方式。
④ Fuller L L, Eisenberg M R. Basic Contract Law[M]. 6th ed. American Casebook Series,2006:422-426.
⑤ 《合同法》第五十二条:有下列情形之一的,合同无效:(一)一方以欺诈、胁迫的手段订立合同,损害国家利益;(二)恶意串通,损害国家、集体或者第三人利益;(三)以合法形式掩盖非法目的;(四)损害社会公共利益;(五)违反法律、行政法规的强制性规定。

无不同,一旦符合《合同法》第五十四条①规定情形的合同,则属于可撤销合同。笔者在此想讨论的是当未成年人利用欺诈、胁迫的手段订立电子合同时,该等合同效力的认定情况。

第一,未成年人通过一定手段,隐藏或者虚报自身年龄,以此冒充成年人,从而订立的电子合同。在如今的社会中,未成年人会通过谎报自己的年龄,在注册账户的过程中使用虚假信息等方式,使得电子合同能够顺利订立,支付对价,以及履行合同。在该等电子合同的相对方看来,使用虚假信息注册账户的未成年人有着成年人的权利外观,且能够支付相应的合同价款,正常商户并不会也不想怀疑合同对方为不具有缔约能力的未成年人。在这种情况下,未成年人的行为属于欺诈行为。在民法上,欺诈是指故意向他人陈述非真实的事实或隐瞒真实情况,使他人限于错误认识并基于错误认识进行意思表示。未成年人使用虚假成年人的账户与网络商户订立合同,使其相信合同相对方具有缔约能力并与之订立合同。这类合同由于未成年人的欺诈行为,依照我国合同法的规定,应属于可撤销合同,撤销权由网络商户享有。但笔者认为,笼统地将此类电子合同判定为可撤销合同是不合理的,必然会影响未成年人网络生活的便利性。《民法总则》中赋予了限制民事行为能力人独立实施与之年龄、智力相适应民事行为的能力,而该等合同中必然会包含未成年人获取文具、学习视频等合理的合同内容,所以笔者认为,对于该等合同是否为可撤销合同的认定应需考虑合同涉及的权利义务是否超出未成年人的民事行为能力更为妥当。

第二,未成年人在网络中冒用其他成年人的信息,来达到成功订立电子合同的目的。网络中存在不法商家出售身份证号码给未成年人使用,使其能够避免受到防沉迷系统的影响。不考虑贩卖身份证号这一行为本身就有违反法律的嫌疑,这些被贩卖的身份证号来历不明,他们可能是本人自愿出售,也有可能是由非法渠道获得。若是由本人自愿出售的,那么未成年人会使用该等身份证号订立电子合同的情况是为身份证本人知晓的,且电子合同相对方是基于对身份证号的认定而同意订立电子合同的,那么当这种情况下订立的电子合同出现了纠纷,相对方是否可基于表见代理的规定要求认定该合同有效,从而要求身份证本人履行合同或承担合同解除后的相应义务。从另一个角度看,对于合同相对方来说,无论未成年人是虚报身份信息或是冒用成年人信息,对于其造成的影响差别并不大,若依照未成年人民事行为能力判定的方式来衡量该等电子合同的效力可能更有实践意义。

(3)效力待定的未成年人电子合同

我国《合同法》规定,重大误解是第五十四条中可撤销的情形之一,笔者认为,在未成年人订立的合同中,因未成年人重大误解而订立的合同应该属于效力待定的合同。网络中订立合同仅需鼠标点击或触屏等简单动作即可完成,未成年人很大可能会误触,或者并不明白其动作会导致一个合同的订立。此外,网络中层出不穷的虚拟货币、虚拟礼物等货品可能并不为未成年人理解,他们对于自己购买的商品或服务可能并不清楚其含义。对于《合同法》第五十四条第一款的规定,学说解释为,误解不仅包括表意人虽然表述意思时没有过失,但表示与真实意思不符,也包括相对人对表意人表示的内容出现了理解错误。② 未成年人的心智发育不成熟,对于电子合同的内容出现重大误解的可能性极高。所以在这类情况下,将未

① 《合同法》第五十四条:下列合同,当事人一方有权请求人民法院或者仲裁机构变更或者撤销:(一)因重大误解订立的;(二)在订立合同时显失公平的。一方以欺诈、胁迫的手段或者乘人之危,使对方在违背真实意思的情况下订立的合同,受损害方有权请求人民法院或者仲裁机构变更或者撤销。当事人请求变更的,人民法院或者仲裁机构不得撤销。
② 梁慧星.民法总论[M].4版.北京:法律出版社,2011:178.

成年人重大误解的合同等同于限制民事行为能力人订立的合同的效力认定,判定为效力待定的合同更为合理,更有利于保护未成年人的交易自由。

(4)有效的未成年人电子合同

未成年人有效的电子合同包括被其监护人同意、追认的电子合同,未成年人独立订立的与其年龄、智力状况相适应的电子合同,以及限制民事行为能力的未成年人订立的纯获利益的电子合同。

何为"与其年龄、智力状况相适应"的合同,在传统合同领域,这就是一个极难被定义的限定词,然而它却与电子合同的有效性息息相关。相对于传统合同来讲,电子合同涉及商品和服务更加丰富。网络也使得未成年人心智发育程度参差不齐,难以判断。一般司法实践中,主张以合同标的额大小来判断是一个很直观、得到很多认可的方式。但这样的判断方式其实存在很大漏洞。

举一个很常见的例子,看电子书是未成年人在网络上常做的一件事,电子书的收费分为按本收费或者是按章节收费。对于未成年人买书看这一件事,常理一定认为是符合其年龄、智力状况的,甚至是被鼓励的,电子书亦然。买一本 10 元出头的电子书,或者看一章几毛钱的小说都是合理,那么买几百本、几千本电子书呢? 我们可以认定第一本、第二本,甚至第十本电子书的合同是有效的,那么可不可以认定第五百本、第一千本的合同是有效的呢? 若认定为全部有效,那从总体数额来讲,应该只有极少数监护人能够认同未成年人进行如此大笔金额的网络消费。若认定为全部无效,是否属于过度保护。若认定部分有效,部分无效,那么界定的界限在哪儿? 这一个例子看似极端,但是在网络生活中,其实并不难发生,买书、看书不过是点击按钮即可,电子书不比实体书,它不占用很大空间,仅需下载,一次买多本、买一系列也是常见的。听音乐也是一样。听音乐也往往被认为是符合未成年人性质的行为,付费歌曲可能几元一首,但若未成年人一口气下载了列表中全部付费音乐,又该怎么判断电子合同的有效性呢?

所以,更加具象化"与其年龄、智力相适应"的定义,才能更好保护在网络消费中未成年人的权益和社会的公平公正。

三、我国未成年人电子合同纠纷的典型案例分析

司法统计的相关数据显示,在关于未成年人民事行为效力认定的案件中,大多数情况下法院会认定未成年人的行为无效[①]。笔者选取如下典型案例进行分析。

案例一:宋某某诉上海熊猫客网络科技有限公司买卖合同纠纷案

2017 年,郑州市中原区人民法院受理了宋某某与上海熊猫客网络科技有限公司网络服务合同纠纷一案。2017 年,未成年人宋某使用其母亲沈春慧的姓名及身份证号在游戏决战海贼王中注册了账号,并于当年的 1 月 2 日至 7 日,使用其母亲的手机和银行卡总共花费人民币 9081 元,分十二笔购买了游戏开发公司上海熊猫客网络科技有限公司游戏币。原告未成年人宋某及其法定代理人沈春慧向法院提出的诉讼请求为,要求网络科技公司退还宋某购买游戏币所花人民币共计 9081 元。法院经审理认为,宋某为年满十二周岁的未成年人,

---

① 李文迪.禁反言原则下未成年人民事行为认定的困境与出路——以"熊孩子"天价打赏主播类型案例分析[J].法制博览,2018(4):26-28.

属于限制民事行为能力人,其花费较大金额购买游戏币的行为并不符合其年龄和智力状况。在宋某的母亲明确表示不予追认的情况下,宋某购买游戏币的行为是无效的。由于宋某冒用其母亲的身份信息,又擅自使用其母亲手机和银行卡的行为对该合同的缔结有重大过错,而上海熊猫客网络科技有限公司未按国家规定,尽到识别交易对方身份的审慎义务,因此法院判决其按2∶1的比例承担相应责任。①

在上述案件中,身为限制民事行为能力的未成年人,宋某采取冒用其成年人母亲身份信息的措施来逃脱未成年人防沉迷技术的拦截,主观上属于故意欺诈。而其母亲让宋某轻易取得自己的手机及银行卡密码进行网络交易,实属未尽到合理的监护义务。因此原告未成年人一方承担三分之二的责任是合情合理且合适的。而对于网络游戏经营者来说,与传统合同中的商家不同,其还需要遵守国家出台的《网络游戏管理暂行办法》等相关法规中规定的义务。在本案中,被告之所以需要承担三分之一的责任是因为其没有做到《网络游戏管理暂行办法》第十六条第三款②规定,没有通过采取一定的技术措施达成对未成年人相应的保护和规制。在未成年人网络生活方面,我国的法律制度愈发完善,但仍然有可以进步的空间。制定更为清晰的法律标准,能够使得运营商们有规定标准作为经营的参照,也使得出现纠纷时,责任的划分更加明确。

案例二:袁光金、北京快手科技有限公司合同纠纷

2018年,安顺市中级人民法院受理了袁光金与北京快手科技有限公司合同纠纷一案二审。原告袁光金之女,未成年人熊某于2018年4月11日在原告的手机上私自下载快手软件,并将袁光金持有的中国银行卡绑定在手机上,并在4月11日至4月15日期间,以打赏主播的形式通过支付宝向快手公司支付了9766.99元。原告袁光金诉请法院要求快手公司退还9766.99元。法院经审理认为,通过已提交证据中的交易明细仅可以明确该农业银行卡账户与快手公司发生了交易行为,却无法证明发生交易的合同当事人是谁。由于手机绑定的银行卡,在支付时是需要交易密码的,因此在无法提供相反证据的情况下,法院认定该等交易行为系持卡人实施的。所以,袁光金的诉讼请求并没有得到法院的支持。③

上述案件与案例一最大的差别在于,在案例一中法院明确认可了合同的当事人一方为未成年人。而在本案中,法院判决结果与案例一不同的依据在于认为案件中网络消费的主体为成年人袁光金而非其未成年女儿熊某。用证据证明在网络中进行消费的实际主体是未成年人,比起在传统合同中对于合同订立主体的证明来说,更有难度。网络的虚拟性导致网络商家无法像传统合同订立过程中一样面对面地核实合同对方的缔约能力情况,即使通过账户实名制注册的方式依然不能确保信息的真实性。要向法院直观证明真实的交易对象其实是未成年人,举证难度极大。就如同在案例一中,原告无法直接证明购买游戏币的为未成年人宋某,于是只能通过证明赵某与沈春慧的亲属关系、共同居住关系,以及沈春慧在购买游戏币时间段的不在场证明,从间接的角度、用排除的方法证明真实交易对象实则为未成年

① 宋某某诉上海熊猫客网络科技有限公司买卖合同纠纷案[DB/OL].(2018-07-02)[2018-12-20].北大法宝,http://www.pkulaw.cn/.

② 《网络游戏管理暂行办法》第十六条第三款:网络游戏经营单位应当按照国家规定,采取技术措施,禁止未成年人接触不适宜的游戏或者游戏功能,限制未成年人的游戏时间,预防未成年人沉迷网络。

③ 袁金光、北京快手科技有限公司合同纠纷二审民事判决书[DB/OL].(2018-11-15)[2018-12-20].北大法宝,http://www.pkulaw.cn/.

人宋某。虚拟的网络平台在增加了商户判断合同相对方身份的难度的同时,也增加了纠纷发生后,未成年人一方对于实际订立电子合同主体的证明难度。

案例三:13岁女孩帮人代写作业,月入过万

一条"13岁女孩月入过万"的新闻引发了众多网友的关注。重庆一个13岁的女孩,利用其母亲在某二手交易平台的账号,经营起了帮人代写作业的"小买卖",收入已经上万元。其母亲刘女士之所以发现了该行为,是因为那个二手交易平台的账号被人举报封号,举报理由为"字迹过于工整,被买家老师发现是代写"。[①] 这条新闻引发笔者对于13岁小女孩的网络经营行为的有效性的思考。

根据我国《民法总则》的规定,13岁限制民事行为能力人应由其法定代理人代理实施法律行为,其独立实施的法律行为得到法定代理人的同意、追认。从案例最后可知,该经营行为并不被法定代理人同意和追认。很显然,经营网络代写服务并不属于与13岁未成年人年龄、智力相适应的行为,也不属于未成年人纯获利益的行为。那么,按照法律规定,小女孩的经营行为是无效的民事法律行为,小女孩与购买代写服务的消费者订立的服务合同效力具有瑕疵。

从我国现行有效的法律中,似乎很难找到明确对应的法条来判断限制民事行为能力的未成年人经营行为的民事效力,只能按照"与其年龄、智力相适应"条款推定适用。按照一般生活常理理解,未成年人的经营性行为是与其年龄不相符合的行为,而上述案例中,小女孩出卖劳力换取报酬的行为又显然不能归为纯获利益的法律行为,那么就应该因此否定未成年人经营行为的效力吗?笔者认为,这样的判定有损小女孩的利益,对于案例中小女孩已提供服务却被消费者以不合理理由举报的情况,其权益无法得到合理的保护,这是有悖于我国规定未成年人相关条款的立法初衷的。在上述案例中,不仅涉及商家为未成年人,且其中的消费者多为未成年人,包括那位举报的客户。在合同交易双方的缔约能力都有瑕疵的情况下,合同的效力又该如何判定,值得我们思考与探究。

在人人都可以做主播的今天,成为主播的未成年人也不在少数,他们有的通过特别的模仿,有的进行游戏直播,有的利用自身的特点进行表演,如若对于未成年人通过网络获取利益的该等行为效力的判定没有明确、清晰的司法结论,对于保护未成年人在网络生活中的权益是不利的。

四、问题与启示

(一)我国网络环境下未成年人民事行为能力认定制度存在的问题

第一,仅在法条中规定以年龄区分未成年人民事行为能力,缺乏灵活性。8周岁作为无民事行为能力人和限制民事行为能力人的年龄边界,有重要的实践意义,但对于7周岁的儿童来说呢,或者更极端一些,还差一天满8周岁的儿童来说呢。无民事行为能力人是不具有民事行为能力的,这也就完全否定了一个7周岁可以上小学的孩子购买学习用品的能力。未成年人个体的差异性,其所在家庭的经济条件、教育背景等社会因素的差异性,都会导致同一年龄下的未成年人成熟度的差异,仅仅通过年龄线的划分太过于僵化,也是不足以满足

---

① 小强热线浙江教科. 帮人代写作业,13岁女孩月入过万! 却因这个原因,遭"举报"了[EB/OL]. (2019-02-23)[2019-02-23]. https://mp. weixin. qq. com/s/I4ndINbv8uGY5Lw0FparNA.

现今未成年人的民事生活的。

第二，网络消费中，合同双方中善意相对人的权益保护不到位，责任划分不明确。网络消费中的善意相对人可能是未成年人，也可能是网络商家。互联网交易中，如若太过偏重于对未成年人的保护，长此以往会影响法律的公平公正。我国对于未成年人经营行为并没有针对性的条款进行保护和规制。

第三，我国关于未成年人可以独立实施的民事行为的规定过于笼统，不够清晰。我国《民法总则》规定，限制民事行为的未成年人可以独立实施的民事活动除了单纯获取利益的法律活动外，还有与其年龄、智力相匹配的民事活动。这样太过于概括性的规定使得法官在司法实践的适用中出现了难以把握、难以确保公平正义的问题。

第四，未成年人网络消费纠纷举证难度大。未成年人网络消费纠纷案件存在证据的获取、保存与提交难度很高的情况。并且在司法实践中，对于未成年人网络消费纠纷案件的审查思路还不够清晰，这对于保护未成年人一方的利益有极大影响。

（二）完善我国网络环境下未成年人民事行为能力认定制度的具体建议

第一，可以尝试设立未成年人民事行为能力申请考核制度。

未成年人智力、理解力、意思表达能力等与其民事行为能力息息相关的能力因为地域发展不均衡、家庭环境不同、教育背景不同等多种原因，存在较大个体差异。这些差异并不能通过降低年龄标准的立法行为予以保护，所以笔者认为，设立未成年人民事行为能力申请考核制度是一个更为灵活和具有可操作性的做法，可以帮助法律平衡个体差异。

第二，增加涉及未成年人欺诈、隐瞒行为致使合同效力出现瑕疵的特殊条款。

当未成年人主动欺诈、隐瞒他人来达到订立合同的目的时，在判定未成年人通过欺诈手法而订立的合同的效力时，仅仅考虑《合同法》第五十四条或者《民法总则》第十九、二十条是不够明确的。法律认可一定条件下对于未成年人采取适当的倾斜保护，但在未成年人采取欺诈手段订立合同时，偏重未成年人的保护而忽略交易对方的权益会影响法律的权威性。

第三，明确网络消费活动中，各方当事人所分别负有的义务和享有的权利。

对新兴网络娱乐业，例如短视频、直播等，进行有效的监管，落实网络商家、运营主体的责任，制定相应的标准来判断网络运营商们是否尽到相应的审查保护义务。明确商家和运营商的责任有助于防止未成年人在网络环境中沉迷与纠纷的产生，也有利于纠纷产生后对于商家是否为善意的认定，有助于保护善意相对方的合法权益。

明确未成年人监护人的守护监管职责。可在家长未尽到监管义务的情况下，加重其过错程度。

第四，有效规制未成年人的网络经营性活动。

明确"打赏"在不同网络消费平台中的性质。明确未成年人的网络经营性活动的合法性，对于该等行为进行规范的法律法规也应相应明确。

第五，精细化、具象化关于限制民事行为能力的未成年人可独立实施的民事行为的条款。

参考德国的"零花钱条款"以及英美法中的"必需品合同"，可以在保留概括性原则条款的基础上，通过增加法条，详细列明未成年人可独立实施的民事行为。或者，以增加定义条款的方式，对"与年龄、智力状况相适应"作具体、明确、清晰的解释。再或者，重新概括定义未成年人可独立实施的民事行为，使得该定义有更好的实践操作性。

第六,归纳、明晰对未成年人网络消费纠纷案件的举证查明思路。

在司法实践中,可以以指导案例的形式更加统一对于该等案件中证据采纳查明的做法,便于法官们审理裁判,有利于提高司法权威,更有助于提高未成年人网络纠纷案件处理的成功率。

五、结　语

随着社会的发展,未成年人进行网络消费的情况愈发普遍,因而可能产生的纠纷也就随之变多。在我国,对于网络虚拟环境下未成年人的民事行为能力的认定并没有直接的法律规定,仅能通过《民法总则》第十八条至第二十条以及参照适用《合同法》的相关条款来进行确认。在我国的司法实践中,对于涉及未成年人的电子合同效力纠纷的案件,也并未形成相对统一的裁判思路或者指导案例。如果在网络消费背景下缺少具体明确的法律法规来认定未成年人的民事行为能力,那么未成年人在网络世界中的学习、娱乐与生活就缺少了法律的规制和保障,从而严重影响网络环境的安全与稳定。网络消费背景下,未成年人参与度逐渐提升,他们已经从一开始的消费者身份逐渐扩展到"销售者",从"买家"转变到"卖家"未成年人的法律保护机制应当发生相应的变革来适应目前社会的需要。

未来互联网能够孕育出什么新奇的市场可能无法预测,但是通过学校用科学方式进行正确引导,家长积极有效地进行监管,或者提升网络技术,建设网络安全规范等种种方式,可以有效保护未成年人的网络生活。同时,在法学理论上和实践中,我们应重视对未成年人网络生活的规制,进一步完善我国相应的法律体系,给未成年人创造一个更加安全、稳定、规范化的互联网世界。

冷冻胚胎的法律属性探析

陈　俊

【摘要】　现代生殖技术的发展,使体外受精和冷冻胚胎发育成人成为现实。与此同时,围绕冷冻胚胎保存和移植而来的纠纷,成为我们司法裁判者的新难题。本文通过案例介绍,引出冷冻胚胎法律适用的理论纷争与实践困境:法律规定的缺失,加之对冷冻胚胎法律属性各执一词,必然导致司法实践的无所适从,这种司法上的无所适从,除了影响到个案的公正以外,还直接挑战着公民对人类基本道德和伦理价值的判断,因此,准确界定冷冻胚胎的法律属性,为统一冷冻胚胎的处置规则,有着现实性和紧迫性。本文在介绍理论界对冷冻胚胎法律属性三种学说的基础上,肯定了冷冻胚胎特殊伦理物的法律性质。

【关键词】　冷冻胚胎;法律属性;特殊伦理物

一、司法实践中发生的冷冻胚胎纠纷

(一)江苏宜兴案

沈某与刘某系合法夫妻,2012 年 8 月两人在南京市鼓楼医院(以下简称鼓楼医院)施行体外受精—胚胎移植助孕手术。鼓楼医院在治疗过程中,总共获 4 枚受精胚胎并予以冷冻保存。沈某、刘某与鼓楼医院签订《胚胎和囊胚冷冻、解冻及移植知情同意书》,明确胚胎不能无限期保存,目前该中心冷冻保存期限为一年,首次费用为三个月,如需继续冷冻,需补交费用,逾期不予保存;如果超过保存期,两人选择同意将胚胎丢弃。2013 年 3 月 20 日 23 时 20 分许,沈某驾车途中发生单方事故,刘某身受重伤,当日死亡,沈某于同年 3 月 25 日也因该事故去世。沈某父母想要继承沈某、刘某遗留的 4 枚冷冻胚胎,但是遭到刘某父母的反对,鼓楼医院对此请求亦不认可,于是,沈某父母将刘某父母诉至宜兴市人民法院,要求继承 4 枚受精胚胎,并将鼓楼医院列为第三人。宜兴法院审理认为受精胚胎具有发展为生命的潜能,含有未来生命特征的特殊之物,不能像一般之物一样任意转让或继承,故其不能成为继承的标的。因此驳回了两原告的诉讼请求。沈某父母不服一审判决,向无锡市中级人民法院提起上诉。无锡市中级人民法院认为,鼓楼医院与沈某夫妇之间的合同因发生了当事人不可预见且非其所愿的情况而不能继续履行,南京鼓楼医院不能根据知情同意书中的相关条款单方面处置涉案胚胎。同时认为胚胎是介于人与物之间的过渡存在,具有孕育成生命的潜质,比非生命体具有更高的道德地位,应受到特殊尊重与保护,并从伦理与特殊利益保护两个方面论证了沈某与刘某夫妇的父母对涉案胚胎共同享有监管权和处置权的观点,从而判决撤销一审判决,判决由沈某父母和刘某父母共同对 4 枚冷冻胚胎进行监管和处置①。

作者简介:陈俊,宁波市海曙区人民法院员额法官,法律硕士。

①　详见宜兴市人民法院〔2013〕宜民初字第 2729 号判决书;江苏省无锡市人民法院〔2014〕锡民终字第 0123 号判决书。

（二）浙江定海案

肖某和丈夫刘某结婚多年未孕，2016年2月，两人在舟山市妇幼保健院尝试通过试管婴儿术受孕，共成功获得5枚优质胚胎。因为肖某当时的身体状况不能立即进行胚胎移植手术，舟山妇幼保健院将胚胎全部冷冻后保存。双方约定3个月后，等待合适的时机进行胚胎解冻和移植。2016年5月，肖某的丈夫刘某出海时遇海难失联，下落不明。2016年7月，肖某找到医院要求通过移植冷冻胚胎生下子女。但医院方认为肖某的要求不符合相关条件和程序。理由：一是肖某丈夫遇难，肖某属单身妇女，根据原卫生部《人类辅助生殖技术和人类精子库伦理原则》中的社会公益原则，不能为单身妇女实施胚胎移植。二是辅助生殖技术须经夫妇双方自愿同意并签署知情同意书后实施，肖某丈夫无法签署胚胎移植的知情同意书。肖某为此诉至舟山市定海区人民法院，该院审理后认为，生育权是人的基本权利，在道德、法律许可范围内应尽量保障。现在肖某的丈夫仅为失踪，肖某仍为已婚妇女。即使肖某的丈夫死亡，肖某作为丧偶妇女，亦有别于《人类辅助生殖技术和人类精子库伦理原则》中所指称的单身妇女。肖某要求继续移植胚胎的请求，不违反社会公益原则，其丈夫之前签署的知情同意书亦表达了明确的意愿，故法院判决支持了肖某的诉讼请求①。双方当事人均未提起上诉。

（三）上述案例引发的法律问题

从司法实践的角度而言，冷冻胚胎在实践中引发的问题主要有两个，一是冷冻胚胎的法律地位，二是冷冻胚胎的处置规则。

就冷冻胚胎的法律地位而言，指的是对冷冻胚胎以什么方式进行保护的问题。从上述江苏宜兴案例来看，一审法院、二审法院之所以对同一诉讼请求作出不同的裁判，反映的就是法官们对冷冻胚胎的法律地位认识不同。一审法院判决的核心是"冷冻胚胎不是一般之物，不能转让和继承"，其对冷冻胚胎的法律地位判断还是以"物"的标准来衡量的。二审法院一方面认为胚胎是介于人与物之间的过渡存在，另一方面又从"伦理与特殊利益保护两个方面"进行考虑，最终认为刘某和沈某夫妇共同具有监管权和处置权，这在某种程度上反映了二审更倾向于从"人"的角度来确定冷冻胚胎的法律地位。一、二审法院对此认识不同，判决的结果也是大相径庭。在浙江定海案中，表面上看牵涉的是冷冻胚胎可否移植的问题，但是问题的根源依然在于冷冻胚胎的法律地位，如何对其进行保护的问题。如若冷冻胚胎具有人格属性，在其父亲失踪的情况下，母亲自然可以履行监管职责。如果其仅具物之属性，则可以通过继承规则解决其处置问题。

造成司法实践中判决差异的原因在于立法的缺失。我国目前的法律没有对冷冻胚胎的法律属性作出明确界定。即便在理论界，对冷冻胚胎的法律地位，也没有形成统一的认识。例如杨立新教授认为，冷冻胚胎是脱离了人体的器官或组织，不再具有人格载体的属性，且将其界定为伦理物同样可以体现其特殊的法律地位和法律属性②。但也有很多学者对此持不同的意见，认为冷冻胚胎具有发育成人的可能性，应该赋予其人格的属性；也有学者提出非人非物的观点，认为其属于物与人之间一种过渡的特殊存在。

---

① 舟山一妻子为解冻遗腹胚胎状告医院后胜诉 系国内首例［N/OL］.（2017-02-16）［2019-10-25］.新蓝网.http://www.cztv.com.

② 杨立新.人的冷冻胚胎的法律属性及其继承问题［J］.人民司法，2014（13）：26.

二、国外关于冷冻胚胎法律属性的主要学说

在国外,胚胎移植技术更为发达,围绕冷冻胚胎的法律地位,形成了主体说、客体说、中间体说三种主要观点①。主体说:认为人的生命始于受精时,因此人的胚胎自形成时即具有生命,具有人的法律属性。在立法上,应该对冷冻胚胎进行保护,将其视为"有限人",在此基础上,赋予其一定程度上的权利主体地位。主体说进一步可以分为自然人说和法人说、人格载体说三个流派②。自然人说认为冷冻胚胎属于自然法则上的生物人,虽然不属于民法"自然人"的调整范畴,但基于人的伦理性,应该对冷冻胚胎进行法律上的保护。甚至有学者主张将冷冻胚胎视为完全的人进行保护,其理由在于,按照生命产生的理论学说,在精子与卵子结合的一瞬间,人的生命就产生了,因此,冷冻胚胎是人的生命的开始③。法人说则主张将冷冻胚胎视为拟制的人,以社团法人的地位进行保护。其依据在于,冷冻胚胎可以看作是精子与卵子的联合,精子与卵子在体外组成受精卵,这种联合与社团名义下自然人的联合具有相似性。美国路易斯安那州法律明确规定,胚胎在移植进入母体之前,属于法人,移植之后,属于自然人④。我国主张冷冻胚胎主体说的学者也不少,以学者朱振为代表,认为冷冻胚胎存在的目的就是生育,且具有发育成人的可能性,因此需要从人格主体的地位进行保护⑤。而学者袁丁则从宪法对人的权益保护的角度,论证冷冻胚胎的人的法律地位⑥。

从立法上看,明文将胚胎规定为法律主体的国家不多。除美国的路易斯安那州以外,意大利还有美洲诸国在立法上将冷冻胚胎视为完全主体进行保护。例如意大利《医学辅助生殖规范》第一条第一款规定:本法规定的利用人工辅助生殖技术的条件和方式是:"确保所有的有关主体,包括受孕体(Concepito)的权利。"从该法条的具体内容来看,把受孕体包括在主体范畴内,意味着冷冻胚胎作为权利主体,可以不顾父母或者其他人的态度,得到立法的保护⑦。其他即便是支持主体说的国家,对冷冻胚胎的法律地位的规定不甚明朗,但是在冷胚胎的保护和移植上,注重保护胚胎的权利。例如美国新墨西哥州和西班牙通过冷冻胚胎强制植入等一系列规定从事实上和制度上将胚胎作为主体来保护。新墨西哥州法律规定:凡试管授精的卵子,须一律植入女性接受者⑧。我国民法没有对冷冻胚胎的法律地位进行直接的规定,但是相关的技术规范和管理条例,例如《人类辅助生殖技术管理办法》等规定一脉相承的立法精神是,严格限制冷冻胚胎的移植范围,明确禁止代孕,这等于在某种程度上对冷冻胚胎的移植作出限制。目前的民法典草案,在分则中专设人格权编,但明确规定胎儿人格权保护始于出生,没有对冷冻胚胎等生物技术产物作出回应,不得不说这种规定与民法的人本思想和权利本位观念相去甚远,而且缺乏前瞻性。

客体说:认为冷冻胚胎与人体脱离,冷冻胚胎组织只是一团尚未发展成形的细胞组织,

① 李昊.冷冻胚胎的法律性质及其处置模式——以美国法为中心[J].华东政法大学学报,2015(5):57.
② 刘愚.人类冷冻胚胎民事法律地位[D].上海:华东政法大学,2015:10.
③ 刘君丽.受精卵、胚胎的法律地位初探[J].科技信息,2007(29):607.
④ 李昊.冷冻胚胎的法律性质及其处置模式——以美国法为中心[J].华东政法大学学报,2015(5):59.
⑤ 朱振.冷冻胚胎的"继承"与生育权的难题[J].医学与哲学(A),2015(3):34.
⑥ 袁丁.宪法学视野中的胚胎权属纷争——以"无锡冷冻胚胎监管与处置权纠纷案"为例[J].河南大学学报(社会科学版),2015(4):12.
⑦ 徐国栋.人工受孕体在当代意大利立法和判例中的地位[J].华东政法大学学报,2015(5):20.
⑧ 李昊.冷冻胚胎的法律性质及其处置模式——以美国法为中心[J].华东政法大学学报,2015(5):60.

虽有生理活性且有发育成为人的潜能，但尚不具备生命特征，不能成为权利义务的承担者。冷冻胚胎具有发育成人的可能性，因此，冷冻胚胎具有道德和伦理价值，法律应该对冷冻胚胎进行保护，但是这种保护不是基于冷冻胚胎是主体，而是从冷冻胚胎的所有人和继承人的角度进行保护。因此，与其说保护的是冷冻胚胎，不如说保护的是冷冻胚胎的权利人和继承人的合法权益，冷冻胚胎只不过是法律保护的客体罢了。我国杨立新教授就持客体说的观点。学者们还在此基础上阐述生发了基因权来主张对冷冻胚胎物的保护，因为冷冻胚胎是承载基因的唯一途径[①]。

从英美等国家对冷冻胚胎的保护来看，美国的密歇根州和佛罗里达州从客体说的角度对冷冻胚胎进行保护，认为冷冻胚胎作为提供卵子和精子的夫妻的财产，其权利所有人对其享有的一切物权都不应该受到限制[②]。这种立法完全否认冷冻胚胎的伦理性，其支持者不多。但是对于人类早期胚胎，美国联邦法院确实从物的角度进行保护，例如约克诉琼斯医疗机构案[③]。约克夫妇婚后一直无法自然受孕，两人决定到当地的琼斯医疗机构实施试管婴儿手术。琼斯医疗机构用约克夫妇的精子和卵子体外合成人类胚胎数枚，并且先后三次将合成的胚胎移植到约克夫人子宫内，但是均未能成功孕育胎儿。此后，约克夫妇从新泽西州搬迁至加利福尼亚州生活，同时请求琼斯医疗机构返还已经合成但是尚未移植的冷冻胚胎。琼斯医疗机构依据双方签订的合约，认为医疗机构不能将胚胎返还给约克夫妇，约克夫妇如果不继续在该处实施试管婴儿手术，只能将已经合成的冷冻胚胎捐献。约克夫妇遂向美国联邦法院起诉，主张对早期胚胎的监护权，并要求被告承担非法扣押冷冻胚胎及其违反约定不予返还胚胎而造成的损失。联邦法院认为，约克夫妇与琼斯医疗机构签订的合同系保管合同，保管标的就是合成的冷冻胚胎，因此，琼斯医疗机构有义务返还冷冻胚胎给约克夫妇。在这个案例中，联邦法院显然从冷冻胚胎物的角度对冷冻胚胎的权益进行保护，没有支持约克夫妇对冷冻胚胎的监护权，也没有过多考虑到冷冻胚胎的特殊伦理性。

法国立法也反对将冷冻胚胎作为法律上的人进行保护。《法国民法典》规定："出生申报（declaration du naissance）于产妇分娩后三日内，向当地户籍官提出。"这意味着，受精或受孕并不会导致出生申报，受精或受孕的日期，也不是获得法律上生命意义的日期。2004 年，亚眠行政法院在一起案例中强调，胚胎是一个物[④]。

中间体说：在法国《生物伦理法》修订期间，有学者根据科学上的解释，认为冷冻胚胎属于生物学上的人，也就是说冷冻胚胎即便不具有法律人格，其所具有的人性要求法律不能将其视作普通物，相反，其应当得到特别保护，"生物人"概念的提出突破了传统人物二分的理论[⑤]。

鉴于冷冻胚胎的特殊地位，从生物人的角度进行衍生，学者们提出中间体说。中间体说正是从冷冻胚胎非人非物的客观现状出发，提出冷冻胚胎系介于人与物之间的一种中介实体，中间体说又被称为折中说。折中指的是在冷冻胚胎的主体和客体之间的折中，某种程度

① 杨遂全,李早早.体外胚胎的基因遗传权保护问题探析——兼评"江苏无锡冷冻胚胎案"[J].西南石油大学学报（社会科学版）,2016(3):68.
② 汪丽青.论美国关于死后人工生殖的法律规制[J].政法论丛,2014(5):125.
③ 徐海燕.论体外早期人类胚胎的法律地位及处分权[J].法学论坛,2014(4):148.
④ 徐海燕.论体外早期人类胚胎的法律地位及处分权[J].法学论坛,2014(4):148.
⑤ 唐贤.体外受精胚胎的法律问题研究[D].北京:中国青年政治学院,2017:18.

上冷冻胚胎兼具准主体性和准客体性,但同时又不具有人的主体地位,也不应客体化为物,而是在人与物之间的过渡存在,应界定其为"拟似权利主体"①。

中间体说作为一种折中观点,自从提出以来受到众多学者的认可。美国也有部分组织坚持采用中间体说,例如美国 AFS 组织就认为冷冻胚胎系中间体,美国伦理咨询委员会也认为即便不能赋予胚胎人的主体地位,但是也要对胚胎"极大的尊重"②。中间体说既反对给予冷冻胚胎人的权利主体地位,也反对将冷冻胚胎物化,作为客体化的法益予以保护,而是认为冷冻胚胎属于人与物之间的过渡物质,对冷冻胚胎的保护,应该立足在冷冻胚胎本身特殊存在、中介存在这样的基础上进行。我国学者支持中间体说的也不在少数。学者林晶晶就认为,冷冻胚胎作为一种中间体,目前在民法中没有得到立法回应,但是作为一项具有伦理和道德价值的新事物,民法本应该给予其强有力的法律保护③。

在立法上,美国部分州的主流学说和判例也支持中间体说,例如在美国田纳西州的路易斯·戴维斯和玛丽·戴维斯案中,田纳西州最高法院就认为,人类早期胚胎既不是人,也不是物,应当把他们看作一种过渡的类型,作为潜在的人类生命予以尊重④。

三、我国法律框架下冷冻胚胎的法律属性探析

上述关于冷冻胚胎的法律地位的三种学说,自成体系,各有千秋。从理论研究的角度来说,并无绝对的对错。但是一项理论,首先是为法律适用服务的,而法律作为上层建筑,只有在符合国情的情况下,才能得到最大限度地遵循和利用。因此,从我国的实践需要和冷冻胚胎在我国的发展应用来看,笔者赞同客体说。

第一,从冷冻胚胎各种学说发展的顺序来看,冷冻胚胎客体说是最早被提出的学说。最初,无论是医疗机构与当事人签订的合同约定,还是当地法院,都倾向于从物或者财产的角度对冷冻胚胎进行保护。这种模式的好处在于,既符合冷冻胚胎的外形,也符合合同约定,能够实现科技发展和财产保护的双重目的。更为重要的是,采取财产保护的方式,能够为当事人之间的纠纷解决提供现成的法律依据,从而促进纠纷以更为快捷经济的手段解决。但是在某些特殊的情境中或者当事人特殊的身体情况下,完全从物的角度对冷冻胚胎按照合同约定进行保护,可能会带来伦理上的争议。因此,先后发展了主体说和中间体说作为补充。在冷冻胚胎的保护上,也完全可以坚持财产保护为主,人格保护和中间体保护为补充的立法模式。

第二,冷冻胚胎客体说更契合我国目前的法律规定。正如杨立新教授所指出的那样,没有人的外形决定了冷冻胚胎永远不可能成为法律意义上的人。而且,冷冻胚胎主体说与我国民法关于人的基本规定不相符合。我国民法明确规定,法律上的人始于出生。因此,严格意义上,胎儿都不属于民法上"自然人"的范畴,冷冻胚胎更不具有自然人的主体地位。而且对冷冻胚胎从法律主体的地位进行保护,则冷冻胚胎的最基本的生命权理应得到保障,但是卫生部《人类辅助生殖技术管理办法》等规章规定,"不得买卖胚胎","不得找他人实施代孕",在夫妻双方死亡或者妻子健康状况不允许的情况下,冷冻胚胎移植渠道被封,冷冻胚胎

① 周华.论类型化视角下体外胚胎之法律属性[J].中南大学学报(社会科学版),2015(3):73.
② 张素华.体外受精胚胎问题的私法问题研究[J].河北法学,2017(1):15.
③ 林晶晶.人类冷冻胚胎的法律属性及其继承问题研究[D].重庆:西南政法大学,2015:9.
④ 张丙玲.人体冷冻胚胎的法律地位与权属问题研究[D].成都:四川师范大学,2018:12.

只能用于科研或者被抛弃,其生命权难以实现。承认冷冻胚胎的主体地位,还可能导致伦理上的悖论。因为既然冷冻胚胎是"人",那么怀孕中的胎儿自然也是"人",如此一来,堕胎行为就是杀人行为,从法律层面来讲,应该全面禁止堕胎,这也是我国目前难以做到的。进一步讲,既然冷冻胚胎是人,那么精液、卵子是否也是"人"呢? 是否也需要立法进行保护呢? 回过头来看,至少从目前的医疗和公民意识来看,大部分的冷冻胚胎是不可能发育成人的,培育成功的冷冻胚胎是否移植、能否移植成功还要受到社会经济、公民价值观念以及其他伦理道德的约束,因此,从我国目前的实际情况来看,将冷冻胚胎作为"人"这一主体进行保护是不客观,也不现实的。

第三,冷冻胚胎主体说和中间体说,存在诸多不足。首先,主张冷冻胚胎主体说的国家,大都具有宗教背景,例如意大利和罗马等国家,认为孕育中的胎儿具有人格主体地位,立法大都反对堕胎,在此基础上对人类冷冻胚胎主张人格权保护,具有观念基础和立法依据。但是我国并不具有这样的观念传统,且冷冻胚胎从外形上看,确实不具有"人"的生理属性,只是具有发展成人的可能性。同时,坚持冷冻胚胎主体说,意味着对冷冻胚胎从严保护,但是在目前的医疗技术下,冷冻胚胎的移植率较低,成活率更低,大约在 30%[①]。这意味着如果采用冷冻胚胎主体说,冷冻胚胎的处置则成为问题,丢弃不得,移植不活,甚至不能用于科学研究,到时候,法律规范成为技术发展的桎梏。最后,冷冻胚胎主体说某种程度上可以最大限度地解决冷冻胚胎的伦理性问题,但是同时又会带来新的伦理问题。因为既然承认冷冻胚胎具有人格权,则相应的冷冻胚胎的移植、捐献和冷冻胚胎长期保存,都极易引发新的伦理纠纷。

中间体说表面上看提出了生物人、中介说等理论,实际上是对于目前冷冻胚胎法律地位主体、客体争论的一种折中选择,冷冻胚胎法律属性需要解决的问题是冷冻胚胎是人还是物的问题,但是中间体说主张冷冻胚胎非人非物,其实并没有对这个问题作出实质的理解和界定。而且,从司法经济的角度来看,面对争论,总是提出折中的选择办法,既不利于问题的解决,还会造成司法资源的浪费。因为法律是普遍规则,特殊规定越多,法律的可操作性和实用性就越弱。以冷冻胚胎中间体说为例,中间体的判断标准是模糊的,其内涵是什么,外延又在哪里? 在冷冻胚胎中间体说的前提下,如何安排冷冻胚胎的处置规则,中间体说都难以给出具体的答案。更何况,我国目前并无采用冷冻胚胎中间体说的必要。因为随着理论界对冷冻胚胎本质研究的成熟,如果从主体和客体的角度对冷冻胚胎保护确不合适的情况下,可以考虑阐述和开发新的理论。但是如果在研究的早期阶段,就将冷冻胚胎置于一种非人非物的法律地位,并不有助于解决目前司法实践中遇到的问题。

第四,冷冻胚胎客体说,具有现实基础和立法基础。冷冻胚胎客体说,显然更加贴近中国人的伦理价值和中国社会的实际情况。冷冻胚胎与自然受孕的胚胎一样,在发育成人之前,从人之观念上来看,没有人会将其作为"人"对待,这符合国人的思维习惯。从民法对物的定义来看,虽然没有明确将冷冻胚胎列入物的范畴,但是科学技术的发展不断拓展物的概念的外延也是不争的事实。冷冻胚胎存在于人体之外,这使其具备了物的实物状态。冷冻胚胎满足了人们对生殖和养育后代的伦理需要,能够为人所用,冷冻胚胎还可以用作医疗研究和捐赠移植,这也充分证明了其具有"使用"价值。需要指出的是,冷冻胚胎虽然是物,但

---

① 张丙玲.人体冷冻胚胎的法律地位与权属问题研究[D].成都:四川师范大学,2018:10.

是显然并不是普通的物。人类对冷冻胚胎的支配和使用,必须符合人类的伦理价值观念,否则就可能违反人伦,引发不适。因此,我国学者杨立新提出伦理物一说[①],这符合中国人乃至世界人民在冷冻胚胎上寄托的情感和价值。

冷冻胚胎伦理物的地位,也决定了冷冻胚胎保护的特殊之处。为了弥补客体说在冷冻胚胎伦理保护方面的不足,客体说又发展了物权客体说与人格权物体说两种理论。物权客体说,将冷冻胚胎作为特殊物进行保护,能够兼顾冷冻胚胎主体说的部分优势。人格权物体说,在冷冻胚胎物的基础上,赋予冷冻胚胎人格权益,在此基础上,还可以对冷冻胚胎所具有的人格权进行拓展保护,例如必要时赋予其冷冻胚胎的生命权,随着时代的发展和技术进步,继而对冷冻胚胎的隐私权、健康权,甚至人格利益和财产利益进行有限的保护。

我国民法体系建立在人的主体性和物的客体性基础之上,也就是所谓的二元理论基础。人格权和财产权成为民法体系中两大基本权利类型,并且界限分明、分庭抗礼。冷冻胚胎人格权物体说,统摄了财产权与人格权等多重权利,使得传统民法的保护对象发生混合、渗透。事实上,从目前的人格权和财产权发展的趋势来看,两种基本权利融合的趋势已经比较明显,因此,冷冻胚胎人格权物体说,符合民法发展的趋势,成为民法体系发展变化的催化剂,具有深远的意义。

---

① 杨立新.人的冷冻胚胎的法律属性及其继承问题[J].人民司法(应用),2014(13):25.

非法经营"期货"之定性探讨

李　上

【摘要】 随着近年来经济迅速发展,许多民间投资者将目光聚焦于期货与证券投资,但由于我国多次清理整顿以及严格的审批程序,现行期货品种和市场已远远不能满足投资者的需求,于是不法分子便效仿 P2P、地下钱庄、非法炒外汇等形式,逐渐产生了庞大的"地下炒金"市场——非法期货交易。本文通过分析非法期货交易成因、犯罪特性、行为类型等因素,提出实践中以"非法经营罪"认定非法期货交易甚为不妥,应当根据不同行为类型以"诈骗罪"或"开设赌场罪"定性。最终在本文最后一部分提出相应的规制建议与防控对策。

【关键词】 非法期货交易;平台对赌;构罪分析;防控对策

根据《期货交易管理条例》第十五条,在国内获得经营期货业务资格,必须经由国家有关部门批准、许可,目前能在国内合法经营期货交易的只有数家交易所,相应的期货代理机构也在 20 世纪 90 年代大为削减,可以说我国从严把控对证券、期货业务的经营审批。与此同时,随着近年经济发展,民间投资热情却呈高涨态势,于是不法分子便效仿 P2P、地下钱庄、非法炒外汇等形式,逐渐萌生了庞大的"地下炒金"的非法期货交易市场。

同时,《期货交易管理条例》第四条、第六条规定,①我国禁止在合法交易场所以外进行期货交易。同时在 2012 年之后,我国法律不再直接定义非法期货,而是以正面规定合法期货特征来反向认定非法期货行为,即在缺少国务院期货监督管理机构审批情况下,使用标准化合约、保证金制度、对冲平仓等具有期货交易特征的交易行为,即视为非法期货交易。

一、非法期货交易泛滥之成因分析

(一)谎称现货交易,监管执法难度大

非法期货平台为逃避法律监管,皆号称其属于现货交易平台,不承认其经营期货业务,但实际上却大量采用期货交易的标准合约、保证金制度以及当日无负债等交易模式。而且买卖双方皆不以实物交割为交易目的,此时投资标的对买卖双方已无现实意义,只是存在于平台上的一个数据,根本目的就是投机获利,以完成变相的期货交易。这种带有误导性的非法期货交易披着"合法现货交易"的外衣,打着违规的"擦边球",在互联网平台上频繁作案,

---

作者简介:李上,浙江大学光华法学院法律硕士(法学)研究生。

① 《期货交易管理条例》第四条:期货交易应当在依照本条例第六条第一款规定设立的期货交易所、国务院批准的或者国务院期货监督管理机构批准的其他期货交易场所进行。禁止在前款规定的期货交易场所之外进行期货交易。第六条:设立期货交易所,由国务院期货监督管理机构审批。未经国务院批准或者国务院期货监督管理机构批准,任何单位或者个人不得设立期货交易场所或者以任何形式组织期货交易及其相关活动。

这与我国多头行政监管模式缺少必要的衔接有很大相关性。①

（二）非法平台外观难以甄别，受害人多带有赌徒心理

正规期货交易的代理商不参与交易，只根据客户的委托进行代理交易并按照整个交易的数量收取手续费。非法期货平台则会仿照正规代理商的外观伪造一系列证件来混淆民众，比如非法经营外盘期货的平台的官网上不仅有公司名称、营业执照，甚至还可以查询到通过欧盟监管的证书。而实际上这些证书和授权书都是真实的，只不过是直接从其他正规网站上复制下来或在黑市上花费一千元人民币购买的全套公司执照，这些公司名称与境外合规平台名称一样，外观上看就是国外平台授权的国内代理商，但实际上两家公司之间丝毫没有联系，更无合法授权之可能。但单从民众能接触到的资料与查询渠道，极难甄别这个代理商平台是否合法，大多数被害人起初都是抱着"将信将疑"，甚至是赌徒的心理，一步步踏入非法期货的陷阱。

（三）非法期货交易门槛低，受害人范围广泛

非法期货平台的集中爆发与客户群体的壮大分不开，例如北京伦亚领先公司在短短两年时间里就吸纳到客户1000余人，净收取客户保证金7900余万元，各项累计吸金771亿元人民币。② 其中，受害人又以30～50岁的中年群体居多，有一定的经济基础，有投资的意愿，但缺少专业的知识技能与空闲时间。而非法期货平台相较于正规的证券、期货交易而言更易上手，从注册到下单整个流程都由平台的"销售员"手把手介绍，即使没有前期投资经验的中老年人也能短时间内学会如何"炒期货"。

由于上述种种原因使得我国非法期货交易形势愈演愈烈，其变相期货交易也逐渐演变为单纯投机获利的手段。无论是黄金白银，还是原油、农产品，都只是存在于网络上的一组数据，无实际价值。且无论是P2P还是地下炒金，其本质都是以"民间投资"的名义，利用监管漏洞向社会不特定多数人吸收资金，导致在不规范的交易场所内进行交易的投资者财产安全极易受到侵害。③ 因此，将非法期货交易纳入刑法的规制范围实属必要。

二、非法期货交易类型化构罪分析

笔者通过在北大法宝网搜索"刑法、期货"关键词，检索出近年来全国判决的非法期货交易案件，并按照判决结果大致将其分为三类，其中以"非法经营罪"定罪的案件最多，共计14264份判决书、以"诈骗罪"定性的案件共计383件，以"开设赌场罪"定性的案件只有18件。虽然实务中非法期货交易行为类型不尽相同，但的确存在"同案不同判"的情形，且不同罪名的认定直接导致各案量刑差距悬殊。

（一）非法经营罪——违反行政监管，变相经营期货业务

以[2011]高刑终字第71号吴洪跃非法经营案为例，2006年8月，被告人在北京注册成立伦亚领先（北京）国际投资咨询有限公司等多家公司，至2008年6月，被告人未经中国证券监督管理委员会等国家主管部门的批准，利用伦亚领先公司的名义，通过非法网络平台，招揽社会公众客户开展无实物交割的黄金标准化合约交易。在实际经营交易过程中，制定

① 马路瑶.大数据时代下互联网投资理财犯罪的刑事治理[C]//张凌,郭彦.大数据时代下的犯罪防控——中国犯罪学学会年会论文集（2017年）.北京:中国检察出版社 2017:643.
② 参见北京市高级人民法院刑事判决书（〔2011〕高刑终字第71号）.
③ 杨宏芹,张岑.论非法经营期货行为及其《刑法》规制[J].上海金融,2013(7):77.

统一的格式合同,采取保证金制度、每日无负债结算制度和双向、对冲等交易机制,先后进行563亿余元的非法期货交易。[①] 法院认为,被告人打着现货交易的名义,但并无实物交割,且多采用期货市场交易模式,实质上是变相的期货交易,因此被告人未经国家有关主管部门批准,非法经营期货业务,其行为严重扰乱了金融市场秩序,已构成非法经营罪。

虽然司法实务中以非法经营罪定性的做法已成为大多数法院裁判观点,但笔者认为将非法期货交易认定为非法经营罪有待商榷。首先,在裁判逻辑上,本罪认定的难点不在于"非法",而在于"经营"行为,这也是限制非法经营罪进一步扩大为"口袋罪"的必然要求。非法期货交易首先必须是一种违反行政法规的违法行为,其次要求行为人实际经营。如何认定"经营"行为有两种不同的意见,第一种意见是以非法经营罪定性的法院为代表的裁判观点,其认为2012年修订后的《期货交易管理条例》不再直接定义非法期货交易,而是通过期货交易的法定定义以及期货交易的对象为未来交割的标准化合约,逆向认定非法期货交易,因此在实际经营中,行为人只要采用标准化合约、保证金制度、每日无负债结算制度等交易机制,即可认定为非法经营期货;另一种观点则认为,非法经营罪在客观方面首先应该是一种经营行为,但所谓的"现货"交易平台,其交易对象并不存在,实质上是依托于国际行情图制造的期货交易假象,本质上不存在实际经营期货的意思表示与实际行为。[②]

笔者认为,《期货交易管理条例》自2012年修改后,删除正面定义非法期货交易之条款,正是体现出立法层面意图限缩非法期货交易之外延,因此笔者更倾向认定上述行为不属于非法期货之"经营行为"。其次,非法经营罪的法律规范位于《刑法》第三章"破坏社会主义市场经济秩序罪",本罪侵犯的法益客体是市场经济秩序,因此构成非法经营罪需要具备两个基本特征:其一为行政违法性;其二,具有严重扰乱市场秩序且达到犯罪程度的社会危害性,严重与否需要从情节和危害后果上加以认定。[③] 但非法期货平台实际上是一个封闭交易场,资金从第三方支付平台流入,将直接沉淀在非法期货平台的资金池里,客户的亏损或盈利都由平台享有或负担,资金根本不会在市场上流通。因此非法期货交易完全隔绝于市场正规交易,实际无侵害市场经济秩序之可能。

此外,以非法经营罪定性可能违反罪责刑相适应原则。以2006年上海联泰黄金案为例,700余名"黄金投资客"损失近3000余万元,主犯仅仅判决刑期五年六个月,再如本案审理法院认为,被告人非法经营期货业务,数额高达数百亿元,其行为已构成非法经营罪,判决主犯有期徒刑九年。这两个案件被认为是典型案件,但可以看到,即使如北京伦亚领先公司的犯罪数额已高达上百亿元,本案主犯的刑期也至多只有9年,而实务中更多的案件犯罪金额集中在数十万至百万之间,因此以非法经营罪定性的量刑区间多集中于一至五年左右,相较而言,以诈骗罪定性的裁判思路在量刑上更具有合理性。

（二）开设赌场罪——期货平台之初级模式,与投资者对赌

非法期货平台之本质,实际上都是独立的封闭交易场,客户入金投注,平台自身"做市商",即其既是交易平台,又是做市玩家。此时交易平台实际上是一种单纯的赌博工具,客户与平台一起"对赌"的网络赌博平台。平台上的交易品种只是不同的数字符号,类似赌场里

---

① 参见北京市高级人民法院刑事判决书(〔2011〕高刑终字第71号)。
② 参见安徽省合肥市中级人民法院刑事判决书(〔2018〕皖01刑初3号)。
③ 薛培,曹坚.非法代理境外黄金期货交易行为之性质认定[J].法学,2013(11):151.

的不同项目,但无论哪种项目,其目的都是投机获利。交易平台坐庄,根据国际货物价格涨跌与客户对赌,客户亏损的钱是平台的盈利,同时客户的盈利由平台承担。这是非法期货交易的基本模式,因此就该基本特征而言,虽然行为人有隐瞒交易情况、夸大收益等不正当行为,但不能据此认定被害人损失与平台有因果关系,笔者认为以"开设赌场罪"定性更为合适。

笔者在北大法宝网上以相同方法检索到 18 篇以"开设赌场罪"定性非法期货交易的案件,且多为 2015 年以后判决的案件,说明该裁判思路在近年来逐渐得到部分法院的认同。但该类案件总体数量较少,且其中不乏一审判决"开设赌场罪",二审法院改判"非法经营罪"的案例。笔者认为,可以借鉴其他同类案件——与非法期货交易类似的"地下博彩"案件的裁判思路。行为人在无许可的情况下私自经营彩票业务,在网络上开设平台,利用"时时彩"的投注规则、开奖时间及开奖号码作为输赢标准,在平台与投注之间进行对赌的行为,统称为"地下博彩"。该类案件与非法期货交易十分相似,都是利用网络交易平台吸引客户投注,交易平台自身与客户对赌,以真实的行情数据作为对赌结果参照标准,平台资金池与市场相互独立,最终由平台承担客户亏损或盈利。但"地下博彩"案件以"开设赌场罪"定性的比例占据大多数,笔者认为辨析"地下博彩"类案件的裁判思路,有利于进一步明晰非法期货交易的定罪量刑。

以 2017 年经过杭州两级法院裁判的颜植毅、黄吉兴等开设赌场案[①]为例,被告人开设"中金国际"网络平台,利用"重庆时时彩"的中奖号码,私设赔率组织他人进行竞猜赌博。检察院指控被告人犯非法经营罪,法院一审判决被告人犯开设赌场罪,检察院以被告人属于非法发行、销售彩票,其行为应构成非法经营罪为由提起抗诉。二审法院认为:(1)上诉人设立该网络平台的主观故意是与人在网上对赌,只是利用了"重庆时时彩"这种彩票的投注规则、开奖时间,以开奖号码作为确定输赢的标准,客观上是由上诉人以网络平台的形式与参赌人员进行对赌;(2)上诉人的利益来源全部是参赌人员的对赌赌资,且是以庄家的身份和参赌人员结算的方式获取非法利益,并不具有非法发行、销售等经营行为的特点;(3)上诉人以营利为目的,在计算机网络上开设赌博网站,接受不特定参赌人员充值投注,符合开设赌场罪的构成要件。综上,二审法院维持原判。

参照上述裁判标准,非法期货交易平台的盈利来源于客户的对赌赌资;客户交易形式与正规期货交易不同;非法期货平台属于封闭交易池,无干扰正常经营与市场交易秩序之可能;再者非法期货交易平台向社会公众公开经营,参赌人员具有不特定性等特征,符合司法解释[②]对开设赌场罪之赌博场所的开放性和参赌人员的不特定性的本质特征的规定。且以开设赌场罪定性,在量刑上体现出适当性,对于非法期货交易经营额百万左右的行为人,一般判处刑期三年以下,并可酌情判决缓刑;经营额达千万以上的,一般判处刑期三年以上,并处罚金。不会出现以非法经营罪定性,经营额达百亿以上,但主犯刑期只有五年的判决。

---

① 参见浙江省杭州市中级人民法院刑事判决书(〔2017〕浙 01 刑终 599 号)。

② 《最高人民法院、最高人民检察院关于办理赌博刑事案件具体应用法律若干问题的解释》第二条:以营利为目的,在计算机网络上建立赌博网站,或者为赌博网站担任代理,接受投注的,属于《刑法》第三百零三条规定的"开设赌场"。同时,第六条:未经国家批准擅自发行、销售彩票,构成犯罪的,依照《刑法》第二百二十五条第(四)项的规定,以非法经营罪定罪处罚。结合实务可知,若以非法经营罪定罪仍需考察行为人是否具有发行意愿。

（三）诈骗罪——期货平台人为性、技术性扩大客户亏损

如果非法期货平台如上述只是"做市商"，与用户对赌，并不能保证稳定盈利，因此行为人为了非法牟利，会使用风控软件故意制造客户亏损，软件包括上千种技术功能，类似"滑点""卡顿""跳空"等技术手段，通过对客户整个交易流程进行干预，同时与真实行情数据进行对比结算，最终使用户不能及时平仓，以达到缩小盈利、扩大亏损的结果。通常在风控软件运作同时，还需要辅之以其他人为性操作，即业内所说的"喊反单"。

"喊反单"通常由非法期货团队里的"分析师"团队具体负责。实际上这些所谓的"分析师"并不具备相应金融知识，只是经过公司的短期"培训"，通过各类"传销话术"让客户对其专业性深信不疑，甚至完全根据其"建议"下单。"喊反单"的由来是在某些时段期货平台会收到"供货源"提供的相对可信的大数据行情，即某个期货项目价格在未来某个时点会"上涨"或"下跌"。此时分析师就会利用该数据向客户发出完全相反的交易建议，故意让客户下"反单"，然后使平台赚取该部分的亏损。

许多法院裁判理由认为构成"诈骗罪"的原因是行为人欺瞒客户，使其误以为是在合法的市场平台上交易，并且通过"喊反单"让其处分自己的财产，受到损失。但实际上这些欺瞒行为并不能当然构成诈骗罪，换句话说这些行为并不属于诈骗罪构成要件的"欺骗行为"。"从心理事实的角度看，既然只是'怀疑'，那就意味着有'相信'骗术的成分，也就是说有'错误'留存，我们通常说的'半信半疑'就是指这种心理状况。'投机'是被害人对诈术外另一'可能'的'获利'的主观追求，不能以'投机'反证'错误'。"[1]诈骗罪（既遂）的基本构造为：行为人实施欺骗行为——对方（受骗者）产生（或继续维持）错误认识——对方基于错误认识处分财产——行为人或第三者取得财产——被害人遭受财产损害。[2]"基于错误处分财产"要求受害人如果意识到真实情况，就不会处分财产。实践中许多客户本身在交易过程中就已经认识到该平台可能是非法的，但仍然认为可以通过对赌赚取其他客户或者平台的资金，且在单纯隐瞒平台不合法但平台数据都是真实行情的情况下，投资的风险，即射幸概率都是一样的，不能直接造成被害人损失。同时分析师"喊反单"的依据——大数据行情，并非绝对正确，客户完全可能在这种情况下盈利并出金，换句话说，平台的欺骗行为与客户的亏损并不一定构成直接因果关系。

笔者认为，上述观点是混淆了非法期货交易中的"欺骗行为"，实际上应参照"套路贷"案件的整体性评价方法，将非法期货平台实施的行为全部视为一个整体行为来考察，上述欺骗平台资质、"喊反单"的行为都是平台实施诈骗的其中一个步骤。客户资金进入平台后，实际上被害人已经失去了对资金的控制，极少出现客户能在赢利状态下出金的情况；即便部分客户获得少量赢利，也是各被告人为了获取对方信任、引诱对方加大投资的手段；通过虚构事实、隐瞒真相引导客户频繁操作赚取手续费、仓息亦是一种非法占有被害人财物的行为。故部分被害人自主操作、不按照"分析师"要求进行操作造成的亏损以及平台收取的手续费也应当计入各被告人犯罪数额。[3] 因此，对于行为人以非法占有为目的，伙同他人虚构平台合法事实、隐瞒使用技术手段之行为，利用"分析师"团队等等欺骗行为，应作一体性评价，以上

① 王骏.论被害人的自陷风险——以诈骗罪为中心[J].中国法学,2014(5):164.
② 张明楷.刑法学[M].5版.北京:法律出版社,2016:1000.
③ 参见安徽省合肥市中级人民法院刑事判决书(〔2018〕皖01刑初3号)。

述手段使被害人陷入错误认识,继而骗取公民财物,数额巨大的,其行为构成诈骗罪。

三、非法期货交易规制建议与防控对策

(一)建立完善电子数据保存机制

"互联网金融案件利用网络交易,犯罪痕迹形成了电子证据,有别于传统线下证据形式,其特性导致证据海量、形态易变、难以固定等问题。"[①]因此在非法期货案件中,取证环节极为重要,甚至直接关乎是否能成功定罪量刑。实践中多数平台都有自行销毁数据的程序,行为人在被采取强制措施后其他共犯立即启动该程序,导致后台电子数据大多被销毁,原有网站域名也被覆盖,对侦查、审判工作造成阻碍。

这是互联网金融案件无法回避的难题,首先要转变传统侦查思路,立足于互联网特性,从侧重言词证据到侧重书证的提取与固定,在对犯罪嫌疑人采取强制措施后,首要任务不是获取嫌疑人供述,而是设法进入平台管理后台,将海量交易数据甚至整个交易系统立即以适当的方式提取、固定。同时建立相关电子存证平台,保障电子数据真实性。

再者应当建立健全的协助取证制度,保障证据之时效性。比如杭州互联网法院可针对电子数据当庭调取展示,直接从平台调取第三方保存的电子数据。在非法期货案件中,可以向类似 QQ、58 同城等软件寻求协助取证,在这些软件上记录了行为人招募员工、吸引客户等重要的犯罪手段。

最后,明确对于各被害人损失的认定方法,即按照其在平台上的实际损失计算,综合银行交易记录、聊天记录、账户分析表(电子数据)、工资提成表、被害人陈述以及被告人供述等证据进行综合认定,当部分证据的内容存在不明晰、不完善或者不一致的情况时,取数额最小或者可以相互印证的数值,作出对被告人最为有利的认定。

(二)增强民众合法投资意识

在《期货公司监督管理办法》中明确要求期货公司不得向客户承诺、鼓吹收益,而我国民间投资者缺少相应的基础合法投资意识,实践中被"高额利息"利诱。虽然非法期货平台在外观上很难甄别是否合规,但仍然具有类似"套路贷"案件的"犯罪套路",只要被害人具有合法投资意识,在投资前简单了解相关法规行规,就不会轻易落入陷阱。

首先,从各项费用角度来看,非法期货平台一定会承诺投资者高收益,甚至是承诺最低收益,同时收取高额手续费、仓储费,甚至会返还投资者"点差",而正规平台只会收取合理手续费,没有其他额外费用。

其次,非法期货平台基本利用第三方支付平台接口出入金,而为了保证不法资金的安全性,第三方支付平台项下会有多个支付账户,投资者在入金时就会发现对方账户可能是一家书店或是其他与期货公司完全无关的账户,而且每次入金都会有不同的账户显示,因此投资者在交易过程中完全可以察觉到平台的不合规,及时抽身,降低风险。

此外,非法期货平台为保证盈利,经常会制造故障,导致投资者交易延迟或出金困难,对于正规平台,很少会出现技术故障的情况,投资者出入金也完全不会受阻碍。同时正规平台更不会有"分析师"指导下单,因此民众其实只要稍加辨别,在交易过程中就能及时发现平台的非法性。

---

① 陈莉.刑民交叉视野下互联网金融犯罪的证据认定[J].人民司法(应用),2019(7):70.

（三）加强个人信息出售管制

发展客户是非法期货交易模式中的最前端环节，平台只有通过吸引社会不特定公众参与交易，才能从对赌模式里获得盈利。发展客户一般由销售部专门负责，主要通过黑市上买卖的公民个人信息，添加聊天软件好友，进一步培养信任，拉入陷阱。在黑市上，这些个人信息打包出售，有些价格低廉至一百条信息一元至十元不等，但如果是精准客户的信息则可以被卖到十元甚至数十元一条。这些精准信息一般指的是曾经或正在进行证券、期货投资的、有一定资产与收入的客户，而价格越高，资料则越完整，不仅包括电话号码，甚至包括精准客户从事的职业、家庭住址、身份证号码等信息。通过购买这些个人信息，销售人员对目标客户的情况了如指掌，在聊天时也可以"对症下药"。

因此加强对公民个人信息的保护，直接从源头上切断非法期货平台获取客户的渠道，使非法金融项目变为无源之水无本之木，或许是最有力的防控对策。自 2009 年《中华人民共和国刑法修正案（七）》首次将侵犯公民个人信息行为纳入刑法保护后，对个人信息的保护力度不断得到强化。2015 年《中华人民共和国刑法修正案（九）》进一步将个人信息犯罪的主体扩大到任何主体，取消了"非法提供"中的"非法"，将入刑的行为确定为"出售或提供公民个人信息"和"窃取或者以其他方法非法获取公民个人信息"两种行为。这意味着，不仅出售公民个人信息和购买公民个人信息可能入刑，而且向他人提供公民个人信息或者接受公民个人信息也存在承担刑事责任的风险。[①]

四、结　语

非法期货交易是在当今互联网金融高速发展的时代背景下应运而生的产物，它与套路贷、P2P 都有类似的本质特征，基于互联网交易的时空性特征，向社会不特定公众吸收资金，导致受害人往往遍布全国各地，这也是互联网金融类案件与传统犯罪模式不同的独有特征。对于非法期货交易的打击，面临司法定罪不统一、监管体系不协调、多环节打击难度大等难点。因此，打击非法期货交易，应从统一裁判思路出发，厘清此罪与彼罪的界限，建立跨地域、跨部门的行政监管与刑事侦查相衔接的侦查机制，打击出卖个人信息犯罪，从源头遏制非法期货交易的犯罪案件。

---

① 高富平，王文祥.出售或提供公民个人信息入罪的边界——以侵犯公民个人信息罪所保护的法益为视角[J].政治与法律，2017(2):46.

基于大数据分析的普通大众对同性恋的包容度分析

金彭年　万　晓

【摘要】 经过前期对同性婚姻的资料的研究,我们可以从各国的立法中发现,同性婚姻合法化已经成为未来世界各国立法的主要的趋向。但是通过对一些国家的研究,我们也发现如果在本国国民的认识和接受程度未达到一定程度之前,强行推行同性婚姻立法,不仅无法使同性伴侣的权利和利益得到保障,相反,还会引发强烈的社会动乱,并使其权利遭受更加严重的损害。因此本文基于大数据分析的视角,通过问卷调查等方式,探索普通大众对于同性恋的包容程度,研究的意义在于让同性恋者直接与普通大众打破相互隔离的状态,从而增进两个群体之间的认识,促进互相体谅与包容,并为我国的未来立法提供一定的借鉴和指导。在研究方法方面,本文选取了若干个具有代表性的作用因素,运用综合社会调查的相关参数,来对普通大众的包容度进行具体评估。本文通过研究发现:女性相比较于男性,对同性恋性行为的包容度更宽;随着年龄范围的增大,公众对同性恋性行为的包容程度呈减小的趋势;在收入和学历有优势的人群中,对同性恋现象也表现为更具有理解能力与包容态度;通过网络对同性恋现象有更多了解后,普通公众对同性恋现象的包容度也会增大。但是,需要注意的是,网络的增益作用存在群体的差异性,主要表现为,女性、城市户籍人群、高学历者和一些年轻人受此影响的程度更深。

【关键词】 同性恋群体;大数据分析;包容程度;普通民众

一、普通大众对同性恋群体包容度研究的背景介绍

我国卫生管理门户的公开数据显示,处于性活跃期的中国男性中,有同性恋倾向的群体大约占据了同年龄阶段男性的 2.4% 至 4.7%。在过去很长的时间内,甚至现在,同性恋者仍然被视为病患,需要接受疏导和治疗。[①] 为了避免遭受歧视,部分同性恋者不得不冒充异性恋的身份去结婚生子;有的则不得不克制本性,尝试去融入异性恋主导的社会。[②] 2016 年,互联网的普及率达到了历史期的高潮,同期,同性恋的知识得到了飞速传播,同性恋者权益问题也铺天盖地地引起了网民的各种讨论。[③] 典型的事件有,某大学生因为"教科书污名化同性

作者简介:金彭年,浙江大学光华法学院教授,博士生导师;万晓,浙江大学法学博士研究生。

① Griffith A, Wickham P T. Tolerance, Acceptance, or Ambivalence: Changing Expressions of Attitudes towards Homosexuals in Barbados[J]. Sexuality Research & Social Policy, 2019, 16(1):58-69.

② Petrou P, Lemke R. Victimisation and Life Satisfaction of Gay and Bisexual Individuals in 44 European Countries: The moderating role of country-level and person-level attitudes towards homosexuality[J]. Culture Health & Sexuality, 2017, 20(4):1-5.

③ Badon M M, Tekverk D G, Vishnosky N S. Establishing the Oxidative Tolerance of Thermomyces Lanuginosus Xylanase[J]. Journal of Applied Microbiology, 2019, 127(2):508-519.

恋"把教育部告上了法庭,也有湖北一对同性恋人注册结婚遭到了拒绝而引起网络争议。这些事件的发生暗示了人们对同性恋问题进行讨论和分析的同时,也在更准确地思考该如何看待这一群体。[①] 国内学者对同性恋展开调查研究的时间远远落后于国外学者。而且,在最初国内学者对同性恋的研究仅仅把研究对象固化在了大学生这个群体,并试图以大学生的个例来窥视整个社会的状况。[②] 例如,有学者通过对人口众多的山东进行了调查,发现山东的大学生对待同性恋的态度是一种十分复杂的观念,表现为包容与排斥胶着的现象。[③] 包容的一方面是山东省份本身是一个受儒家思想影响十分深远的省份,另一方面胶着的一面主要是大学生都接受了高等教育,在思想上也更加趋向包容开放。也有学者跳出地域限制,把眼光聚焦在了利用抽样调查方法考察了全国范围内的大学生对同性恋行为的一般态度。[④] 随着时间推移,同性恋这个话题的热度可谓有增无减,这一领域的学者开始把研究对象转向全国范围内的人民群众,研究定位的因素也趋于更加全面。不乏学者尝试利用 CGSS 2018 来获取最新信息,并借助大数据信息对公众对同性恋的包容度进行科学评估。[⑤][⑥]

不可否认的是,从整体上来说,目前阶段同性恋者在社会的被接受程度仍处于较低水平,这根源于中国传统文化的中庸特质,也表现为完全认同和彻底否定的人都占很小的比重。[⑦] 与此同时,国家在法律规范中并没有给予同性恋合法的地位。虽然中国同性恋者的本土化与全球化、内生性与嵌入性之间有密切关联,但在公共领域中出现的这种畸形现状并非是完全西式的。所以,在大数据时代的今天,我国同性恋者之间还尚且没有形成那种集体化的特质,而是一种分散的个体性的存在形式。[⑧]

二、普通大众对同性恋群体包容度研究的影响因素分析及研究方法

(一)研究设计宗旨

本文梳理了中国综合社会访谈的权威数据,并运用序次 Logit 回归的方法,对多个地区的各群体对同性恋的包容程度进行实证调查,目的是探究公众对同性恋者的包容度的潜在影响因素,指引人们客观地对待同性恋问题,从而达到社会和谐发展的目标。

(二)研究分析方法

国家综合社会访谈项目,是我国本土最大的综合性社会调查项目,由武汉大学联合全国

① Stanfield P S. The Betrayed Father: Wyndham lewis, homosexuality, and enemy of the stars[J]. Journal of Modern Literature, 2017, 40(3):84-89.

② Kirshner, Howard S. The Other Side of Impossible: Ordinary People Who Faced Daunting Medical Challenges and Refused to Give Up[J]. Cognitive & Behavioral Neurology, 2017, 30(2):79-80.

③ Åkestam N, Rosengren S, Dahlen M. Think about It can Portrayals of Homosexuality in Advertising Prime Consumer-perceived Social Connectedness and Empathy? [J]. European Journal of Marketing, 2017, 51(1):82-98.

④ Killiny N, Jones S E, Nehela Y. All Roads Lead to Rome: Towards understanding different avenues of tolerance to huanglongbing in citrus cultivars[J]. Plant Physiology & Biochemistry, 2018, 129:1-10.

⑤ Hunt S L, Connor J J, Ciesinski A. Somali American Female Refugees Discuss their Attitudes toward Homosexuality and the Gay and Lesbian Community[J]. Culture, Health & Sexuality, 2017, 20(6):1-15.

⑥ Ahuja K K. Development of Attitudes Towards Homosexuality Scale for Indians (AHSI)[J]. Journal of Homosexuality, 2017, 64(14):1-15.

⑦ Patricca N A. Christianity, Social Tolerance, and Homosexuality: Gay People in Western Europe from the Beginning of the Christian Era to the Fourteenth Century[J]. Anglican & Episcopal History, 2017, 86(4):293-5.

⑧ Daoud A M, Hemada M M, Saber N. Effect of Silicon on the Tolerance of Wheat (Triticum aestivumL.) to Salt Stress at Different Growth Stages: Case study for the management of irrigation water:[J]. Plants, 2018, 7(2):29-31.

各地的学术单位共同管理。从 2012 年开始,每年都会对全国范围内的一万多位样本人群进行跟踪访谈,得到的数据具有非常高的科学性和研究价值。本文的调查分析环节采用 Stata 5.6 分析软件进行分析,对中国综合社会访谈 2012 年以来跟踪获取的数据进行序次化 Logit 回归。数据处理方法采用 Statal 5.6 方案进行分析与处理,其逻辑表达式为:

$$\log\left[\frac{\Pr(y_i \leqslant j \mid x_i)}{1 - \Pr(y_i \leqslant j \mid x_i)}\right] = a_j + x_i \times \beta \tag{1}$$

在该表达式中,i 表示样本中第 i 个被观测到的个体,j 表示具有 k 个分类的因变量 y 中的某一类别,a_j 是因变量次序对应的截距,β 表示 x_i 每提高一个单位,y_i 值提高一个及以上等级比效值。将本研究的因变量与自变量代入,得到大数据环境下影响同性恋包容度的基本模型为:

$$\log\left[\frac{\Pr(tolerance_i \leqslant j \mid x_i)}{1 - \Pr(tolerance_i \leqslant j \mid x_i)}\right] = a_j + \beta_1 netuse_i + \beta_2 gender_i + \beta_3 age_i \beta_4 marriage_i + \varepsilon$$

$$\tag{2}$$

其中,$tolerance_i$ 是个体 i 对同性恋人群的包容度,$netuse_i$ 是接触互联网大数据的频次,其余 $gender_i$、age_i、$marriage_i$ 分别表示性别、年龄、婚姻状态,ε 是随机误差项。考虑到变量的适用空间存在一定程度的张性,为了避免各变量量纲不同、阈值不同而导致的影响,本文将对各变量进行标准化封装处理,并按序号进行重新编码。我们设定在所有跟踪访谈对象中,性别为女的受访者与性别为男的包容度之间存在的百分比比值差别,其单位精确到第二个百分点;而年龄与包容度的对应关系中,我们设定了年龄每增加 1 个单位,包容度下降 0.25 个对数比;婚姻与否与包容度方面,我们假设已婚状态时,包容度上升 0.045 个对数比;受访谈者的接触互联网信息越频繁,则默认其对同性恋的包容度上升 0.025 个对数比。他们之间的关系可表述为:女性与男性对同性恋性行为的包容度区分;年龄大小与同性恋性行为的包容度分区;婚否、互联网接触频率与对同性恋性行为的包容度区分。

三、普通大众对同性恋群体包容度研究的样本数据的情况

(一)实验数据来源

本文所跟踪调查的样本人群合计共包含 10985 个样本,必要的,对可能的缺失值和异样值进行排除之后,剩余有效样本共计 10211 个。这些样本人群的具体结构为:男性共计包含 5523 人,占 54.09%,女性 4688 人,占 45.91%;年龄方面,样本人群的年龄区间为 17~49 周岁,平均年龄为 32±0.4 岁。受教育程度方面,无任何教育背景的人数有 1034 人,占 10.13%;小学学历有 2458 人,占 24.07%;初中学历 3195 人,占 31.29%;大学学历 1856 人,占 18.18%;研究生及以上学历者共计 1668 人,占 16.33%。日常获取信息渠道方面,以报纸和杂志为主有 782 人,占 7.66%;以广播为主有 237 人,占 2.32%;以电视为主 5298 人,占总样本的 51.88%;以互联网渠道为主的有 3894 人,占 38.14%。

(二)实验设置

在 CGSS 问卷设计中,对因变量的设定问题"你对同性之间的性行为持哪种看法?"一共有 5 个可选答案,分别是:"总是不对""多数情况不对""不确定""时对时错""总是对的"。为了更客观地展现数据,我们根据以往测试结果对本次实验结果进行了预估,预估认为将会有 6200 人会表示同性恋之间的性行为总是不对的,占 60.72%;约 1500 人会认为在大多数

情况下是不符合伦理的,占 14.69%;约 1800 人会认为无法判断错与对,占比17.63%;约 700 人会表示有时是对的,占 6.85%;极少数人会完全支持同性恋之间的性行为,占 0.11%。

四、普通大众对同性恋群体包容度研究的样本数据的分析及讨论

（一）实验结果分析

梳理实验结果后可以发现,实际测定值与预估值存在一定的误差,如表 1 和图 1 所示。

表 1　实验结果与预估结果

普通大众对同性恋群体的看法	预估值		实测值	
	人数/人	占比/%	人数/人	占比/%
总是不对	6200	60.72	5138	50.32
多数情况不对	1500	14.69	1912	18.73
不确定	1800	17.63	2217	21.71
时对时错	700	6.85	903	8.84
总是对的	11	0.11	41	0.40

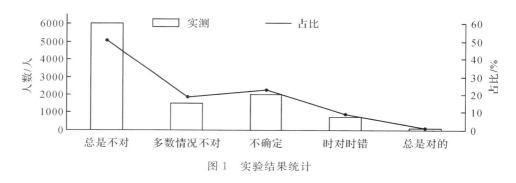

图 1　实验结果统计

从实验数据中可以看出,由于互联网的普及对人们对同性恋之间性行为的看法与预估值之间存在较大差异,为了了解互联网的普及对于公众对同性恋包容程度的影响,本文对获取的大数据进行了描述性的统计分析,不同信息渠道对同性恋包容度异同的调查结果如图 2 所示。

从图 2 中可知,相比于传统媒介,以互联网大数据为主要信息获取源头的测试样本对同性恋人群的包容度表现出了较高的变化。随着互联网辐射范围的不断扩大,人们对同性恋人群的包容度正在逐步提升。不过,想要了解互联网技术使人们对同性恋态度究竟发生了什么样的影响必须通过回归分析,分析结果如图 3 所示。

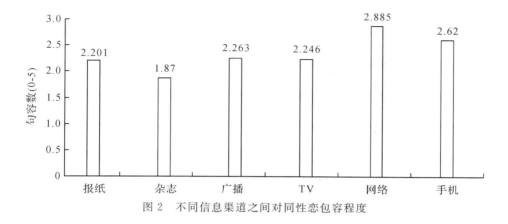

图 2 不同信息渠道之间对同性恋包容程度

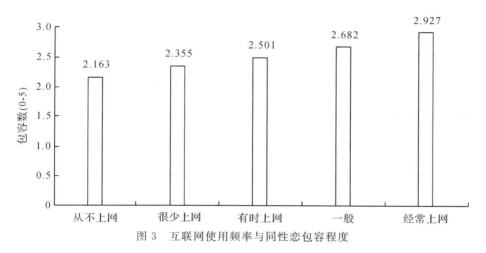

图 3 互联网使用频率与同性恋包容程度

（二）分析和讨论

图 3 的统计结果表明人们获取信息的渠道和对互联网的使用频率与对同性恋者的态度有很大的关联，越是经常利用互联网和大数据来获取信息的人群对同性恋者的包容态度越明显。对大数据时代主导下的互联网使用频率也深深影响着这一数值，暴露在大数据环境下时间越长，对同性恋性行为的看法就越超前、越理性。

所以，不难发现的是，在对同性恋包容方面，人们对网络信息的接受广度和深度确实存在着群体性波动差异。不得不承认的是，大数据时代下，互联网技术为同性恋者之间搭建了有效的宣传平台和自我认可渠道。但那些未被大数据时代感染到的人群中，对同性恋者接纳程度仍然处于较低水平，甚至依然采取全面否定的态度。所以，如何更好地结合大数据时代背景来对这些人群进行有益的渲染，采取更加有效的方式对同性恋合法性知识进行普及，让那些对同性恋群体持偏见态度的人群通过大数据时代的特点来改变固有的偏见值得我们深思。

五、普通大众对同性恋群体包容度研究的最终结论

本文的研究结果显示，性别、年龄、学历、收入和信息来源对公众对同性恋者的包容度具

有显著的影响。而且在大数据的时代背景下，以互联网为主要信息来源渠道的人群对同性恋行为正在展现出有别于以往的更大的包容度。本文的研究证实了在对待同性恋性行为的态度上，大部分公众的包容度处在中等水平（这与我国受儒家传统文化的影响有关），但是相对于西方国家包容开放的态度，还是相对较低的，但是我们也发现坚持坚决负面态度的人群正在减少，有相当部分公众的态度已经转化为既不反对也不赞同。本文认为，在大数据的时代背景下，为了提高公众对同性恋群体的包容度，应该加大对大数据和互联网知识的普及来正面宣传同性恋的知识，从而增强人们对这一群体的包容度。通过这一研究，本文认为我国现阶段进行同性婚姻立法不能过于仓促。任何新事物新规则都应当通过循序渐进的方式逐步推进，现阶段同性婚姻的立法也同样应当采取渐进推行的方式。对当前阶段同性伴侣因同居关系引发的纠纷应当参照异性伴侣非婚同居关系的解决方式处理。

当然本文受限于样本数据采样有限，以及对于不同的人群的采样的比例也难以确保完全科学，使得最终的研究结论与我国的实际情况存在一定偏差，我们后续还将会对该研究持续改善和跟进。

下篇 国际法治与社会发展

试论我国文化"走出去"税收优惠措施与 SCM 协议的关系

张 骞

【摘要】 包括税收优惠在内的各项政府补贴措施对促进文化企业和文化产品"走出去",增强其市场竞争力必定会有很强的积极意义,但同时也应看到,当前的一些税收优惠等补贴措施存在着与 SCM 协定等 WTO 规则不一致的地方,有引起不必要贸易争端的风险,应对之策在于改进我国的税收优惠政策和规则,提升税收优惠制度的法律位阶,使之更加完善,增强其抵抗反补贴诉讼风险的能力。

【关键词】 文化产业;文化产品贸易;走出去;税收优惠;SCM 协定

一、引 言

2014 年年初,国务院接连颁布了几项与促进文化产品贸易"走出去"有关的规范性意见,其中,3 月 17 日国务院印发的《关于加快发展对外文化贸易的意见》(以下简称《意见》)对加快发展对外文化产品贸易、推动文化商品和服务出口作出了全面部署[①]。

在税收政策方面,明确了对国家重点鼓励的文化服务出口实行营业税免税。结合营业税改征增值税改革试点,逐步将文化服务行业纳入"营改增"试点范围,对纳入增值税征收范围的文化服务出口实行增值税零税率或免税。享受税收优惠政策的国家重点鼓励的文化产品和服务的具体范围由财政部、税务总局会同有关部门确定。在国务院批准的服务外包示范城市从事服务外包业务的文化企业,符合现行税收优惠政策规定的技术先进型服务企业相关条件的,经认定可享受减按 15% 的税率征收企业所得税和职工教育经费不超过工资薪金总额 8% 的部分税前扣除政策。

《意见》只是落实党的十八届三中全会《关于全面深化改革若干重大问题的决定》,进行文化体制改革的政策和措施之一。可以预见的是,政府将会更加重视文化产业和文化产品贸易的发展,并以此为契机,出台越来越多的包括税收措施在内的激励措施。例如,国务院

作者简介:张骞,男,南京大学博士后,浙江财经大学教授、硕士生导师,研究方向为经济法、国际经济法。

基金项目:中国博士后科学基金资助项目(2013M531303)。

① 如国务院印发的《国务院关于推进文化创意和设计服务与相关产业融合发展的若干意见》(国发〔2014〕10 号)和《国务院关于加快发展对外文化贸易的意见》(国发〔2014〕13 号)等。

② 国务院办公厅《关于印发文化体制改革中经营性文化事业单位转制为企业和进一步支持文化企业发展两个规定的通知》(国办发〔2014〕15 号)。

2014 年 4 月 16 日发布的《文化体制改革中经营性文化事业单位转制为企业的规定》和《进一步支持文化企业发展的规定》(以下简称《规定》)保留了原有各项优惠政策,并延续到 2018 年,以确保支持文化改革发展力度不减[②]。

政府采取税收减免等激励措施促进文化产业和文化产品贸易的发展有其合理性和必要性。但同时我们也注意到,在已出台的包括《意见》在内的鼓励和促进文化行业发展的众多政策和法规中,常常出现"国家重点鼓励的""国务院批准的"等带有很强偏向性的措辞。这不由得使得我们联想到 WTO 规则中有关补贴与反补贴的一些规定。减免某些产业的税收是一种典型的政府补贴行为[①],如果受到这些补贴的产品出口到国外,是否会被国外的市场主体以这些产品获得了违反 WTO 补贴与反补贴规则的补贴为由,而被起诉?

二、支持文化企业和文化产品"走出去"的税收规则梳理

由于文化产业和文化产品有低成本、高附加值等特点,现在正成为国际贸易中的新增长点。20 世纪 90 年代,党和政府提出要建立健全文化经济政策和规范,为推动我国文化产业的繁荣和发展提供支持和保障。1996 年国务院颁布《关于进一步完善文化经济政策的若干规定》,从财政、税收、金融、社保、贸易等多方面建立了文化经济政策的框架。

税收优惠一直是鼓励和促进文化企业和文化产品"走出去"的文化经济政策组成部分。其中主要的有:

2005 年《财政部 海关总署 国家税务总局关于文化体制改革中经营性文化事业单位转制后企业的若干税收政策问题的通知》(财税〔2005〕1 号)规定:文化产品出口按照国家现行税法规定享受出口退(免)税政策;对在境外提供文化劳务取得的境外收入不征营业税,免征企业所得税;对生产重点文化产品进口所需要的自用设备及配套件、备件等,按现行税收政策的有关规定,免征进口关税和进口环节增值税。

根据《财政部 海关总署 国家税务总局关于文化体制改革中经营性文化事业单位转制后企业的若干税收政策问题的通知》(财税〔2005〕1 号)和《财政部 海关总署 国家税务总局关于文化体制改革试点中支持文化产业发展若干税收政策问题的通知》(财税〔2005〕2 号),从2004 年 1 月 1 日至 2008 年 12 月 31 日,经营性文化事业单位转制为企业和政府鼓励的新办文化企业,在境外提供文化劳务取得的境外收入免征企业所得税。到期后,这项政策没有被延续。

2009 年《财政部 海关总署 国家税务总局关于支持文化企业发展若干税收政策问题的通知》(财税〔2009〕31 号)规定,文化企业发生的以下两类进出口业务可以享受税收优惠,一是出口图书、报纸、期刊、音像制品、电子出版物、电影和电视完成片按规定享受增值税出口退税政策,二是为生产重点文化产品而进口国内不能生产的自用设备及配套件、备件等,按现行税收政策有关规定,免征进口关税。此外,文化企业在境外演出从境外取得的收入还可以免征营业税。

2013 年 8 月 1 日起交通运输业和部分现代服务业"营改增"试点在全国范围内开展,属于现代服务业范畴的文化创意服务和广播影视服务都适用 6% 的增值税税率。《财政部 国

---

① WTO《补贴与反补贴协议》第一条规定了一些构成补贴的具体行为,其中就有"(政府或任何公共机构)放弃或未征收在其他情况下应征收的政府税收(如税收抵免之类的财政鼓励)"。

家税务总局关于在全国开展交通运输业和部分现代服务业营业税改征增值税试点税收政策的通知》(财税〔2013〕37 号)规定中华人民共和国境内(以下称境内)单位和个人向境外单位提供的设计服务(不包括对境内不动产提供的设计服务)适用增值税零税率;会议展览地点在境外的会议展览服务,在境外提供的广播影视节目(作品)的发行、播映服务,以及境内单位和个人向境外单位提供的商标著作权转让服务、知识产权服务、广播影视节目(作品)制作服务、广告投放地在境外的广告服务均免征增值税。

最新的就是本文开始提到的国务院今年颁发的《意见》和《规定》等。

从已经颁布实施的促进文化产品走向海外市场的税收优惠措施看,其涉及的范围广,基本上涵盖了进出口税、所得税、增值税、营业税等各税种;惠及文化产品的生产、运输和销售等各环节;其中既有文化商品贸易,也有文化服务的出口。而且,这些税收激励措施有不断加强和扩围的趋势。

三、我国文化"走出去"税收减免措施与 SCM 协议的关系

我国加入 WTO 后,国内颁布实施的国际贸易政策和法律都与 WTO 规则产生了紧密的联系,作为 WTO 成员方,遵守 WTO 规则和我国的入世承诺是一项国际法义务,因此,当下我国颁布实施的一系列促进对外文化产品贸易的政策和法规也需要在 WTO 规则的视角下加以检视。

(一)部分文化"走出去"税收减免措施构成 SCM 协议中界定的补贴行为

1. SCM 协议中的补贴行为

SCM 协议第一条第一款规定了构成补贴的主体要件和行为要件。在补贴的主体方面,凡是政府或行使某种政府职能的任何公共机构,甚至受政府委托或指示的私营机构都可能成为补贴的实施者。补贴行为也很宽泛[1],主要有涉及资金转移、税收抵免、政府提供或采购等的财政资助、收入或价格支持等利益授予等。至于何谓"利益授予",SCM 协议条文没有明确规定,但在 DSB 关于补贴案的争端解决报告中作出了解释:"当一项措施给予接收者的条件比市场上可获得的更优惠,进而使接收者处于更有利的地位时,即构成利益授予。"[2]

文化"走出去"税收减免措施满足了 SCM 协议中补贴的构成要件,一方面税收减免是政府行为,海关和其他税务机关对满足一定条件的文化企业和文化项目以及文化产品出口给予增值税、营业税和其他税收方面的减免,则必然会让这些企业获得了非市场优惠,显然是被授予了利益。具体而言,文化"走出去"税收减免措施属于 SCM 协议第一条第一款(a)项第 1 目第(ii)点"放弃或未征收在其他情况下应征收的政府税收(如税收抵免之类的财政鼓励)"。

---

① 不仅 SCM 协议条文非常宽泛,而且 DSB 在涉及补贴争议的解决报告中,对第一条第一款(a)项界定的补贴进一步作了扩大解释,即资金的直接或潜在转移无须实际发生,只要存在可能导致未来转移的做法即符合该项的界定。详见 Panel Report on Brazil—Export Financing Program for Aircraft(WT/DS46/R),para. 7. 13,Appellate Body Report on Brazil—Export Financing Program for Aircraft(WT/DS46/AB/R),paras. 154-157. 有关评论可详见:Stehmann Oliver. Export Subsidies in the Regional Aircraft Sector—The Import of Two WTO Panel Rulins Against Canada and Brazil[J]. Journal of Infection and Chemotherapy,2012,41(3):166.

② Panel Report on Canada—Measures Affecting the Export of Civilian Aircraft(WT/DS70/R),para. 9. 120,Appellate. Body Report on Canada—Measures Affecting the Export of Civilian Aircraft(WT/DS70/AB/R),paras. 153-157. 参见:朱榄叶. 世界贸易组织国际贸易纠纷案例评析[M]. 北京:法律出版社,2000:328-329.

如何理解"在其他情况下应征收(otherwise due)"的含义,DSB 专家组和上诉机构的解读是:"在其他情况下应征收(otherwise due)"是指受诉措施条件下的征税与其他条件下的征税之间的比较。并且,这个比较应该建立在受诉成员方自主建立的税法的基础之上。自主决定征税与不征税的对象是 WTO 成员方的税收主权,但同时也应该遵守 WTO 的义务,因此,应根据受诉成员方自主建立的税法体制所确定的征税基准来判断"在其他情况下应征收(otherwise due)"[①]。为了便于理解,该条文还特地在括号里举例注明了何谓"在其他情况下应征收(otherwise due)",亦即"税收抵免之类的财政鼓励"。

《意见》及两项《规定》中明确的增值税免征或实行零税率等税收减免措施属于在中国现有的增值税和营业税等税收征收标准上,放弃了"在其他情况下应征收"的部分税收,因而构成了 SCM 协议中的补贴。

2.关于"税收抵免之类的财政鼓励"的例外

SCM 协议第一条第一款(a)项第 1 目第(ii)点"放弃或未征收在其他情况下应征收的政府税收(如税收抵免之类的财政鼓励)"有个脚注,标明了税收抵免之类的财政鼓励不构成补贴行为的情形。[②]

依照 GATT 关税及贸易总协定 1994 第十六条(第十六条的注释)和 SCM 协议附件 1 至附件 3 的规定,有两种情况不构成 SCM 协议中的补贴:一是免除原本供国内消费的出口产品所应缴纳的关税或国内税;二是减免此类出口产品的关税或国内税数额不超过该产品实际所负关税和国内税税额。

该注释解决了在产品的出口环节税收减免行为的定性问题,亦即对出口产品的关税和国内税的减免不属于 SCM 协议所管辖的补贴行为。这些规定为国际中普遍存在的出口退(免)税提供了 WTO 法律依据。[③]

从现已出台的支持文化企业发展,加快发展对外文化产品贸易的各项税收优惠措施来看,涉及文化产业的方方面面,既有在国内的增值税和营业税等,也有在出口环节对出口产品的国内税免征等。如上文所分析,SCM 协议明确规定了税收抵免之类的财政措施是补贴行为之一,唯一例外的是在产品出口环节免征其原来已经缴纳的增值税、营业税等国内税。所以,对于那些免征国内生产消费等环节产生的增值税、营业税等国内税,构成了 SCM 协议界定的补贴行为,在满足 SCM 协议反补贴条件时,存在被 WTO 其他成员方诉诸 WTO 争端解决机构的可能性。2004 年 3 月 18 日,美国诉中国集成电路的增值税退税措施案[④]和 2007 年 2 月 2 日美国诉中国减免和返还税收及其他支付的措施案[⑤]都是前车之鉴。

---

① Japan—Taxes on Alcoholic Beverages ("Japan—Alcoholic Beverages"),WT/DS8/AB/R,WT/DS10/AB/R,WT/DS11/AB/R,adopted 1 November 1996,p. 16,and Chile—Taxes on Alcoholic Beverages,WT/DS87/AB/R,WT/DS110/AB/R,adopted 12 January 2000,paras. 59 and 60. Appellate Body Report on United States—Tax Treatment for "Foreign Sales Corporations"(WT/DS108/AB/R),para. 90.

② 该脚注的英文为:In accordance with the provisions of Article XVI of GATT 1994 (Note to Article XVI) and the provisions of Annexes I through III of this Agreement,the exemption of an exported product from duties or taxes borne by the like product when destined for domestic consumption,or the remission of such duties or taxes in amounts not in excess of those which have accrued,shall not be deemed to be a subsidy.

③ 胡晓红. 国外对华产品实施反补贴的法律反思[J].法学家,2007(4):18.

④ China—Value-Added Tax on Integrated Circuits. WT/DS309/1.

⑤ China—Certain Measures Granting Refunds,Reductions or Exemptions from Taxes and Other Payments,WT/DS358/1,G/SCM/D74/1,G/TRIMS/D/25,G/L/813.

（二）部分文化"走出去"税收减免措施构成 SCM 协议中的禁止性补贴

根据 SCM 协议，补贴的类型分为禁止性补贴、可诉性补贴和不可诉性补贴，并具体列举了多达 12 种的补贴行为。禁止性补贴有两种具体的行为：一是法律或事实上以出口实绩为唯一条件或多种其他条件之一而给予的补贴，一般简称"出口补贴"；二是视使用国产货物而非进口货物的情况为唯一条件或多种其他条件之一而给予的补贴，一般简称"进口替代补贴"。① 不可诉性补贴具体有：一是非专向性补贴；二是专门针对科研、落后地区和适应环境要求的专向性补贴。② 又根据该协议第三十一条的规定，后因各方没有达成延续不可诉性补贴条款的共识，不可诉性补贴条款现在已经失效。除了禁止性补贴和不可诉性补贴，还有可诉性补贴。

1. 出口补贴

在禁止性的出口补贴中，存在着"法律上"和"事实上"的区分。根据 DSB 案例中的解释，所谓"法律上"指的是在相关的国内法律法规等规范性文件中有没有涉及"出口"的条文表述，并且，只要是能够从法律表述和实际适用的措施推断出获得补贴需要出口实绩为条件或条件之一，就构成"法律上"的要求，无须法律有这方面的明文规定。③

《文化产品和服务出口指导目录》④等规范中规定了受资助的对象应具备一定的条件，其中有些企业明确规定了具体的产品出口额度要求，或者是"具有一定国际市场开发和营销能力"等表述，这些措辞很容易给外界留下获得政府的资助、税收优惠等补贴需要以出口实绩为条件之一的印象。

SCM 协议第三条中"法律"是广义上的，包括法律、行政法规和其他规范性条款。但需要指出的是，GATT/WTO 规则把成员方做了"强制性规范（mandatory action）"和"指导性规范（discretionary legislation）"区分。在 GATT/WTO 争端解决实践中，专家组一般认为，只有成员方的强制性规范违反了 GATT/WTO 规则才可能被认为是在法律上违反了其 GATT/WTO 义务，如果有关国内法只是授权政府机构一定的自由裁量权，由政府机构根据具体的实际情况执法，那么该指导性规范本身并不违反 GATT/WTO 规则。⑤ 换句话说，在出口补贴案中，当出口补贴是根据成员方强制性规范获得的，那么受影响的其他 GATT/WTO 成员方可以就该强制性规范直接向 DSB 提起申诉；如果是根据授权政府机构自由裁

---

① SCM 协议第三条。

② SCM 协议第八条。

③ Appellate Body Report on Canada—Certain Measures Affecting the Automotive Industry（WT/DS139/AB/R），paras. 100,104. Marc Benitah. The Law of Subsidies Under the GATT/WTO System[M]. The Hague：Kluwer Law International,2001：194-196.

④ 《文化产品和服务出口指导目录》（商务部、中宣部、外交部、财政部、文化部、海关总署、税务总局、原广电总局、原新闻出版总署、国务院新闻办公告 2012 年第 3 号）。

⑤ Panel Report, United States — Measures Affecting the Importation, Internal Sale and Use of Tobacco, BISD 41S/131（1996），adopted 22 April 1998. para. 118；report of the panel on United States - Taxes on Petroleum and Certain Imported Substances. adopted on 17 June 1987，BISD 34S/136. 160；report of the panel on EEC - Regulation on Import of Parts and Components，adopted on 16 May 1990. BISD 37S/132，198-199；report of the panel on Thailand - Restrictions on Importation of and Internal Taxes on Cigarette，adopted on 7 November 1990，BISD 37S/200. 227-228；report of the panel on United States -Measures Affecting Alcoholic and Malt Beverages，adopted on 19 June 1992. BISD 39S/206，281-282,289-290；report of the panel on United States- Denial of MFN Treatment as to Non-Rubber Footwear from Brazil. adopted on 19 June 1992. BISD 39S/128，152.

量的任意性规范获得出口补贴,则该任意性规范本身不违反 GATT/WTO 规则,需要根据实施该任意性规范的政府机构的具体行政行为是否违反 SCM 协议来决定是否申诉。

现行的文化"走出去"税收优惠措施既有出自营业税法、增值税条例等法律法规,也有国务院及财政部、税务总局、商务部、人民银行和海关总署等国务院部委单独或联合颁布的行政法规和政府规章等。涉及税收措施文件的名称有"通知""管理办法""意见""指导意见""规定"等。《立法法》第八十条规定:"国务院各部、委员会、中国人民银行、审计署和具有行政管理职能的直属机构,可以根据法律和国务院的行政法规、决定、命令,在本部门的权限范围内,制定规章。部门规章规定的事项应当属于执行法律或者国务院的行政法规、决定、命令的事项。"可见,这些文化"走出去"税收优惠措施属于法律规范确定无疑。并且,中国《加入工作组报告书》第 149 段也明确规定了《加入议定书》第十五条(d)款中"国内法"一词应理解为不仅涵盖法律,而且涵盖法令、法规及行政规章。因此,上述部委规章均可构成第三条意义上的"法律"。问题是这些规范是强制性规范还是任意性规范尚无统一的规定和权威的解释。一般认为,强制性规范(mandatory rules)是指当事人无法通过合同准据法或程序性制度来选择的法律规范。①所以,要判断这些"意见""规定"之类规范的强制力,需要综合其内容、文字表述和违反后果等因素。

判断存在"事实上"的出口实绩要求相对复杂些,需要综合考虑获得或维持政府或其他机构补贴的实际情况,然后根据这些事实来确定获得补贴与其出口实绩之间是否存在因果关系。②正如澳大利亚汽车皮革案中的专家组所言:确定一项补贴是否事实上依赖出口实绩需要审查涉诉补贴的授予或维持有关的所有事实,例如补贴的性质、结构和运作以及提供补贴的其他情形。③

2. 进口替代补贴

至于第二类禁止性补贴——进口替代补贴,在该款中没有提及是否需要"事实上"的进口替代要求,在"加拿大汽车案"中专家组认为 SCM 协定第 3.1(b)条只适用于法律上的出口替代补贴要求,但该案的 DSB 上诉机构推翻了其观点,认为从法律的整体性来讲,进口替代补贴条款的适用需做广义的理解。原因主要有:

第一,SCM 协议第三条第一项第(b)款没有区分法律上和事实上的出口替代要求,语焉不详,所以不能据此断定 SCM 协议第三条第一项第(b)款不包括事实上的要求;需要从其他有关的 WTO 规则来解释,GATT 第三条第四款与 SCM 协议第三条第一项第(b)款一样都是涉及进口替代补贴的规范,该条明确包括了法律上和事实上的要求。因此,针对同样的规范对象,应该保持法律规范的一致性。

第二,在欧共体"香蕉案"中也出现过类似的情形,该案中对 GATS 第二条是否包括构成事实上的歧视,专家组参照了 GATS 第十七条规定来推定 GATS 第二条应该包括构成法

---

① Pierre Mayer, Mandatory Rules of Law in International Arbitration, Arbitration International, 1986, p274, 275.

② Panel Report on Canada—Measures Affecting the Export of Civilian Aircraft(WT/DS70/R), para. 9.332&9.337-9.339&7.339-340; Appellate Body Report on Canada—Measures Affecting the Export of Civil Aircraft(WT/DS70/AB/R), para. 169-174; Panel Report on Australia—Subsidies Provide to Producers and Exporters of Automotive Leather(WT/DS126/R), paras. 9.56-9.57&para. 9.70.

③ Panel report on Australia-Automotive Leather II, WTO/DS126/R, paras. 9.56-9.57.

律上或事实上的歧视。①在解决 SCM 协议第三条第一项第(b)款的"事实上"要件问题方面可以借鉴此方法。

第三,如果说 SCM 协议第三条第一项第(b)款不包括事实上的要求,会违背 SCM 协议的立法目的,因为这样的话,WTO 成员方很容易就能规避其 WTO 规则下的义务。②

由此可见,即使法律规范没有进口替代的意思表述,但如果在对文化"走出去"税收优惠的实际操作中构成了实际上的进口替代要求,则也有可能违反 SCM 协议的规定,成为禁止性补贴。

(三)部分文化"走出去"税收减免措施构成 SCM 协议中的可诉性补贴

与禁止性补贴本身违反 WTO 规则不同,可诉性补贴本身并不违反 WTO 规则,只有当某补贴具有专向性(不可诉性补贴除外),并且对其他 WTO 成员方的利益造成严重影响的时候,才可以作为可诉性补贴③,因此,构成可诉性补贴应具备两个条件,一是具有专向性(至于禁止性补贴,都被认为是具有专向性的补贴④);二是给其他 WTO 成员方造成了严重损害。按照 SCM 协议第二条第一项第(b)款及其注释 2 的规定,如授予机关或其运作所根据的立法制定适用于获得补贴资格和补贴数量的客观标准或条件,只要该资格为自动的,且此类标准和条件得到严格遵守,则不存在专向性。同时该注释也指出:"此处使用的客观标准或条件指中立的标准或条件,不仅仅优惠某些企业,而且属经济性质并水平适用,如雇员的数量或企业的大小。"

文化"走出去"税收减免措施属于产业专向性,如果使用的标准客观、中立的话,应不算可诉性补贴,但在国务院颁发的相关意见、规定中大多有"对国家重点鼓励的文化产品出口实行增值税零税率""享受税收优惠政策的国家重点鼓励的文化产品和服务的具体范围由财政部、税务总局会同有关部门确定"等具有很强专向性的表述,并且根据《文化产品和服务出口指导目录》等规范享有的税收优惠大都是根据企业的大小、业绩等来确定的。又比如,财政部、国家税务总局等出台的优惠措施都对受到税收优惠的对象性质做了划分。这种根据不同的对象授予税收优惠的措施不可避免地会引起外界的猜疑,进而引发对此类措施的反补贴之诉。

四、对中国文化"走出去"税收优惠措施的法律反思

毋庸置疑,国务院及其部委出台的各项税收优惠措施政策对促进我国文化企业和文化产品"走出去",增强其在国际市场上的竞争力起到了非常大的积极作用。但同时也应该看到,维护本国贸易利益,充分利用贸易救济措施也是各国常用的手段,反倾销、保障措施这些重在反制商事主体的不正当贸易行为或对意外情况的救济,反补贴措施则侧重于规范政府或/和公共机构对经济和贸易的补贴行为,以防止这些补贴行为对国际贸易造成扭曲。从中国已经遭受的反补贴 WTO 诉讼中可以看出,美国、欧盟等国家和地区不仅对中国政府实施

---

① European Communities—Regime for the Importation, Sale and Distribution of Bananas ("European Communities - Bananas"), Appellate Body Report, WT/DS27/AB/R, adopted 25 September 1997, para. 233.

② Appellate Body Report, Canada—Certain Measures Affecting the Automotive Industry, WT/DSl39/AB/R, WT/DS142/AB/R, adopted 19 June 2000,paras. 139-143.

③ SCM 协议第五条和第六条。

④ SCM 协议第二条第三项。

的进出口优惠措施提出了反补贴之诉，而且还对纯属国内政府支持的政策和法规指手画脚。

另外，中国在《加入世界贸易组织议定书》第十条中承诺自加入时取消属于 SCM 协议第三条范围的所有补贴；第七条第三款也规定在非关税措施上不以"任何类型的实绩要求"作为条件。同时，《中国加入世界贸易组织工作组报告书》第 167 段和 168 段做了相关陈述。中国作为 WTO 的正式成员方，除了要遵守 WTO 规则，信守加入时的承诺，也应承担相应的 WTO 义务，因此，从法理上讲，其他 WTO 成员方都可以根据 SCM 协议和其他 WTO 规则以及我国的"入世"议定书和工作组报告等内容对来自我国的文化产品提起反补贴调查和申诉。

如前文分析，我国政府出台的促进文化企业和文化产品"走出去"各项税收优惠政策和规范中还存在违反 SCM 协议等 WTO 规则和我国"入世"承诺的地方，这需要引起相关部门的注意，梳理和核查相关的措施和规范，可以很好地防范一些不必要的贸易纠纷。

五、中国文化"走出去"税收优惠措施的完善建议

对于国际贸易中的补贴与反补贴问题，长期存在不同的观点和争议，有人赞同对受补贴的进口产品征收反补贴税[1]，也有人认为不应该征收反补贴税。[2]大多数人认为，"补贴作为一种客观的经济现象在国际贸易中产生着重要的作用和影响，既有积极的，又有消极的"。[3]

SCM 协议以及其他 WTO 相关规则也没有反对所有的补贴行为，而是区分了不同的情况，对"其他成员的利益造成不同影响"[4]的补贴制定了反补贴制度。因此，我国为促进文化企业和文化产品"走出去"而实施的包括税收优惠在内的各种政府补贴措施具有国际法依据。只是从作为 WTO 成员方应履行的义务而言，我国的补贴政策和规范应与 WTO 相关规则保持一致。

（一）使得促进文化企业和文化产品"走出去"的税收优惠措施与 WTO 规则保持一致

按照 SCM 协议及其他 WTO 规则和中国的"入世"承诺，废除和修改那些与 WTO 规则不一致的税收优惠政策和规则。

如前文所分析的，有些促进文化企业和文化产品"走出去"的税收优惠措施构成了 SCM 协议规定的禁止性补贴。这就需要对现有规范性文件进行清理，在兼顾政策和规则的稳定性基础上，逐步废除那些明显以出口实绩和进口替代为目的的享受税收优惠的条件。

（二）避免税收优惠措施的专向性

根据 SCM 协议的规定，除了禁止性补贴外，其他的补贴措施只要没构成专向性，是不能对其采取反补贴措施的。[5]据此，我国的促进文化企业和文化产品"走出去"的税收优惠政策和规范，不能将获得这些税收优惠的对象明确限于某些企业，政策和规则的制定部门应制定适用于获得补贴资格和补贴数量的客观和中立的标准或条件，且该资格是自动获取的；应在法律、法规或其他官方文件中明确公布，并得到严格遵守和执行。[6]而我国的税收优惠措施实

① 赵维田.世界贸易组织的法律制度[M].长春:吉林人民出版社,2000:321.
② 赵学清.公平贸易中的补贴、反补贴与竞争[J].河北法学,2005(5):37.
③ 吕明瑜.竞争法教程[M].北京:中国人民大学出版社,2008:427.
④ SCM 协议第五条。
⑤ SCM 协议第一条第二项和第二条第三项。
⑥ SCM 协议第二条第一项第(b)款及其注释。

行审批制,而不是登记制。文化企业或文化产品如需要活动税收优惠,需要提交申请,并经过相关部门的审批。[①]同时,有些规定也明确了税收优惠是"对国家重点鼓励的文化产品和服务出口实行的"。这较容易授人以柄,被认为是具有专向性的税收优惠措施。

(三)提升我国文化企业和文化产品的税收优惠立法层次

现有的文化企业和文化产品优惠政策和规范绝大多数是国务院的行政法规及其部委的规章,因此税收优惠制度整体法律位阶不高,而且还有违反税收法定原则的嫌疑。根据我国《立法法》第八条第六款的规定,税收的基本制度只能制定法律。同时,该法第九条也规定:全国人大及其常委会可以作出决定,授权国务院可以根据实际需要,对其中的部分事项先制定行政法规。但被授权机关不得将该项权力转授给其他机关。[②]但现行的大量税收优惠政策和规范都是由国家税务总局、财政部等国务院部委颁发的。这虽然保持了税收优惠政策的及时性和灵活性,但同时也会产生一定的随意性和不稳定性。其合法性基础也不牢固。

建议按照《立法法》规定和税收法定的原则,由立法机关规定税收优惠的给予主体、受惠对象、优惠条件、优惠税种等税法要素,然后由国务院或其他有关部门执行和微调。同时由国务院来统一协调税收优惠的政策和规范,以防止部门规章不一致的现象发生,维护税收优惠政策和法规的统一性和权威性。

经过审查和清理后的文化企业和文化产品税收优惠政策和规则应根据 SCM 协议等规定向 WTO 补贴与反补贴措施委员会通报,以履行 SCM 协议和其他 WTO 规则规定的通知和透明度义务。

随着对我国实施反倾销措施中的"替代国"条款有效期限日渐临近,其他 WTO 成员方对我国实施反倾销措施的优势也将丧失,转而寻求反补贴措施的可能性加大,因而,中国未来遭受他国或地区反补贴措施的压力会进一步增加,练好基本功,增强反补贴之诉的免疫力值得我们深入地关注和探讨。

---

① 商务部服务贸易和商贸服务业司. 关于请组织申报 2013－2014 年度国家文化出口重点企业和重点项目的通知[EB/OL]. (2013-03-21)[2014-11-12]. http://fms. mofcom. gov. cn/article/jingjidongtai/201303/20130300062822. shtml.

② 《中华人民共和国立法法》第十二条。

北极环境治理的软法路径研究

范晨恩

【摘要】 北极主权性权益的纷争是当前国际社会关于北极问题的焦点议题,诸多的北极国际公约都是围绕主权性权益展开的。然而近些年来,随着全球变暖和人为污染等环境恶化趋势,北极环境问题对全球的环境辐射和居民生产生活都造成了很大的负面影响,国际社会的目光开始聚焦北极环境治理等非主权性权益领域。当前国际硬法规范针对北极气候变化、海洋污染治理、生物多样性保护等方面制定了一些公约条约制度,但总结现行的硬法规范内容和制定过程,存在着诸多局限性,且实践中现行的国际硬法规范也确实难以解决北极的环境现状。从国际软法视角来看,软法模式虽然缺乏强制的法律约束力,但具有灵活、多元、开放的天然优势,一定程度上可以弥补国际硬法在治理北极问题上的不足。因此,挖掘国际软法的适用可能性,寻找国际软法与国际硬法在北极环境治理中最合适的结合路径,是未来创设北极环境保护制度规范的重要课题。

【关键词】 软法;北极环境治理;硬法规范

一、现行国际硬法调整北极环境问题之不足

(一)缺失整体性理念

北极环境保护相关的现行公约、条约多是对北极某一单一领域展开治理的规范性文件,尤其关于生物多样性的立法,是针对某一单一物种展开的。环境法的产生有其特定的社会基础,即出现了影响较大的生态环境问题,由此引发环境保护的立法需求。然而,生态环境这项社会问题不同于其他独立性较强的社会问题。因为生态环境系统是一个不可分割的整体,物种与物种之间、物种与其他生态要素之间相互依存、联系紧密,一项局部要素的变动会直接或间接影响其他要素,产生牵一发而动全身的影响。同时,北极地区的生态系统更为复杂和脆弱,对某一生态领域展开的人为治理极易引起其他领域短期内不可见长期内又不可逆的影响。因此,将北极的环境系统进行局部性的切割,简单粗暴地拎出来治理,而不考虑这种人为切割治理对其他环境要素产生的影响,是一种短视且不可持续的行为。而就北极环境保护的现行国际硬法规范,既没有做到从北极生态系统的整体性出发订立系统的公约规范,也无法将现行的松散单一的公约、条约内容整合成北极环境治理的完整法律体系。总之北极环境恶化的现实挑战使得这一地区需要一个真正综合的、整体的、跨部门的、以生态系统为基础的协定,且该协定要得到整个国际社会的遵守和实施。[1]

作者简介:范晨恩,浙江大学光华法学院法律硕士,现就职于浙江省安吉县委组织部。

[1] 刘惠荣、陈奕彤,董跃.北极环境治理的法律路径分析与展望[J].中国海洋大学学报(社会科学版),2011(2):1-4.

（二）缺乏时效性和灵活性

纵观北极现行的环境保护相关国际公约、条约，绝大多数都是对于一项积累很久的历史性环境问题作出的约束规范，即使适用了较为先进的治理理念，也是基于解决环境问题里的"陈年旧案"。而对很多当下科考数据反映的最新的北极环境问题，往往较少涉及。同时，国际公约、条约的立法程序复杂、流程冗杂，订立一项具有法律约束力的公约、条约往往需要经利益相关国多次反复的磋商讨论，因此对于突然出现又危害较大的环境问题，并不能通过订立国际公约、条约的形式快速高效地聚合各方主体参与问题研究和对策制定。最后，国际公约因效力较强、国际认可度较高，通常不易作出修订或更正。如前所述，北极的生态环境不是一成不变的，对某一项环境问题提出的治理理念和治理方案很可能因环境现状的改变而不再适用或可行性削弱。所以一则公约被制定后，若不能与时俱进地更新和修正，则对于北极的环境治理就总是滞后的，不能充分满足环境治理的要求。

（三）缺乏协商性和互动性

有学者认为，在北极环境合作治理的过程中，各国应当以北极为纽带相互影响作用，形成动态的复杂网络。① 北极环境治理与国内环境治理具有相似性，法律规则的制定一定程度上依赖于对区域内环境要素的科学考察、数据分析、技术监测、动态追踪，也离不开社会层面对环境问题的反馈和推动，而这些仅依靠国家层面意志共识的达成是远远不够的。总结现行的北极环境保护的国际公约、条约，都是自上而下的国家意志在规范内容中发挥绝对作用，协商过程排除了国际组织的介入和社会力量的参与，非政府组织中的专业技术和社会力量的监督并没有在国际环境治理的规范创设过程中发挥相应的作用。因此，此处所说的"协商性"不仅指国家与国家层面的协商，更是指国家层面与非政府国际组织、民间社会组织等社会力量的协商，这种"协商性"要求北极环境治理能够打破现存"中心—边缘"结构的困境，确保国际社会多元化主体平等参与北极环境的治理。② 然而，这恰恰又是国际公约自身属性所不能克服的。国际公约为了体现公信力和权威，本身就是在国家层面横向合作模式下进行的，非政府间国际组织和社会力量的介入不可避免地削弱公约、条约的权威和效力。因此，非国家层面的社会力量想要在北极环境保护和治理规范设立的实践中发挥作用，国际硬法的模式不能为其创造合适的条件。总的来说，北极环境治理是一项全球性的任务，不仅包括全球范围内的国家基于这一问题展开通力合作，更需要国家强制力量与社会柔性力量之间的纵向互动，只有将两者结合起来，才能使北极环境治理受到更广泛的关注和更有效的监督。

（四）缺乏开放性的争端解决机制

北极问题中主权的划界纷争、航道的法律地位以及资源权属争议的争端解决机制在有关北极的很多立法磋商和实践中都被广泛讨论，但目前关于这些主权性权益的争议解决机制依然是松散且不成体系的③，并未形成一个切实可行的方案。总结学界对北极问题争端解决的硬法思维路径，主要有三种形式：（1）在现有的海洋法体系基础上发展北极争端解决机制；（2）参照《斯瓦尔巴条约》中承认主权、搁置主权、共同开发的模式；（3）模仿"南极模式"建

① 范厚明,李筱璇,刘益迎,等.北极环境治理响应复杂网络演化博弈仿真研究[J].管理评论,2017,29(2):26-34.
② 马皓.合作治理理论视阈下的北极环境治理模式创新[J].理论月刊,2017(6):165-170.
③ 王大鹏,韩立新."软法"在北极法律规制中的形式与作用[J].武大国际法评论,2012,15(2):75-90.

立一个以《北冰洋条约》为核心的条约体系。分析这三种模式,在适用北极环境治理问题上都有很明显的局限性。三种模式都或多或少地带有基于主权原则形成的分裂的政治体系理念,这种理念指引下的争端解决机制与北极生态环境治理所提出的整体性要求是相互矛盾的,因为北极环境问题已经超出了主权国家的范围和控制能力,单纯从主权原则出发对环境争端展开讨论并不能得出很好的结论。①

开放性的争端解决机制是要求在法律的强制性约束前提下,非传统的第三方力量介入发挥作用。国内环境保护的治理机制除了有环境保护法等法律强制性规范的约束外,还有各类社会环保组织、非政府的民间协会进行争端调解和监督,使得环境破坏行为不仅要承担来自硬法规范的强制力惩戒,还要面临强大的负面舆论压力。环境问题来源于社会,更应取材于社会,只有将第三方力量与开放的争端解决机制结合在一起,才能让环境治理真正成为社会化视角的"公共产品",并形成正义、公平、开放和高效率的北极环境治理公共价值。②

二、软法理论及适用北极环境问题的路径

国内学者罗豪才在《认真对待软法——公域软法的一般理论及其中国实践》中明确指出要"认真对待软法",摆脱硬法形式理性所导致的软法研究盲区。③

(一)国际软法相关理论

关于国际软法理论研究的讨论主要是围绕软法的法律属性展开的。一部分学者认为"软法亦法",以国内学者罗豪才为主要代表,其提出的观点认为法律的本质在于社会治理,不在于是否具有形式上的强制力,因此即使软法的法律效力不具有结构上的完整性也不妨碍其被认定为"法"。④ Linda Senden 认为软法具有明确的文件载体,可以通过指示性的行为规则产生间接的法律影响。⑤ 持"软法亦法"观点的学者通常对软法持正面积极的评价,认为在国际治理中,硬法往往对应"应然"效力,软法则体现"实然"状态。另一派学者则坚持"软法非法"的观点,认为法的本质在于适用性和解决冲突的效用,而强制约束力是保障适用性和执行力的最大要素。有学者认为法律的界定是定性行为,即"是或否",而非定量行为的"多或少",认为软法与法治理念精神是相违背的。⑥ 有学者类比国内法律与道德的关系,提出国际组织发表的决议或是国际会议上形成的各类文件都仅仅是国际道德的范畴。同时,传统国际法已经明确了法律渊源的几种基本形式,若将缺乏稳定性和明确性的"软规则"定性为"法",将导致国际司法实践的混乱和规范体系的紊乱。

笔者关于软法属性的观点倾向于认为软法是法,且软法的出现是顺应了立法民主化的趋势。法作为一种社会治理工具,不应被刻板的形式所框定,而应从其核心内容判断是否具有法治实践的工具价值。国际软法在全球化治理现状中确实提供了可操作的灵活路径和理论思维。在国际环境法领域,指南、意见、宣言、行动纲领、倡议书、建议等都是软法的表现形

① 陈奕彤. 国际环境法的遵守研究[D]. 青岛:中国海洋大学,2014.
② 丁煌,褚章正. 基于公共价值创造的北极环境治理及其中国参与研究[J]. 理论与改革,2018(5):20-28.
③ 罗豪才,宋功德. 认真对待软法——公域软法的一般理论及其中国实践[J]. 中国法学,2006(2):3-24.
④ 罗豪才,周强. 软法研究的多维思考[J]. 中国法学,2013(5):102-111.
⑤ Linda Senden. Soft Post-Legislative Rulemaking: A time for more stringent control[J]. European Law Journal, 2013,19(1).
⑥ Klabbers. The Undesirability of Soft Law[J]. Nordic Journal of International Law, 1998, 67(4):381-391.

式。因此,笔者认为,软法不应被排除在"法"的概念之外,甚至应当将其放在"硬法"同一层面研究。

（二）软法特征及效用

1.非强制的柔性效力

国际硬法效力的实现方式是通过设立否定性的评价和强制性的惩戒手段来压制参与国,使其被迫服从。现行的诸多国际公约历经了一系列漫长冗杂程序,获得了缔约国国家公权力的内部保障和国际公权力的外部保障,然而这种强制性的约束力和惩戒后果使得缔约国在订立或加入条约之初就抱有很强的担忧心理和观望心态。实践中,此种国家观望心态加之国际环境保护领域中央权威的缺位,极易导致公约制定破产。

相较于国际硬法的惩戒和处罚,软法则侧重非强制性的教育和指引,以原则性的影响和舆论上的渗透强化国家间的主动参与和自愿配合。在此种非强制的柔性效力规范下,缔约国一定程度上具有更强的融入感和主动性,从举步观望心态转变为尝试参与心态。同时非强制效力的后果将反推制定过程的高效协商和相对和谐统一的集体行动。所谓国际法律约束力是通过法律规范的内容作用于法律调整的对象,使得该对象产生相关行为的自觉和国家间的默契。国际软法虽不具有外在约束力,但国际软法的内在理性和国际舆论的影响使得国际软法具有了一定的内在约束力。[①] 这种模式并不具有天然的制裁手段,但强大的舆论压力和负面的国家外在形象影响依然能产生不可忽视的约束力。

2.灵活性的创设和修正过程

国际硬法能够采集国家意志,体现绝对的刚性逻辑,但弹性不足往往导致创设硬法的流程耗时长,耗费大量人力、物力、财力,难产可能性大且很难基于实践的发展作出与时俱进的修正。同时,传统的国际条约往往严格约束其参与主体和参与权限,如某些公约不允许国际组织的参与或严格限制国际组织的类别。由于缺乏广泛的参与主体,法律的正当性很难体现,执行中的认同感也难以体现。

国际软法恰好弥补国际硬法的上述不足,国家主体、国际组织甚至跨国企业、个体都可以通过不同的途径参与国际软法的创设,在反映国家意志的同时兼顾了对社会意志的反映,广泛的参与主体也在形式上保证了法律制定过程的正当性。同时国际软法具有前瞻性,在订立过程中能够充分考虑到各个国家之间规范的多元性。[②]

3.开阔的调整领域和对象

国际硬法侧重在公共领域中搭建基本的制度框架,调整领域往往集中于受关注度高、争议矛盾焦点突出的主流问题上,很难涵盖国际问题的方方面面。同时国际硬法的规制对象局限于国家主体和少量的政府间国际组织。

国际软法的调整对象更为多元丰富,可以将很多自我约束的内容纳入公共规制的范畴,提高各个国家遵循国际秩序的自觉性。如,随着全球化经济和世界贸易的发展,国际性跨国企业和法人也基于不同的国际分工突破了国家界限,在国际软法的指导下参与国际合作;很多参与跨国商业活动的公司在受到本国法律约束之外还会受到国际商会相关规范的约束;近年来发展迅速的无国界医生组织就由突破国籍概念的各国志愿者医生组成,这些志愿者

---

① 尚杰. 国际软法问题研究[D]. 长春:吉林大学,2015.

② 郭华春.论国际金融监管领域的软法功能定位[J].上海金融,2012(5):55-61,117.

的集合、医疗援助都由无国界医生组织宪章实施指导。① 可见,国际硬法为国家公共行为提供了底线限制,而国际软法则期待为国家主体、国际组织、企业或个体创造更微观、更具体的秩序规范。

（三）国际软法在北极的运用

1. AEPS 与北极理事会

《北极环境保护战略》（AEPS）在 1991 年第一届保护北极环境部长会议上通过。在 AEPS 的推动下,八个环北极国家在加拿大成立了北极理事会,并确定由理事会承担 AEPS 项下的全部职责。随着北极事务的不断发展,北极理事会的关注范围不再局限于污染治理和环境保护,还涉及经济、文化、人文社会等多个领域,成为北极区域最具权威性的综合论坛。

分析 AEPS 和北极理事会的运作模式,可将其归纳为:以软法规范为基石,搭建以该软法内容为核心的对话平台。AEPS 和北极理事会的平台及桥梁作用体现在:第一,非强制性硬法规范形式下营造了相对温和的沟通氛围和协商机制,使得 AEPS 创建后,法国、德国、英国、中国等非极地国家亦通过观察员身份参与北极理事会事项讨论;诸多非政府组织及联合国相关机构也参与监督。第二,聚集不同领域的五个工作组开展关于北极环境治理的集体行动,五个工作组侧重北极环境保护的不同方面,互通有无,相互配合。第三,AEPS 规范内容、工作安排和研究计划整合成一体化的体系,类似一个综合研发平台,所有北极相邻国家在该平台上就北极环保等事项开展合作,并为各方的信息共享和数据交流搭建畅通的沟通渠道②,在充分沟通和技术合作的基础上,为原有的 AEPS 补充新的可行性附加方案,使得体系更健全、更完整。

笔者总结 AEPS 和北极理事会的软法治理模式,认为在软法无法一蹴而就发展演变为硬法规范前,以该软法规范为基石搭建全面的对话平台可作为北极环境治理的软法路径选择,尤其在北极科学考察和生物多样性保护等非敏感话题领域,形成一个软法机制与对话平台相得益彰的崭新局面。

2. 哥本哈根协议

哥本哈根协议主要包括六部分内容:支持全球升温不超过 2 摄氏度;确认发达国家对发展中国家的资金和技术援助义务;支持建立减排监察机制;支持建立减排技术机制;强调加强国际合作;强调防止荒漠化和减少森林砍伐。哥本哈根协议事实上涵盖了会议中讨论的焦点内容,只是以不具有强制约束力的形式呈现,但依然不可否认,该协议是联合国气候变化大会取得显著进展的标志性文件。哥本哈根协议作为软法规范的最大贡献在于:(1)确立并促使国际社会普遍认可了"共同但有区别的责任"原则;(2)最大限度地将参与国主体范围扩大,使得参与讨论和集体行动的国家主体空前壮大;(3)维护了"巴厘路线图"的双轨谈判机制,为此后的决策平衡和行动透明奠定基础。③

笔者总结哥本哈根协议的软法治理模式,认为国际软法除了以硬法先导和过渡附属的形式存在,还可以独立于硬法文件甚至在硬法文件通过后被制定以补强硬法规范。在北极

① 王大鹏.北极问题的软法规制研究[D].大连:大连海事大学,2012.
② 董跃、陈奕彤,李升成.北极环境治理中的软法因素:以北极环境保护战略为例[J].中国海洋大学学报(社会科学版),2010(1):17-22.
③ 李威.责任转型与软法回归:《哥本哈根协议》与气候变化的国际法治理[J].太平洋学报,2011,19(1):33-42.

环境治理问题上,要充分发挥软法的作用,就要抛弃软硬法间非黑即白、非此即彼的逻辑,更多地寻求两者间的互补与配合。北极环境治理可以寻求建立"一元多体"的宪政治理模式,以软法文件确立的原则纲要为统帅精神,任何北极治理行动和规范文件皆不可脱离该软法精神的指导,即"一元";而在执行和纠纷解决机制方面,则更多地探索成熟的硬法机制,即"多体"。

(四)北极环境治理的软法路径

1.推进现实立法

目前,学术界关于北极环境立法的模式主要有两种:其一,模仿南极环境保护模式。南极模式是 5 个附件一系列关于南极资源保护开发整合而成的体系。[①] 模仿南极模式就是根据物种领域和生态划分,对北极的环境保护领域作出切割,从某一单一的物种或者单一的领域出发,然后由点及面,层层铺开,最终实现综合治理。这种模式在南极的环境治理中已经取得了一定的成效,在北极问题上推行这种模式具有一定的可行性且较易获得国际社会的共识,原因在于北极的环境和生态现状相较于南极具有更强的整体性,无法对其作出简单划一的切割。因此,条块切割的方式并不满足北极环境治理的整体性诉求,很难在实践中取得相应的实效。其二,充分利用北极理事会平台优势,结合"北极保护战略"开展北极环境立法活动。北极理事会及其依托的 AEPS 虽然是处理北极事务最主要的合作平台,但因北极理事会具有很强的排外性,其核心五国早已通过《伊路利萨特宣言》宣告其处理北极环境保护的依据是《联合国海洋法公约》,并将不再缔结新的治理条约。同时,国际社会也始终认为北极理事会作为一个高级论坛,其性质和职能属性决定其不应具有立法的权限。

综合以上两种模式在可行性和有效性上的不足,笔者认为,在推进北极环境立法的路径上,软法可发挥的效用之一在于,"由软至硬""分步而至",即结合北极实际情况将立法工作分为两步走。第一步先制定良性软法,通过一些制度性的安排减少关于北极环境保护多方行为的随意性,从意识形态上减少强权政治的干预而增进多元价值观的融合,以期在这个阶段下实现北极软法的内在理性;第二步,尝试制定软法程序法,在保证程序正当的前提下整合第一步中的良性软法和现有条约制度,实现北极环境保护的综合性立法。软法可发挥的效用之二在于,充分发挥软法的原则指引,即将各类北极宣言、指南、公告中被确认并具有国际认可度的原则精神纳入北极环境保护立法的框架中,如可持续发展原则,统筹兼顾原则,尊重差异性原则等。

2.敦促决策推行

其一,建立以北极理事会为核心的多方参与的监督平台。在软法创设过程中,集合参与感高、贡献大的各类地区性协会、非政府国际组织和民间组织,培养发展其为平台的监督中坚力量。在北极环境保护这样低政治化的问题上,非政府组织和社会力量能够更好地突破地理和政治意识形态,保证监督机制公平公正地运作。同时,社会力量的加入有利于更广泛地铺展信息网络,疏通传播媒介[②],使得北极环境治理从原先不接地气的"精英治理"发展为"全民治理",实现自下而上的广泛舆论监督。其二,建立驱动程序和衔接平台。驱动程序主要在于利用软法搭建的沟通渠道建立定期会议、定期协商的惯例甚至机制,保证关于北极环

① 阮振宇.南极条约体系与国际海洋法:冲突与协调[J].复旦学报(社会科学版),2001(1):131-137.

② 何志鹏,孙璐.国际软法何以可能:一个以环境为视角的展开[J].当代法学,2012,26(1):36-46.

境治理的决策在成形后依然处于被讨论、被更新、被完善的状态,而非在完成了形式上的决策行为后,相关制度最终被束诸高阁。就衔接平台而言,国家主体和专业性的社会组织具有不同的职能属性,北极环境治理依赖科学的数据分析和技术支持,很多专业性的社会组织能够为国家主体作出相关决策和实施决策内容提供全面具体的信息数据支撑。因此,衔接平台的作用就在于连接具有决策力和执行力的国家主体和具有信息数据分析能力的非国家主体专业组织,促使两者充分沟通,互通有无,实现有效决策、高效行动。

3.搭建合作对话平台

北极的环境和生态现状决定了条块切割式的模式不能够满足其有效治理的要求,因此大国单独行动或以对抗性的方式谋求北极环境问题的解决亦是不现实的。这就要求国际社会将北极环境问题作为一个超越主权和国别概念的全球性问题来看待,强化国家间的相互依赖和通力合作。事实上,实现北极环境治理的国家全面合作是具备诸多可能性的。首先全球已经普遍认识到北极生态环境恶化之巨大消极影响的事实,且基本达成了防治北极环境问题应是全球性义务的共识。同时,现代社会高度的信息化和网络化也为国家间的良性互动和相互合作创造了适用的客观条件。

软法推动大国合作的效用主要体现在两项:其一,软法的灵活性和非强制性属性往往能够吸引广泛的参与主体,因此在创设或推行软法的过程中,能够帮助集体合作纳入更广泛的参与主体。换而言之,软法模式为国家间的初步接洽和合作共识的达成搭建了无形的桥梁。其二,软法相对柔和的争端解决方式在一定程度上能够缓冲国家间的矛盾,减少冲突和对抗,并在低政治化问题上达成合作共识。

三、中国参与北极环境治理的策略

(一)倡行命运共同体理念

2012 年中共十八大明确提出"人类命运共同体"理念,该理念中的国际权力观、共同利益观、可持续发展观、全球治理观丰富并延伸了国际交往关系的内涵。在北极环境治理领域中,中国需要充分利用"命运共同体"理念构建北极生态环境共同体,遵循"尊重、合作、共赢、可持续"的基本原则,[①]统筹平衡北极国家、非北极国家和国际共同体的利益,同时特别尊重和维护非北极国家在北极领域的正当权益。在构建北极生态环境共同体理念指引下,不断丰富与各国间的合作形式与交流方式。《中国的北极政策》中提出北极治理中的"一带一路"建设和"冰上丝绸之路",这是一种全新且具有很强生命力的发展理念,为丰富该理念的核心内涵,必须依据共商、共建、共享的原则开展广泛的双边和多边外交合作,使得北极生态环境共同体理念拥有更广泛的认知和共识。

在确立中国参与北极环境治理的核心理念和政策主张前提下,中国需要进一步深化具体应对措施。首先,在广泛开展科学考察分析相关科考数据基础上,推动极地污染物排放监测、环境危机应急处理、技术创新性研发等实践发展,提高中国在北极环境治理问题上的硬实力。其次,加强生态、低碳、可持续发展意识宣传,提升公民层面北极生态环境保护意识,提高中国在北极环境治理问题上的软实力。再次,寻求国际贸易与投资、科技合作的辅助支撑,北极环境治理是一项综合性治理行为,经济和科技发展有利于保证治理行为的可持续

① 丁煌,朱宝林.基于"命运共同体"理念的北极治理机制创新[J].探索与争鸣,2016(3):94-99.

性。最后,"一带一路"和"冰上丝绸之路"与人类命运共同体主张具有共通性,为此中国要积极开展与北极利益相关方的对话合作,为北极治理和发展提供必要的资金、市场等公共产品。同时,抵制和反对北极国家过分不合理的"排他性"国家行为,强化北极地区的公共性、全球性定位。

（二）拓宽合作渠道,丰富合作形式

国际合作是在北极治理实践中实现有效治理的可行路径,不同的国家在环境治理议题中具有不同的优势和经验,通过国际合作实现优势互补是未来北极领域的重要课题。中国并非北极国家,在北极领域直接开展治理活动不具有很强的支撑点和立足点,要增强在北极事务中的存在感,唯有努力寻求与其他国家的合作,优化合作的途径和方式,发展以北极理事会为平台基础的双边或多边关系。

首先,谋求共同利益的合作认知基础。中国和很多北极国家都具有利益相通性,在北极环境治理层面相通性更强。随着全球变暖和海平面上升趋势,北极地区的地缘环境和经济贸易格局将发生重大的变革。因此,中国可以从北极生态环境变化带来的经济利益共融性入手,借鉴"一带一路"的理念思路,加强北极沿线各国在环境保护带动经济效益的思路上互通互联、相互依赖,这样既能带动中国与北欧国家的联通,也能为未来更多利益的产生奠定基础。其次,加强中国与其他相关国家的政策对接。从某种程度上说,在北极环境治理领域,环北极国家也需要获得其他非北极国家对其北极政策的理解和支持,以提升其在北极领域的话语权。因此,为加深合作,中国应当在"一带一路"框架下加强与其他国家的政策对接。最后,对北极潜在合作对象,中国在政策方面需秉持具体情况具体分析的合作原则,采取普遍合作又各有侧重的方针,减少竞争和结构性矛盾的消极影响。

（三）重视北极对话平台的媒介作用

在国家立场上,对八个环北极国家在北极已经取得的既得利益表示尊重,在领土、海域划分等敏感的主权争议问题上坚持温和主张。同时利用世界各国在这些问题上的争议,要求环北极国家作出适当让步,搁置关于诸多主权性权益的争议,为北极环境保护的议题讨论创造更多空间。其次,在环境保护和海洋科学考察问题上,中国要更加强调北极所蕴含的人类共同利益,强调各国对北极负有的环境义务,加强生态环境方面合作,这样的意见表达能够帮助中国在北极理事会平台上树立较好的话语形象。同时以北极理事会正式观察员的身份寻求接轨《南极条约》协商国会议,推动两极会议合作。《国际极地年和极地科学部长宣言》在两极合作平台下创立,对国际极地年取得的重要成果给予了充分肯定。这些成果对人文科学届的科学研究和原住民在内的北极居民的生活发挥了积极的作用。南极条约协商会议和北极理事会部长会议在很多极地问题上都具有目标上的一致性,如共同审议两极相关的环境和气候变化数据,讨论科学研究成果,在多次会议上共同发声加强两极的科学研究合作以应对两极共同面临的环境挑战。基于两极的特殊关系,为增强北极相关事务的参与感,中国应在尊重《国际极地年和极地科学部长宣言》基本精神的前提下,充分利用《南极条约》协商成员国的身份,借南极撬动北极的"新大陆"。

论我国《海商法》对雇佣救助的法律规制

陈海波　　邬晓雯

【摘要】　雇佣救助虽不符合传统海难救助四要件中的"no cure no pay"原则,但符合《1989 年国际救助公约》对海难救助的界定,其仍然属于海难救助的一种,可以适用《公约》和我国《海商法》的相关规定。《海商法》对雇佣救助的法律调整存在缺陷,应当借此修法契机,确定雇佣救助的界定条款,澄清雇佣救助救助报酬的计算与支付,明确船长和被救船舶所有人的合同签订代表权,以及被救船舶对救助酬金的分摊权等。《海商法》第九章有关救助人命、保护环境等的一般性、强制性规定和特别补偿机制同样适用于雇佣救助。

【关键词】　海难救助;雇佣救助;《海商法》;救助公约

《中华人民共和国海商法》(以下简称《海商法》)第九章"海滩救助"基本参照了《1989 年国际救助公约》(以下简称《公约》)的主体内容。中国加入《公约》,负有使国内法与《公约》规定相符合的义务。另一方面,《公约》的规定对第九章内容的制订起着举足轻重的指引作用。例如,采纳"no cure no pay"原则、无偿救助人命原则、特别补偿制度等。

实践中,救助人与被救助方就遇险船舶、货物及其他海上财产签订不以"no cure no pay"为基础的合同,由救助人实施救助,被救助方依约支付救助酬金的事例逐渐增加。这一约定和所形成的法律关系是否受《公约》及我国《海商法》调整,引起了人们的高度关注,也成为此次《海商法》第九章修改讨论中的重点。

一、雇佣救助的法律性质

海难救助是海商法一项古老而又特别的制度,其对航海事业和海上贸易的发展有着重要并且不可忽视的作用。

教科书中往往提出海难救助有四项构成要件:(1)被救物必须为法律所承认;(2)被救物处于危险之中;(3)救助行为是自愿的行为;(4)"no cure no pay"原则。① 也有学者认为雇佣救助不是真正意义上的海难救助,应当受到一般民事法律的调整。②

如果将雇佣救助与这四项构成要件做比对,可以发现第(3)项和第(4)项"构成要件"是人们将雇佣救助排除在海难救助范围之外的两个主要方面。③

本文为海洋战略规划与经济问题研究项目"海上武装冲突国际法研究"(CAMA201809)、宁波市社会科学研究基地课题"东海开发利用中海上维权执法问题研究"(JD19DH-2)的阶段性成果。

作者简介:陈海波、邬晓雯为宁波大学法学院教师,宁波大学东海研究院研究员、研究助理。

①　司玉琢.海商法[M].3 版.北京:法律出版社,2012:289.

②　杜彬彬,张永坚.雇佣救助的法律地位探析[J].中国海商法研究,2017(3).

③　司玉琢,吴煦.雇佣救助的法律属性及法律适用[J].中国海商法研究,2016(3).

　　笔者认为"自愿"排除的是当事方在船舶、货物或海上财产遇险之前签订某项约定,依此约定实施救助行为的情形。《公约》第十七条规定"在危险发生之前所签署的合同,不得依本公约的规定支付款项,除非所提供的服务被合理地认为已超出正常履行该合同的范围"即为此理。因此,针对遇险船舶、货物及海上财产签订救助协议,与纯救助、(以"no cure no pay"原则签订的)合同救助一样,均具有自愿性,不应成为排除雇佣救助的原因。

　　不论是《公约》第十二条还是我国《海商法》第一百七十九条,都没有规定不以"no cure no pay"原则为基础实施的救助不是《公约》及我国《海商法》所调整的海难救助。《公约》规定了"no cure no pay"救助报酬及"环境救助"特别补偿的确定标准,同时在第十二条明确提出"除另有规定外,救助作业无效,不应得到本公约规定的支付款项"。可见,《公约》允许救助人依其他规定、约定取得救助酬金。我国《海商法》也规定了"no cure no pay"救助报酬及"环境救助"特别补偿的确定标准,并且在第一百七十九条提出"救助方对遇险的船舶和其他财产的救助,取得效果的,有权获得救助报酬;救助未取得效果的,除本法第一百八十二条或者其他法律另有规定或者合同另有约定外,无权获得救助款项",可见同样没有否定雇佣救助作为一种"海难救助"类型的法律属性。[①] 在"LAGO OIL & TRANSPORT CO."一案中,法兰克福法院认为双方签订的救助合同可以涵盖在没有救助效果时也应当支付一定救助报酬的某种情形,这并不会使它失去救助合同的性质。

　　回溯《公约》的制订历史可以发现,以有效方式鼓励海难救助是《公约》的核心理念。《公约》前言里即明确提出"有必要确保对处于危险中的船舶和其他财产进行救助作业的人员能得到足够的鼓励"。《公约》第一条(a)项中指出"救助作业"系"可航水域或其他任何水域中援救处于危险中的船舶或任何其他财产的行为或活动"。《海商法》虽然没有对海难救助的概念进行定义,却对其适用范围作出了规定,第九章规定"适用于在海上或者与海相通的可航水域,对遇险的船舶和其他财产进行的救助"。可见,不论是《公约》有关救助作业的界定,还是我国《海商法》有关第九章调整范围的澄清,均包含了雇佣救助这种"即使无效,仍然依约付报酬"类型,雇佣救助应当被认为属于海难救助。[②]

　　有观点认为在雇佣救助过程中,被施救人应当享有指挥权。[③] 但是就实践来看,专业救助公司越来越多,由他们控制、实施救助作业,往往可以取得更好的救助效果。因此,不应以谁享有"救助指挥权"作为判定是否构成雇佣救助、是否构成救助作业的条件。

二、我国雇佣救助立法与司法困境

　　有学者认为我国《海商法》只能定位于《公约》国内化的规则,因此修改第九章已无太大回旋余地,只能完善与公约的协调性条款或者补充公约缺失的规范,与公约冲突的任何修改都将成为将来的"僵尸条文"。[④]

　　我们则认为,《公约》本身并非海难救助法律制度的全部内容。《公约》不是僵化的,在许多方面均允许成员国通过国内法规则体现出《公约》鼓励对遇险船舶、货物、财产及相关环境实施救助的宗旨。此外,国际海事委员会(CMI)有关《公约》修订的讨论也体现出 CMI 希望

① 李海.关于"加百利"轮救助案若干问题的思考[J].中国海商法研究,2016(3).
② 傅廷中.雇佣救助合同的性质及其法律适用[J].中国海商法研究,2016(3).
③ 王彦君,张永坚.雇佣救助合同的属性认定和对《中华人民共和国海商法》第九章的理解[J].中国海商法研究,2016(3).
④ 袁绍春.论雇佣救助的法律调整——兼论《海商法》第九章的修改[J].中国海商法研究,2018(1).

《公约》与时俱进,适应实践发展需要的意愿。对雇佣救助相关问题的有益探索自然是对《公约》发展的积极推动。

我国《海商法》第九章对雇佣救助的适用方面立法不明,主要存在以下缺陷:(1)《公约》没有明确提及雇佣救助这一概念,我国《海商法》立法时未能作讨论和充分论证,我国《海商法》与《公约》均缺乏对于雇佣救助的法律规定。(2)我国《海商法》没有明确规定在雇佣救助中,施救方是否享有救助报酬请求权。(3)特别补偿制度是《公约》新定制度,我国《海商法》与《公约》均未明确雇佣救助是否适用该项制度。(4)在现实中,当船舶或者货物处于危难时,与施救方签订合同的并非只有船舶所有人,船舶经营人、船东或承租人是否能以施救他方的船舶作为目的成为救助合同的主体,我国《海商法》中没有明确的规定。

"加百利"轮海难救助纠纷案①历经四年之久,一审法院、二审法院、再审法院对于案涉合同的性质和适用法律有着不同的看法,这也引起了学界的强烈反响。(再审法院)最高院认为"本案系海难救助合同纠纷",并且指出"此案的救助合同不属于《公约》和我国《海商法》所规定的'no cure no pay'救助合同,而属于雇佣救助合同"。由此可以看出,最高院认同雇佣救助属于海难救助这个观点,当事人可以意思自治,约定排除"no cure no pay"原则,允许自行约定达成雇佣救助合同。但对此有学者认为,中国法律中不存在所谓的"雇佣救助合同"的定义或者规定,最高院对于本案合同性质的定性是没有法律依据的。② 我们认为,在立法没有明确界定的情况下,最高院使用了实践用法也是一种无奈的选择。

"加百利"轮海难救助纠纷案同时显现出雇佣救助合同项下,能否适用《公约》和我国《海商法》第九章相关规定确定救助酬金的问题。一审、二审法院均认为,双方当事人在合同中约定的固定费率数额,应当依据我国《海商法》第一百八十条所列出的各项要素进行调整,而最高院认为这属于法律适用错误,应根据《合同法》的相关法律规定,明确双方当事人的权利和义务,因为《公约》和我国《海商法》并未就雇佣救助合同中的救助报酬支付所需要考虑的因素和标准作出任何具体规定。我们认为,雇佣救助并没有排除《公约》及我国《海商法》第九章的适用,只是在没有明确规制雇佣救助救助报酬的情况下,才能依"合同"属性而适用《合同法》中的相关规定来确定雇佣救助救助报酬的金额与支付。如果在今后修法中明确了雇佣救助救助报酬计算与支付条款,自然不必适用《合同法》的一般性规定。

雇佣救助救助报酬是否具有船舶优先权也是值得探讨的问题。在"菊石"轮救助报酬纠纷案中,原告广州海上救助打捞局接受被告万富船务有限公司的委托,要求救助打捞局派拖轮并且给船员提供食物,将另一被告菊石海运公司的"菊石"轮拖至安全地带,并确认拖轮费用为50000美元。法院将此案的救助合同定性为雇佣救助合同,并且根据《海商法》第二十二和第二十三条,认为雇佣救助救助报酬可以优先受偿。

"菊石"轮救助报酬纠纷案同时显现出订立雇佣救助合同的主体问题。被告万富船务有限公司作为船舶经营人与救助打捞局签订救助协议,船舶经营人能否以救助他人船舶为理由成为救助合同的主体,这一点我国《海商法》没有进行明确具体规定,也没有对订立海难救助合同的主体进行严格的资格限制,将影响本案被告万富船务有限公司究竟是否需要承担

---

① 本案案情与裁判要旨见广州海事法院〔2012〕广海法初字第898号民事判决书、广东省高级人民法院〔2014〕粤高法四终字第117号民事判决书、中华人民共和国〔2016〕最高法民再61号民事判决书。
② 李海.关于"加百利"轮救助案若干问题的思考[J].中国海商法研究,2016(3).

救助报酬的责任。法院认为万富船务有限公司虽然并非"菊石"轮的所有权人,但其作为经营者与原告签订海难救助合同,并未侵犯其他第三方的利益,因而已成为本案合同下的被施救方,应当承担支付救助报酬的责任。① 这也显现出"责任救助"立法规制的问题。②

三、对我国《海商法》的修改建议

雇佣救助虽然属于海难救助,但与其他救助形式(如纯救助、合同救助)存在着根本区别,在具体的法律适用方面也应有所区分。在修改我国《海商法》时,应当作出对雇佣救助及其法律性质的明确界定,并且围绕雇佣救助法律关系的特点,区分性适用我国《海商法》的相关规定。

(一)增加雇佣救助的界定条款

在缺乏条约规定的情况下,国内法可以起到非常重要的作用。③ 公约未明确规定雇佣救助的定义,因此我国《海商法》增加雇佣救助的界定条款、明确雇佣救助基本含义有助于解决适法困境。但在厘清雇佣救助定义之前,首先应思考用"雇佣救助"这个措辞是否妥当。"雇佣"和"救助"二词一起形成了一个模棱两可且具有争议性的概念,我们认为应当避免用作正式立法语言。建议采用"另行约定救助报酬支付情形"这样的表述,既能解决"雇佣救助"一词本身的矛盾性,又能适用我国《海商法》的相关法律规定。

(二)明确雇佣救助当事人的强制性义务

明确雇佣救助当事人的强制性义务,包括船长的救助义务和环境保护义务。

当船舶发生事故,危及船上人员和财产安全时,船长应当组织船员和旅客尽可能地实施救助。船长如若认为船舶的毁灭不可避免,可以作出放弃船舶的决定。此时,船长必须想方设法先行让旅客和船员安全离船,自己则应当最后离船。许多国家包括我国《海商法》都有规定,若遇险船舶的船长违反上述义务应当承担相应的法律责任。在雇佣救助时,遇险船舶的船长自然应当履行此项义务。

海洋环境保护问题日益突出,国际社会保护海洋环境和理念日益加强,我国《海商法》第一百七十七条和第一百七十八条关于环境保护义务的规定应当同样适用于雇佣救助。

(三)明确雇佣救助救助报酬的计算与支付依据

我们同意学者提出的,即应当将雇佣救助合同放在一个大的法律框架下予以考虑,我国《海商法》与《合同法》中相应的规定并非完全不能适用,而是各取所需,具体问题具体分析。例如针对救助报酬的确定与支付问题,可以用《合同法》的有关规定进行解决补充。④ 既然双方自愿签订雇佣救助合同,以约定为基准,自然可以适用《合同法》的有关规定进行规制。但是,我国《海商法》第一百七十六条由受案法院或者仲裁庭判决或者裁决变更雇佣救助合同的情形应当仅限于"合同在不正当的或者危险情况的影响下订立,合同条款显失公平"这一种情形。这有利于增强雇佣救助合同的有效性,避免之后双方当事人因为救助报酬再次发生纠纷。

(四)澄清签约主体和雇佣救助酬金的支付与分摊机制

当船舶或货物遇险时,船长肯定比船舶所有人和货方更早知晓并且知道问题所在以及

① 张丽英.海商法原理·规则·案例[M].北京:清华大学出版社,2006:178.
② CMI: Report of IWG on Review of the Salvage Convention for Consideration by Delegates.
③ Davies M J. Whatever Happened to the Salvage Convention 1989? [J]. Journal of Maritime Law and Commerce, 2008,39(4).
④ 傅廷中.雇佣救助合同的性质及其法律适用[J].中国海商法研究,2016(3).

如何解决。雇佣救助合同签订于危险实际发生之时,因此仍然应当赋予遇险船舶船长代表船舶所有人签订雇佣救助合同的权利,也赋予遇险船舶船长和船舶所有人代表船上财产所有人签订雇佣救助合同的权利。

但是,在当今通信发达的时代,允许遇险船舶的所有人在合理时间内以明示的方式拒绝对船长代表船舶所有人签订合同的授权,但应直接与救助人协商签订雇佣救助合同。如果未在合理时间内签订雇佣救助合同,仍应允许遇险船长、救助人根据危险的实际情况而进行纯救助或合同救助。货主不能明确拒绝对遇险船舶船长或船舶所有人的授权,但是如果事后证明此雇佣救助合同条款对货主显失公平,货主可以适用上述第一百七十六条第一款的规定请求受案法院或仲裁庭进行适用调整。

因此,雇佣救助酬金的支付义务人仍应包括:(1)被救船舶所有人;(2)被救财产所有人。他们的支付义务与分摊机制可以继续适用我国《海商法》第九章的相关规定。但是,如果被救船舶或财产无获救价值,则雇佣救助人不能以留置获救船舶或财产的方式担保其救助酬金权利的及时实现。因此,我们建议在船舶或货物保险中作出配套性规定,可以由遇险船舶或财产的保险人提供一定的担保。

(五)明确第一百八十二条特别补偿制度规定的适用性

有观点认为雇佣救助情况下,不存在无获救价值时救助方不能取得救助报酬的情形,也不存在所获得的救助酬金低于救助费用的情形,因此雇佣救助人不得获得特别补偿。

我们认为,海洋环境污染是各方均应极力避免或防止的损害。因此,在雇佣救助的情况下,仍然应当通过特别补偿等方式鼓励雇佣救助人采取积极有效的措施来保护环境。如上所述,CMI正在研讨"责任救助"问题。雇佣救助人的积极有效措施可以使具有污染损害威胁的遇险船舶和(或)遇险财产的所有人避免承担环境污染损害赔偿责任,或者降低此项责任。因此,仍然可以依据我国《海商法》第一百八十二条的规定计算特别补偿的金额,当特别补偿超过雇佣救助酬金时,救助人仍可获得超出的差额,以示对他环境保护理念与行动的肯定和鼓励。

此外,关于施救方对于雇佣救助酬金应否具有船舶优先权,也是一个热议的问题。船舶优先权是基于对一些特殊债权的保障目的,将其物权化的一种法律措施。有学者认为,雇佣救助不以"no cure no pay"为原则,而是以合同约定为基础,因此属于一般性债权,无须给予船舶优先权保障。根据雇佣救助合同的约定取得救助报酬,对于施救人来说其获得的是比船舶优先权更佳的一种权利。[①] 我们认为,雇佣救助酬金不具有船舶优先权能否体现鼓励救助的立法宗旨,抑或使雇佣救助报酬具有优先受偿权是否违背鼓励救助的基本原则,是一个颇值得深入探讨的问题。我们将另文论述。

通过上述分析可以发现,雇佣救助属于海难救助的特殊类型,其自身最大的特点就是"无效果,有报酬",虽然雇佣救助排除了"no cure no pay"原则,但这并不表示雇佣救助合同因此排除适用《公约》和我国《海商法》的相关规定。恰恰相反,雇佣救助应该受到《公约》和我国《海商法》的规制。我们应该在坚持我国《海商法》基本原则的同时,确定雇佣救助界定条款,增加雇佣救助报酬计算与支付条款,确立雇佣救助中施救方与被施救方之间的权利义务关系,减少当事人权利义务的不确定性,更好地保护海洋环境和促进海洋经济发展。

---

① 司玉琢,吴煦.雇佣救助的法律属性及法律适用[J].中国海商法研究,2016(3).

国际投资仲裁对东道国知识产权
实施的影响与对策
——以礼来公司诉加拿大仲裁案为例

褚　童

【摘要】　本文着重研究了礼来案中所反映的作为投资者的知识产权权利人,通过投资者—东道
国仲裁程序,对东道国国内机关的知识产权实施行为进行挑战的问题。结合礼来案的仲裁裁
决,指出在合理无歧视的前提下,东道国国内的知识产权实施行为通常不应视为构成征收或违
反公平、公正原则,但投资者—东道国仲裁程序仍然为知识产权权利人提供了一定干预东道国
规制权的空间。各国在双边及多边投资规则制定的过程中,应坚持知识产权国际义务履行的灵
活度原则,在国际投资仲裁框架中寻求公共利益与知识产权相平衡的路径构建。

【关键词】　投资者—东道国仲裁;公平公正待遇;知识产权;公共利益

一、与知识产权有关的国际投资争端仲裁——以礼来案为例

（一）国际投资争端仲裁与知识产权保护的交汇

1995 年,TRIPS 协定(与贸易有关的知识产权协定)的通过将知识产权保护的国际标准
提升到了一个新的层面,知识产权保护被纳入了国际贸易领域,出现了"与贸易有关的"知识
产权保护。统一的国际知识产权保护最低标准给各国的知识产权立法与政策带来了剧烈而
深远的变化和影响。三十余年来,知识产权保护的国际治理不断深化,不仅反映在贸易领
域,还反映在国际经济的其他领域。被认为是世界上缔结的首个双边投资协定的 1959 年
《德国——巴基斯坦双边投资协定》已经将专利和商业秘密等财产性权利视为投资。[①]今天,
绝大多数的双边、诸边及区域投资协定都将知识产权视为无形财产纳入投资的范畴,部分投
资协定还具体说明作为投资的知识产权的保护标准或援引知识产权公约的保护标准。[②]
2007 年,针对巴西政府对抗艾滋病毒的专利药品施多宁实施强制许可措施,施多宁的研发
生产公司,美国制药公司默沙东发表声明称"对知识产权实施征收向药品研发公司传递了令
人不安的信号,将会影响制药公司研发相关药品的积极性,危害发展中国家病人的利益"。
尽管默沙东公司并未将知识产权征收的指控付诸实践,原因之一可能是美国与巴西之间未

本文原刊于《兰州大学学报(社会科学版)》2018 年第 6 期。

作者简介:褚童,浙江财经大学法学院副教授,从事国际经济法、国际知识产权法研究。

①　Newcombe A, Paradell L. Law and Practice of Investment Treaties: Standards of Treatment [M]. The Haglle: Kluwer Law International,2009.

②　Frankel S. Interpreting the Overlap of International Investment and Intellectual Property Law[J]. Journal of International Economic Law, 2016,19(1):121-143.

签订双边投资协定。但其所提出的,东道国政府的知识产权立法与实施行为,是否构成私人投资者所称的间接征收或违反最低待遇标准的问题,使国际投资与知识产权保护的交汇更加清晰明显。

如果说这一时期关于国际投资与知识产权保护关系的讨论和研究主要还停留在文本分析和理论阐释上,近年来,与知识产权有关的国际投资仲裁案例的出现,将两者的联系推进到更为切实的层面。起初涉及知识产权保护的投资仲裁中,知识产权尚不是核心诉求[①],随后出现了以知识产权保护为独立主张提出的国际投资仲裁。[②] 这意味着国际投资协定与投资者—东道国仲裁程序实质上进入了知识产权领域,从而对东道国国内知识产权立法和实施活动产生更实质的影响。

在传统的国际法律框架下,知识产权权利人如需通过挑战一国政府的知识产权立法或执法措施来寻求权利救济,一般存在以下选择:第一,通过本国政府向外国政府提出外交保护;第二,通过游说本国政府向 WTO 争端解决机构对外国政府提出申诉。从权利人的角度出发,外交保护需要由本国政府提出,还需满足国际公法上较为严格的条件,限制较多。提出外交保护并非一国政府的义务,因而本国政府出于政治、外交等多方因素的考虑,不发起外交保护的可能性很大。寻求 WTO 争端解决机制救济同样面临游说本国政府的问题,如非影响整个产业的普遍利益,个别权利人很难实现对政府的成功游说。此外,WTO 争端解决机制关注的是对违反 WTO 规则的国内法规加以修正,东道国并无义务对权利人的损失进行赔偿。[③]

国际投资仲裁程序是国际规则中提供给知识产权权利人的第三种选择,即依据国际投资协定和通过投资者—东道国仲裁程序(如 ICSID 程序)寻求救济。对于权利人而言,投资者—东道国仲裁程序的优势首先在于任意私人投资者都有机会绕过本国政府和东道国的国内救济程序,通过国际法规则直接挑战一国的知识产权司法与行政措施。其次,投资仲裁一旦胜诉,权利人可以直接要求获得充分有效的赔偿,并通过《华盛顿公约》在缔约国内得以实现。此外,投资者可能在国际投资仲裁庭提交非违反之诉,这一点目前在 TRIPS 体制下还无法实现。[④]

在烟草巨头菲利普·莫里斯公司烟草商标和包装投资纠纷中,可以看到跨国公司综合利用多种争端解决手段挑战东道国立法和执法行动的策略。莫里斯公司除了在乌拉圭、澳大利亚等国的国内法领域推进了一系列诉讼,在国际法层面,对乌拉圭和澳大利亚发起 ICSID 仲裁程序,并通过游说政府在 WTO 层面发起针对澳大利亚烟草平装措施的争端解决程序。在这些手段中,投资者—东道国仲裁对于私人投资者而言较为直接便利,如果获胜可直接获得赔偿,具有一定优势。在莫里斯案之后,ICSID 又受理了以药品专利纠纷为诉因的

---

① Apotex v. United States, ICSID Case No. ARB(AF)/12/1;Joseph Charles Lemire v. Ukraine,ICSID Case No. ARB/06/18;Generation Ukraine, Inc. v. Ukraine, ICSID Case No. ARB/00/9; Grand RiverEnterprises Six Nations v. United States ICSID Case No. ARB/10/5; MHS v. Malaysia, ICSID Case No. ARB/05/1.

② Philip Morris v. Uruguay, ICSID Case ARB/10/7; Philip Morris Asia v. Australia, PCA Case No. 2012-12; Eli Lilly v. Canada, ICSID Case No. UNCT/14/2.

③ Yu P K. The Investment-Related Aspects of Intellectual Property Rights[J]. American University Law Review, 2016, 66(3):829-909.

④ Baker B K, Geddes K. Corporate Power Unbound: Investor-State Arbitration of IP Monopolies on Medicines——Eli Lilly and the TPP[J]. Journal of Intellectual Property, 2015, 23(1):3-54.

礼来公司仲裁案。

（二）礼来案简介

1. 背景

2013 年 9 月,著名跨国制药公司礼来公司在加拿大的子公司(Eli Lilly Canada)向 IC-SID 提出仲裁请求,原因是该公司治疗抑郁症的药品奥氮平的一项选择专利(selection patent)和治疗多动症的药品阿托西汀的一项药品用途专利于 2011 年和 2012 年分别被加拿大法院认定为专利无效。① 这两种药品于 20 世纪 90 年代中期在加拿大获得专利。2009 年,在加拿大礼来公司与加拿大知名仿制药公司 Novopharm(现被以色列梯瓦制药工业有限公司收购)的诉讼中,加拿大联邦法院认定奥氮平选择专利不满足加拿大专利法对专利实用性的要求,因而判定专利无效。② 礼来公司在 2013 年的上诉被驳回。2010 年同样是在与 Novopharm 公司的诉讼中,礼来公司阿托西汀的药品用途专利被加拿大法院认定缺乏实用性因而无效,礼来公司于 2011 年提出的上诉被驳回。③ 尽管这两项专利受到仿制药厂专利挑战的时间已经很接近专利期满的时间,即使没有诉讼发生,两项专利也将分别于 2011 年和 2016 年到期。但是专利无效判决使得药品市场独占期缩短,由此带来的经济损失依然引发了礼来公司的高度重视并最终寻求通过国际投资争端解决机制解决问题。2013 年 ICSID 受理了礼来公司的仲裁请求并组建了仲裁庭(以下简称礼来案)。礼来案是第一起以药品专利权为核心诉求提出仲裁并获得 ICSID 仲裁庭受理的案件,因此引发相关各国与研究者的广泛关切。

2. 礼来公司仲裁请求

（1）征收

礼来公司认为加拿大法院的行为违反了 NAFTA(北美自由贸易协议)对外国投资进行征收的规则。NAFTA 第一千一百一十条规定,任何缔约方不得直接或间接国有化或征收缔约另一方投资者在其境内的投资,或者对该投资采取相当于国有化或征收之措施,除非出于公共目的,或以非歧视为前提,符合法律正当程序并支付补偿。NAFTA 同时规定,在不违反 NAFTA 知识产权保护规定的情况下,知识产权的撤销、限制、授予以及颁发强制许可不适用征收条款。礼来公司的主张针对加拿大法院解释专利"实用性"时适用的"专利实用承诺原则",认为这一原则不合乎国际条约的规定,违反了 TRIPS 协定第二十七条第一款与 NAFTA 第一千七百零九条第一款,对原本符合专利要求的发明强加额外的审查条件,以非正常、不公平和歧视性的方式剥夺了礼来公司的专利权利。

（2）公平公正待遇

礼来公司认为加拿大法院作出专利无效的判决违反了国际投资法上给予外国投资最低待遇标准的原则。这一原则在 NAFTA1105(1)条的体现是给予外国投资以符合国际法要求的待遇,包括公平待遇和充分的保护。"公平公正待遇"并无严格具体的法律标准,通常需要根据具体情况进行判断。根据 ICSID 仲裁裁决的意见,通常认为这一标准包括合理、一致和非歧视的待遇,符合透明度原则和法律正当程序,能够保护投资者的正当期待。礼来公司

① Eli Lilly v. Canada，ICSID Case No. UNCT/14/2
② Eli Lilly Canda Inc v Novopharm Limited〔2009〕FC 1018
③ Eli Lilly Canada Inc v Novopharm Limited〔2010〕FC915

认为在礼来公司申请专利时,加拿大对于专利实用性的要求采用"微小性标准",而加拿大法院在撤销这两项专利时采用"实用承诺标准",这种突然的、武断的改变剥夺了礼来公司应具有的正当期待。

根据这两点诉求,礼来公司要求加拿大政府赔偿其不少于 5 亿美元的直接和间接损失。

二、国际投资争端仲裁视域下的知识产权保护

(一)作为投资的知识产权

现代国际投资协定对于"投资"的定义往往比较宽泛。NAFTA 列举了八种形式的投资,不但包括企业和企业股权、企业债券、企业贷款,也包括房地产、有形和无形财产以及其他与投资有关的合同项下请求权等。"知识产权"一词并未明确出现在 NAFTA 第十一章对投资的列举中,但一般认为知识产权作为无形财产可以涵盖在投资的范畴中。更有一些国际投资协定中使用"与知识产权有关的权利"或"可专利发明"这样含义模糊的概念,引发专利申请或药品上市申请等能否构成投资的讨论。更有激进观点认为鉴于专利申请与药品上市申请允许转让,亦可视为一种无形财产。①

知识产权与其他作为投资的财产在很多重要特征上存在差异。相同的一项知识产权可以同时在多个国家获得,超越了投资具有的一般意义。很难想象一家跨国制药公司仅凭在某一发展中国家或最不发达国家取得一项专利即获得投资地位。作为投资的知识产权,至少还应满足投资具备的一般要件。

萨利尼诉摩洛哥仲裁案为投资确定了四个要件,包括投入金钱或其他具有经济利益的财产;持续一定时间;承担一定风险;对东道国的经济发展有所贡献。② 奥贝泰克诉美国仲裁案中仲裁庭认为,新药上市申请不构成 NAFTA 第十一章中所定义的投资,尽管制药公司认为新药上市申请程序需要耗费大量金钱,但仲裁庭并不认可这是一种投资。③ 仅在东道国存在销售活动,也不构成投资;即使在东道国成立分公司或子公司经营,如果主要经营活动仅限于进口产品的销售,则仍不满足持续时间、承担风险与对东道国作出经济贡献三项要件。

因此在判断知识产权是否构成投资的问题上无法一概而论,需要个案审查,考虑具体知识产权在国内市场的取得、使用和发展状况。知识产权可以成为投资,但并非可以无条件地自动成为投资。④ 值得注意的是,尽管 NAFTA 文本对投资的列举中并未直接提及知识产权,但礼来案仲裁庭未就作为"投资"的知识产权的范围和标准进行讨论,直接承认了本案中药品专利权具有投资地位。⑤

(二)征收

对于可以成为投资的知识产权而言,东道国的知识产权立法及实施行为是否可能构成征收?

---

① Mercurio B. Awakening the Sleeping Giant: Intellectual Property Rights in International Investment Agreements [J]. Journal of International Economic Law,2013,15(3):871-915.

② Salini Construttori S. P. A v. Kingdom of Morocco,ICSID Case,No. ARB/00/4,Decision on Jurisdiction,(2001).

③ Apotex. v. United States,ICSID Case No. ARB(AF)/12/1,Award,(2014).

④ Diependaele L,Cockbain J,Sterckx S. Eli Lilly v Canada:The Uncomfortable Liaison between Intellectual Property and International Investment Law[J]. Queen Mary Journal of Intellectual Property,2017,7(3):283-305.

⑤ Eli Lilly v. Canada,ICSID Case No. UNCT/14/2,Final Award,(2017),para.188.

从礼来案所涉 NAFTA 的规定来看这个问题,答案相对明确。NAFTA 第一千一百一十条规定,在不违反 NAFTA 知识产权义务的前提下,缔约国实施的知识产权撤销、限制、授予以及颁发强制许可等行为不适用征收条款。礼来案中,证明加拿大法院的专利无效判决构成征收的前提条件是证明加拿大法院的做法违反了 NAFTA 第十七章有关知识产权的义务。礼来公司认为加拿大法院在解释专利实用性时所适用的"实用承诺"原则不符合 NAF-TA 第一千七百零九(一)条的规定(与 TRIPS 协定第二十七条内容一致)。

加拿大法院适用的"实用承诺"原则核心包括两个要求,一是承诺发明具有某项实用性,二是专利申请人在提交专利申请时证明他已经展示或可靠地预测了其承诺的实用性效果。礼来公司认为,要求专利具有实用性和要求申请人明确证明所宣称的实用性是两个层面的问题。加拿大法院适用的"实用承诺"原则要求专利申请人在专利申请中披露发明实用性的有效证据或预测证据,也就是说,如果一项发明具有实用性,哪怕是已经在加拿大上市的药品,只要专利申请人未能在专利申请中提供充分证据证明其承诺的实用性,专利将被认定为无效。礼来公司认为"实用承诺"原则是对 NAFTA 第一千七百零九(一)条以及 TRIPS 协定第二十七条中专利"新颖性、创造性和工业实用性"标准的单边解释,对国际协定中缔约方达成一致的法律概念进行了单方面的重构,加重了专利人的责任,从而违反了相关协定的规定。

然而无论是 NAFTA 还是 TRIPS 协定都并未对专利实用性判定标准和解释方法作出明确规定,而是交由成员方自行确定专利授予的条件,包括认定实用性的标准。这也是TRIPS 协定框架下坚持国际知识产权保护最低标准与灵活度原则相结合的基本要求。在确立国际知识产权最低保护义务的基础上,给成员方留下相当程度的弹性空间,根据各国国情进行知识产权国内立法。礼来公司的主张并未得到仲裁庭的支持。①

值得注意的是,尽管礼来公司称加拿大法院的行为不符合 TRIPS 协定,但仲裁庭并未对 TRIPS 协定的条款作出解释,没有承担解释 WTO 法律的任务,以避免出现更加复杂的争端解决局面。但目前一些投资将 TRIPS 协定引入征收条款,规定符合 TRIPS 协定的强制许可或与 TRIPS 协定一致的知识产权撤销、限制或授予不适用征收条款。② 目的固然是限制征收条款适用的范围,但又带来了处理 TRIPS 协定与投资协定关系的国际法问题,也没有从根本上解决知识产权权利人利用投资条款挑战国内机关知识产权实施的问题。③ 而另外一些双边或区域投资协定没有明确将知识产权的授予、撤销等具体实施行为列入征收条款的例外。理论上这样的协定给私人投资者提起针对知识产权实施的投资者—东道国仲裁提供了更大的空间,有关国家如遭遇类似礼来案的国际投资仲裁争端,仲裁裁决的不确定性也相应更大。④

(三)公平公正待遇

国际投资协定中普遍存在的"最低待遇标准"或"公平公正待遇"在 NAFTA 第一千一百

---

① Eli Lilly v. Canada, ICSID Case No. UNCT/14/2, Final Award,(2017),para. 226.

② 2012 年《美国 BIT 范本》第五条。

③ 田晓萍. 国际投资协定中知识产权保护的路径及法律效果——以"礼来药企案"为视角[J]. 政法论丛,2016(1):97-104.

④ Gagliani G. International Economic Disputes,Investment Arbitration and Intellectual Property:Common Descent and Technical Problems[J]. Journal of World Trade,2017,51(2):335-356.

零五(一)条规定为:每一缔约方应给予另一缔约方投资者的投资依据国际法的待遇,包括公正公平待遇、充分保护和安全。与征收条款相比,公平公正待遇标准概念更为模糊,仲裁庭裁量空间较大且往往做扩张解释,因此成为国际投资争端仲裁中投资者援引频率极高的条款。

在礼来案中,加拿大政府主张对于司法机关而言,只有拒绝司法(denial of justice)才构成习惯国际法对外国投资者公平公正待遇的违反。仲裁庭则遵循在 Claims Gold 案中对第一千一百零五(一)条的解释,违反公平公正标准的行为包括超乎寻常、令人震惊的拒绝司法行为,明显的独断和不公,缺乏正当程序,实质上的歧视以及缺乏合理基础等。这意味着对于东道国司法机关的行为,即使没有拒绝受理案件或缺乏正当程序,仍有可能受到国际投资争端仲裁庭的审查。但裁决同时也强调了国际仲裁庭不是国内法院裁决的上诉机构,仲裁庭通常无意对国内法院的裁决进行实质审查,对国内法院作出的裁决应具有充分的尊重。只有在极个别的情况下,仲裁庭才会审查东道国国内司法机关的行为。[①] 在礼来案中,仲裁庭认为加拿大法院判决礼来公司专利无效的行为本身并不构成对公平公正待遇标准的违反。

(四)国内立法与法律适用的演进

东道国政府机关对知识产权进行确权、撤销等行为本身不构成征收或违反最低待遇标准,但是在知识产权法立法和法律适用的过程中规则的变化是否可能构成征收或违反最低待遇标准,是另一个层面的问题。尤其在英美法系国家,法院在解释和适用知识产权法规则的过程中,如果事实上对法律规定或法律适用规则进行了修改或发展,这种发展变化是否有可能剥夺投资者的合法期待,从而违反投资协定相关义务?

在礼来案中,礼来公司认为,加拿大法院适用的"实用承诺"原则不是立法性规则,与授予专利时的加拿大专利法不相符合,因而剥夺了礼来公司对其投资抱有的合理期待,违反了公平公正待遇。

仲裁庭从两方面对这个问题进行了审查。第一,加拿大专利法中对专利实用性认定的要求是否发生了急剧的变化;第二,加拿大专利法中对专利实用性认定的要求是否具有武断性和歧视性。仲裁庭通过对加拿大国内法院受理的相关案例的审查,认为尽管案件裁判中对实用性认定标准存在一些变化,但不能视为法院突然地改变了专利法。"实用承诺"原则是在加拿大法庭数十年裁判案件的过程中逐渐发展建立起来的。而这些标准在未来可能会继续发展。这种变化是渐进式的而非突然和剧烈的。"实用承诺"原则并非仅针对制药企业,更非针对外国企业,不具有武断性和歧视性。

事实上,从世界范围来看,各国在专利授予的问题上提高对实用性标准的要求是一个普遍的趋势。特别是在化学、药品、基因序列以及计算机程序等领域,由于原创性发明较少,专利申请人倾向于在实用性上作出过度承诺或提出过宽的权利要求,以避免在原创性方面可能受到的挑战。[②] 加拿大法院适用"实用承诺"原则以防止制药公司在研发尚不成熟的情况下不断在整个化合物内进行新用途专利申请以实现"专利常青"的目的。

---

① Eli Lilly v. Canada, ICSID Case No. UNCT/14/2, Final Award,(2017) , para.224-225

② 聂尊然.专利无效诉讼中的国家自由裁量权——评"礼来诉加拿大"案[J].知识产权,2016(12):104-110.

三、国际投资争端仲裁对东道国知识产权实施影响的范围与程度

礼来案针对东道国加拿大法院对知识产权确权的裁决行为提出仲裁。争议的焦点在于,东道国法院解释和适用本国知识产权法的行为是否可以受到国际投资仲裁庭的审查和规制;如果可以,审查标准与审查边界应当如何确定? 如果法院通过判例或司法解释在法律上或事实上对本国知识产权立法进行了修改或发展,这种发展是否应当受到国际条约或国际仲裁庭的制约? 从仲裁裁决来看,尽管礼来公司提出的诉求被驳回,但并未完全排除审查国内司法机关解释适用知识产权行为的可能性。同理,这种审查可以扩展到知识产权主管行政机关乃至立法机关。

投资者—东道国国际仲裁程序对东道国国内机关的知识产权实施行为将如何产生影响,结合礼来案仲裁裁决与国际法一般原则,可以从两方面来进行讨论。第一,国际投资仲裁庭在什么情况下可以审查东道国司法或行政机关对知识产权法的解释和适用;第二,国际投资协定能否赋予知识产权权利人一定程度的权利稳定性保证。

(一)审查的条件

1.用尽当地救济

礼来案仲裁裁决肯定了国际投资仲裁庭应当对东道国司法机关审理知识产权案件并作出判决的行为保持尊重,强调国际投资仲裁庭不是国内法院的上诉审机构。一国司法机关的行为本身只有构成拒绝司法时才会受到国际仲裁机构的审查,国际习惯法上的拒绝司法,受到国际法一般规则的限制,包括受到用尽当地救济要求的限制。用尽当地救济通常是案件受理的程序性要求,投资者—东道国仲裁的提起并不必然以用尽当地救济为前提,国家在接受投资者—东道国仲裁管辖时应将"用尽当地救济"作为前置条件。同时,从一般法理上来看,如果投资者主张东道国司法机关的行为构成司法拒绝从而违反了公平公正待遇,用尽当地救济则成为一项实质性条件。因为如未依照东道国国内法律体系完成司法程序,不能构成拒绝司法,也不构成对国际习惯法的违反。[①]

加拿大制药公司 Apotex 曾经三次就美国国内法院或行政机关的裁定提起 NAFTA 下的国际投资仲裁,其主张均被 ICSID 以非适格投资者、未用尽当地救济或超出时限为由驳回。[②]

2.合理审查标准

满足用尽当地救济条件后,仲裁庭需要在尊重国内司法或行政机关裁判基础上审查东道国国内机关的行为。为避免仲裁庭成为事实上的国内法院上诉审机构,对国内司法或行政机构的审查应仅限于是否存在程序上的反常和不公,是否"超乎寻常,令人震惊"。审查不会实质分析东道国法律以及司法或行政机关对国内法的适用和解释是否恰当,不代替国内法院解释国内法,特别是知识产权案例,具有较强的技术性,国际仲裁庭缺乏如国内法院那

① Liddell K, Waibel M. Fair and Equitable Treatment and Judicial Patent Decisions[J]. Journal of International Economic Law, 2016,19(1):145-174.

② Apotex v United States, NAFTA, Award on Jurisdiction and Admissibility,2013；Apotex v United States, ICSID Case,No ARB(AF)/12/1, Award, 2014

样熟悉专利技术知识的专业人员,因此仲裁员审查的重点应集中于程序性审查。① 这里可以参考 WTO 争端解决中专家组或上诉机构在审查成员国内措施时采取的标准。从严格到宽松,从实质到程序依次为严格审查标准、中度审查标准和合理审查标准。② 按照类似的标准,国际仲裁庭对东道国司法或行政机关适用法律的行为进行审查时,只应适用合理审查标准,确定受诉行为与国内立法目标之间存在联系即合理。

在礼来案中,加拿大法院采用的"实用承诺"原则与其他国家的实用性判断方法不同,但从目的上来看与其他国家却并无不同,都是为了限制专利申请人对实用性做过宽或任意的承诺,避免重复授权,并不存在武断或歧视,没有程序上的反常与不公。

(二)投资者的知识产权稳定性期待

知识产权是依赖国家授权取得的独占权利,这一点在专利权上体现得尤为明显。专利权稳定性受到一国规定的专利授予条件和授予程序等因素的影响。正如礼来案中的争议,专利权在授予后可以被撤销或宣布无效。一国政府需要据此清除低质量专利,修正错误授权。而专利权人则期待在取得专利权后可以不被撤销或宣布无效,使专利权具备稳定性。增强专利权稳定性通常依赖国内规制和政策,对专利权授予的条件和程序进行完善,加强专业人员和审判队伍的建设,以避免出现低质专利和错误授权。

在国际投资仲裁范畴下讨论知识产权(专利权)稳定性,核心问题在于,如果知识产权人利用投资者—东道国仲裁程序挑战东道国司法或行政机关撤销或宣布专利无效的行为,认为东道国的做法剥夺了投资者的正当期待,那么国际投资协定的公平公正待遇条款中,是否暗含了对东道国知识产权立法与实施保持相对稳定性的要求? 东道国是否需要承诺限制法院裁判或行政决定中对法律的解释和适用的范围和内容以满足投资协定中投资者的正当期待? 以专利案件为例,国内机关对专利法的解释和适用范围较宽,涉及受保护事项、专利"三性"认定、专利保护期、救济措施等专利法的重要方面。司法机关和行政机关在适用专利法律、解释法律条文,澄清以往的法律解释方法和适用规则,创设新的解释方法甚至与以往解释方法出现矛盾时,是否负有专利稳定性的国际法承诺?

从普遍义务的角度来看,目前国际投资协定的知识产权章节或国际知识产权协定中都没有明确的知识产权稳定性义务要求,国际层面上,专利权人的专利稳定性期待不应对抗专利保护的灵活性原则。如果一国认为有必要就其知识产权立法与实施的稳定性作出承诺,可以选择在国内立法或投资契约中进行。③

从礼来案个案实践来看,仲裁庭在解释公平公正待遇中"明显独断和不公,缺乏正当程序,实质上的歧视以及缺乏合理基础"时,对加拿大法院法律解释路径提出两条审查标准。第一,加拿大专利法中对专利实用性的认定要求是否发生了急剧的变化;第二,加拿大专利法中对专利实用性的认定要求是否具有武断性和歧视性。说明仲裁庭认为在国际投资框架下,作为投资者的专利权人对专利权稳定度具有一定的正当期待,期待国内立法和实施不会

① King J A. Institutional Approaches to Judicial Restraint[J]. Oxford Journal of Legal Studies,2008,28(3):409-441.

② Guzman A T. Determining the Appropriate Standard of Review in WTO Dispute Resolution[J]. Cornell International Law Journal,2009,42(1):45-75.

③ Cotula L. Reconciling Regulatory Stability and Evolution of Environmental Standards in Investment Contracts: Towards a Rethink of Stabilization Clauses[J]. Journal of World Energy Law & Business,2008,1(2):158-179.

出现急剧的变化。但在理解这两条审查标准时,需要认识到社会经济、科学技术、专利方法等都随着时间的推移而不断演进,即使法律条文本身不改变,法律解释和法律适用的规则与方法也不可能一成不变。专利权的取得依赖国家的授予,专利权人不具有专利不可撤销或不可宣布无效或不被强制许可的期待。专利权人对专利权稳定性的期待边界应以公平公正待遇标准为限,即法律解释和法律适用中没有明显的歧视和区别对待,规则和方法在短时间内没有突然而剧烈的变化,没有违反正当程序等。当然这些标准依然存在一定的模糊性,给了投资者利用投资者—国家仲裁程序提出仲裁的机会与空间。尽管国际仲裁庭在个案处理上常常显示出差异和不稳定,但结合礼来案的裁决和推理,在处理中应考虑以下观点。

第一,在非歧视原则的前提下,投资者有权期待东道国法院法官解释和适用法律的规则与方法不与以往已确定的解释方法和适用规则相冲突,致使法律解释背离法律文本原意或使适用方法出现剧烈变化。这种解释以不仅仅针对该具体投资者或外国投资者从而构成歧视为限。

第二,投资者有权期待东道国国内机关适用法律时的解释方法和规则具有通常的合理性,而非武断、反常甚至怪异。有关人员解释法律的方法可能受到质疑或存在错误,或者使用了不常见的解释方法和规则,但这些情况通常不能被认定为武断、反常或怪异。只有那些极度欠缺理性和法理依据,特别是以消灭专利权为目的进行武断而反常的法律解释和适用才会违反投资者的合理期待。

第三,满足以上两点标准,东道国司法或行政机关对知识产权法律的解释和适用就满足国际投资法对投资者的公平公正待遇。对法律作出新的解释,对以往的解释方法进行修正,对原有的解释规则进行细化等均不构成对投资者正当期待的剥夺。

四、协调路径——坚持知识产权保护与公共利益之平衡

(一)国际投资仲裁下知识产权保护与公共利益平衡的冲突

知识产权制度的核心之一是在保护知识产权人私益与维护社会公共利益之间实现平衡。对知识产权的过度强保护,会阻碍知识的传播和技术的流动,反而违背了知识产权制度鼓励创新,增加知识产品,推动社会进步的最终目的,损害了社会公共利益。在 TRIPS 协定确立的知识产权保护国际义务标准中,明确了成员方在遵守最低义务标准的基础上,可以根据灵活度原则,依照本国本地区实际情况自行规定知识产权义务的实施方式。可以说灵活度原则是确保各国(尤其是发展中国家)能实行符合自身发展水平的知识产权保护制度,确保知识产权制度为社会发展、技术进步和人民福祉作出有益贡献,避免私权过度扩张损害公益的有力制度保障。

以礼来案争议的对象——药品专利权为例,医药产品作为一种具备重要社会属性的知识密集型产品,一方面需要知识产权制度来鼓励药品研发,以独占权补偿权利人的巨额成本投入。另一方面药品关乎人的生命健康和社会公共安全,必须确保人民能够获取和负担那些挽救生命或改善生存质量的药品,避免跨国制药公司在一国市场形成高价垄断。[①]专利独占权与公共健康的博弈平衡在药品知识产权的立法与适用中体现得尤为明显,国际贸易与

① Vadi V. Towards a New Dialectics:Pharmaceutical Patents,Public Health and Foreign Direct Investments[J]. Journal of Intellectual Property & Entertainment Law,2015,5(1):2-81.

投资领域中不少知识产权争端也集中在这一领域。

礼来案揭示了专利权人试图利用投资者-东道国仲裁制度,从投资角度限制 TRIPS 协定确立的灵活性原则的做法。制药公司通过仲裁庭尝试解释知识产权保护义务的范围和内容,以征收或最低待遇标准条款挑战东道国的公共政策选择,可以说投资者-国家争端解决机制强化了跨国公司作为国际社会行为体的地位,他们能够通过直接投资影响东道国的决策,在国际经济活动中与国家竞争政策空间,这可能为东道国保护公共健康的政策目标实现带来潜在的风险。[①] 尽管礼来公司的主张最终被仲裁庭驳回,但知识产权国际投资仲裁仍被视为"日渐复杂、争议备现的知识产权保护国际义务中的一个未知领域"。[②] 国际投资领域内的知识产权义务对东道国造法、释法的主权权力造成了一定威胁。尽管 TRIPS 协定第一条第一项、第七条和第八条肯定了出于公共利益而限制知识产权,坚持灵活度原则的正当性,但是这些原则并未在 NAFTA 投资条款或目前生效的大多数投资协定当中加以明确规定。

(二)协调路径的构建

在与贸易有关的知识产权保护领域,多数国际协定肯定了在实施产权保护中应考虑公共健康等公共政策目标,基于保护公共利益可以对知识产权保护加以限制。现在,同样的做法需要更加明确地在国际投资领域加以反映。投资者-东道国仲裁程序设置的目的在于为投资者遭遇东道国征收、国有化或不公正待遇的时候提供一种防御工具。这种工具有可能被投资者用来阻遏和影响东道国出于正当公共政策目的在环境保护、知识产权和其他监管领域进行法律适用与法律演进的权力,这种行为需要加以一定限制以防止滥诉。任何制度和规则设置所要实现的目标都不是单一的,国际投资规则及仲裁程序也不例外。国际投资协定和投资者-东道国仲裁程序应当寻求路径,在保护投资的目标架构中明确人权保护、公共健康、环境保护等公共政策存在的空间与方式,以建立一个更加均衡合理的国际投资保护机制。可以从以下几方面讨论国际投资仲裁程序中公共利益平衡的路径构建。

1. 直接解释

规定仲裁庭在解释国际投资协定相关规定时,应避免出现与一国保护的公共健康等政策相冲突的解释。这一路径符合《维也纳条约法公约》的条约解释方法——当文本含义模糊不明时,可以将与条约解释有关的其他因素作为辅助解释工具。在投资者-东道国仲裁庭解释征收或公平公正待遇时,应考虑与国家基于社会公共利益和重要政策目标行使的东道国规制权保持一致的条约解释方法。

2. 东道国规制权保留

一些国家已经注意到与知识产权有关的国际投资仲裁问题的复杂性,因此在投资协定谈判中开始重视保护投资与公共政策选择的平衡,至少尝试部分地将知识产权实体问题排除在仲裁庭事项之外。欧盟与加拿大自由贸易协定(CETA)的谈判中明确了投资者-东道国争端仲裁庭不是国内法院裁决的上诉机构,知识产权的授予和效力问题由东道国国内法院决定。缔约方有权根据本国的法律制度和实际情况来确定实施本协定中知识产权条款的适当方法。CETA 下的投资者-东道国仲裁需要在欧盟法院审查其提出是否符合欧盟法,

---

① Jaime M L. Relying upon Parties' Interpretation in Treaty-Based Investor-State Dispute Settlement: Filling the Gaps in International Investment Agreements[J]. Georgetown Journal of International Law, 2014, 46(1):190-210.

② Okediji R L. Is Intellectual Property "Investment"? Eli Lilly V. Canada and the International Intellectual Property System[J]. University of Pennsylvania Journal of International Law 2014,35(4):1121-1139.

特别是各国执行公共政策和基本人权的做法和规定。在跨大西洋贸易与投资伙伴关系协定（TTIP）草案的投资章节中,设置了不得影响东道国在其领土范围内采取必要措施实现合理政策目标的规制权力的条款,在合理目标中明确列举了公共健康、安全及环境保护等。美国双边投资范本也规定,政府为保护正当公共利益目标如公共健康、公共安全与环境等所作出的非歧视措施,在通常情况下不得视为间接征收。

3. 为投资者设置义务

在国内法层面,巴西、南非等国家通过实施强制许可以及有关案件的处理,实质上为作为投资者的制药公司施加了基于公共健康设置的义务。这一做法可以尝试引入国际投资协定或投资者－东道国仲裁程序中,要求外国投资者接受强制许可或其他在必要情况下的知识产权处置义务。

（三）对中国的启示

根据商务部的信息,截至 2016 年 3 月,在双边层面,中国已与 130 多个国家和地区签订投资协定,与美国和欧盟两大主要经贸伙伴的投资协定正在谈判之中。[①] 在区域层面,东亚 16 国参与的《区域全面经济伙伴关系协定》(RCEP)谈判正在有序推进,争取推动 RCEP 在 2017 年年底前取得重要成果,以合作精神促进 RCEP 谈判尽快结束。[②]

从中国目前生效的双边投资协定内容来看,在加入《华盛顿公约》后,中国对于投资者－东道国仲裁机制的态度从保守限制逐渐转向开放接受,但近年来重新转为审慎接受,在双边投资协定中对提交仲裁设置更为严格的前提条件。实际上,开始关切投资者－东道国仲裁对东道国知识产权实施产生影响并寻求解决对策的不仅仅是发展中国家。主张投资自由化的发达国家遭遇跨国公司发起仲裁,对本国的公共健康、环境保护等公共政策提出挑战的案例更为普遍。美国、欧盟均着手对其参与的国际投资仲裁机制实施改革。[③] 可见投资者－东道国仲裁机制适用与东道国知识产权规制权之间的协调已经成为国际投资领域内普遍存在、亟须解决的问题。在“一带一路”倡议的推动下,未来中国的资本输入与资本输出量将进一步增长。如何在中国参加的双边、区域或多边投资协定中设置国际仲裁程序,在保护投资者合法权益的同时防止滥用仲裁制度对国家规制职能的限制,值得研究。

在 RCEP 投资部分的谈判中,谈判国已经注意到知识产权问题。目前公开的 2015 年 10 月的投资章节版本中,13 次提及知识产权,各国在投资领域内的知识产权保护及例外问题上尚未完全确定。但大体框架类似 NAFTA 的规定,将符合 RCEP 知识产权条款和 TRIPS 协定的知识产权强制许可,知识产权的授予、撤销和限制排除在征收和赔偿条款之外。同时允许投资者利用投资者－东道国仲裁解决与东道国之间的投资争端。但正如前文分析的,在这样的规范框架下私人投资者仍然有较大空间诉诸国际仲裁机制,影响东道国国内知识产权实施。礼来案发生后,许多国家在双边和区域投资协定谈判中都强化了对知识产权条款以及投资者－东道国仲裁机制的规定。RCEP 的谈判还在秘密进行中,投资章节的规定在这两年内应有新的变化。

① 商务部. 中国已与 130 多个国家和地区签订投资协定[EB/OL]. (2016-03-17)[2019-10-01]. http://intl. ce. cn/specials/zxxx/201603/17/t20160317_9571808. shtml.

② 《区域全面经济伙伴关系协定》(RCEP)部长级会议发布联合媒体声明[EB/OL]. (2017-09-11)[2019-10-01]. http://news. xinhuanet. com/fortune/2017-09/11/c_129701402. htm.

③ 王燕. 国际投资仲裁机制改革的美欧制度之争[J]. 环球法律评论, 2017(2):179-192.

　　中国作为协定重要的参与者,应在谈判中表达保护知识产权投资与保护公共健康之间的利益平衡。以药品专利权及相关知识产权为例,作为人口众多的发展中国家,中国面临较大的公共卫生与医疗压力,是仿制药生产大国和使用大国。一方面,中国有抓住全球原研药品专利断崖期,大力促进和推动仿制药产业发展的需求;另一方面,外国跨国制药企业始终关注中国药品专利和相关知识产权保护措施。中国基于鼓励仿制,维护公共健康的药品知识产权实施措施,易于引发争端。在今后的双边及区域自贸协定或投资协定中,考虑到国际投资争端可能给本国知识产权实施带来的影响,可在以下几方面作出具体的规定:作为"投资"的知识产权标准;在公平公正待遇或最低待遇标准中坚持 TRIPS 协定的灵活性;只要在无歧视的、合理正当的前提下,出于保护公共健康、环境、安全等公共利益的目的对知识产权进行的立法、适用、解释的行为就具有正当性。

基于中美贸易摩擦背景的知识产权
国家安全审查问题

黄时敏

【摘要】 在中美贸易摩擦背景下,知识产权被认为是威胁国家安全的重要因素之一。中美两国开始对知识产权贸易进行越来越严格的国家安全审查。尽管知识产权这一概念本身就兼具私法(经济贸易)和公法(国家安全)两重属性,但是无限制地扩大国家安全审查的范围,势必挤压原本正常、合法、合理的知识产权贸易活动,甚至侵犯到企业商业秘密及用户个人隐私。面对日益严峻的美国国家安全审查形势,我国应从增强自主创新能力,健全知识产权保护法律体系,完善国家安全审查制度,提高知识产权外交技巧等方面构建完善知识产权战略。

【关键词】 中美贸易摩擦;知识产权;国家安全审查

近二十年来,美国政府不断强化国家安全问题在各方面的体现,知识产权被自然而然地认作威胁美国国家安全的重要因素之一。[1]从布什政府到奥巴马政府再到特朗普政府,知识产权对国家安全的影响不断放大,几近涵盖网络黑客、商业秘密窃取、文件信息等方方面面。自现任美国总统特朗普于 2018 年 8 月 13 日签署《外国投资风险审查现代化法》(Foreign Investment Risk Review Modernization Act)后,知识产权所涉及的国家安全问题被再一次重申、扩大和强化。同时,国家安全审查作为美国发起"301 调查"后的针对措施,使得投资和并购导致的知识产权转移和高新技术企业出售与危害美国国家安全相等同[2],以期保持美国科技领先地位。

将知识产权这一本该属于私法的概念上升到国家安全公法概念的做法,具有两点作用:首先,模糊国内经济创新与机密信息生产之间的界线;其次,预示着国家(以中国为重点)也能成为窃取知识产权的主体,不再仅仅限于黑客、罪犯和企业。[3]但是窃取知识产权是否当然地构成威胁国家安全,这一点本身是存在疑问的。因为,一般而言,安全分析师和政府官员对知识产权的实际情况缺乏明确的认识,但窃取知识产权却使美国国家安全机构在网络空间的监控合法化。[4]

在高新技术行业,以国家安全之名监控用户信息、审查知识产权贸易体现得尤为明显:美国政府不仅对外国企业严加防守,对本国企业也实行秘密监控。根据斯诺登 2013 年公布

作者简介:黄时敏,女,华东政法大学国际法学院 2017 级硕士研究生。

① Halbert D. Intellectual Property Theft and National Security:Agendas and assumptions[J]. The Information Society,2016,32(4):256.

② 刘岳川.投资美国高新技术企业的国家安全审查风险及法律对策[J].政法论坛,2018(6).

③ 同注①。

④ Uzal R,DebnathN C,Riesco D,et al. Trust in Cyberspace:New information security paradigm[M]//ThampiS M,Bhargava B,AtreyP K. Managing trust in cyberspace. Boca Raton,FL:Taylor & Francis. 2014:407.

的文件以及《卫报》的有关报道,美国互联网巨头微软、苹果、雅虎、谷歌等均在美国国家安全局(National Security Agency,NSA)的监控之下,政府可以在企业不知情的情况下获取其用户信息。[①] 而美国针对外国企业的防控更是不言而喻。以华为孟晚舟事件为例,2018 年 12 月,加拿大政府应美国司法部要求,逮捕拘押华为 CFO(首席财务官)孟晚舟,并指控她帮助华为逃避美国对伊朗的制裁。[②] 这一事件发生绝非偶然,其合法性、合理性理应遭受质疑。但明确的是,这一事件仅仅是特朗普政府在美国国内以及全球范围内限制中国电信企业发展的一个缩影。在此事件之前,华盛顿方面就明令禁止五角大楼和其他政府机构在电信网络中使用华为或其他中国企业生产的设备,同时严格禁止中国企业向美国军事基地销售手机。白宫方面还计划发布一项行政命令,禁止华为销售用于美国电信网络的设备,并向其盟友施压以实现同样的目的。[③]

不可否认,知识产权作为一个法律体系,其兼具私法(经济贸易)和公法(国家安全)双重性质,因此不能简单地与政府机密或其他形式的机密信息混为一谈。[④] 但是对于知识产权的经贸活动,各国国内法以及相关国际条约都为私人知识免遭盗窃和侵犯提供了法律保护。一味地扩大国家安全的概念范畴,只会无限制地压缩知识产权在经贸领域的正常活动,并以国家强制手段架空常规知识产权法律体系。

因此本文试图通过中美相关法律法规、政府报告,分析中美知识产权和国家安全的公、私法边界;探寻中美在知识产权领域不断强调国家安全的原因;针对愈演愈烈的国家安全审查趋势,提出相应的思考和建议。

一、知识产权与国家安全的公、私边界重合进程

当前,保护知识产权已成为网络安全甚至国家安全的重要内容。世界并不是一个开放的系统,在该系统中,知识并不纯粹是为了学习、消除贫困或发展经济而被分享的,知识是由产业部门和国家行为者拥有和控制的,并且作为一种秘密,必须被不惜一切代价保存和保护。[⑤]

(一)美国知识产权的国家安全审查趋势

美国第 40 任总统罗纳德·里根在"国家安全决策指令 145 号文件"中指出,"政府系统以及个人和企业的私人或专有信息系统可以成为外国攻击的目标"。[⑥]尽管这句话并未指向

---

① Greenwald G. NSA Collecting Phone Records of Millions of Verizon Customers Daily. THE GUARDIAN. http://www. theguardian. com/world/2013/jun/06/nsa-phone-records-verizon-court-order,2019-01-01; Greenwald G. &MacAskill, E. NSA Prism Program Taps into User Data of Apple, Google, and Others. THE GUARDIAN. http://www. theguardian. com/world/2013/jun/06/us-tech-giants-nsa-data,2019-01-01.

② Choi M. It's China's Huawei against the world as spying concerns mount. South China Morning Post. https://www.scmp. com/news/china/diplomacy/article/2186440/its-chinas-huawei-against-world-spying-concerns-mount,2019-02-17.

③ 同上注。

④ Halbert D. Intellectual Property Theft and National Security:Agendas and assumptions[J]. The Information Society,2016,32(4):256.

⑤ Halbert D. Intellectual Property Theft and National Security:Agendas and assumptions[J]. The Information Society,2016,32(4):260.

⑥ "Government systems as well as those which process the private or proprietary information of US persons and businesses can become targets for foreign exploitation. " Reagan, R. National security decision directive number 145 national policy on telecommunications and automated information systems security. Federation of American Scientists:Presidential Directives and Executive Orders,September 17. http://fas. org/irp/offdocs/nsdd145. htm,1984.

以公共安全为核心的知识产权话语体系,但这一早期指令推动了私营企业和国家公共安全界线的融合。在接下来的 36 年里,尤其是"9·11"事件之后的近 20 年里,随着中美两国在政治、贸易、文化、科技等各方面交流愈加广泛、联系愈加紧密,政策导向的相互作用日渐加强,仅从知识产权保护政策发展来看,双方的国家安全色彩愈发浓厚。

1. 小布什政府将知识产权保护提到国家安全的战略高度

2003 年,小布什政府发布了第一份"国家网络空间安全战略报告",为网络空间问题与国家安全问题的合并奠定了基础。① 该报告主要关注网络的不安全性以及潜在危险,虽然有涉及知识产权内容,但相较于"9·11"事件之后的时下世界格局而言,知识产权在其中的地位和作用并没有凸显。在小布什政府即将结束时,美国战略与国际研究中心(CSIS)发布了"致美国第 44 任总统的网络安全报告",该报告向新总统提出了建设更全面的国家安全网络的建议。报告指出:"直接风险在于经济。大多数公司会使用网络来提供服务、管理供应链或与客户互动。同样重要的是,知识产权现在多以数字形式存储,易于被竞争对手访问。脆弱的网络安全削弱了我们对创新的投资,同时却惠及外国竞争对手的研发工作。在新的全球竞争中,经济实力和技术领先地位对于国家实力而言,有着与军事力量同等重要的地位。无法保护网络空间将使我们处于不利地位。"② 这份报告强调了知识产权对国家安全的重要意义,并向新总统提出了建设更全面的国家安全网络的建议,还将知识产权的重要性提升至与军事力量同等水平地位,声称知识产权之于国家安全,是和"大规模杀伤性武器和全球圣战相提并论的战略问题"③。自此,知识产权的政策话语开始从早期的经济问题转向国家安全问题。

2. 奥巴马政府将国家安全的范围继续向知识产权领域扩张

奥巴马政府秉承了小布什政府的做法,将解决知识产权窃取问题作为首要任务。在2011 年 5 月的"国际战略网络空间"(International Strategy for Cyberspace)报告中,奥巴马强调窃取知识产权"削弱了国家竞争力并阻碍了它的创新"④。此外,该报告提到,当美国遭遇知识产权问题的时候,如何突破现有规范对该问题进行处理。具体而言,美国将首先奉行外交政策,以规劝阻止潜在的行动者。但是,该报告明确表示,面对一切可能威胁美国国家安全和经济安全的事件,武力都是可接受的回应:"如有必要,美国将像对待国内任何其他威胁一样,对网络空间中的行为作出回应。所有国家都拥有固有的自卫权利。针对某些通过网络空间进行的敌对行为,我们将根据我们的军事伙伴条约的承诺采取强制行动,并保留使用一切必要手段,如外交、通信、军事、经济、国际法,以保卫我们的国家、盟国、合作伙伴和我们的利益。"⑤ 然而,何种信息会影响到国家安全?哪些内容的知识产权及商业秘密会危及公共安全?这似乎并没有一个清晰的界定。根据上述的政府报告,以及其他对美国工业及国

① The White House. The national strategy to secure cyber-space. Washington DC: The White House. https://www.us-cert.gov/sites/default/files/publications/cyberspace_strategy.pdf,2003.

② Langevin J, McCaul M, Charney S, et al. Securing Cyberspace for the 44th Presidency: Are port of the CSIS commission on cybersecurity for the 44th presidency[C]. Washington DC: Center for Strategic and International Studies,2008.

③ 同上注,第 15 页。

④ Obama B. International Strategy for Cyberspace: Prosperity, security, and openness in a networked world[M]. Washington, DC: The White House, 2011:4.

⑤ Obama B. International strategy for cyberspace: Prosperity, security, and openness in a networked world[M]. Washington, DC: The White House, 2011:12.

家安全所做的评估报告,其相关内容几乎囊括了计算机上可能存在的一切。因此,无论这一信息多么普通或不值一提,只要它在计算机上,它就有可能成为商业秘密。① 由此可知,美国已经不当扩大了国家安全审查的范围。

3.特朗普政府加大对知识产权的国家安全审查力度

特朗普上台后,美国政府为重振国内制造业,美国贸易保护主义重新抬头。2017 年 12月 18 日,美国总统特朗普发布的《国家安全战略报告》,将保护知识产权作为未来美国国家安全的重点工作之一。为避免外国企业通过投资方式获取美国先进科技,尤其为了防范中国,美国总统特朗普于 2018 年 8 月 13 日签署《外国投资风险审查现代化法》。② 该法案是对2007 年《外商投资与国家安全法案》的重大修改,不仅对国家安全审查程序③、影响国家安全审查的决定因素④作出了修订,其最为关键性的修改在于,外国投资委员会管辖交易范围的显著扩大,⑤主要体现在五个方面:一是"关键技术(critical technologies)"的定义被扩大为"新兴和基础技术"。⑥ 二是对"关键基础设施"的界定范围,由美国境内延伸至境外,扩张至只要服务于美国关键基础设施。三是将数字科技与互联网企业纳入监管。四是将部分房地产交易纳入审查,指出租或出售给外国人的房地产,且要与其军事设施、敏感国防设施相邻。五是将不良债务和收购破产高新技术企业纳入管辖。

总之,从小布什政府到奥巴马政府再到特朗普政府,国家安全的内容依然在被无限扩大。但是,对知识产权进行国家安全审查一方面可以打压外国企业的发展,另一方面也必然会挤压美国公民的个人自由及隐私权的空间,同时损害美国企业信用度、降低其竞争优势。面对这一冲突,斯诺登认为保护知识产权是合理的,但是以国家安全的名义过度干涉知识产权交易,那么对一个国家来说是得不偿失的:"如果我们破解中国企业并窃取他们的秘密,如果我们在柏林破坏政府办公室并窃取他们的秘密,那对美国人民而言,这些都不及确保中国人无法获取我们的秘密来得更有价值。因此,通过降低我们的通信安全,不仅会使世界处于危险之中,而且从根本上将美国置于风险之中,因为知识产权是我们经济的基础,如果我们把它的安全性削弱而使其面临风险,我们将为此付出严峻的代价。"⑦

(二)中国知识产权法的完善及其公法化表现

在经济形态创新发展的今天,知识产权是国家发展的战略资源。就中国而言,知识产权制度是舶来品,现行的知识产权制度始建于 20 世纪 80 年代,以 1982 年《商标法》、1984 年《专利法》和 1992 年《著作权法》的通过并施行为标志。目前,我国已经在立法层面建立了较为完善的知识产权保护体系,在商标、专利、著作权、反不正当竞争、计算机软件、集成电路布图设计、植物新品种、地理标志产品等领域也出台了相应的法律、条例。随着中国科技的创新和进步,中国政府进一步认识到以高新技术为主导的知识产权问题所潜伏的巨大危害,以

---

① Halbert D. Intellectual Property Theft and National Security: Agendas and assumptions[J]. The Information Society,2016,32(4):258.

② 刘岳川.投资美国高新技术企业的国家安全审查风险及法律对策[J].政法论坛,2018(6):118.

③ Foreign Investment Risk Review Modernization Act of 2018 Sec. 1704.

④ Foreign Investment Risk Review Modernization Act of 2018 Sec. 1702(C).

⑤ 同注③。

⑥ Foreign Investment Risk Review Modernization Act of 2018,Sec. 1703(a)(5).

⑦ Snowden E. Here's how we take back the Internet. http://www.ted.com/talks/edward_snowden_here_s_how_we_take_back_the_internet,2014.

及知识产权所涉及的国家安全、国家利益问题。2008 年 6 月 5 日,国务院印发《国家知识产权战略纲要》,明确了知识产权保护的国家战略地位。2013 年 11 月 9 日,在十八届三中全会上提出探索建立知识产权法院,着手于司法层面完善我国的知识产权保护体系。十八届四中全会对知识产权保护提出了完善制度的发展要求。2015 年 3 月,中共中央和国务院制定出台《关于深化体制机制改革加快实施创新驱动发展战略的若干意见》,严格知识产权保护制度的原则理念孕育而生。2017 年 10 月,党的十九大明确要求强化知识产权创造、保护和运用。2018 年 1 月,中央审议通过《知识产权对外转让有关工作办法(试行)》,该《办法》贯彻落实总体国家安全观,强调知识产权对外转让的国家安全审查。

近年来,美国针对我国知识产权贸易进行国家安全审查的形势日益严峻。2013—2015 年,美国外国投资委员会对中国企业进行投资审查共 74 起,被调查企业总数居第一,占全部调查的五分之一。而自美国外国投资委员会成立以来,美国总统仅以危害国家安全为由否定的 5 起并购交易中,中国企业发起的占 4 起。[1] 此外,美国对中国发起的 6 次"301 调查"中,有 4 次是关于知识产权调查。

二、美国知识产权过度审查的原因

不可否认,在合理限度内的知识产权调查可以保护本国核心商业秘密,确保行业领先地位,以及保护国民信息不受他国利用。但是,当国家安全成为破坏知识产权本有保护体系的合法化说辞时,其背后的动机值得探究与思考。

(一)美国对国家安全问题的惯性思维

近二十年来,美国各届政府都在不断强化知识产权与国家安全的联系,美国政府更是不惜冒着降低国民信用度的风险,对本国及他国的高科技企业和个人实行网络信息监控。因有此前车之鉴或"本性使然",导致美国对他国合法的知识产权贸易活动始终持有"合理怀疑"。2013 年 6 月 5 日斯诺登公布的第一份文件显示,美国政府要求 Verizon 根据《美国爱国者法案》(USA PATRIOT Act)第二百一十五条交出电话元数据。[2] 第二天,《卫报》发布文章,详述美国国家安全局如何根据 FISA(《外国情报监听法》)修正案第七百零二条截获跨境信息[3],该类信息包括电子邮件、视频、聊天语音、照片、存储数据、互联网协议、传输文件、视频会议、活动通知和在线社交网络等。涉及的公司均是美国耳熟能详的互联网巨头:微软、苹果、雅虎、谷歌、Facebook(脸书)、PalTalk、YouTube(油管)、Sky'pe、AOL(美国在线)。2013 年 9 月,ProPublica 和《纽约时报》透露,NSA 在破解常用密码学方面取得了相当大的成功。[4]接下来的一个月,据《华盛顿邮报》报道,国家安全局未经有关公司许可即获取数百万客户的通信录数据。短短一天时间,雅虎就有 444743 个电邮地址被获取,而 Hotmail 有 105068 个,Facebook 有 82857 个,Gmail 有 33697 个,其他提供商有 22881 个。[1]除此之外,有关新闻报道表明,美国国家安全局有时会在美国企业不知情的情况下,获取外国目标的信息。2013 年 11 月,德国《明镜周刊》(Der Spiegel)报道,美国国家安全局和英国政府通信总

① 刘岳川. 投资美国高新技术企业的国家安全审查风险及法律对策[J]. 政法论坛,2018(6):118.
② Greenwald G. NSA Collecting Phone Records of Millions of Verizon Customers Daily.
③ Greenwald G, MacAskill E. NSA Prism Program Taps into User Data of Apple, Google, and Others.
④ Perlroth N, Larson J, Shane S. NSA Able to Foil Basic Safeguards of Privacy on Web[J]. The New York Times, 2013(5):1-8.

部(GCHQ)创建了 Slashdot 和 Linkedln 的"伪造版本"——电信公司 Belgacom 的员工试图从公司计算机访问这些网站时,他们的请求将被转移到副本站点,然后将恶意软件注入他们的计算机。② 由此可见,美国政府对于网络信息安全"宁可错杀一千不可放过一人"的态度。那么,当以华为为代表的中国电信企业等高科技企业迈出国门,走向世界之际,美国敌意和戒备的态度就有些"顺理成章"了。

(二)高科技产业竞争力下降与贸易保护主义复兴

自中国 2001 年初入 WTO,至 2005 年 1 月,美国对华贸易逆差增长了一倍多、失业速率加快了近一倍。③ 最新的 2018 年年度报告④亦显示,美中贸易逆差仍呈现上涨趋势(见图 1)。在此情境下,美对华的贸易保护主义呼声渐高。

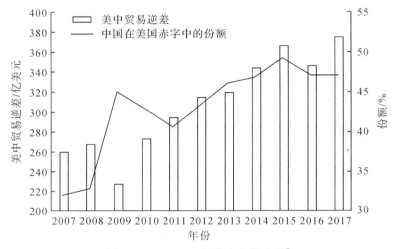

图 1　2007—2017 年美中贸易逆差⑤

于是,美国通过调整国内产业结构、制定单边政策或制裁手段等方式,以提高自身经济竞争力,有时还采取强"侵略式"的单边贸易制裁和强硬的双边谈判迫使竞争对手让步。⑥

(三)国际舞台中渐失主导地位与美国利益最大化

美国自二战以来,试图通过选择国际论坛的方式,维护"美国优先"的单边主义政策,在国际平台的选择中却历来反复无常。从《伯尔尼公约》到 UNESCO(联合国教科文组织),从

---

① Gellman, B. & Soltani, A. (Oct. 14, 2013). NSA Collects Millions of E-mail Address Books Globally. WASH. POST. http://www.washingtonpost.com/world/national-security/nsa-collects-millions-of-e-mail-address-books-globally/2013/10/14/8e58b5be-34f9-11e3-80c6-7e6dd8d22d8f_story.html.

② Levy S. How the NSA Almost Killed the Internet. WIRED. http://www.wired.com/2014/01/how-the-us-almost-killed-the-internet/all/2014-01-07.

③ 刘银良. 国际知识产权政治问题研究[M]. 北京:知识产权出版社,2014:120.

④ U. S. —China Economic and Security Review Commission (November14, 2018). 2018 Report to Congress. https://www.uscc.gov/sites/default/files/annual _ reports/Executive% 20Summary% 202018% 20Annual% 20Report% 20to%20Congress. pdf 2018-11-14.

⑤ U. S. Census Bureau, Trade in Goods with China. https://www.census.gov/foreign-trade/balance/c5700.html.

⑥ 马治国. 新时代如何更好完善中国知识产权保护体系——基于中美贸易摩擦背景的观察与思考[J]. 人民论坛. 学术前沿,2018(17):8.

WIPO(世界知识产权组织)到 TPP(跨太平洋伙伴关系协定),当国际平台不再支持其控制世界时,美国便放弃国际论坛,返归国内,通过国内立法重新构筑更有效且更易操纵的知识产权保护体系(如"三○一条款"和《外国投资风险审查现代化法》)。此举以"国家安全"为由,一方面能够使其贸易保护主义之行径正当化、合法化,另一方面利用国家安全的不可诉性[1],规避国际争端解决机制。此外,美国还进一步利用同盟国关系,在全球范围内牵制他国(如中国)企业发展。

三、应对贸易摩擦的国家知识产权战略思考

综前所述,继俄罗斯之后,美国已经将中国视为最具侵略性的国家安全威胁之一。据彭博社报道,2011 年有至少 760 家企业声称受到中国方面的黑客攻击,并将中国的这一举动形容为"不动声色的网络战争"[2]。该报道更断言,"这可能是世界史上在最短时间内实现的最大财富转移"。中美贸易摩擦实际上是以"国家安全"为名的知识产权摩擦,美国试图通过知识产权打击中国科技竞争力,面对美国日益严苛的安全审查局势,我国应在国家利益不受侵害的前提下调整和完善知识产权战略。

(一)增强自主创新能力

改革开放四十多年来,中国突出强调创新驱动战略的重要性,深入实施创新驱动战略,取得了丰硕成果,但同时也必须清醒看到,我们同美国之间仍然存在明显差距,需要在人才培养、基础研究、国外先进科学技术消化吸收等方面花大力气、下狠功夫,通过打造知识产权强国,彻底扭转在贸易与知识产权领域斗争中的劣势地位。一是积极推进教育改革,加大创新型人才培养力度。当前我国高校知识产权人才培养模式存在不足,一方面,知识产权课程设置的普及性还不够,理工类、管理类专业并没有把知识产权课程纳入必修课或者主要选修课;另一方面,知识产权专业方向的学生多为法科专业,缺乏知识产权管理等实务背景。因此要加大校企合作力度,开展校企联合招生、联合培养试点,充分发挥高等院校与企业的各自优势,打造知识产权人才培养新模式。二是增加基础研究领域投入,夯实创新发展根基。基础研究是科技创新的总源头。好的基础,是实现研究成果、生产力转化巨大经济效益的前提。要加强财政对基础研究的支持力度,在 GDP 中提高 R&D 的比重,尤其是基础研究的占比,优化科技投入结构。三是加大政策倾斜力度,吸引科技人才来华创新创业。随着现代科学技术的高速发展,科技人才对经济社会发展的支持作用越来越大,科技人才资源已经日益成为推动经济增长和社会发展的重要核心资源,这也是中美竞争的重要角逐场。要加快构建完整的技术移民制度,简化审批程序,发挥各地经济开发区、工业园区作用,吸引海外高新人才。四是消化吸收国外先进技术,着力缩短与世界科技前沿的差距。引进发达国家的先进技术,虽然可以大幅度降低创新成本,但无法保障关键核心技术的知识产权,从根本上提高我国的创新能力。这就需要在引进的基础上进行消化、吸收和再创新。政府要在技术引进企业资格审核、项目审批及资助等方面统筹协调,引导企业更加注重软性技术的引进,提高引进技术质量。同时,改变传统的技术引进方式,鼓励企业通过合作研发、并购和到国

① 黄志瑾.论国家安全审查措施在 WTO 中的可诉性[J].河北法学,2013(12).
② Riley M Walcott J. China-based hacking of 760 companies shows cyber cold war. Bloomberg, December 14. http://www. bloomberg. com/news/2011-12-13/china-based-hacking-of-760-companies-reflects-undeclared-global-cyber-war. html, 2011:122-124.

外设立研发机构等更利于转化吸收的方式引进技术。

（二）健全知识产权保护的法律体系

健全知识产权立体保护机制，从立法、执法和司法等方面构建知识产权保护体系。立法层面要进一步健全完善知识产权法律体系，目前民法典分编草案并未设立知识产权专编，故有必要研究制定"知识产权法"以协调《商标法》《专利法》《著作权法》等单行法。与时俱进地更新扩大知识产权保护范围，对新出现的知识产权保护客体要及时纳入保护范畴。推动建立惩罚性赔偿制度，加大侵权惩治力度，显著提高违法成本，有效维护权利受害者合法权益。此外，知识产权立法过程还应注意与国内外的形势相结合，与国际条约、国际惯例相符合，与其他国家知识产权法律制度相适应。执法层面要以国家机构改革为契机，深化"三合一"管理体制改革，完善相关法律配套和行政管理体制，推进知识产权综合执法。知识产权部门要主动联合工商、公安、海关、税务等部门组建统一的执法队伍，建立完善的跨部门跨地区的执法协作机制。坚持严格执法，严厉打击知识产权侵权行为，切实保障产权人的合法权益，并保护和鼓励创新，提升社会民众知识产权的法治意识，营造有利的营商环境。司法层面要推动建立知识产权纠纷多元化解机制，充分发挥公安机关、法院和检察院等司法合力，综合运用刑事、民事、行政手段加大知识产权司法保护。完善专业化审判制度，健全证据规则等配套机制，积极推行知识产权案例指导制度。同时，进一步完善知识产权"三审合一"审理机制，探索推进民事、行政、刑事三类知识产权案件的审判改革。

（三）完善国家安全审查制度

树立国家总体安全观，建立健全知识产权对外转让审查机制，对涉及国家安全的核心知识产权转让行为进行严格审查，提升我国重要领域核心关键技术的自主发展能力，培育我国自主创新能力和国际竞争优势。一方面要在现有法律法规的基础上进一步完善相关工作机制，细化知识产权对外转让的审查规则，规范对外转让的审查程序，加强对涉及国家安全的知识产权对外转让行为的严格管理。对于技术出口中涉及国家安全的知识产权转让行为，要由相应的主管部门按照知识产权的不同类型进行归口管理和严格审查。另一方面完善国家安全审查范围，知识产权对外转让要更加注重考虑对国家安全的影响，维护国家安全和创新发展能力，将军事、科技等战略优势、资源、重工技术等纳入安全审查范围。对于外国投资者并购境内企业的，不仅是知识产权转让，拥有知识产权企业的所有权、股权变更也要进行审查。将中国具有的军事、科技等战略优势资源、重工技术等纳入安全审查范围。

（四）提高知识产权外交技巧

打击侵犯知识产权行为、加强知识产权保护，既是中国经济实现转型升级和高质量发展的内在需要，也是中国扩大开放和融入经济全球化的时代需要。我国要从战略高度统筹推进知识产权保护，以国家力量为后盾，充分运用外交手段，为知识产权保护和企业发展赢得国际空间。一是充分利用国际经济合作平台，宣传中国保护知识产权的立场和成就。随着"美国优先"的单边主义政策兴盛，美国已逐步退出国际多边合作舞台，中国要抓住美国退出后的机遇窗口期，主动承担进一步推动全球化、引领全球化的责任，开展更为广泛的国际合作，凝聚更多战略共识，赢得更加广泛的国际支持与理解。同时，借助各类国际平台，阐明和宣传中国知识产权保护鲜明立场、保护政策和成功经验。二是积极推动国际知识产权规则的制定和实施。① 促进我国经济社会的健康发展,必须联合更多国际力量维护国际规则,积极参与国际知识产权组织和具体规则制定,不断提升我国知识产权的话语权与影响力。要加强与国际相关机构的合作交流,加快推进国际性知识产权保护相关合作条约或协定的签订以及相关法律的制定。拓展执法交流,定期组织开展知识产权保护联合执法行动,在国际上为中国企业营造良好"走出去"的国际环境。三是加强与美国的沟通,及时传递正当诉求。作为经济体量前两位的国家,对抗无法解决问题,且不符合两国利益,唯有坚持合作共赢才是解决中美贸易问题的正确道路。要加强与美国的贸易磋商,通过谈判解决中美之间的贸易摩擦,在知识产权保护和技术转让等方面,及时传递中国的善意和诚意,逐步消除分歧,达成共识,推动中美贸易问题妥善解决。

---

① 申长雨.深入推进知识产权国际合作服务国家对外开放大局[J].人民论坛,2018(23):6.

论判定补贴利益的市场价格基准

蒋　奋

【摘要】　市场价格基准是判定政府购销行为是否存在补贴利益的标准,从怎样的市场中、选择谁的价格,是其中的关键问题。从微观层面而言,基准价格的定价主体,必须以追求经济利益最大化为其行为目的,基准价格不应存在任何有悖于"经济人假设"的事实。政府价格与关联交易中的私人价格都不宜作为基准价格,但国有企业价格原则上应纳入基准价格的备选范围。从宏观角度来看,基准市场的竞争秩序,既不能被政府干预所扭曲,也不能受私人垄断或私人限制竞争行为 的抑制。若个案中不能找到符合上述两方面标准的市场价格基准,调查机关可以通过分析政府购销定价的商业合理性,来判定其行为是否存在补贴利益。

【关键词】　补贴;反补贴措施;利益;基准;市场;价格

一、引　言

补贴利益是反补贴多边纪律的核心问题,它既是判定政府财政行为是否构成补贴的标准,又是计算反补贴税率的依据。[①]利益的判定需要通过比较的方法确定,《补贴与反补贴措施协定》(简称"SCM协定")第十四条就比较基准作了示例性阐述,包括针对政府投资行为的私人投资基准(a款)、针对政府贷款与贷款担保的商业利率基准(b款与c款),以及针对政府购销行为的市场价格基准(d款)。[②]

市场价格基准在d款中的全称是"基于政府购销行为发生时当地市场行情来确定的适当报酬",它与政府购销价格之间的差额构成补贴利益。"何为适当报酬,这个问题意味着对正常市场交易中企业定价所考虑因素,进行全面的经济学的分析。"[③]但是,出于解决争端的目的,上诉机构对于d款的澄清,侧重法律适用时的法解释学分析,法经济学层面的说理有待补强;囿于个案案情与司法经济原则,WTO争端解决实践对基准选择规则的发展,尚存拓展与深化之必要。这给各国反补贴调查机关留下了巨大的自由裁量空间。在他国国内发起的对华反补贴调查中,市场价格基准选择失当,已经成为认定中国政府授予高额补贴利益、中国企业应课征高额反补贴税的主要原因。[④]本文基于法经济学与法解释学视角,梳理、补充

作者简介:蒋奋,法学博士,浙江大学宁波理工学院教授。本文是2016年度国家社科基金青年项目"TPP对国有企业的补贴规制与对策研究"(项目批准号:16CFX070)的阶段性成果。

①　无论是WTO反补贴制度,还是欧盟国家资助法(适用于欧盟成员给予国内企业,进而影响到欧盟内部贸易的补贴),或是奥巴马政府主导的、旨在重构多边规则的《跨太平洋伙伴关系协定》(TPP),都有相同或者类似的规定。

②　关于"私人投资基准"与"商业利率基准"的分析,可参见拙作:蒋奋.论判定补贴利益的私人投资基准[J].浙江大学学报(人文社会科学版),2016(5);论判定补贴利益的商业利率基准[J].上海对外经贸大学学报,2016(1).

③　Quigley C,Collins A M. EC State Aid Law and Policy[M].Oxford:Hart Publishing,2003:31.

④　这个问题在适用外部基准的反补贴案件中尤其显著。如果不是因为基准选择失当,大多数对华反补贴调查中的反补贴税率将低得多,在部分案件中甚至可为零。参见:陈卫东.从中美双反措施案看外部基准的适用[J].法学,2012(2).

与检讨 WTO 争端解决机构关于市场价格基准的解释,并围绕应当从怎样的市场中、选择谁的价格作为市场价格基准问题,厘定反补贴调查机关的自由裁量边界,以维护中国出口企业的合法权益。

二、经济人假设:基准的价格选择标准

SCM 协定第十四条第(d)款"基于政府购销行为发生时当地市场行情来确定的适当报酬"之措辞,说明市场价格基准原则上指国内市场价格。微观层面而言,国内市场中谁的价格可以代表市场价格,进而作为判定补贴利益的比较基准?笔者认为,基准价格的主体,须以追求经济利益最大化为其行为目的。[①] 具体分三个方面来讨论。

(一)政府的价格

政府定价不宜作为基准价格,除非有证据证明政府定价符合商业规则。[②]

但在美国反倾销反补贴税案中,上诉机构表达了相反意见。上诉机构认为,"商业"一词应解释为"对经济回报有兴趣",它不涉及价格主体的身份;政府提供服务,不能仅仅由于政府提供的原因,就否定其作为比较基准的可能性。[③]

笔者认为,上诉机构的观点值得商榷。首先,由于存在"市场失灵",各国政府通常采用以下四种手段来干预市场:"一是对私有企业的合规性监管;二是对私有企业的税费征收……三是对私有企业的扶持,例如补贴;四是与私有企业相竞争或垄断方式,参与经济活动。"[④]调控市场是政府参与市场交易的主要目的;作为实施公共政策的组织,政府不构成"理性经济人"。其次,反补贴调查中使用市场价格基准,旨在将之与政府购销行为进行比较,进而判断政府行为是否以及在多大程度上偏离市场价格、扭曲市场竞争。如允许政府价格作为比较基准,无异于自己比自己,令比较陷入循环而失去意义。

(二)国有企业的价格

国有企业的价格原则上应纳入基准价格的备选范围,除非国有企业被认定为公共机构,或存在受政府委托行事等有悖于"经济人假设"的其他情形。

在韩国商船案中,专家组拒绝采用国有企业的价格作为基准,提出"只有百分之百私有的企业,才不存在违反商业规则定价的可能性"。[⑤] 相对于上诉机构的前述意见,专家组的观点显然是另一个极端,笔者对此亦不赞同。在补贴问题上,WTO 持"所有制中立"态度,并没有给国有企业贴上"非商业"的标签。事实上,私人机构也可能基于政府委托而从事补贴行为。专家组的观点本质上是所有制歧视,国有企业只要符合商业规则,其价格作为基准并无不可。国有企业是否遵循商业规则,需要结合个案案情做具体分析,其商业属性不应受到概括性否定。

(三)私人企业的价格

私人企业的价格,通常可作为首选的基准价格;但价格形成于关联交易除外,包括交易

---

① 关于"经济人假设"理论,参见:Mankiw N G. Principles of Microeconomics[M]. New Jersey:Prentice-Hall, Inc. 2008:6.

② 反补贴语境下的政府,通常还包含公共机构。

③ 参见 Appellate Body Report on US-Anti-Dumping and Countervailing Duties, WT/DS379/AB/R, paras. 478-479.

④ Fromont M. State Aids: Their Field of Operation and Legal Regime[M]//Daintith T. Law as An Instrument of Economic Policy: Comparative and Critical Approaches. Berlin:Walter de Gruyter, 1987:153.

⑤ 参见 Panel Report on Korea-Commercial Vessels, WT/DS273/R, para. 7.179.

双方存在母子公司关系、兄弟公司关系或合资设立子公司等股权方面的关联,或者交易伙伴并非自愿选择而是由政府、股东或债权人指定,或者存在补偿安排等有碍于自由交易、有悖于"经济人假设"情形。非关联交易(at arm's-length transactions)、自由交易(unconstrained exchange)、正常贸易交易过程(ordinary course of trade)等措辞,都包含了相同的要求。

三、竞争程度:基准的市场选择标准

如果国内市场中没有符合"经济人假设"的微观价格,例如政府是唯一供货商,那么,市场价格基准又该如何确定呢? 换言之,宏观角度来看,基准价格应该从怎样的市场中选取?

(一)作为外部基准适用前提的市场选择标准

美国针叶木材 IV 案各方关于外部基准的讨论,就是围绕上述问题来展开的。外部基准是指用国外市场价格代替国内价格,作为判定补贴利益的比较基准。该案中,上诉机构提出:

"政府作为相同或相似货物供货商,在市场中所占据的主导地位,扭曲了买卖交易发生地国内的私人价格,调查机关可使用国外的价格作为基准。"①

换言之,"并非所有的市场都适宜作为基准市场。如果整个市场都被政府的财政资助所扭曲,将这样的市场作为比较基准,就不能揭示出补贴对贸易的扭曲程度"②。 根据上诉机构的观点,当政府是某种货物的国内唯一供货商,或者是主要供货商时,国内市场不能作为基准市场。③ 依笔者愚见,若国外市场存在上述情况,自然也不能作为外部基准。这个标准对于国内、国外市场应一视同仁,它不仅是外部基准的适用前提,而且应构成基准市场的选择标准。

但上述情况以外的市场,可否都作为适格的基准市场? 囿于美国针叶木材 IV 案案情,上诉机构并未就此作进一步的讨论。而在之前的加拿大飞机案中,上诉机构只是明确了市场是适宜的比较基准,并没有探究基准市场的选择标准;此后的美国反倾销反补贴税案中,上诉机构也只是做了补充界定,明确"主要(predominant)供货商",既指市场份额,也指市场势力",并提出"政府作为重要(significant)供货商"应与上述情况区别对待。④

(二)补贴利益的理论探析

要澄清基准市场的选择标准问题,首先必须明确基准所要衡量的补贴利益究竟是什么。在加拿大飞机案中,专家组和上诉机构曾指出,"利益的通常含义是指某种好处"⑤,"或从更抽象的角度而言,是有利的或有帮助的因素"⑥,但这尚未准确揭示利益的本质内涵。⑦

---

① 参见 Appellate Body Report on US-Softwood Lumber IV,WT/DS257/AB/R,para.103.上诉机构关于外部基准的观点,亦为欧美学者所诟病,认为上诉机构此处越权扮演了立法者角色,有悖于《关于争端解决的规则与程序的谅解》第三条第二款解释"不得增加与减少协定权利义务"之规定。参见:Mavroidis P C,MesserlinP A,Wauters J M. The Law and Economics of Contingent Protection in the WTO[M]. Gloucestershire:Edward Elgar,2008:347.

② Mavroidis P C,Messerlin P A,Wauters J M. The Law and Economics of Contingent Protection in the WTO[M]. London:Edward Elgar,2008:344.

③ 参见 Appellate Body Report on US-Softwood Lumber IV,WT/DS257/AB/R,para.100.

④ 上诉机构补充道:"政府作为重要供货商,仅仅这个事实本身,不能证明私人价格受到扭曲,所以,当政府作为重要供货商的情况下,调查机关有赖于有关政府市场份额以外其他事实的证据。"参见 Appellate Body Report on US-Anti-Dumping and Countervailing Duties,WT/DS379/AB/R,paras.443-444.

⑤ 参见 Panel Report on Canada-Aircraft,WT/DS70/R,para.9.112.

⑥ 参见 Appellate Body on Canada-Aircraft,WT/DS70/AB/R,para.153.

⑦ 事实上,上诉机构自己也认为"没有将词义完全解释清楚(leave many interpretive questions open)。"参见 Appellate Body Report on Canada-Aircraft,WT/DS70/AB/R,para.153.

不难发现,"所有关于补贴利益的分析,都在同个问题框架下展开,即财政资助在哪些方面降低了企业对被调查产品的生产成本。"① 根据竞争优势理论,各方面因素对生产成本的合力,最终形成企业的竞争地位,成本优势是企业竞争优势的首要方面。因此,补贴利益是体现为成本优势的竞争优势。②

进一步而言,补贴利益是扭曲国际贸易竞争秩序的不公平竞争优势。补贴本质是公共财政承担私人成本,而"某家企业的生产成本发生任何方面的变动,由各竞争者地位所形成的市场格局,就会随之变化"。③ 这样的变化,并非源于公平的市场竞争,故具有"减损市场功能和比较优势的扭曲效果"④,即"具有扭曲竞争秩序的效果"。⑤ 之所以采用市场价格作为基准,原因就在于此:"若企业没有从财政资助中获得超过正常商业利益的好处,那就没有扭曲国际贸易,自然也就无须进行约束。"⑥

（三）竞争程度标准的必要性

补贴利益是种不公平竞争优势,但不公平竞争优势既可以由政府通过补贴等市场干预行为来提供,也可以源于私人垄断与限制竞争行为等"市场失灵"情形。

如前所述,上诉机构已经明确,当政府拥有较大市场份额或者市场势力,扭曲国内市场时,该市场内的私人价格都不能作为衡量补贴利益的比较基准。若将上述结论中的"政府"替换为"私人企业",即市场中若存在占据较大市场份额、拥有较强市场势力的私人企业,这个市场中的价格,还可以用作基准价格吗?理论上,政府干预与市场竞争程度既有联系更有区别,政府干预可以构成行政垄断或者行政性限制竞争行为,但其并非影响市场竞争程度的唯一因素。即便政府对市场的干预较少,也不能表示该市场的竞争程度很高。

但上诉机构在选择基准市场时,并没有考虑私人垄断或限制竞争行为对价格形成的扭曲效果。在日本对韩国动态随机存取存储器反补贴税案中,上诉机构主张:

"为实现财政资助所进行的交易,其价格应当和相关市场中的自由交易的价格相比较。前述相关市场可以是比较发达的,也可以是不够发达的,交易主体数量也是可多可少的。例

① Bowman G W, Covelli N, Gantz D A, et al. Trade Remedies in North America[M]. The Hague: Kluwer Law International, 2010:121.

② "利益"这个词还出现在 SCM 协定第五条第一款之中,该款规定:"任何成员不得通过使用第一条第一款和第二款所指的任何补贴而对其他成员的利益造成不利影响,即:（a）损害另一成员的国内产业;（b）使其他成员在 GATT1994 项下直接或间接获得的利益丧失或减损,特别是在 GATT1994 第二条下约束减让的利益;（c）严重侵害另一成员的利益。"第五条第一款中的"利益"在澳大利亚化肥案、欧共体油菜籽案、日本皮革进口措施案、欧共体柑橘案和日本胶卷案等案件中被解释为"一种可合理或合法预期的、竞争方面的有利条件"。参见:赵维田、缪剑文、王海英. WTO 的司法机制[M]. 上海:上海人民出版社,2004:181. 此外,在加拿大飞机信贷和担保案中,专家组使用"竞争损害（competitive harm）"来表示补贴对申诉方利益的减损。上述"利益",虽有别于本文讨论的补贴利益,却可从词义角度来支持本文对补贴利益内涵的分析。参见 Panel Report on Canada-Aircraft Credits and Guarantees (Article 22.6-Canada), WT/DS222/RW, paras. 3.15-3.23. Sherzod Shadikhodjaev. Retaliation in the WTO Dispute Settlement System[M]. The Hague: Kluwer Law International, 2009:147.

③ Quigley C, Collins A M. EC State Aid Law and Policy[M]. Oxford: Hart Publishing, 2003:19.

④ Rubini L. The International Context of EC State Aid Law and Policy: The Regulation of Subsidies in the WTO[M]//Biondi A, Eeckhout P, Flynn J. The Law of State Aid in the European Union[M]. Oxford: Oxford University Press, 2004:158.

⑤ Nicolaides P, Kekelekis M, Kleis M. State Aid Policy in the European Community: Principles and Practice. The Hague: Kluwer Law International, 2008:40.

⑥ 参见 Panel Report on EC-Countervailing Measures on DRAM Chips, WT/DS299/R, para.7.175.

如,在很多经济体中,已建立交易不良债务的成熟市场,大量的金融工具可以在这些市场上完成交易。但有时市场也可以是不够成熟的。"①

竞争程度是否充分,是评价整个市场是否成熟的标准之一。根据"不完全竞争理论",市场可以区分为完全竞争市场、垄断竞争市场、寡头垄断市场与完全垄断市场这四种情形,其竞争程度依次递减。完全垄断市场彻底排除竞争,因而不存在自由交易。但完全垄断市场只是理论假设,现实中的市场或多或少存在基于市场竞争的自由交易。因此,上诉机构实际上允许基准市场存在导致竞争受限的私人垄断或者私人限制竞争行为,它没有对基准市场的竞争程度提出任何要求。

笔者认为,上诉机构的观点值得商榷。通过对 SCM 协定第十四条进行"司法能动主义倾向显著的、协议目的解释形成的扩大性解释"②,上诉机构在构建外部基准时,基于政府干预与市场价格关系的视角,明确了基准市场的选择标准。但这个视角,显然受制于贸易法与竞争政策之间的制度藩篱。作为贸易法范畴的反补贴制度,主要着眼于对国内产业的救济,而非整个市场的竞争程度问题。竞争程度属于竞争政策的关注焦点,而反补贴制度"天然地"只对政府干预感兴趣。正如欧共体对韩国进口动态随机存取存储器芯片反补贴措施案的报告中所陈述的那样,"只要财政资助不是政府提供的,那就不关我们的事儿"。③

虽然反补贴属于贸易措施而非竞争政策范畴,但这并不表示反补贴语境下的利益基准问题,不能从竞争政策角度加以考察。依据有以下四点:第一,补贴具有双重属性,在国际贸易法视域下,它是不公平贸易行为;而从竞争法角度来看,它又是行政性限制竞争行为。第二,贸易措施与竞争政策紧密相连,贸易过程必然涉及竞争问题,自由贸易应在公平基础上进行,这已是 WTO 成员方的共识。④ 第三,"自由贸易与竞争政策的基本目标是一致的,两者均有助于开放国内市场并提高其竞争程度、改善资源配置、提升经济效益和消费者福利;两者还都将透明度与非歧视作为基本原则。"⑤第四,以往评价某种贸易措施时,常常依据竞争法的基本原理或者从其对竞争秩序意义的角度展开。例如学者对反倾销规则的评价:"诸多现代经济学家们经过科学考察与分析……认为在大多数情况下,各国反倾销法实际运行中扭曲了竞争关系,把许多物美价廉的具有竞争优势的产品挡在门外,是很不公平的。"有的甚至指出:"反倾销本身是反竞争的。"⑥

可见,上诉机构的分析视角应当有所扩展,其观点亦值得进一步深化。作为衡量补贴对竞争秩序扭曲程度的水平线,基准市场应当符合一定的竞争程度标准。无论是受政府干预而扭曲、还是受私人垄断或者私人限制竞争行为而扭曲,市场最终的表现方式都是"价格扭曲"⑦,故两者都不能作为衡量补贴利益的水平线。

① 参见 Appellate Body Report on Japan-DRAMs (Korea),WT/DS336/AB/R,para.172.
② 甘瑛.WTO《补贴与反补贴措施协定》第一十四条的适用前提之辩[J].政治与法律,2013(11):87-97.
③ 参见 Panel Report on EC—Countervailing Measures on DRAM Chips,WT/DS299/R,para.7.175.
④ Peter van den Bossche. The Law and Policy of the World Trade Organization: Text, Cases and Materials[M]. Cambridge:Cambridge University Press,2005:512.
⑤ Weinrauch R. Competition Law in the WTO: the Rationale for a Framework Agreement[M]. Wien:Neuer Wissenschaftlicher Verlag,2004:55.
⑥ 赵维田.世贸组织(WTO)的法律制度[M].长春:吉林人民出版社,2000:279.
⑦ 上诉机构明确指出,价格扭曲是使用外部基准的原因。参见 Appellate Body Report on US-Anti-Dumping and Countervailing Duties,WT/DS379/AB/R,para.446.

此外，忽视基准市场的竞争程度，也可能是因为上诉机构认为使用外部基准的情况"非常有限"①。当调查机关将国内市场作为基准市场时，由于被比较的政府购销价格与基准价格，都源于相同的国内市场，因而不必考虑不同市场的竞争程度差异；但在使用外部基准时，被比较的两个价格源于不同的市场，两个市场之间的竞争程度差异，会影响补贴利益的判定与衡量。竞争程度是经济学角度区分市场的重要标准，而竞争程度越充分，整个市场越接近均衡状态，市场平均价格越低。② 竞争程度是否充分，是评价整个市场是否成熟的标准之一，也是产生比较优势的原因之一。若依上诉机构所言，最终选择了未成熟、主体少、竞争程度不够充分的外部市场作为基准市场，来衡量出口国政府向企业低价提供的货物价格，那么，衡量得出的补贴幅度里面，就包含了基准市场与出口国市场因竞争程度差异而导致的价格差异，而这种差异体现的恰恰是比较优势，不应该被反补贴措施所抵消。③ 事实上，外部基准当前已经不是种例外情况，而已被广泛应用于美国等国家发起的调查案件之中④，成为被调查企业未能获得公平合理对待、反补贴措施异化为贸易保护主义手段的主要原因。

综上，上诉机构构建的基准市场选择标准，存在拓展与深化之必要。竞争程度应当成为基准市场的宏观选择标准；受私人垄断或者私人限制竞争行为而扭曲的市场，不应作为基准市场；在诸多备选的国外市场中，应选择竞争程度最为充分的市场作为外部基准。

四、商业合理性判定：市场价格基准的合理变通

假设个案中不存在符合上述标准的基准市场，那么，应该如何进行补贴利益判定呢？SCM 协定付之阙如。由于《关于争端解决的规则与程序的谅解》不允许专家组和上诉机构以 WTO 条约内容不够详尽而拒绝裁判⑤，故此时"要求调查机关认定不存在基准，并作出无法确定利益金额的决定，这是不合理的"。⑥ 笔者主张可以对 SCM 协定第十四条（d）款作合理变通，即通过分析政府购销定价的商业合理性，来判定其行为是否存在补贴利益。

（一）市场价格基准的底层逻辑与变通依据

补贴利益本质上是不公平的竞争优势，"企业竞争地位得到多大程度的改善，这是唯一符合 SCM 协定的宗旨、关于第一条第一款'利益'的解释"。⑦ 因此，分析补贴利益的逻辑起点，是"企业在政府财政行为之前，相对于其他竞争者的竞争地位"，⑧或者是"假设企业没有获得补贴，它相对于同行在竞争中所处的市场地位"。⑨

① 参见 Appellate Body Report on US-Softwood Lumber IV，WT/DS257/AB/R，para. 102.
② 罗伯特·考特，托马斯·尤伦. 法和经济学[M]. 史晋川，董雪兵，译. 上海：格致出版社，2010：30-31.
③ 参见 Appellate Body Report on US-Softwood Lumber IV，WT/DS257/AB/R，para. 109. 当反补贴措施抵消比较优势时，它就蜕变成为变相的贸易保护主义手段。
④ 事实上，美国在使用外部基准时并非完全遵循上诉机构的要求。参见：Bowman G W，Covelli N，Gantz D A，I et al. Trade Remedies in North America[M]. The Hague：Kluwer Law International，2010，124.
⑤ Isabelle van Damme. Treaty Interpretation by the WTO Appellate Body[M]. Oxford：Oxford University Press，2009：119.
⑥ 参见 Appellate Body Report on US-Anti-Dumping and Countervailing Duties，WT/DS379/AB/R，para. 485.
⑦ Grossman G M，Mavroidis P C. Recurring Misunderstanding of Non-recurring Subsidies[M]//Horn H，Mavroidis P C. The WTO Case-Law of 2002：The American Law Institute Reporters' Studies. Cambridge：Cambridge University Press，2005：86.
⑧ Quigley C，Collins A M. EC State Aid Law and Policy[M]. Oxford：Hart Publishing，2003：19.
⑨ Nicolaides P，Kekelekis M，Kleis M. State Aid Policy in the European Community：Principles and Practice[M]. The Hague：Kluwer Law International，2008：40.

企业的竞争地位是否因政府行为而得以改善，关键是分析其他竞争者是否也可以从政府或者正常商业交易中获得相同的好处。前者构成专向性标准，即政府补贴不包含普惠的财政行为；后者则转变为"分析企业能否从政府手中获得原本不可能从正常市场条件中得到的经济利益。这适用于政府扮演市场交易者时的补贴利益判定"。① 这里的"正常市场条件"，主要就是指正常商业交易中的市场价格。以此为基准，就可以通过衡量"企业因补贴而实际获取的、本无法从正常市场条件中获得的经济上的好处"，来定量企业竞争地位的改善幅度。

市场价格基准的产生逻辑，说明它并非唯一基准。无论是市场价格，还是其他基准，只要能够准确衡量补贴带来的不公平竞争优势，就可以作为适格的比较基准。加拿大飞机案中，上诉机构也曾将专家组关于市场价格是"唯一合乎逻辑的基础"②的观点，纠正为"一个适宜的比较基础"。③

此外，SCM 协定第十四条的属性，为市场价格基准的合理变通提供了法理依据。理论上，WTO 各涵盖协议中的条款可以分为强制性规则与指导性规范两种，后者包含相当范围的自由幅度。④ SCM 协定第十四条属指导性规范，它构成对比较基准的示例性阐述，而"不是没有任何伸缩余地和可能的刚性规则（rigid rule）"。⑤ 因此，"在无法落实利益基准的案件中，直接适用第十四条会有难度，故成员方调查机关可作相当程度的变通"。⑥

鉴于上诉机构也认为"政府购销行为发生地的国内市场价格不是唯一基准"⑦，并据此将之变通为"外部基准"，那么，将第十四条（d）款作其他形式的合理变通，笔者认为亦无损于SCM 协定缔约目的。

（二）政府购销定价的商业合理性判定

事实上，并非所有案件中都存在对应的市场价格作为比较基准。在日本对韩国动态随机存取存储器反补贴税案中，上诉机构支持了专家组的下述观点：

"调查机关可以搜集有关市场价格的证据，将之与获得财政资助所需要支付的对价作比较，并据此判定补贴利益存在与否，这是本案韩国所主张的方法。除此之外，调查机关还可以根据证明财政资助是否基于商业目的的证据，来判定利益是否存在，这是本案日本调查机关所采用的方法。我们认为，两种证据都可用于判定补贴利益，第一种方法中关于市场价格的证据，支持了市场基准的设立，故可据此判定财政资助的条件是否较市场价格更为优惠；第二种方法假设市场基于商业目的的运作，所以证明财政资助并非基于商业目的的证据，也一并证明了获得财政资助的条件优于市场价格。根据案件的具体情况，调查主管机关还可以采信有同等证明力的其他类别证据。"⑧

① Bacon K. State Aids in the English Courts: Definition and Other Problems[M]//BiondiA, Eeckhout P, Flynn J. The Law of State Aid in the European Union. Oxford: Oxford University Press, 2004:346.
② 参见 Panel Report on Canada-Aircraft, WT/DS70/R, para. 9.112.
③ 参见 Appellate Body Report on Canada-Aircraft, WT/DS70/AB/R, para.157.
④ Alavi A. Legalization of Development in the WTO: Between Law and Politics[M]. The Hague: Kluwer Law International, 2009:56.
⑤ 参见 Appellate Body Report on US-Softwood Lumber IV, WT/DS257/AB/R, paras.91-92.
⑥ 参见 Panel Report on EC-Countervailing Measures on DRAM Chips, WT/DS299/R, para.7.213.
⑦ 参见 Appellate Body Report on US-Softwood Lumber IV,WT/DS257/AB/R, para.96.
⑧ 参见 Panel Report on Japan-DRAMs(Korea), WT/DS336/R, paras. 7.273-7.276, footnotes 475 to para. 7.276. Appellate Body Report on Japan-DRAMs (Korea), WT/DS336/AB/R, para.229.

上述观点符合 SCM 协定"对扭曲国际贸易的补贴实施多边纪律"①的缔约目的。如前所述,补贴利益本质上是扭曲国际贸易秩序的不公平竞争优势,而"对于补贴利益的判定,实际就是判断财政资助是否会扭曲国际贸易"。②因此,商业上的合理行为,既排除了公共财政承担私人成本的可能,也说明其不会扭曲国际贸易秩序,故可判定不存在补贴利益。

如何证明政府购销定价的商业合理性呢?笔者认为,不妨参考反倾销实践中的市场经济地位判定方法。在反倾销调查中,中国企业需要向调查机关证明,公司在产品定价、成本投入、对外投资等方面的决策,是依据反映供求关系的市场预示作出的;公司具有一套清晰的、依照国际财务标准的财务记录;公司的生产成本和资金状况没有因转制造成扭曲等,方能获得市场经济地位的认可,否则就会被强制适用"一国一税"的高额反倾销税。这种做法对中国企业极不公平。但其中审查企业产品定价是否符合市场规则的做法,可以被借鉴用于政府购销定价的商业合理性判定。根据会计规则,合理的价格构成包括原产地制造成本(即固定成本和可变生产)、销售管理费用以及与行业平均水平大致相当的合理利润。针对政府购销定价,也可以按照上述栏目,逐项进行商业合理性分析。若每个栏目都符合市场规则,那么,政府购销定价应当被视为符合商业合理性而不存在补贴利益。

从以下几个方面来看,上述方法也具有可行性。第一,政府所购销产品的市场(即成品市场),因为被扭曲而不能用作基准,这是对市场价格基准进行变通的原因。但成品市场的扭曲,并不表示原材料市场的扭曲,故国内的原材料价格可以作为参考依据。第二,上诉机构在美国反倾销反补贴税案中已经明确,"商业"一词不涉及价格主体的身份,政府也可以从事商业行为。③因此,将应用于企业的逐项成本核算方式,来审核政府购销定价的商业合理性,不存在理论或制度上的障碍。第三,这种方法已经是反倾销实践中的成熟做法。

除了实体上的逐项成本核算,程序上而言,如果政府购销行为,包括作为反补贴调查对象的政府购销行为与政府为组织生产而购买原材料的行为,是通过公开招标采购或者拍卖程序来进行的,只要"交易过程是公开的且公平竞争的,那就不构成对企业授予补贴利益"。④

五、结　语

SCM 协定的宗旨是"在成员方寻求对补贴的更多约束与寻求对反补贴措施的更多约束之间,维持微妙平衡"⑤,它既要阻却成员方通过补贴将利益这种不公平竞争优势传递给企业,又要防止成员方滥用反补贴措施来抵消进口企业的比较优势。市场价格基准是平衡两者的关键,被喻为反补贴案件中的"水平线"。⑥采用经济人假设与竞争程度标准来选择市场价格基准,或使用商业合理性判定方法来代替市场价格基准,有助于实现 SCM 协定在两个方面维持平衡的条约宗旨。

　① 参见 Panel Report on Brazil-Aircraft,para. 7.26.

　② 参见 Appellate Body Report on Canada-Aircraft,WT/DS70/AB/R,para. 157.

　③ 参见 Appellate Body Report on US-Anti-Dumping and Countervailing Duties,WT/DS379/AB/R,paras. 478-479.

　④ Nicolaides P,Kekelekis M,Kleis M. State Aid Policy in the European Community: Principles and Practice. The Hague: Kluwer Law International,2008:30-31.

　⑤ 参见 Appellate Body Report on US-Countervailing Duty Investigation on DRAMS,WT/DS296/AB/R,para. 115.

　⑥ 参见 Panel Report on Korea-Commercial Vessels,WT/DS273/R,para. 7.183.

我国跨境电子商务在线纠纷解决机制研究

——以"海淘"为视角

周奕佳

【摘要】 21 世纪以来,互联网技术的快速发展正带动着社会各方面的巨大变化,以商业的信息化最为明显。随着电子商务的出现和发展,选择通过网络进行购物的消费者越来越多。而随着网络购物消费者对商品的认识不断扩展、对品质要求的不断提高,"海淘"模式的跨境网络购物成为热门。庞大的市场需求催生了各类跨境电子商务平台,巨大的跨境电子商务交易量决定了随之而来的大量跨境电子商务纠纷。为了应对难以高效解决的跨境电子商务纠纷,各大电商平台和官方机构都作出了建立跨境电子商务在线纠纷解决机制的尝试。

【关键词】 "海淘";跨境电子商务;在线纠纷解决机制

一、前 言

跨境电子商务即跨国境进行的电子商务行为,指不同国家或地区的交易主体,通过电子商务平台达成交易并在网上进行支付结算,之后通过跨境物流将商品送达消费者来完成整个交易的一种国际性商业活动。① 跨境电子商务模式有 B2B(business to business)、B2C(business to customer)模式、C2C(customer to customer)模式和 O2O(online to offline)模式。

我国的针对跨境电子商务的在线纠纷解决机制起步较晚,但发展速度很快,尤其是依靠跨境交易平台的在线协商和在线调解机制已经被大量运用,在一定程度上规避了部分跨境电子商务交易纠纷解决在管辖权、法律适用、判决承认和执行等诸多方面的问题。由于我国的在线纠纷解决机制仍然处于起步阶段,水平远不及发达国家,大量的跨境电子商务交易纠纷无法得到有效的救济,在实践过程中也面临着许多的困境。当下需要分析我国现有跨境电子商务在线纠纷解决机制的发展困境并提出改进方案。

二、"海淘"中的纠纷及解决

(一)"海淘"的概念及特点

"海淘"即在线境外购物。广义上的"海淘"是指从境外或海外购买各类商品到境内使用的购物模式。狭义上的"海淘"是指消费者通过互联网直接搜索境外商品信息,然后发送电子订购单购买,并通过信用卡支付后,由境外商家处理订单,后将商品国际运送至境内的购物方式。

作者简介:周奕佳,法律硕士,现就职于浙江大学社会科学研究院。

① 陈宇红,梁恒,杨书琴.跨境电子商务风险及防范研究[J].社科纵横,2018,33(3):22-26.

通过"海淘"模式进行的跨境购物具有以下优点：第一，品质有保证。消费者选择"海淘"进行购物，往往是出于想购买更优质的产品的目的。虽然仍然有不法分子在"海淘"产业链中寻找薄弱环节欺骗消费者，但是在整个网络购物环境中来看"海淘"，不论是通过跨境电商平台的品牌旗舰店购买，还是通过海淘买手平台购买或直接通过个人在专柜代购商品，商品的质量都有保证。第二，交易流程简单。2010年至今，跨境电商模式由"人肉代购"向保税进口、集货进口和邮政小包直邮转变，出现了品类垂直跨境电商和跨境综合电商平台。至此，"海淘"模式已非常丰富，消费者可以根据自己的需求选择在不同的平台选购商品。而在线跨境支付系统的不断发展，也使"海淘"的关键环节变得更加便利简捷。第三，商品的选择范围大。随着由"海淘"和代购为主的中国跨境进口零售电商进入成熟期，如今消费者已经可以根据自己不同的需求选择更多国别和更多品牌的商品进行购买，专业的综合类跨境电商平台等大投入、大合作的"海淘"模式使得商品的选择范围扩大，几乎已不受地域限制。

同时，"海淘"模式也具有以下的缺点：第一，货运时间长、丢失风险大。由于"海淘"跨国境的特点，商品运输时间长、丢失风险大成为其一大缺点。第二，退换货流程复杂、消费者维权难度大。相对于"海淘"物流过程的冗长、高风险，"海淘"商品的退货也存在周期长、操作复杂而且费用较高的问题。相较于国内已经普及的"七天无理由退货"政策，"海淘"商品的退货就更加艰难，更由此迫使很多消费者放弃退货以及时止损。第三，易受关税政策影响。根据我国《海关法》，对于进出境货物和进出境物品有着非常不同的报关方式，对于进出境的随身携带的行李物品、邮递物品、EMS快件、代购商品都已经有了非常有效的监管办法。[①] 针对海外代购规避纳税的现象，一方面，海关总署已要求各地海关加强对邮递、快件渠道进境个人物品的审核，另一方面也在调整关税政策适应现状。关税政策的变化也时刻对"海淘"造成影响，虽然可以营造更健康的"海淘"环境，但同时也增加了整体的税负，使得成本上升、物流减慢。

（二）"海淘"中纠纷的特点

和所有的电子商务行为一样，"海淘"同样存在各种纠纷。基于"海淘"购物模式特有的属性，当中产生的交易纠纷具有交易数额跨度大，矛盾点具跨国性、数量大、种类多的特点。

"海淘"的兴起和发展源于消费群体的购买力不断增强以及对商品品质的要求不断提高。现在通过"海淘"购买的商品种类小到奶粉、化妆品，大到名品包、名牌手表等，价格从几十元到十几万元不等，尤其是"海淘"奢侈品已经成为除实体店购买途径之外最受欢迎的奢侈品购买方式了。因为"海淘"的标的物价值数额跨度较大，所以导致"海淘"纠纷的交易数额跨度较大，这也使不同的消费者对于纠纷的解决有不同的态度。

作为跨境电子商务中的一种形式，"海淘"购物同样具有跨国性的特点。而因为"海淘"购物环节多，在各个环节都有跨国的可能性，所以"海淘"中纠纷产生的矛盾点也往往具有跨国境的特点。

跨境电子商务不断发展、市场和需求同步扩大，以及互联网技术的愈加先进，现在的"海淘"购物已经可以每天24小时不间断进行。购买量增长的同时，"海淘"交易过程中出现的纠纷也越来越多。

---

① 刘铁英.海淘和代购等新型跨境电商业务下的关税和运输问题分析[J].中国市场,2016(10):149-150.

（三）"海淘"中纠纷的类型

人们对"海淘"的最初印象，来自赴境外的留学生或游客的"带货行为"，即所谓的"代购"。随着我国跨境电子商务的迅猛发展，"海淘"以新的形式进入了主流视野，例如"天猫国际""淘宝全球购"等。依据"海淘"的模式分类，可以将"海淘"中产生的纠纷分为以下几个类型。

基于海外网站直购直邮产生的交易纠纷：第一，交易双方在商品信息上的理解偏差所引起的纠纷；第二，国际物流运输过程中的问题引发的纠纷；第三，交易成功后的售后过程中产生的纠纷。

基于在国内电子商务平台购买海外商品产生的交易纠纷：第一，支付方式所引发的纠纷；第二，商品瑕疵所引发的纠纷。

基于海外代购产生的交易纠纷：第一，由于代购商品出现假冒伪劣或以次充好的情况而引发的交易纠纷；第二，由于对代购方信任缺失产生的交易纠纷；第三，由于售后缺失导致维权困难引起的相关纠纷。

（四）"海淘"中纠纷的解决

飞速发展的"海淘"购物和不断增强的购买力、市场需求，随之带来了更大批量的纠纷需要解决，同时更多样复杂的纠纷形式都要求有更灵活的纠纷解决机制。依据纠纷的解决途径，"海淘"中纠纷的解决方式有三种：双方或多方协商解决、通过在线纠纷解决平台解决、线下法律途径解决。

在"海淘"购物模式中，通常会涉及的两方即买方和卖方，除此之外也可能会涉及代购方和运输方。当"海淘"购物中出现纠纷，可以由双方或多方通过电话或邮件来沟通协商处理方式，这是解决"海淘"纠纷较为常见的一种方式。

"海淘"纠纷产生以后，双方或多方在协议无效的情况下，可以通过在线纠纷解决平台调解解决。相对于协商解决而言，这种解决方式的过程更长，取证也更复杂。但相对于通过法律途径解决，这种方式更为便利和低成本。通过在线纠纷解决平台解决"海淘"纠纷包括：在线和解、在线调解和在线仲裁。①

线下法律途径解决多为通过线下诉讼的传统方式来解决"海淘"纠纷。这种方式效率较低、成本较高，尤其是"海淘"纠纷往往会涉及跨国诉讼。通过这种传统的诉讼方式解决纠纷将可以得到最公正和最具权威的结果。这种方式往往更适用于纠纷标的额较大或数量较多的纠纷。

三、跨境电子商务在线纠纷解决机制在"海淘"中的实践现状

（一）跨境电子商务在线纠纷解决机制的概述

在线纠纷解决机制，即 ODR（Online Dispute Resolution），跨境电子商务在线纠纷解决机制就是一种通过互联网解决大量跨国界、跨地区引起的跨国界、跨地区的民商事纠纷的替代性纠纷解决机制。包括在线协商、在线调解、在线仲裁和在线法庭。②

① Karolina Mania. Online dispute resolution：The future of justice[J]. International Comparative Jurisprudence，2015，1（1）：76-86。
② 吴凡. 在线纠纷解决机制（ODR）初探[D]. 长春：吉林大学，2015.

由于跨境电子商务在线纠纷解决机制是基于在线纠纷解决机制的细分项,那么它即具备在线纠纷解决机制的如下特点:替代性、便捷性、低成本性、多样性及对互联网技术的依赖性。跨境电子商务在线纠纷解决的方式主要有以下四种类型:在线协商、在线调解、在线仲裁和在线法庭。

(二)跨境电子商务在线纠纷解决机制在"海淘"中的实践

"海淘"可以分为通过购物平台进行的海外购物和通过非购物平台进行的海外购物。一般而言,选择在网站内部在线解决"海淘"纠纷的都是通过该网站进行的"海淘"交易纠纷。其他通过非购物平台进行的海外购物和部分通过购物平台进行的海外购物也会选择通过网站外部的跨境电子商务纠纷解决机构进行纠纷解决。

1. 通过网站内部解决"海淘"中的纠纷:以天猫国际、eBay为例

我国的购物平台自营的在线纠纷解决机制起步较晚,但发展迅速,实践案例也不断增多,为其良性发展提供了很多经验。在此将对国内的天猫国际购物平台中的天猫国际争议处理和美国购物网站eBay的eBay纠纷解决中心两者在跨境电子商务在线纠纷解决机制的实践上进行对比,分析我国通过网站内部解决"海淘"纠纷的实践。

在天猫国际系统进行纠纷处理一般会涉及在线协商和在线调解两类方式。对于权责明确、标的额较小的交易纠纷,通过天猫国际的纠纷处理系统基本上是可以完成争议处理的。但是该系统仍有几个明显的问题存在:第一,纠纷处理系统太过程式化,无法灵活处理争议。在天猫国际上进行纠纷处理,一般只能够根据系统已经设定好的操作方式进行操作,或由天猫客服根据天猫国际争议处理规范进行处理。一旦出现操作系统外的处理需求,或超过天猫国际争议处理规范框架的争议情况,天猫国际就难有处理标准和处理手段,整个纠纷处理进程则会陷入无法进退的尴尬境地。第二,给予商家过大的自主权,隐患难以避免。因为天猫国际是跨境购物平台,销售环节多,难以给出更具强制性的整体规范,入驻商家有很大的自主权,出现侵权行为后平台方很难有相对应的判罚机制,造成的损失往往被平台推脱责任,最后由消费者自己承担所有损失。第三,难以解决维权高成本的问题,退换货依旧困难。而由于消费者是通过天猫国际而非直接从国外品牌店购买商品,有时商品的保修也成了问题。

eBay是一家于1995年在美国创立的个人对个人(costumer to costumer)的电子商务平台,人们可以在eBay上通过网络出售商品。2010年,eBay根据自己纠纷特点和解决理念,建成了自己的eBay纠纷解决中心。eBay在线纠纷解决机制主要依靠自动化程序促进买卖双方协商沟通,注重纠纷主体的自治性,在双方达成合意时自动作出处理结果。和天猫国际不同,eBay本身只提供平台,而不参与交易活动,在处理纠纷过程中有天然的公正性和中立性。通过eBay纠纷解决中心解决该平台进行的跨境电子商务所产生的纠纷,也有需要改进的部分:第一,当事人双方直接在线协商存在语言障碍,在这种情况下,加强eBay纠纷解决中心的介入力度就显得尤为重要。第二,涉及法律适用问题时无法作出公正的处理方案。由于eBay在中国大陆普及性不高,并没有形成常用的交易习惯和纠纷处理习惯。当跨境交易纠纷处理过程中需要选择法律适用或依据交易习惯做决定时,往往会以该网站本身所在地的法律和交易习惯为准,此时就难以作出公正的处理决定。

虽然eBay纠纷解决中心的纠纷处理机制在处理跨境交易纠纷时存在问题,但其整体较为成熟的处理概念和方式仍然值得借鉴。首先,eBay纠纷处理中心是在eBay平台中相对

独立的一个板块,这样形式的纠纷解决机制在纠纷处理过程中可以有更公正和中立的地位。其次,eBay介入个案调解过程后达成的处理方案允许当事人有异议,然后重新评判,这也使得错误判定有改正的机会,使整个eBay纠纷解决中心的案例解决更有科学性和可信度。①

2.通过网站外部平台解决"海淘"中的纠纷:以China ODR/China ODR Forum、SmartSettle为例

除了通过跨境电子商务平台内部的在线纠纷解决机制解决纠纷,还可以选择平台外部独立的、专门的在线纠纷解决机构解决交易纠纷。这一模式我国也在近年内开始尝试,但是效果不佳。在电子商务起步较早的国家,也较早地尝试建立了专门提供在线纠纷解决服务的网站,发展至今已相对成熟并具有了一定规模。在此对我国的China ODR/China ODR Forum和美国的SmartSettle智能解决争端机制进行对比,分析我国在这类跨境电子商务纠纷解决机制中的实践状况。

China ODR,即中国在线争议解决中心,是我国第一个专门的在线争议解决机构,于2004年6月成立。China ODR Forum,即中国争端在线解决论坛,是由香港国际争端在线解决中心(HKIODRC)于2004年发起成立的,一个独立的、非政府的争端预防和解决方案服务平台,专门针对海峡两岸暨香港、澳门以及全球华语圈提供以中文为主的争端在线解决信息与解决方案,提供学者、调解员、仲裁员、律师以及其他专业人士互相分享冲突管理和解决纠纷的交流平台。② 实际上,这两个平台在设计上做了很好的尝试。例如指派专业性较强的人士参与在线纠纷处理以增加处理过程和结果的公正性,或提供一个开放性的交流平台,为线上纠纷处理提供多样且全面的视角和建议。然而,中国争端在线解决论坛(China ODR Forum)和中国在线争议解决中心(China ODR)一样,在启用之后并没有良好发展下去,而是因为系统不成熟、使用率过低很快被弃用。在China ODR和China ODR Forum之后至今,我国仍然没有一个能够为跨境电子商务纠纷提供独立专业的在线纠纷处理服务的机构,相关实践仍然十分匮乏。

SmartSettle智能解决争端机制被称为"最纯粹的ODR"。在运用SmartSettle智能解决争端机制解决争端的过程中,采用"盲区报价"(Blind Bidding)模式,即当事人在线上协商时并非直接进行谈判,而是依靠SmartSettle系统进行不透露自己底线的报价还价。SmartSettle在裁决时将选择一个最接近公平的价格,并奖励报价更接近该价格的一方,贯穿其中的概念为鼓励协作。③ 可以说,SmartSettle智能解决争端机制最大限度地消除了人工可能会对机制本身产生的影响,只需纠纷当事人在网站输入纠纷类型及自己对赔偿数目的报价就可以自动给出调解方案。实际上这种在线纠纷处理模式属于计算机辅助交涉模式(decision/negotiation support systems),它在跨境电子商务在线纠纷解决的实践中可以避免调解方不够中立或语言障碍等困难。然而它的弊端也是明显的,这种模式完全依靠技术和先进的数学算法程序自动生成方案,在多样化的跨境电子商务纠纷中的适用面较为狭窄,不能灵活解决价格谈判之外的其他问题,也无法实现大部分不能数字化的责任分配工作。所以在实践过程中,SmartSettle智能解决争端机制会更适用于主张明确、单一的纠纷案例。

① 李玮. C2C电子商务模式的信任修复机制与在线冲突解决的研究[D].北京:北京交通大学,2014.
② 李涛. 论我国电子商务纠纷在线调解解决机制的完善[D].太原:太原科技大学,2017.
③ 方旭辉,温蕴知.互联网+时代:引进网上纠纷解决机制ODR"第四方"的契机——以SmartSettle为例[J].企业经济,2015(8):101-104。

3. UNCITRAL第三工作组对于跨境电子商务交易网上争议解决的研究成果

为了解决缺乏针对大量出现、快速发展的跨境电子商务小额争议的网上解决机制的问题,联合国国际贸易法委员会(UNCITRAL)于2010年第四十三届会议决定由第三工作组负责网上争议相关示范法的研究。该工作组经过2010年至2016年间对网上解决争议进行的研究工作,已有相关的研究成果,最新研究成果包括《跨境电子商务交易网上争议解决:程序规则(草案)》(以下简称《程序规则草案》)和《跨境电子商务交易网上争议解决:反映网上解决过程要素和原则的成果文件(草案)》(以下简称《成果文件草案》)。

《程序规则草案》首创了双轨制的争议解决模式,具体内容包括《程序规则草案(一轨道)》和《程序规则草案(二轨道)》两项。《程序规则草案(一轨道)》由绪则、启动、谈判、协助下调解、仲裁、和解、中立人和通则八个部分组成。适用一轨道的网上争议解决将以有约束力的仲裁阶段结束,能够保证纠纷的彻底解决。《程序规则草案(二轨道)》由绪则、启动、谈判、协助下调解、建议和和解六部分组成。适用二轨道的网上争议解决不以仲裁结束,而是以中立人建议结束,无法保证纠纷的彻底解决。相比以往的网上争议解决模式,《程序规则草案》有以下几个特色:双轨制争议解决模式、中立人制度和综合性的争议解决机制。①

《成果文件草案》由UNCITRAL第三工作组于2016年的第三十三届会议中达成,是该工作组对于网上解决争议最新的研究成果,一共包括十一节。根据《成果文件草案》,该草案即《关于网上争议解决的技术说明》,是对于网上争议解决(网上解决)系统参与方进行网上解决程序进行协助的技术性说明,并不具有约束性。

UNCITRAL第三工作组发布的《程序规则草案》以及具有协助功能的《成果文件草案》提出了对于跨境电子商务网上纠纷解决模式的新思路,"双轨制"的解决模式为消费者网上争议解决提供了新的选择,而且扩大了该模式的适用范围,以契约型规则突破了跨国境争议解决存在的管辖权问题。该项研究成果的设计在法律上和技术上都具有可行性,也将为价值低、数量大的电子商务交易提供方便快捷、成本效益高的争议解决模式。

(三)中国跨境电子商务在线纠纷解决机制的实践现状

通过前文对国内外在线纠纷解决机制的实践对比,可以发现,我国在解决跨境电子商务交易纠纷的过程中,大多数会选择通过交易平台内部设立的在线纠纷解决机制解决纠纷。但这不意味着我国电子商务交易平台内设的在线纠纷解决机制已经非常成熟科学,而是因为我国在线纠纷解决机制起步较晚,发展阻力较大,无法跟上跨境电子商务的发展速度。中国跨境电子商务在线纠纷解决机制的实践仍在起步阶段,有很大的发展空间。

四、我国跨境电子商务在线纠纷解决机制在实践中的完善

(一)我国跨境电子商务在线纠纷解决机制在实践中的困境

根据电子商务研究中心发布的《海淘电商市场报告》,随着亚马逊、网易考拉等跨境直购平台的崛起,"海淘"已经成为跨境电子商务的热点,预计到2018年海淘用户将突破7700万人(见图1),优良成熟的在线纠纷解决机制和相对应的实践水平成为急迫的需求。我国针对跨境电子商务的在线纠纷解决机制起步较晚,但发展速度很快,尤其是依靠跨境交易平台的在线协商和在线调解机制已经被大量运用,在一定程度上规避了部分跨境电子商务交易纠

---

① 赵星. UNCITRAL《跨境电子商务交易网上争议解决:程序规则(草案)》研究[D].西安:西北政法大学,2015.

纷解决在管辖权、法律适用、判决承认和执行等诸多方面的问题。由于我国的在线纠纷解决机制仍然处于起步阶段,水平远不及发达国家,大量的跨境电子商务交易纠纷无法得到有效的救济,在实践过程中也面临着许多的困境。

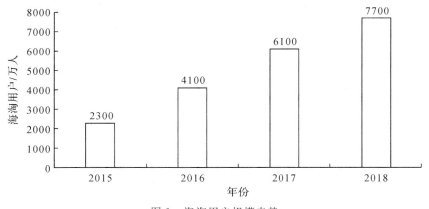

图 1　海淘用户规模走势

数据来源:速途研究院(sootooinstitute)

1. 制度困境

现行的民事诉讼法的诉讼规则是基于传统的纠纷解决模式的,也即适用于当事人线下面对面谈判或诉诸法庭的模式。而针对跨境电子商务的在线纠纷解决机制的跨国性、虚拟性,都决定了其在实际适用过程中会和线下解决模式有很大不同,不能完全依照现行民事诉讼法进行适用。面临的具体制度困境包括:缺乏相关的法律标准、法律适用上的冲突难以避免以及争议处理的结果在承认和执行上存在障碍。

2. 技术困境

和传统的纠纷解决机制不同,在线纠纷解决机制受到互联网技术发展水平的影响,但对于不同的在线纠纷解决机制的影响程度不尽相同。部分在线纠纷解决机制依靠互联网技术＋人工操作实现纠纷解决,另一部分在线纠纷解决机制则完全依靠互联网技术和科学算法等实现智能化的在线纠纷解决。在依赖互联网技术为纠纷当事人提供协商、调解的帮助、调查和处理的同时,满足纠纷解决的高效性和公正性非常重要。现在跨境电子商务纠纷常用的在线纠纷解决机制大多通过即时通信技术传递各类信息,以达到联通各方最终妥善解决的效果。但面对多样复杂且数量巨大的跨境电子商务纠纷,这样简捷的方式已经很难满足全部的需求,技术方面仍存在以下问题:解决纠纷的虚拟空间设计仍有不足,对于网络信息的安全保密技术缺陷以及缺乏统一的技术标准。

3. 观念困境

跨境电子商务在线纠纷解决机制的普及和实践,首先需要获得当事人的认同。我国在线纠纷解决机制在实践中面临的现实困境就是难以让民众转变观念,适应新兴的在线纠纷解决模式。一方面是由于传统的诉讼观念深入人心,另一方面是由于我国跨境电子商务在线纠纷解决机制本身发展不够,难以获得民众的信任。如果不克服观念上的难题,跨境电子商务在线纠纷解决机制也难以发挥效用。

(二)我国跨境电子商务在线纠纷解决机制在实践中的完善

我国跨境电子商务在线纠纷解决机制的实践过程中面临制度、技术、观念等诸多问题,需要对国内外的相关经验取长补短,进行系统化的完善。

1. 对相关的法律机制进行改革和完善

由于客观和主观原因的限制,绝对完美的制度不可能存在。但随着情况的变化,某些方面会变得不合理、不科学,在具体实施中某些规定已经不适用,需要进行修改和完善。应当专门制定关于跨境电子商务的法律法规,对在线纠纷解决机制的规则进行特有化。在线纠纷解决机制与传统的线下纠纷解决机制有很大的区别,用传统的规则套用在线纠纷解决机制,实践中往往会适得其反。对于在线纠纷解决机制的规则应当基于传统诉讼规则的原则理念,再根据其自身的特点重新制定新的具体规范,然后加以科学适用。第一,要制定统一的准入标准并确认在线纠纷解决机制的法律地位;第二,要明确由在线纠纷解决机制达成的争议处理结果的法律性质;第三,要完善在线纠纷解决机制的程序性规则。

2. 加强政府、企业和相关民间机构的合作,推动 ODR 的建立和发展

目前,我国的在线纠纷解决机制大致分为两类:一类是由电子商务平台或企业自我开发的在线纠纷解决机制,通常服务于该平台或企业的用户;另一类是由官方机构设立的在线纠纷解决机制,通常是传统诉讼方式的网络化,比照第一类更具权威性。这两类在线纠纷解决机制的优势并不相同,受众也不完全重合,应当将两者进行有机整合,除去重复和无价值的部分,建立新型的在线纠纷解决机制,最终实现信息技术和司法改革相互促进的目标。

首先,形成以在线纠纷解决机制提供商为主的行业自律协会,加强各提供商之间的合作沟通,推动建立一个统一的或者能够在各个系统之间相互无障碍通行的在线纠纷解决机制。其次,要注重政府在整个行业中的帮助和引导作用。最后,应当加强各个国家,或各个机构,或国家与机构之间的技术交流,尝试在国与国之间签订关于法律适用和技术标准的协定,减小跨境纠纷解决的障碍,最终使我国的跨境电子商务在线纠纷解决机制与国际接轨。

3. 构筑网络交易信任体系,向消费者普及 ODR

推进跨境电子商务在线纠纷解决机制的完善和发展必须要构筑一个良好的网络交易信任体系,并向消费者普及在线纠纷解决机制,逐步消除民众对其的质疑。首先,要在行业内建立一个统一的信任保障机制,督促行业本身的信誉构建,帮助当事人规避风险,并为权利受到侵犯的在线纠纷解决机制使用者提供相应的救济途径。其次,要从技术上完善数据信息的安全性和保密性,对于关键的数据信息应当采用信息加密技术防止泄露。加大规范整体的网络购物环境的力度,营造一个安全的互联网环境,以此提高民众对跨境电子商务以及在线纠纷解决机制的信任度。最后,要注重提高在线纠纷解决机制的普及度,采用各种手段对其进行使用推广,让更多电子商务纠纷当事人熟悉使用在线纠纷解决机制进行纠纷解决。

五、结　语

我国对一个成熟的跨境电子商务在线纠纷解决机制的需求是迫切的,对于现有的在线纠纷解决机制的实践也仍然有许多困难需要克服。笔者认为,我国需要从制度、技术和观念三个方面入手进行革新和完善,才能构建一个科学可持续发展的跨境电子商务在线纠纷解决机制。

涉外家族信托法律适用研究

苏柳丹

【摘要】 自 2013 年以来,中国信托业迅速发展,但面临家族企业传承的紧迫性、家族企业接班人短缺的矛盾,家族信托应运而生。然而我国缺乏家族财富管理的系统认识,对市场认知严重不足,以及信托立法保障有待完善,国内家族信托陷入瓶颈,高净值人士纷纷采取涉外家族信托方式以实现家族传承。如何解决法律冲突,明确涉外家族信托法律适用具有十分重要的价值。追根溯源对两大法系之间家族信托法律冲突成因分析,纠偏关于信托制度的理论困境,正确认识信托制度构架中的根源性问题,完善涉外家族信托立法。

【关键词】 涉外家族信托;法律冲突;法律适用

家族信托目前在我国方兴未已,有着强烈的市场需求。尽管美国 FATCA 法案[①]与经合组织 CRS 法案[②]的出台,要求提高透明度,极大影响了涉外家族信托的节税功能,但中国涉外家族信托仍是持续发展的趋势。瑞致达集团公司出具的调研报告 2015 年度 OIL《离岸2020:离岸产业新常态》显示,大中华地区是未来 5 年增长最快的两个地区之一,企业家和高净值人士继续是未来 5 年离岸产业增长贡献最大的群组。中国对离岸信托等业务仍有不断增长的市场需求,需求最高的包括资产保障、财富管理以及投资控股等。而涉外家族信托是实现这些需求的重要途径。到目前为止,关于涉外家族信托法律制度,各国仍未形成统一、全面的意见,仅有《海牙公约》作为唯一的大陆法系和普通法系之间的调和物。虽然目前除了离岸家族信托外,家族信托纠纷多发生于一国内部。但不难看出越来越多的大陆法系国家开始意识到信托制度的现代作用,并建立类似信托制度,出现跨国家族信托极有可能。涉外家族信托法律冲突表现在各个方面,但各国之间关于信托识别以及信托适用的困难可能在未来几年发生变化。纵观我国涉外家族信托发展,市场潜力巨大,但由于理论界与实务界关于家族信托发展的错误认识长期存在,以及相关的法律适用立法存在极大不足,发展缓慢。源于英美法系国家的信托制度如何有效地实现中国"本土化",成为亟须解决的问题。

一、国内家族信托发展困境

作者简介:苏柳丹,2017 级浙江大学国际法硕士,指导老师为浙江大学金彭年教授。

① FATCA:Foreign account tax compliance act. 美国 2010 年发布的《海外账户纳税合规法案》要求外国金融机构及特定美国纳税人向美国国税局报告海外账户即资产信息,否则外国金融机构将被征收 30% 的预提所得税,而美国纳税人将被处以至少 1 万美元的罚款。

② CRS:Common reporting standard"统一报告标准",是欧洲经济合作与发展组织于 2014 年发布的《金融账户涉税信息自动交换标准(AEOI)》的一部分,要求各缔约国收集对方国家纳税人在本国的金融账户信息,按年主动向对方国家发出,进行信息交换,且每次交换的情报并不是有关国家某个纳税人的单一信息,而是就该国多个纳税人的账户信息进行批量交换。

（一）实践困境

我国家族信托发展起步晚，尽管 2001 年就已颁布了《信托法》，但信托业直到 2009 年才开始起步，2014 年信托行业加速发展至今。与英美等发达国家的信托发展相比，国内的家族信托业还存在不少限制因素。

首先，国内信托机构的财富管理水平有限，经营模式尚未确立，且没有成熟的产品服务模式，订制化服务少。而海外存在不少如汇丰、瑞银等专注于家族信托的"巨兽"服务机构。

其次，国内信托财产所有权不明晰。尽管信托法第三章用了 4 个条文对信托财产的独立性进行规定：与受托人财产和委托人财产相区别，以及除非法定情形否则不得强制执行。[①]但由于实践中我国信托财产登记制度以及信托财产过户制度等辅助制度尚未建立，导致难以保障信托财产的独立性。不少高净值人士对国内家族信托持观望态度，倾向于设立涉外家族信托。

最后，法律保障机制不完备。我国《信托法》规定较为粗糙，无相应的信托保障制度，如缺乏信托保护人、监管人等相关法律规定，以及缺乏信托税收制度。[②] 虽然信托法并未对信托财产类型进行限制，但是由于实践中我国信托财产登记制度以及信托财产过户制度等辅助制度尚未建立，从而在境外信托广泛适用的非现金资产在中国难以成为家族信托财产的核心财产。[③]

（二）理论困境

目前我国信托实务界与理论界对源于英美法系的信托制度还存在深深无端的误解。这种误解是我国信托制度架构存在的根源性问题，表现为以下三方面：一是英美法系中有二元法体系，而大陆法系无衡平法传统，信托制度无法律基础。二是我国不属于大陆法系国家，但我国民法仍采取的是"一物一权"的物权法定原则，无法建立英美法系信托制度的"双重所有权"，信托制度与我国法律体系不兼容。三是基于上述两项原因，在我国的信托性质无从确定，尽管信托法规定了信托财产独立性，但实践中无相应规则保证信托财产的独立性。上述误解给我国信托制度的运用造成极大的障碍。[④]

二、涉外家族信托法律冲突成因分析

信托制度并非所有国家都有，目前属于大陆法系范围内的多数国家与地区至今尚未制定信托法，例如具有重要影响的意大利、瑞士，以及较受关注的荷兰、西班牙、瑞典等，虽未通过立法宣告位于本国或本地区的社会经济活动中的信托为非法，但其法律体系中立法机关也未制定信托法。[⑤] 同时，即使是在规定了信托制度的国家，各国的信托实体法律规定也不尽相同，因此常常发生冲突。

（一）"双重所有权"与"一物一权"

域外法学界一直流行且至今仍普遍坚持的观点，即信托财产所有权的冲突是两大法系

---

① 我国《信托法》第三章第十四条至第十七条均是保障信托财产独立性的相关条文。
② 刘冰心. 中国信托业发展的蓝海——家族信托[J]. 中央财经大学学报，2015(S2)：35.
③ 曲光、王增武. 国内家族信托市场发展及其启示[J]. 银行家，2018 (12)：118-120.
④ Inlawwetrust. 信托法在我国真的水土不服[EB/OL]. (2018-06-23) [2019-02-13]. https://mp.weixin.qq.com/s/fy-9OKTnNk0vRwNUybKiqQ.
⑤ 张淳. 信托法哲学初论[M]. 北京：法律出版社，2014：291.

信托制度上的根本冲突。英美法领域中信托关于物权的二元性、可分性与《法国民法典》深受影响以及整个欧洲大陆各国接受与坚持的一元结构的所有权观念冲突。①

大陆法系通常将信托与用益物权等制度等同。两者关于信托的性质存在差异。第一，两大法系关于所有权可分割还是单一不可分割存在差异。英美法系下信托实行所有权分割制。信托财产构成信托基金，是独立财产，信托中所持有的资产属于信托，而非受益人个人，可作为基金或者部分信托财产用于投资、出售。即使受托人破产，其债权人也无从取得信托财产。信托财产的收益优于受托人的利益。大陆法系体系下，所有权是所有权人对自己所有之物的完全支配权，该所有权是单一的、不可分割的，包括占有、使用、收益、处分等权能，不存在法定所有权和衡平法所有权之分。② 第二，两大法系是否采用物权法定主义存在差异。英美法系不适用物权法定主义，物权可依当事人的意思自由创设，信托受托人以及受益人的权利义务均依据信托本旨创设，这将使得信托财产的所有权按照信托目的自由创设出分属受托人与受益人的不同形态物权。这显然与大陆法系为保障经济秩序稳定而采取的物权法定主义相违背。第三，受益人权利的定性存在差异。英美法系下的信托制度将受益人的权利认定为"衡平法上的所有权"，其实质兼具了物权和债权双重性质，而大陆法系采取物权与债权相区分的原则。③

尽管学界主流观点认为两大法系之间的关于信托所有权的矛盾是多数大陆法系国家或地区拒绝继受信托制度的原因：二元结构的所有权与法律上不可分割的一元结构所有权的矛盾。但该观点似乎在逻辑上是站不住脚的，或者可称为"固执信仰"。④ 任何一个国家或地区所采取的制度，均是从其社会关系的实际需要出发，移植或继受其他法域制度同样如此，而不是通过该国或者该地区的所属法系所固有的含义，以及其法律基本理念。只要一国对某一制度存在实际需要，尽管该制度可能与其法律基本理念或原则存在冲突，仍会引进该制度，并且设法通过立法和技术层面进行解决。信托制度移植到大陆法系国家，最主要还是基于其政策和实际的考量，⑤例如日本引入信托制度是该国对商业信托的需要。

（二）强制继承权

大陆法系和英美法系另一区别是强制继承权。大陆法系一些国家或地区明确规定法定强制继承权⑥，即遗产中一部分由法律保留，属于强制继承的财产；另一部分遗嘱人可根据自己意愿自行处置。强制继承权能发生规避的法律效果，不同司法管辖区对这一问题的不同法律规定，可能导致遗嘱信托中的法律冲突。强制继承权可追溯至罗马共和国末期进化成形的"撤销不负责任的遗嘱之诉"（querela inofficiosi testamenti）⑦，法律认可立遗嘱人晚辈

---

① F. Sonneveldt & H. L. Van Mens. The Trust: Bridge or Abyss Between Common and Civil Law Jurisdictions [M]. Boston: Kluwer Law and Taxation Publisher, 1992.

② Raúl Lafuente Sánchez. Cross Border Testamentary Trusts and The Conflict of Laws[J]. Cuadernos de Derecho Transnational, 2016(8):184-207.

③ 谢哲胜. 信托法的功能[J]. 台北大学法学论丛, 2001(49):157-178.

④ 张天民. 失去衡平法的信托[M]. 中信出版社, 2002:101-102.

⑤ 王涌. 论信托法与物权法的关系[J]. 北京大学学报, 2006(2).

⑥ 除大陆法系以外，伊斯兰法系国家大多也规定了强制继承权或者继承特留分的规定。

⑦ 任何晚辈或长辈只要证明自己所获少于无遗嘱继承份额的四分之一，而立遗嘱人剥夺自己继承权又缺乏合理原因，均可提起这一诉讼。

或者长辈享有取得遗产份额的合法期待。① 德国遗产法规定了"强制份额",即使立遗嘱人排除法定继承人继承的权利,被排除者仍然可以获得其法定份额一半的遗产。② 瑞士尽管改革其继承法,但仅是减少强制份额,由四分之三减少到一半,仍然适用强制继承。③ 因此,信托制度主张立遗嘱人对其财产的自由处置,这与强制继承权制度主张保护立遗嘱人家人利益对立遗嘱人意志的限制产生不可兼容的矛盾。强制继承权能否作为一项公共秩序存在争议,尽管不少学者认为强制继承权只能在特殊情况下追求法律适用的统一时才可作为公共秩序。④ 但在一些大陆法系国家,其被视为可以作为适用外国法律的一种限制,故也可作为对信托的限制。规定了若是采取涉外信托等方式安排对享有"特留分"份额的权利人构成继承权侵犯,法院认定该信托无效,且享有对原份额的追回权。⑤ 例如法国对委托人死亡前财产被分配,请求强制继承权的补偿诉求没有时间限制。这一规定在英美法体系下被认为是不公平和不确定的。立遗嘱人生前赠与的财产不认为是其遗产的一部分,如果有人根据外国强制继承法主张其强制继承的权利,该权利只适用于遗嘱人死亡时的遗产。由此可见,强制继承权规则违背了遗嘱人在设立遗嘱信托时处分财产的自治原则,在将其视为公共政策适用的国家中,遗嘱信托的遗产受到限制,委托人的权利以及受托人的权利均受到限制。⑥

但这并不意味着两大法系由于强制继承权的规定不同,造成信托制度上的矛盾是不可调和的。例如一概主张尊重委托人意志自由的英国,其 1975 年《继承法》也规定允许第三人在死者死后六年质疑其恶意赠与。⑦ 可知,两者在强制继承权上的矛盾,主要体现在时限以及性质上的矛盾,但关于强制继承权中所追求的公平公正,两大法系均予以保证。

三、我国发展涉外家族信托可行性分析

首先,关于衡平法制度。第一衡平法制度仅是为了保障公平正义的法律补充制度,体现的是法律对社会无助者提供救济的理念。因此,即使一国没有衡平法制度,但该国的法律本身已涵盖了维护社会公平正义理念,能发挥同样作用。第二,纵观目前世界各国,不少缺乏衡平法传统的国家,同样建立相应的信托制度。《法国民法典》《加拿大魁北克省民法典》《日本信托法》《韩国信托法》等都建立了相应的信托制度。各国对信托制度的移植最根本的原

---

① ［英］大卫·约翰斯顿. 罗马法中的信托法［M］. 张淞纶,译. 北京:法律出版社,2018:4.

② FreeChina. 有趣的德国遗产继承法［EB/OL］. (2018-05-25)［2019-02-23］. https://www. freeinchina. org/erbrecht/ .

③ Charles Russell Speechlys LLP . Modernisation of Swiss Inheritance Law: Greater freedom for the testator［EB/OL］. (2018-9-11)［2019-02-23］. https://www. lexology. com/library/detail. aspx? g＝0b9fd4d5－2418－45ba－ab2b－ea60d6888b10.

④ D. A. R. Beckner, A. Devaux and M. Ryznar, "The trust as more than …", loc. cit. , p. 19, in the context of the European Union Succession Regulation.

⑤ Pearse Trust. Forced Heirship-Simply Explained［EB/OL］. (2013-02-04)［2019-02-23］. https://www. pearse-trust. ie/blog/bid/93507/Forced-Heirship-Simply-Explained? hs_amp＝true.

⑥ Raúl Lafuente Sánchez. CROSS BORDER TESTAMENTARY TRUSTS AND THE CONFLICT OF LAWS［J］. Cuadernos de Derecho Transnacional,2016(8):189.

⑦ Inheritance (Provision for Family and Dependants) Act 1975, doc. cit. , section 10, Dispositions intended to defeat applications for financial provision. Vid. , the Report of The Law Society, "Joint Response of the Law Society of England & Wales and the Society of Trust & Estate Practitioners to the European Commission's Green Paper on Succession and Wills", 2-3 (available athttp://ec. europa. eu/justice/news/consulting_public/successions/contributions/contribution _ls_en. pdf). 英国关于强制继承的规定。英国 1975 年《继承法》规定允许第三人在死者死后六年内质疑恶意赠与。

因是基于本国政策的考量,注重借鉴衡平法对信托的公平救济理念和务实的救济制度即可。

其次,关于英美信托的财产权制度"双重所有权"。所谓的"双重所有权"是由于翻译导致的,我国将ownership译为所有权,于是英美法系受托人(legal ownership)与受益人(equitable ownership)被我们视为双重所有权。在英美法系,信托独立,属于财产法的范畴,而受托人与受益人权利的区别,也只是两者的财产权不同,并非所有权。信托制度中的信托财产权,包括股权、物权、债权等多种权利,是一种集合财产的权利,并非一种新创设的独立权利类型,类似公司的财产所有权。信托受益权是信托创设的权利类型,因此只需明晰信托受益权的性质即可。

最后,关于信托财产的独立性。目前我国信托主要类型为商事信托,即委托人以投融资为目的,既是委托人也是唯一受益人。在这种自益信托中,受益人受益权能被债权人强制执行,并不意味着信托财产不独立。信托财产的独立性,体现为三方面,对委托人独立、受托人独立、受益人独立。自益信托存续期间内,委托人(受益人)均不能对信托财产强制执行。基于对受益人债权人的权利平衡,法院允许该债权人对受益人确定的受益权进行强制执行,并不是对信托财产的强制执行。另外无论是自益信托还是他益信托,信托财产均对受托人独立。只是我国目前关于信托登记制度不够完善,在实践中可能出现争议财产是否属于信托财产疑问,而导致错误判决。这是属于程序法的证明问题,并非否认信托财产的独立。

四、完善我国涉外信托法律适用法

目前国内信托已经形成了"一法三规"①的法律制度体系,同时《合同法》《物权法》也分别为家族信托合同的订立提供了特别法的支持以及为信托财产转移生效规定了相关标准。国外有学者认为在中国发展民事信托已具备制度条件。② 但我国家族信托制度相较于海外家族信托制度,无论是实践还是理论均有较大差距。其中,涉外家族信托制度的法律保障更是不足。首先,我国《涉外民事关系法律适用法》(以下简称《法律适用法》)中仅有十七条对涉外信托的法律适用作出规定:意思自治原则优先,辅之以信托财产所在地或信托关系发生地法律。其次,《信托法》对信托保证人或监管人权利义务均未规定。这种法律空白领域是否可依据准据法国家的冲突法规则指引,例如允许反致或转制等也无明确规定。最后,若是当事人无意思自治,信托财产所在地或者信托关系发生地的所在国没有信托制度或类似信托制度,如何解决信托管辖权问题和法律适用问题?

(一)明确信托制度法律性质

我国尽管有《信托法》这一特殊法,但对于信托究竟是属于物权规范的范畴,还是债权规范范畴,并无清晰定位。既不像法国和德国一样通过修改国内法相关规定,创设自己类似信托的制度,也不像日本对英美法系信托较为完整的移植。日本起初尝试对英美法系的信托进行本土化改造,与采取英美法系不区分物权和债权相结合,如今日本采用了美国的信托法。③ 因此,如何真正实现信托的中国本土化,确定信托的法律性质及其基本理念是完善信托制度的前提。信托的法律性质实质上指信托关系人对信托财产享有的权利和负有的义务

---

① "一法"是《信托法》;"三规"分别是针对信托公司自身及其集合资金信托计划和净资本三项内容的管理办法。

② 制度条件具备的表现:《信托法》《民法通则》《合同法》《物权法》《继承法》等相关法律规定。

③ 周勤.日本《信托法》的两次价值选择——以意定信托委托人的权利为中心[J].华侨大学学报(哲学社会科学版),2010(3):110-112.

问题,主要是指受托人对信托财产的权利与负担的义务的性质问题,以及受益人对信托利益的权利性质问题。①

我国《信托法》规定委托人将其财产权转让给受托人,由受托人按委托人的意图表现为信托文件内容,以受托人自己的名义进行管理或者处分信托财产,保证受益人的利益或者特定目的。② 可知,委托人与受托人之间存在委托管理处分的关系。由于我国《物权法》未规定信托制度,结合"物权法定"原则,因此有人认为信托关系明确为债权关系较为合理。③ 但其忽视了我国信托制度的根本要求,即信托财产必须由委托人转移至受托人,且信托义务通常广于合同义务,而委托关系并不构成财产所有权的转移。信托以信托财产为中心,将委托人、受托人、受益人三方之间的权利与义务进行持续性维持的构造,其中既包括物权,又包括债权以及物权和债权所不能包含的内容。若将其片面化地归为某一类,必定歪曲其本质,不利于信托功能的发挥。④

由于信托这种独立形态的权利组合,再者我国已制定了《信托法》,因此,将其视为一种特殊法律关系,独立于物权和债权,似乎更为合理。肯定其特殊性:信托财产所有权与利益相分离,信托财产的独立性,受托人信托责任有限性,信托管理过程的承继性⑤,真正发挥其功能。

（二）平衡信托立法

一方面,注重平衡民事信托与商事信托的发展。目前"一法三规"的信托法律制度体系,折射出我国信托立法更倾向于商事信托,即相较于家族信托等民事信托的发展,立法对商事信托发展过程中的保障作用更为明显。这种立法的不平衡具体表现为:一是为商事信托提供较为完善的法律依据,例如对受托人信托公司的行为法律规制较多。二是不仅倾向于鼓励商事信托,而且对于传统属于民事信托领域的家族信托也采取商事信托管理模式。例如中国银保监会关于家族信托的定义规定受托人为信托公司,且明确规定了信托财产最低标准——1000万元。虽然通过对受托人资质设置限制条件（要求为信托公司）,在我国信托发展初期有利于信托业的安全,但这种忽视家族信托自身性质安排,易造成实践中家族信托定性不明,规则适用混淆的情况,不利于信托业的长足发展。因此应当明确家族信托的民事信托性质,逐渐放松对家族信托受托人以及信托财产等要求的管制。

另一方面,注重平衡遗嘱信托与生前信托的发展。尽管我国《信托法》第八条明确规定了遗嘱方式设立信托⑥,但对于遗嘱信托的成立尚缺乏规范制度,立法更多地着眼于生前信托。例如关于信托的成立,我国目前通用观点是信托合意。而遗嘱信托的成立通说是以遗嘱生效之时就成立,将遗嘱信托确定为单方意思表示的信托。在信托成立上,统一采取合意确定成立标准,是将遗嘱信托与生前契约信托同等对待,忽视了遗嘱信托的特殊性。且随着家族信托的兴起,涉外家族信托与跨国婚姻、跨国继承紧密联系,缺乏对遗嘱信托的立法,导

---

① 李群星.信托的法律性质与基本理念[J].法学研究,2000(3):118.
② 我国信托法第二条明确规定,信托是基于对受托人的信任,委托人将其财产权委托给受托人,由受托人为受益人的利益或者特定目的(按委托人的意愿)以自己的名义进行管理或者处分的行为。
③ 元静.涉外信托关系之法律适用问题研究[D].华东政法大学,2016:56.
④ 周小明.信托制度比较法研究(第二版)[M].北京:法律出版社,1997:36.
⑤ 李群星.信托的法律性质与基本理念[J].法学研究,2000(3):123-126.
⑥ 我国信托法第八条规定设立信托,原则上应当采取书面形式,包括信托合同、遗嘱或者法律、行政法规规定的其他书面文件等。但合同以签订时为成立,其他书面形式以受托人承诺时成立。

致遗嘱信托的实践操作性不强,将影响继承规定。

(三)补充法律适用法冲突规范原则

《法律适用法》在法律规则的选择方面,没能充分考虑涉外信托的复杂性,未采取分割制,又未为最密切联系原则留适用空间。根据 2016 年中国信托业年会,可知信托全行业管理的信托资产余额已达 18.91 万亿元,其中涉外信托占据一定比例。[①] 从 2009 年到 2019年,以《法律适用法》第十七条为法律依据的判决书为零例。且司法裁决是体现立法实际作用的标准之一,因此,可知关于涉外信托法律适用法对涉外信托纠纷案件处理的缺席。

一方面,涉外信托法律适用应体系化,采用独立性原则。通过上述对信托法律性质的界定,信托既区分于物权,又区分于债权,应当作为独立专章在《法律适用法》中进行规定。除了与物权与债权的区分之外,还需与国际信托的信托民事主体论[②]区别开来。信托民事主体论,主张将信托视为具有法人资格的独立财团,认为信托制度与公司制度难以区分,赋予信托法律人格,从而认定信托法是商事组织法的分支。[③] 该观点过分强调了信托的商事作用,而忽视民事信托。家族信托就是典型的民事信托,同时家族信托还存在公益信托、事务管理型信托,例如涉外家族信托中以设立离岸公司进行股权事务管理的信托。故将信托制度视为民事主体不合理。涉外信托应根据其独立性原则,在《法律适用法》中进行专章规定。《欧洲示范民法典草案》亦是将信托规定在草案的最后一章,位于合同、侵权、物权和动产担保物权之后。

另一方面,涉外信托法律适用法规则宏观角度应采取信托自体法与分类分割规则相结合,具体角度采纳最密切联系原则,丰富联结点。首先,我国《法律适用法》采取的是信托自体法的方式。信托自体法不区分信托各方面,将其作为整体。表面上貌似适用时清晰明了,但实则在解决具体的信托问题时可能因为针对性不强而有失公正。信托分类分割,由于信托的复杂性,对信托的设立、管理、解释等各方面采用不同法律适用方法。同时在信托的管理方面,又可具体分为受托人权利义务、信托收益分配、受益人收益等方面,也根据其各自特点而选取不同的法律。例如受托人的权利义务,若从保护委托人的角度,就可能以委托人住所地或者信托关系发生地的法律作为准据法。因此,涉外信托分类分割原则尤为重要,我国《法律适用法》对涉外信托制度的完善,应采取两者相结合的方式。其次,最密切联系原则补充。《法律适用法》在规定意思自治之后,只规定了信托关系发生地和信托财产所在地两个联结点。而实际中极可能出现这两个联结点并非是与信托联系最密切的联结点,以及可能两个联结点所在国家的准据法并没有信托制度,而我国对于涉外信托是否适用反致也未作规定,此时该涉外信托纠纷可能无法裁判,或者裁判不公。僵硬的联结点列举并不适合如今国际信托交往日益密切的现实,将最密切联系原则纳入其中作为"兜底原则"。

五、结 语

矫正我国对信托制度的错误认识,为我国家族信托市场排除理论障碍,以及为建立科学

[①]　中国银行业监督管理委员会. 在 2016 年中国信托业年会上的讲话[EB/OL]. (2016-12-26)[2019-02-15]. http://www.cbrc.gov.cn/chinese/home/docView/5AE124AE9BB14FFB9BE82C38DF076A4E.html.

[②]　信托民事主体论:信托法的功能在于将信托财产从委托人分离,业余受托人的债权债务分离,且受托人在履行职务时能使信托代表受益人的法律虚拟人格。

[③]　Hansmann H,Kraakman R. The Essential Role of Organizational Law[J]. The Yale Law Journal,2000(3):387-440.

的信托关系法律适用规范构建提供建议,具体需要从以下三点出发:

一是正确认识信托制度。明确制度性疑虑和外部环境的不足仅是表象原因,并不构成信托制度在我国发展的绝对障碍。深层原因应该是国内缺乏对家族财富管理的系统认识和缺乏对家族管理的系统服务。此时有关监管部门以及学者应采取积极态度,提供有利理论依据进行引导。

二是明确界定信托性质和基本理念。只有明确界定信托性质,才能解决涉外信托制度中首要的识别问题,同时也能反映一个国家对信托制度价值取向的认识。信托的特殊性通过特殊法规制,在《涉外民事关系法律适用法》中应当专章单独规定。

三是完善涉外信托法律适用规范规则。在涉外信托法律适用问题上,坚持信托自体法与信托分类分割法相结合,意思自治原则与最密切联系原则相结合,丰富信托联结点。通过软化灵活的冲突规范保障涉外信托个案的公正性。

涉外家族信托发展既需要国内实体法规则的完善,同时也需要法律适用法即冲突法的完善,从而才能实现家族信托业的健康长远发展。既注重境内家族信托业的发展,又关注涉外家族信托业发展的要求,使其极大发挥财富保障、文化传承功能。

论胡伯国际礼让说及其对中国的启示

林　婷

【摘要】　胡伯的国际礼让说作为 17 世纪国际私法史上里程碑式的学说体系,具有丰富而深刻的内涵,其性质无论是在私法理论还是在司法实践上都是强制性规范而非道德性谦让。笔者力图从法律、哲学、历史等方面着手,探寻胡伯国际礼让说的前世今生,认为在如今复杂矛盾的背景下,我国一方面应坚持在礼让的基础上展开国际合作,另一方面应坚持礼让与互惠的相互协作,只有这样才能最终为实现中国特色社会主义法治化献力。
【关键词】　胡伯;国际礼让;互惠原则;一带一路

一、胡伯国际礼让说探究

（一）胡伯国际礼让说的误读

1. 胡伯国际礼让说误读的现状

传统意义上的国际礼让学说来源于 17 世纪的荷兰学者胡伯,他提出的国际礼让三原则丰富和完善了涉外民商事法律冲突的解决方法,在法律冲突法领域占有重要的地位。但是,经过几个世纪的发展,国际礼让理论作为相对古老的学说不是历久弥香,相反不断遭受各方的批判与驳斥。近现代意义上的国际礼让概念通常认为礼让只是出于纯粹的道德与礼貌,一个主权国家承认与执行外国的判决不关乎其他,只是彼此给予的礼貌谦让与道德责任,礼让自此被界定为模糊不清的词语。

2. 胡伯国际礼让说误读的原因

姑且不考虑其他因素的影响,出现这种现象最直接的原因可以归结为两点,其中一方面是对于文本翻译的误差,胡伯提出的原词是"Ex Comitate",后被中国学者翻译为"礼让",由于笔者尚无对词源学的深入研究,故而不敢在这个问题上有所造次,但是我们可以就此推断出的是不管胡伯的原意是不是倾向道德方面的礼让,只要在中国被翻译成为纯粹道德倾向的"礼让"一词,就不得不受到以道德代替法律的上下五千年中华传统文化的深刻影响,即使不是也会被大多数人理解为是。另一个方面则来源于胡伯自身,胡伯的学术著述众多而零散,最著名的胡伯三原则就是升华于他的《论各国各种法律的冲突》,但是这篇短文仅仅十五段,不足一万字,对于三原则基本内容的阐述寥寥数语,或许正是如此精简的语言才引发后来的学者对其褒贬不一的释义,就此形成该学说的百家争鸣。

（二）胡伯国际礼让说的思想政治层面探究

1. 绝对主权观念

真正意义的传统主权观念起源于 17 世纪的欧洲,法国政治学家让·博丹最早将主权理

作者简介:林婷,浙江大学光华法学院法律硕士研究生。

念引入政治学的范畴。出于抵制教皇的"世界主权",为法国摆脱罗马教廷的束缚,建立中央集权政府提供强有力理论基础的目的,其侧重从对内角度阐述主权的绝对性。而几乎同一时期的荷兰,国际法学家格劳秀斯则出于调整国家在争夺海外市场权力与利益分配之间的关系,为本国扩张行为提供合理的国际法基础的目的,侧重从对外主权的角度阐述绝对主权理论。1648年《威斯特伐利亚和约》以绝对主权观为基础开拓近代欧洲国际关系体系,在实践应用上肯定了博丹和格劳秀斯的绝对主权理论。自此,国家绝对主权观念在国际关系中得到广泛的推崇和认可,其后继者霍布斯、洛克、卢梭等更从纵深角度进一步深化了绝对主权观念,提出了契约主权、议会主权、人民主权等影响近现代社会发展的著名理论。

正是生活在这样一种绝对主权观念流行的时代,胡伯作为国际冲突法的研究者,不得不受到主权绝对性的影响。他立足于格劳秀斯《战争与和平法》的思想基础,坚定地站在绝对主权阵营内,认为不同国家之间的法律冲突实质为国家主权冲突,只有立足国家主权关系才能找到适用外国法的理由。胡伯的国际礼让说以绝对主权理论作为其实质没有逻辑上的缺陷,并且具有历史发展的必然性质,其根本目的是要维护荷兰在对外扩张中的核心利益,保证在各国法律冲突与争斗中始终立于不败地位,即使披上礼让的和谐外衣也无法否认他的绝对主权观的霸道与强势。

2.西方哲学精神

胡伯所生活的年代距离19世纪现代西方哲学的转向还有两百多年,前一阶段的近代哲学也才刚刚走完发展的第一步,15—16世纪文艺复兴运动的蓬勃发展使得黑暗的中世纪终于迎来光明,人们的思想从清净的寺院融入滚滚的红尘当中,追求科学知识,要求个性解放,摆脱宗教桎梏成为时代的诉求。进入17世纪,随着资本主义的进一步发展,近代科学的繁荣昌盛,理性主义成为近代西方哲学精神的核心,甚至被推崇到巅峰地位,在这样的思想冲击下,胡伯国际礼让说也渲染了理性主义的色彩,始终以自我为本,强调独立与自由的精神落实在法律冲突领域就是对国家主权的至高推崇和国家利益的绝对保护,因而,即使胡伯的礼让在涉及具体案例时可能会牺牲局部非核心利益来获得整体利益的保存,但这细枝末节绝不能抹杀它作为法律强行法的本质属性。

从西方哲学分析的另一路径详见于梁漱溟先生的《东西文化及其哲学》一书,在书中梁漱溟先生创造性地提出了文化三路向,即第一条路向是奋斗的路向,第二条路向是调和的路向,第三条路向是禁欲的路向。近代以来,西方人的生存都持有这样意欲向外的态度,才产生诸如地理大发现、海外殖民扩张等残酷而霸道的征服活动。胡伯的国际礼让说服务于荷兰对外极力扩张的政治需求,在法律冲突法领域内他迫切地需要在理论上寻找一个实质上强势(对外交往的根本目的是获得利益)而形式上柔和(不至于激起被统治者强烈反抗心理)的学说作为解决越来越多涉外民商事冲突的合理化基础。试问,倘若强调自由独立的理性主义精神尚不能为胡伯国际礼让说具有强行法性质提供充分而必要的思想渊源,那么梁漱溟先生从全新角度剖析西方哲学意欲向前、扩张激进的本来路向至少能为我们窥视胡伯国际礼让说的强行法性质提供论证的思路与方向。

(三)胡伯国际礼让说的社会科学层面探究

1.罗马法的思想

胡伯的国际礼让说植根于罗马法的万民法思想,万民法作为解决法律冲突的最初形式,是属地性质的国内法,但是其内容却是罗马当时势力范围所及的所有国家共同的规则,它的适用范围已经远远超出罗马。罗马法围绕着自然法精神这一内蕴核心,逐渐演绎出以理性、平等、正义、契约、服从法律等为特征的法治理念。从中可以得出三条线索来肯定胡伯礼让的强行法性质。以自然法为核心的罗马法要求强烈的理性精神,这种理性精神落实到著述中,就是行文脉络的清晰无误与造词遣句的精准正确,胡伯作为罗马法的忠实推崇者,不可能会用一个模棱两可的道德术语来表达自己的观点。况且,正如黄仁宇先生所说的那样,道德并非万能钥匙,不要谈及任何一个问题的时候都扯上道德原因,此为其一。契约观念盛行于罗马时代,罗马人认为无论是明示还是默示,只要两个主体按照自由意志自愿达成协议,除非特殊情况则必须为当事人双方所恪守。胡伯在文中将礼让理解为"默示同意",这种默示同意可以等同于罗马法中所讲的默示契约,既然是契约就必须符合恪守契约的要求,就必须是强制性的义务而不是出于道德性质的礼让,此为其二。一个从思想和行动上都十分崇尚法治的民族,西塞罗曾说"我们是法律的女仆,以便我们可以获得自由",法律就是具有强制性质的规范,它与道德最重要的区别就在于法律是以权利义务为核心、具有明确内容的强制性规范。罗马帝国是胡伯所向往的统一和谐的帝国,在那里没有异彩纷呈的诸多法律,没有繁乱复杂的诸多冲突,只有"一"的整体与和谐,然而这样繁荣强大的帝国终究会有落幕的一天,帝国的伟大毁掉了共和国。罗马的政治体制无力应对突然之间出现的社会变革,最终因改革失败而崩塌。在怀着对罗马帝国无限哀悼的情绪之中,胡伯当然寄希望自己的理论能够继续展现帝国曾经的辉煌,能够继承罗马法治带给人们精神的震撼,他的礼让本就是法律,本就具有强制性特征,此为其三。以上关于罗马法种种的分析都能够从思想承继的角度为胡伯礼让的强行法性质提供些许线索。

2. 荷兰的历史环境

16 世纪荷兰的独立,削弱了农业经济中的封建因素,扫清了资本主义发展的障碍,促进了捕鱼业、航海业、金融业等的大力发展,迎来了 17 世纪荷兰的"黄金时代",延续了一个世纪的经济奇迹,造就了欧洲"第一个现代经济体",海外经济的迅猛发展迫切地需要理论的指引与支撑,国际私法的研究中心也自然而然地从意大利转移到荷兰。但是,17 世纪荷兰的国际法学者们不得不面对这样一个难题,即"荷兰怎样既保证自己的独立又促进海外贸易的发展,使得根据荷兰法律取得的权利在封建国家里也能被承认。"[①]那么,他国据此承认外国法域外效力的依据是什么? 基于维护和平与发展商业的需要,荷兰学者用国际礼让来弥补适用的空缺。

另一方面,1568 年荷兰革命虽然具有划时代的重要意义,但是作为人类早期的资产阶级革命运动仍然具有明显的不彻底性质,这种不彻底的性质带来的直接后果就是尖锐的省级法律冲突。诚然,因缺乏系统的研究,我们无法随意地妄断观点的对错,但至少于国际私法而言,商业的蓬勃发展带来的丰富的法律冲突为国际礼让说的提出与完善提供了源源不断的实证素材。处于这样一种重商主义的经济环境中,胡伯希望自己提出的观点一方面能够维护荷兰在对外扩张中的主权利益,使得其海上马车夫的地位继续巩固,另一方面借助国际礼让这一原则,使得内国判决具有自由流通的性质,不至于引发不必要的激烈冲突与矛盾,最终损害本国利益。如此,生活在 17 世纪唯利至上的荷兰,胡伯怎么可能会大度到把自己国家的主权利益交给其他国家进行处理? 因为一旦礼让被理解为道德性质的任意规则,

---

① 李双元,欧福永,金彭年,张茂.中国国际私法通论[M].北京:法律出版社,2007:55.

只要是一个国家就能够凭借任何理由来拒绝承认外国法的域外效力，甚至利用这一点进行恶意的攻击与报复，本国国家和公民的利益也就无从保障了。

（四）胡伯国际礼让说的理论文本层面考虑

1. 胡伯理论的文本

胡伯真正奠定了国际礼让说学说体系，在他著述繁多的作品中对其进行了详细的说明与论证，最著名的是《论各国各种法律冲突》这篇短文，"法律冲突"与"国际礼让"二词即此定论。首先，胡伯在分析法律冲突产生的背景与性质的前提下，提出罗马法是整个欧洲国家共同的法律制度，是超越一国之上的法律，能够为当今各国之间的法律冲突提供国际性的法律渊源。接着，胡伯在第二自然段提出了礼让三原则，并强调这应该为世界各国所公认。第一条原则从法律主体的角度强调一国颁布的法律必须具有严格的属地性，第二条原则从法律受体的角度强调不论是永久居民还是临时居民，甚至是偶然出现在该国从事某项行为的人，只要在该国境内就必须受到该国法律的约束，"一国臣民包括该国境内所有的人"。接下来胡伯就从适用外国法的根据和条件提出第三条原则为外国法院判决的承认与执行寻找合法化的理由即国际礼让，表明国际礼让是主权者适用外国法律的唯一根据。"各国交往便利和默示同意"是胡伯所认为的礼让，其并没有详尽的解释与说明，这一点造成后来的学者见解各异。这些观点其实是对胡伯理论的误解，从细心研读和梳理胡伯著述的过程中我们至少可以得出三点理由来支持礼让非道德性而是强制性这个论点。第一，从正面剖析，胡伯将礼让界定为"默示同意"而不是"默示善意"。"同意"可以类比民法上的要约承诺制度，应被理解为各国愿意受到礼让约束的规则意识；"善意"可以类比道德领域的谦让，不具有约束意识，只是纯粹的道德概念。那么，各国基于协议而背负恪守承诺的义务是否能够随意违背呢？这显然是不能的。正如海事法和商人法一样，源于万民法的国际礼让是各国默示同意的习惯国际法。"胡伯所认为的礼让不是任意性的，而是属于万民法的一部分，是不证自明的基本原则；除非特殊情况，各国必须根据礼让承认外国法的效力。"[①]第二，从反面论证，让我们假设国际礼让是道德性质的，从行文逻辑上来看作者在提出礼让是适用外国法的唯一根据之后就没有必要在第三原则的第三个部分提出公共秩序保留是适用外国法的唯一例外了，因为各国完全可以根据非法律上的理由来排除外国法的适用。但事实却是胡伯提出了公共秩序保留，并不认为国家可以不顾及国际礼让而一概拒绝赋予外国法的域外效力。第三，从法律适用具体问题分析，在《论各国各种法律冲突》一文中的第九条"本人之见，这是明显地在规避我们的法律，因此，我们的法官应摆脱国际法的约束，拒绝承认此等婚姻，勒令此等婚姻无效"。只有胡伯把礼让认为是一种强行性质的国际法规范，只有胡伯认为礼让对不同的主权国家具有约束力，才会认为当事人利用外国法的便利规避本法的适用损害国家公共秩序时才得以排除礼让的适用。正确理解胡伯思想的最佳途径就是回到原文，基于上述对于胡伯文本的细致研读，我们有理由相信胡伯的国际礼让是规范性质而非道德性质，正如沃尔夫所认为的那样，在荷兰学派这里，礼让便等于法律的理性，等于公平和实利。

2. 后世理论的继承

推论胡伯对于国际礼让性质的界定以及之于后世理论的继承与发展。英美法系对于胡

① Watson A. Joseph Story and the Comity of Errors: A Case Study in Conflict of Laws[M]. Athens: The University of Georgia Press, 1992: 78.

伯国际礼让的理解分别在私法理论与司法实践两个领域呈现出泾渭分明的发展趋势。在私法理论领域,以美国的私法理论研究为例,历经斯托雷礼让说到比尔的既得权说再到柯里政府利益分析说,国际礼让完成了肯定否定再肯定的辩证循环过程,最终重新回归到国家主权利益的沃土之上;但在司法实践领域,情况却不怎么乐观,同样也以美国冲突法实践为例,由于胡伯礼让概念本身含义不清,再加上美国联邦最高法院的诸多判例亦语意模糊,往往涉及尖锐的矛盾冲突时竟然就将礼让一味地解读为礼貌上的善意企图蒙混过关,缺乏统一清晰的法律标准,导致不同法院对于礼让产生不同的认识,甚至有样学样地造成了司法实践的乱象。

二、胡伯国际礼让说在中国的应用

(一)互惠原则的含义及其实质

针对外国判决承认与执行问题,胡伯国际礼让说在中国的应用集中体现在互惠原则上。其基本含义主要涉及以下两点:"首先,外国拒绝承认和执行本国法院判决的,本国也拒绝承认外国法院判决;其次,本国承认和执行外国法院判决的条件与外国承认和执行本国法院判决的条件必须对等。"[①]互惠的实质蕴含着对等报复与激励支持两种功能,此时的互惠导致了囚徒境地的尴尬局面,即一国在请求承认另一国判决时,陷入两难:如果承认该判决又担心对方以后不承认自己的判决该怎么办?如果选择不承认,自己的判决将来肯定得不到对方的承认。所以,大部分国家为了避免面对此种艰难的选择,往往消极应对或者双方干脆不进行合作。互惠原则是以公平公正为代价而期望对国家利益的保护,这不仅不利于对当事人正当利益的保护,而且漠视公平正义的永恒追求。当然,任何一种学说理论的存在都有其可取之处,不能以偏概全,互惠原则为国家之间的交往搭建了沟通的桥梁,为国际社会的和谐稳定作出了贡献,不可否认的是其在当今社会依然具有存在与发展的基础。

(二)我国关于互惠原则的法律规定与司法实践

我国立法和司法在互惠原则上的态度似乎都还是相当积极的。在私法立法上,2017年《民事诉讼法》第二百八十条第一款[②]、第二百八十一条[③]和第二百八十二条[④]以及2015年《最高人民法院关于适用〈中华人民共和国民事诉讼法〉的解释》第五百四十四条[⑤]、第五百四

---

① 李旺.国际民事诉讼法[M].北京:清华大学出版社,2003:137-138.

② 人民法院作出的发生法律效力的判决、裁定,如果被执行人或者其财产不在中华人民共和国领域内,当事人请求执行的,可以由当事人直接向有管辖权的外国法院申请承认和执行,也可以由人民法院依照中华人民共和国缔结或者参加的国际条约的规定,或者按照互惠原则,请求外国法院承认和执行。

③ 外国法院作出的发生法律效力的判决、裁定,需要中华人民共和国人民法院承认和执行的,可以由当事人直接向中华人民共和国有管辖权的中级人民法院申请承认和执行,也可以由外国法院依照该国与中华人民共和国缔结或者参加的国际条约的规定,或者按照互惠原则,请求人民法院承认和执行。

④ 人民法院对申请或者请求承认和执行的外国法院作出的发生法律效力的判决、裁定,依照中华人民共和国缔结或者参加的国际条约,或者按照互惠原则进行审查后,认为不违反中华人民共和国法律的基本原则或者国家主权、安全、社会公共利益的,裁定承认其效力,需要执行的,发出执行令,依照本法的有关规定执行。违反中华人民共和国法律的基本原则或者国家主权、安全、社会公共利益的,不予承认和执行。

⑤ 当事人向中华人民共和国有管辖权的中级人民法院申请承认和执行外国法院作出的发生法律效力的判决、裁定的,如果该法院所在国与中华人民共和国没有缔结或者共同参加国际条约,也没有互惠关系的,裁定驳回申请,但当事人向人民法院申请承认外国法院作出的发生法律效力的离婚判决的除外。

承认和执行申请被裁定驳回的,当事人可以向人民法院起诉。

十九条①都赋予了互惠原则的合法地位。按照这些条文的规定,我国在外国判决承认与执行上有两条路径可供选择,即国际条约途径和互惠体制,但是由于我国并没有加入统一的海牙私法协会国际公约,也仅仅与部分国家签订双边协议,因此,互惠原则成为我国解决外国民商事判决承认与执行的主要依据。

在司法实践领域,我国在外国判决承认与执行的国际合作方面其实并没有过多的热情,对所涉及的问题常常消极应对、淡化处理,这种不合作的冷淡态度导致了我国在很长一段时间内奉互惠原则为圭臬,拒绝承认与执行外国判决。比如1994年"日本公民五味晃申请中国法院承认和执行日本法院判决案"的审理结果绝对肯定了互惠原则的法律地位,各级法院纷纷以此作为处理外国判决承认与执行案件的有效法律依据。此类案件在司法实践中还有很多,诸如德国当事人申请承认与执行德国法兰克福地方法院判决案、俄罗斯国家交响乐团与阿特蒙特有限责任公司申请承认英国高等法院判决案、澳大利亚的弗拉西动力发动机有限公司申请承认与执行澳大利亚法院判决案、安托瓦纳·蒙杰尔申请承认与执行法国普瓦提艾商业法院判决案等。

相反,反观世界上其他国家的立法与司法实践,对于互惠原则的适用似乎早早就出现了嫌隙,不再固守严格的互惠主义,在对外的交往与商业合作中往往放宽互惠主义的适用。德国柏林地区高等法院起到了很好的表率作用。在中德之间不存在条约与互惠关系的现实下,2006年5月18日,德国柏林地区高等法院根据《德国民事诉讼法》第三百二十八条有关互惠原则规定率先认可了我国无锡中院关于德国旭普林国际有限公司与无锡沃可通用工程橡胶有限公司的判决效力。另一个具有典型意义的案件是以色列法院首次承认与执行中国民商事判决:2017年8月14日以色列最高法院作出终审判决,维持以色列特拉维夫地区法院对江苏海外集团企业有限公司申请承认执行江苏省南通市中级人民法院所作(2009)通中民三初字第0010号判决的一审判决,需要注意的是中国和以色列之间目前并不存在有效的条约或互惠关系。欧美国家,不管是学术理论界抑或是司法实践界,都愈发认识到互惠原则所带来的缺陷与不足,甚至有学者认为互惠原则毫无用处,仅仅是主权国家试图保护其国家利益而损害私人利益的盲目尝试。

近些年来,随着全球化的深入发展,我国对外民商事交往更为频繁,我国法院也逐渐意识到在判决承认与执行上固守先前的实践是不可能也是不合理的,加强与其他国家之间的国际合作将日益成为一个不应逃避的事实,否则"至老死不相往来"的心态不仅于事无补,最终还可能会影响到公平正义原则的实现,更有甚者可能会遭受到他国的无理报复,但是要让我国立刻完全抛弃互惠原则在司法实践中的应用又是不现实的,毕竟这是一项需要徐徐图之的任务,所以我国法院迈出的第一步就是在互惠原则应用的态度上有所软化。2015年6月16日最高人民法院《关于人民法院为"一带一路"建设提供司法服务和保障的若干意见》第六条②、2017年6月最高人民法院《关于承认和执行外国法院民商事判决若干问题的规

---

① 与中华人民共和国没有司法协助条约又无互惠关系的国家的法院,未通过外交途径,直接请求人民法院提供司法协助的,人民法院应予退回,并说明理由。

② 要在沿线一些国家尚未与我国缔结司法协助协定的情况下,根据国际司法合作交流意向、对方国家承诺将给予我国司法互惠等情况,可以考虑由我国法院先行给予对方国家当事人司法协助,积极促成形成互惠关系。

定》(征求意见稿)(2017 年 6 月第六稿)第十七条①、2017 年 6 月 8 日《第二届中国一东盟大法官论坛南宁声明》第七条②、2017 年 9 月 11 日中国驻荷兰大使签署的《海牙选择法院协议公约》第八条第 1 款③。如上都表明了我国已经认识到严格的互惠原则在涉外判决承认与执行领域内存在的不合理之处,期望借以软化本国的司法态度,更好地迎合对外开放的大趋势,这种自觉转变孤立心态,扩大国际合作的友好立场是值得肯定的。但是,很显然,我国在互惠原则适用上的司法改进还是不够彻底的,远远不能匹配对外开放的深度与广度,缺乏了司法友好的基本精神,良好的法制在适用时也难以开出善意之花。

三、胡伯国际礼让说对中国的启示

（一）我国应坚持在礼让基础上展开国际合作

笔者认为在坚持国际礼让原则的基础上展开国际协调与合作才是最为根本的道路。绝对地否认外国判决域外效力的时代已经过去了,交流借鉴、互通有无是法律协调与司法协助的基础,成功的纠纷解决机制离不开高效、便利的司法合作与协助机制。这一点在胡伯国际礼让说当中也可窥探一二。正如前所述,胡伯的国际礼让说是植根于罗马的万民法,万民法是公元 3 世纪统一的罗马共和国为了协调本国人与外邦人之间的矛盾冲突、以期促进本国经济持续繁荣而超越市民法的统一帝国法律。在胡伯看来,解决国际民商事问题最根本的方法是如同罗马帝国一样将所有的国家融合为一个国家,具备同一套国家运行机制体制,这样就不会产生国际民商事冲突的问题,也不必绞尽脑汁协调衡量各方面的利益,"昔日罗马帝国称雄天下,普适一律,法律冲突无从产生"。然而,对于当今世界而言,这只是源于 17 世纪的一个美丽的幻想,建立世界政府与拥有世界主权不仅不可行,甚至还会给整个世界带来难以想象的灾难性后果。那么,在这样主权国家林立的国际背景之下,我国希望在"一带一路"的倡议下寻求国际交流与合作的良好途径,发挥礼让精神的引领作用,亟须在价值观与方法论两方面付出足够的努力。一方面,从价值观的角度来说,坚持加强国际合作的友好立场,转变孤立心态的惯常思维,在当前全球化的背景下将极大地有益于国际的交流与合作。适当地转变孤立主义的心态,坚持司法友好的基本精神,国家之间相互合作的关系就会更加顺利地进行了。另一方面,从方法论的角度来说,目前礼让原则在解决外国民商事判决承认与执行困境当中最彻底、最直接的方式之一就是建立多边国际公约。国际社会不乏这方面的努力与实践。早在 2002 年欧盟理事会通过的《民商事管辖权及判决承认与执行规则》(即

---

① 当事人向人民法院申请承认与执行外国法院民商事判决,该法院所在国与中华人民共和国之间没有缔结或者共同参加国际条约,但有以下情形之一的,人民法院可以依照互惠原则进行审查:(一)该法院所在国有承认和执行人民法院民商事判决的先例;(二)根据该法院所在国法律规定或单方承诺,在同等情形下人民法院作出的民商事判决可以得到该法院承认和执行;(三)根据该法院所在国与我国达成的国际司法合作共识等可以认定两国之间存在互惠关系的其他情形。

② 区域内的跨境交易和投资需要以各国适当的判决的相互承认和执行机制作为其司法保障。在本国国内法允许的范围内,与会各国法院将善意解释国内法,减少不必要的平行诉讼,考虑适当促进各国民商事判决的相互承认和执行。尚未缔结有关外国民商事判决承认和执行国际条约的国家,在承认与执行对方国家民商事判决的司法程序中,如对方国家的法院不存在以互惠为理由拒绝承认和执行本国民商事判决的先例,在本国国内法允许的范围内,即可推定与对方国家之间存在互惠关系。

③ 缔约国必须承认与执行排他性选择法院协议指定的缔约国法院所作出的判断。本选择法院协议公约有特别规定的,方可拒绝承认或执行。第九条列举了缔约国可以拒绝承认与执行判决的集中情况,包括协议无效、不具备缔约主体资格、送达缺失、欺诈、违反公共秩序、不一致判决。

《布鲁塞尔规则》)致力于在欧盟范围内实现判决的相互承认与执行,明确受诉案件的判断标准,对欧盟范围内管辖权冲突、平行诉讼特别是民商事判决承认与执行问题的解决起到非常大的推动作用。对于我国而言,利用这种公约体制有助于较大程度地缓解我国目前所面临的困境。

（二）我国应坚持礼让与互惠的相互协作

建立多边国际条约固然是解决外国民商事判决承认与执行最直接、最彻底的手段,但是它的建立绝不是一朝一夕的事情,需要各个参与国深入的合作与交流,需要各方面利益的比较与衡量;互惠原则的适用固然在立法和司法上具有愈来愈多的缺陷与不足,但是它的取消也不是易事,它在我国仍然具有生存与发展的空间,仍然具有存在的必要性与必然性。那么,在我国法治发展的过渡时期,究竟采取什么样的措施才能够较好地平衡国家主权与国际合作之间的天平,才能更好地适应我国的国情,促进"一带一路"的进一步发展呢? 早在17世纪胡伯的国际礼让说就给了我们思考的方向。一方面,可以将礼让作为互惠原则的一种辅助和补充手段,使之与互惠原则相互配合,将礼让作为互惠的一个考量前提。英美国家将礼让作为一种政策性的指导,这一点值得我国借鉴。在"一带一路"建设的过程中,对于不符合我国互惠原则前提性条件的国家,在不违反我国大政方针、法律基本原则、公共秩序等因素的条件下,可以先行给予外国以互惠的承诺。如果每个国家都在等着对方迈出最先的那一步,那整个国际社会就会停滞不前而无从发展了,这种先行给予外国的互惠承诺正是胡伯国际礼让精神的集中反映。另一方面,把握适用礼让原则的度。在价值观方面,"度"的观念在我国的存在源远流长,孔子的中庸之道就是将其推演到极致,对于当今世界的发展而言都具有重大的指导意义。孔子说:"中庸之为德也,其至矣乎! 民鲜久矣。"中庸之道要求过犹不及与和而不同,把握合适的度,不去做越轨的事情,社会才能获得和谐。这种要求适度的价值观落实到礼让原则的司法实践当中,就是要求法院能够很好地把控礼让原则适用的比例和程度,更好地平衡国家利益与私人利益,推动我国与"一带一路"沿线国家的民商事交流与合作进一步发展。

四、结　语

胡伯的国际礼让说具有丰富而深刻的内涵,为17世纪荷兰资本主义的发展提供理论支持,在国际私法发展史上具有举足轻重的地位。但是,作为胡伯国际礼让说最基础的性质界定却常常被人们所误解。胡伯的国际礼让说的性质是强行性规范而不是道德性的谦让。造成这一误解一方面的原因可能来自人们固有的惯性思维,认为礼让这一词语偏重道德礼貌;另一方面的原因是胡伯自身表达的语意不清,很难要求在不足一万字的短文中彻底阐述清楚一个学说体系的核心概念。然而,秉持着黄仁宇先生的大宇宙观,考虑胡伯国际礼让说诞生的种种细枝末节——从思想政治层面探讨的绝对主权观念与理性主义西方哲学精神;从社会科学层面探讨的罗马包容万众的法律传统与荷兰"海上马车夫"对外扩张的社会历史环境;从理论文本层面探讨胡伯《论各国各种法律冲突》的遣词造句与后世斯托雷、柯里等理论的继承,我们不难发现胡伯的国际礼让其实质是披着祥和外衣的绝对主权观的温和主义表达,其实质是要维护主权国家的根本利益,胡伯作为法学家,其一生都在致力于寻找如何平衡主权利益与法律冲突之间的度。诚然,作今人之观察,我们承认胡伯思想具有不可避免的时代缺陷,诸如他始终未对礼让提出明晰的界定,始终没有摆脱绝对主权观念的实质。但是，尽管如此，在我国法律冲突领域的互惠原则已经远远不利于对外开放的司法改革大潮流的时代背景之下，在面对 21 世纪全球化高速发展的今天，在提出"一带一路"倡议下的当代中国社会，胡伯的国际礼让说仍然在国际冲突法领域熠熠生辉，具有重大的借鉴价值。更何况在我国废除互惠原则的适用不是一朝一夕的事情，互惠原则仍然具有生存与发展的空间与价值，在这样矛盾复杂的社会环境当中，我国应始终坚持在礼让的基础上展开国际合作，应该始终坚持礼让与互惠的相互协作，承古人之创造，开时代之生面，取其精华去其糟粕，才是正确的发展之途，才能最终实现中华民族的伟大复兴。当然，胡伯的国际礼让说还具有很多丰富的内容，本文仅就胡伯国际礼让的性质进行分析，力图从中获得些许对中国现代化法治建设的借鉴与启示，由于笔者理论功底和实践经历的缺陷，肯定对此问题还有诸多不完整、不完善的地方，其他方面还有待更为全面深入的研究与论证。

国际人权话语:女权主义的全球想象空间

罗　清

【摘要】　20世纪末,全球化背景下的国际人权话语呈现出新的特点,为女权主义者打开了崭新的想象空间。女权主义一方面解构、揭露国际人权话语中的霸权、虚伪和偏见,另一方面尝试重构具有性别视角的人权话语,并利用这一话语实现性别正义的最终目标。然而,女权主义对国际人权法的接近、解构与重构从一开始就夹在"反抗与屈从"的张力之间,这隐晦地反映出女权主义话语与国际人权话语之间权力的不对称性。要改变这种不对称关系,必须从语言着手,打破人权话语的先占优势,创造出新的语言游戏规则,瓦解人权话语中的逻各斯中心主义。

【关键词】　全球化;人权;话语;女权主义

后马克思主义理论创始人拉克劳和墨菲认为,当妇女意识到自己身处一种支配关系中的从属地位时,为了改变这种状况,"她必须利用可以利用的工具,首先想象出一个远离从属性支配的世界,然后先想象出她在那个另类空间中所扮演的角色;其次是分析她卷入其中并受到从属关系阻挠的种种情形;再次则是充分利用可能出现的集体斗争,推翻整个支配体系"[①]。

女权主义的国际人权化可以说是对这段话的最佳诠释。在1993年维也纳的世界人权大会上,"妇女的权利即人权"这一概念第一次被各国代表正式承认,这不仅成为女权主义运动的转折点,也成为世界人权运动的里程碑。女权主义从此开始了国际人权化的新旅程。

实际上,对于女权主义者而言,"人权"并非是什么新鲜事物。1948年《世界人权宣言》对性别平等的规定,似乎意味着女权主义者描绘的春天已经到来。既然如此,女权主义者为何又要在世纪之交与国际人权话语"联姻",将实现性别正义的筹码押注在人权话语之上?或许,这一切都与全球化[②]背景下人权话语的魅力升值戚戚相关。

一、人权话语的全球化

从字面上来看,国际人权必然是全球性的,像"国际人权宣言"这类短语就明显饱含着一种全球标准。但是,"人权的全球化"比这一标准本身内涵丰富得多,它主要体现出三个方面

本文原刊于《中南民族大学学报(人文社会科学版)》2018年第4期。

作者简介:罗清,女,浙江农林大学讲师,法学博士,主要研究人权与性别、儿童人权。

基金项目:浙江农林大学科研发展基金人才启动项目(项目编号2014FR055)的阶段性成果。

①　[美]安娜·玛丽·史密斯.拉克劳与墨菲——激进民主想象[M].付琼,译.南京:江苏人民出版社,2011:11.

②　"全球化"是一个模糊不清的概念,如果取其最广泛的定义,我们可以将其理解为"世界范围内复杂和多层面的经济、社会、文化和政治的扩张和融合进程,这一过程使得资本、生产、金融、贸易、思想、形象、人群和组织能够跨越地区、国家和文化的边界进行流动"。参见:周颜玲.至关重要的社会性别——21世纪如何开展全球化和社会变迁研究[J].蔡一平,谭琳,编译.妇女研究论丛,2009(3):60-61.

的新特点。

（一）人权话语的标准化生产

在 20 世纪末，随着"全球化"的到来，人类历史进入了交通、通信空前发达的时代，知识爆炸般激增，并凭借计算机网络的全球化，跨越不同的边界进行广泛快速的流动。随着这股知识流动的浪潮，国际人权话语得到前所未有的生产与扩散，这使得人权话语不再仅仅是各种政府间会议以及政客们的外交术语，它也成为普通人街头巷尾、茶余饭后的谈资和口头禅。经由各国政府对国际条约的签署和通过、媒体的宣传和介绍、学者的援引和翻译，人权话语逐渐成为一种关于道德和法律的标准用语，成为"人类共同的语言"①。

这种人权语言的标准化，一方面使得人权话语宛如流水线上的产品一样得以迅速生产，一定程度上成为一种表达权利主张的"霸权性的语言"②。而另一方面，这种标准化也导致许多既存的、具有地方特征的道德、伦理、文化规范遭到边缘化甚至淘汰，从而又反过来加固了人权语言的霸权地位。因此，在全球化时代，人权话语的标准化为人权的普遍性特征又提供了有力的说明。

人权话语的标准化生产对于女权主义和妇女人权行动者而言意味着可以凭借一套统一的、标准的、极具政治影响力的国际规范，来向全世界的妇女提供帮助，帮助她们走出受压迫和屈从的境遇。尽管这套国际规范缺乏执行力，但对于塑造文化和社会价值观有着至关重要的意义。同时，人权话语的标准化生产也有利于女权主义者借助这种主流话语，将 TA 们③关于性别平等的思想通过口口相传，更快捷地输送到所有人的脑海里，从而促使自下而上的社会变革的发生。

（二）人权话语的高度制度化

在全球化时代，人们似乎不再执着于讨论权利的本体论和认识论问题，而把关注焦点更多地转向了对权利的有效管理，这种有效管理体现为人权话语的高度制度化。

人权话语的高度制度化首先表现在权利分类的精细化。现代权利的种类已经大大超越了人们的想象，致使一些人开始担忧权利的泛滥或权利的爆炸。④ 我们甚至可以将联合国通过的一系列国际人权文书视为一张无限的权利列表，以这张列表的长度和厚度来衡量所谓人权的进步。

权利分类的精细化随即带来的是人权管理的信息化。所谓信息化，指的是联合国利用现代计算机及统计技术，建立起来的人权及相关领域的数据库。⑤ 这类数据库的建立，能让联合国迅速掌握世界各地的"权利"的生存状况，并合理地进行资源调配。

权利的高度制度化还体现在管理机构的集中化。联合国大会于 1993 年 12 月设立了人权高级专员这一职务，并且在日内瓦设立了联合国人权事务高级专员办事处，以便将所有琐碎的人权事务进行集中处理。另外，国际人权法院和区域人权法院的建立也有利于对侵犯

---

① Upendra Baxi. The Future of Human Rights[M]. New Delhi: Oxford university press，2008:1.

② ［英］凯特纳什，阿兰斯科特. 布莱克维尔政治社会学指南[M]. 李雪，吴玉鑫，赵蔚，译. 杭州：浙江人民出版社，2007:352-353.

③ 本文所使用的代词是有所讲究的。为了避免传统语言习惯中用"他们"这个被视为中立，却实际上是男性气质的人称代词来指代多数人，同时也为了表明一种态度，本文中在指称一般性的大多数人时采用"TA 们"来代替。只有当特定指某个人或某类性别的人时才使用具体的她、他、他们或她们等代词。同时，本文保留引用的原文中原有的代词使用。

④ ［美］伯纳德·施瓦茨. 美国法律史[M]. 王军，等，译. 北京：中国政法大学出版社，1990:272-279.

⑤ 参见 http://www.un.org/zh/databases/，2018-06-22.

人权案件的集中管理。

最后,权利的高度制度化表现在管理制度的统一化趋势。例如,2012 年联合国大会提出了对联合国进行改革的建议,其中一条建议就是关于简化和统一报告流程。这种简化和统一体现在提交统一的文件、定期更新、严格执行对页数的限制、建立统一的对话方法、对交往和互动模式进一步制度化等。① 可见,这种高度统一化已经体现在方方面面的细节之中。

人权话语的高度制度化为女权主义者的工作带来不少好处,权利分类的精细化和信息化有利于向世界展现那些曾经被忽视和掩盖的妇女境遇,而人权管理制度的统一化使得女权主义者们可以通过这些制度设计将 TA 们的理念变成一个个具体的操作步骤,让一切都变得更加透明、简便和可操控。

(三)人权话语的现实乌托邦品格

政治哲学思想巨擘约翰·罗尔斯(John Rawls)在其所著《万民法》中提出了"现实乌托邦"这一概念,对乌托邦一词给出了全新的理解。②

虽然笔者并不认为当今的国际人权法就是罗尔斯所说的"万民法",但是笔者想借用"现实乌托邦"来形容全球化时代的人权理想。全球化的到来模糊了国家的边界,各种非国家行为体大量涌现,"国家从唯一的'政治权力容器'(containers of political power)变成了诸多权威形式中的一种"③。尤其是在人权领域,非政府组织这种日益崛起的第三方力量,在各国实施国际人权标准方面发挥了不可小觑的监督作用。④ 人们不再寻求一个类似于"世界政府"的机构行使对世界的管理,而强调从以国家为主体的政府治理转向多层次、多边化的治理,让更多的非国家行为体进入解决全球问题的过程之中。如此一来,这些非国家行为体作为它们"人民"的代表,因为没有"主权"诉求而能充分利用人所具有的合理性,在原初状态中用自己的计算理性签订互利互惠的契约。⑤ 这使得当代人权理想愈加体现出罗尔斯意义上的"现实"的乌托邦色彩。

女权主义对乌托邦的兴趣由来已久,甚至有的女权主义者认为女权主义本身就可以被理解为一种乌托邦。因此,女权主义者不自觉地被人权话语所描绘的乌托邦理想所深深打动。毕竟,这是历史上第一次全面赋予女性平等主体地位的话语,能给人带来无尽的冲动、热望和幻想。

综上所述,全球化背景下的人权话语似乎为女权主义者营造了一个全新的想象空间。

---

① 参见联合国大会:《联合国改革:措施和提议》A/66/860,2012 年 6 月。

② 与传统乌托邦不同,罗尔斯着重强调乌托邦的现实性,认为现实乌托邦就是"人民社会"的建立,在这个社会里,有一个被称为"万民法"的政治自由总念或政治正义观念,以帮助"实现政治可能性的限度,并且使我们跟我们的政治和社会条件相协调",从而实现永久和平。并且,与康德主张永久和平的实现必须建立在自由共和体制的国家之间不同,罗尔斯认为这种"万民法"的订立者并非自由民主国家本身,而是"人民"。正是因为在"无知之幕"的笼罩下,人民并不知道自己民族所处的位置如何,为了使自己即使在最不利的情况下也能获利,人民就会利用自己的计算理性达成"互惠"的契约。参见:[美]约翰·罗尔斯.万民法[M].张晓辉,等,译.长春:吉林人民出版社,2001:12.

③ 李刚.论戴维·赫尔德的全球治理思想[J].东北大学学报(社会科学版),2008(3):234.

④ 许多非政府人权组织在联合国或其他专门性和区域性的政府间国际组织中享有观察员和咨商地位,它们可以提交报告、出席会议、发表意见,在某些情况下还可以影响这些组织的工作日程。参见:张爱宁.国际人权保护实施监督机制的新动向[J].法学,2010(1):110.

⑤ 在罗尔斯看来,永久和平必须靠"人民联盟"而非"国家联盟"。因为国家是和"主权"相关的,在处理与其他社会的关系时会被自己的目标所驱使而忽视互惠准则,所以必定倾向于战争;而只要人民对政府有足够的控制力,那么他们之间的联盟就必定能阻止战争。参见:吴猛,新凤.走向永久和平:罗尔斯与康德[J].学海,2002(5):83.

TA 们期待找到人权话语与女权主义话语的契合点,从而借助人权话语的影响力加速性别平等在全球范围内的实现。

二、国际人权话语的性别解构

然而,对人权的美好想象并不能缓解人权观念与人权现实之间的张力。随着了解的深入,女权主义者发现了人权话语中既存的男性霸权和知识局限。经过分析与解构,女权主义学者指出了国际人权话语中不利于性别正义实现的几个重要特征:

(一)男性中心主义

男性中心主义(androcentrism),意指将一种基于男性经验的理论建构与实践原则视为全人类的一般经验和不容置疑的常识。从古至今,无论是在东方还是西方,所有有文字记载的历史,几乎都是以男性为中心的历史。在这一点上,国际人权法也毫不例外。女权主义批评人权是男人的权利,并非意味着所有法律都是男人制定的,而是因为国际人权法的建构是基于男人的生活经历,侧重男人所关注的重点,且使用的是男性气质的语言。

例如,国际人权法对"酷刑"的定义,就将更易遭受私人公民虐待的妇女排除在国际法的保护范围之外。这就意味着,禁止酷刑规范作为绝对法,给予男人的经历以优于妇女经历的特权,为男人提供妇女享受不到的保护。也正因为如此,国际人权法以"男性"这一性别作为一切事物的判断标准,而妇女在国际人权法之中被再现为"他者"。这也就是为何私人暴力侵害妇女行为长期不在国际人权法的考虑范围之内,因为这些不是男性所需要担心害怕的事情。

(二)二元对立

国际人权法第二个长期被女权主义所诟病的问题是其二元对立意识形态。

女权主义者认为,国际人权法将社会生活区分为公共和私人两个对立领域,这种区分是带有性别化(genderlized)意味的。一般而言,公共领域被与男性权力、理性和资格联系在一起,而私人领域则被认为是女性化的,带有女性的贞洁、感性、从属以及服从。国际人权法的公共/私人二元区分主要体现在两个方面:第一个方面,这种公/私区分意味着哪些事务应该归于国际人权法的管辖之下,哪些事务应该留在国家主权内部解决;第二个方面,这种公/私区分意味着私人个人之间的关系是否应该放在国际人权法的框架下来讨论。在公/私二元对立的区分情况下,国际法律话语显示出了一系列关于公共/私人的思维方式。此外,传统国际人权法将公共领域的重要性置于私人领域之上,这意味着形成一种压迫的等级制,即男人在公共领域遭受来自国家的压迫,而女人在私人领域遭受来自男人的压迫,并且前一种压迫被认为比后一种压迫要更加恶劣,更加引人注目。

(三)本质主义

本质主义是西方形而上学传统中的一种核心思维方式,在这种思维方式中,事物被分为表象和本质,复杂多变的表象背后都隐藏着一个固定不变的本质,它是决定"事物之所是"的根源和最终原因。从 20 世纪 90 年代中期开始,第一和第三世界的女权主义者都对国际人权法中的"妇女"一词的本质主义性质发起了进攻。

女权主义学者认为,世界上绝大部分传统性别文化是性别本质主义的。"性别本质主义是指将性别制度和性别文化造成的男女在群体特征、行为方式、性别分工、社会地位等方面的社会差异或社会不平等(如男刚女柔、男优女劣、男强女弱、男外女内、男主女从、男尊女卑等)归因于其生物本质差异,尤其是将女性的从属地位和低素质归结于她们与男性不同的生物特征。"①通过检视国际人权文书我们可以发现,妇女在国际人权法中是作为三种女性主体而存在的:首先作为妻子和母亲而存在,这种主体形象无论在战时还是和平时期都是需要"保护"的对象,更像是国际法的客体而非主体;第二种是基于性别的(sexual)脆弱性而形成的受害者主体;最后才是与男人至少在公共生活领域享有"形式平等"的法律主体。② 一些学者批评,这种将妇女固定在私人领域、柔弱、无助、客体的本质主义"妇女观",实质上是否定了妇女作为一个独立、自主、平等的法律主体的存在。

对于女权主义而言,国际人权话语中的男性中心主义、二元对立和本质主义是 TA 们实现性别正义理想的巨大障碍,但是想彻底将它们摧毁却绝非易事。正如学者凯伦·恩格尔(Karen Engle)十多年前所言,女权主义国际法律学者感觉到"TA 们只有保存住大多数为 TA 们所反对的国际法核心理念,TA 们的工作才有可能取得成功"。③ 由此可见,女权主义对国际人权法的批判从一开始就夹在"反抗与屈从"的张力之间,左右为难,犹豫不决。

三、国际人权话语的性别重构

自 20 世纪 90 年代中期以来,许多女权主义学者和妇女权利的行动者开始重构国际人权法规范,试图从内到外改变国际人权系统的性别化状况。这种重构的策略多种多样,但是大致可以归为三个方面,即主张"妇女人权"、优先"家庭暴力"和推广"性别主流化"。

（一）主张"妇女人权"

尽管在 20 世纪 70—80 年代,国际妇女权利的支持者曾积极地在联合国系统内促进妇女发展与实现权利,④但随着各种活动和项目的开展,越来越多的妇女感受到"妇女的权利"和妇女的生活实际上被置于"人权"的次要位置。

1995 年联合国第四届世界妇女大会上,希拉里·克林顿在讲话中提出了"人权是妇女的权利,妇女的权利就是人权"的这一主张。此后,这句话就成为女权主义者的重要理念与口号。

有人认为,人权概念本身就具有普遍性,妇女人权的提法纯属多此一举,容易令人无所适从。但女权主义者认为,传统人权法,例如联合国人权宪章中的"人人平等"措辞,表面上看是顾及了男女两方,但实质上是建立在妇女的沉默这一基础之上的。这里所说的沉默并非指妇女完全失声,或者在国际法中缺席,而是指妇女在国际人权法中一直处于一个必要的"他者"地位。她们只是用来衬托出男性主体在国际人权法中的重要地位,而她们的欲望和需求在实践中却不受到关注。如此一来,国际人权法像多数经济、社会、文化和法律机制一样,起着强化妇女次要地位的作用。因此,"妇女的权利是人权"是将妇女包括进国际人权法的完整主体之中的有力呼吁,它将重新界定传统人权的疆界,而不是仅仅将妇女添加到人权

---

① 韩廉.解构性别本质主义:女性主义对先进性别文化的贡献[J].妇女研究论丛.2004(5):10.
② Otto D. Disconcerting "Masculinities": Reinventing the Gendered Subject(s) of International Human Rights Law[C]// Buss D , Manji A. International Law: Modern Feminist Approaches[C]. Oxford: Hart Publishing, 2005: 320.
③ Engle K. International Human Rights and Feminism: When Discourses Meet[J]. Michigan Journal of International Law, 1992(13).
④ 在 1975 年 12 月,联合国大会宣布将 1976—1985 年规定为联合国妇女十年,主题为平等、发展与和平。在此前后,联合国共组织召开了三次世界性妇女会议。

话语之中。它需要重新思考诸如"公民和政治（权利）"以及"经济和文化（权利）"等基本概念的内涵，而不是直接将其拿来用于妇女身上。

（二）优先"家庭暴力"

女权主义在对国际人权话语进行重构的过程中，将重中之重放在了"家庭暴力"这个问题上。在20世纪90年代以前，针对妇女的暴力问题不被认为是一个重要问题，即使被关注了，也是在国内法层面，而非国际法层面。那么，针对妇女的暴力问题，尤其是家庭暴力问题，在20世纪90年代后期为何会迅速崛起，成为国际妇女人权法的焦点问题呢？笔者认为，主要有以下三个方面的原因。

首先，家庭暴力的"私人"特征，符合女权主义打破国际人权法公共/私人二元对立区分的需要。家庭暴力，这种从字面上就能分辨属于"私人的"领域的议题最能证明国际人权法的公/私区分实践。因此，这个问题最恰当地说明了传统人权概念和实践是如何带有性别偏见以及是如何广泛忽略妇女遭受权利侵犯的。

其次，相对于人权的普遍性而言，家庭暴力的普遍性很少会受到质疑，因为历史资料和统计数据显示，家庭暴力无论是从时间上还是空间上，都是普遍存在的，它并不受到种族、阶级、风俗文化、知识水平、经济收入的影响，也不因时间的流逝而退出历史舞台。[①] 正是因为家庭暴力问题所具有的这种普遍性特征，使得它成为团结世界各地妇女的最佳联结点，而不像个别人权问题具有地域特殊性，例如发达国家妇女所强调的堕胎权，或第三世界妇女强调的健康饮水、住房权等。这也有力证明了女权主义学者关于对妇女的暴力行为是对人权的侵犯的主张。

最后，对人身体和生命的人权侵害，例如任意剥夺生命、酷刑、奴役等行为向来是传统国际人权法的关注焦点。因为这些都是《公民权利和政治权利国际公约》中明确禁止的内容，而这一公约在国际人权法系统中一直处于较高地位。将对妇女的家庭暴力问题作为妇女人权的一个优先问题，之所以较容易被国际人权法主流领域所接受，是因为家庭暴力严重侵害到妇女肉体的生命健康，同时也最能引起普罗大众的同情心。也许正是因为这一点，女权主义将家庭暴力问题视为实现妇女人权的一条情感捷径。

女权主义在国际层面的积极运作使得国际人权法领域开始关注与家庭暴力相关的国家责任概念、性别歧视概念、政府保护人权的积极义务等问题。从此，家庭暴力由一个"私人问题"变成了一个"人权问题"。从这一方面来说，以家庭暴力作为"妇女的权利是人权"这一策略的核心内容，对于妇女人权的实现有着重要的意义。

（三）推广"性别主流化"

1995年第四届世界妇女大会通过了《行动纲要》，将性别主流化作为提高两性平等的一项全球性策略，以及一切经济社会发展领域的首要目标。北京会议对性别主流化的共识被联合国妇女地位委员会等机构采纳，并呼吁联合国推广一种积极的性别主流化政策，将性别观点系统性地纳入所有工作之中。从那时开始直到今天，性别主流化仍然作为联合国推动性别平等的重要策略，在国际、区域和国家层面得到推广。

---

① 2013年世界卫生组织在《暴力侵害妇女全球与区域评估：亲密伴侣暴力和非伴侣性暴力的普遍及对健康的影响》报告中显示，亲密伴侣之间的暴力是暴力侵害妇女最主要的形式，全世界范围内有差不多三分之一的妇女都遭受过该暴力。参见 http://apps. who. int/iris/bitstream/10665/85239/1/9789241564625_eng.pdf.

何谓性别主流化? 性别主流化的实质就是系统性地将性别(gender)意识纳入所有政策、项目和服务中的过程。这其中有三个要点。首先,这是一个以过程为导向的策略。它是动态的、不断变化的,不求一蹴而就和一步到位,需要不断根据现实情况进行调整和适应。其次,性别主流化意味着需要依靠现有的制度体系,包括联合国体系以及国内的法律政治体系,将性别意识输送到社会肌体的所有神经末梢之处。因此,它同时也是一个制度化的过程。最后,也是最重要的一点,就是对性别主流化中"性别(gender)"概念的理解。女权主义学者用性别(gender)来说明所谓的男女差异小部分是天生的、生理性别(sex)意义上的,大部分是社会建构的,是社会基于男女两性生理差异而赋予 TA 们的不同的期望、要求与限制造成的。妇女在历史和社会上的从属、受支配地位并非是由于女性生理性别(sex)的弱势造成的,而是因为社会建构了一种以男性为中心的性别(gender)权力等级关系。因此,性别主流化中的"性别(gender)"一词带有强烈的性别解放色彩。

用性别主流化来推动女权主义的国际人权制度化是一种双管齐下的策略。女权主义学者认为,女权主义的国际人权化并非只是就性别平等问题制定出一系列的国际或国内法律和政策文书而已,TA 们希望在这一过程中同时完成一种性别意识的转向,用"性别(gender)"这颗语言子弹打破国际人权法男性中心主义的话语铁幕。

四、结 语

国际人权话语在全球化时代衍生出来的丰富内涵,为女权主义开拓新的想象空间提供了前所未有的可能性。但同时,国际人权话语中存在的男性中心主义、二元对立和本质主义语言及理念,给 TA 们的工作带来了巨大的挑战。这导致女权主义在进入国际人权话语、解构国际人权话语和重构国际人权话语时,不得不保留一份既反抗又屈从的心态。无论女权主义在学术文献中对国际人权话语批评得多么猛烈,但一到实际操作时,往往选择的是妥协、忍让,甚至不自觉地重蹈覆辙。

这种情况之所以存在,源于女权主义话语与人权话语之间隐含的等级结构。哈贝马斯曾说:"纯粹的交互主体性是我和你(我们和你们),我和他(我们和他们)之间的对称关系决定的。对话角色的无限可互换性,要求这些角色操演时在任何一方都不可能拥有特权,只有在言说和辩论、开启与遮蔽的分布中有一种完全的对称时,纯粹的交互主体性才会存在。"[①]在女权主义话语与国际人权话语的对话过程中,两者并非处于一种平等对称的地位。显然,国际人权话语拥有更多的特权,这种特权主要体现在对语言的先占优势之上。女权主义创造的妇女人权理论,无论是在用词、语法结构还是逻辑秩序上都与国际人权理论是类似的。尽管女权主义者不堪忍受人权话语中存在的"语言霸权",但又不敢跳出人权话语的藩篱自寻一番天地。这也就导致了女权主义对国际人权话语的先在性投降。因此有学者担心,女权主义在国际人权法之中建构性别正义话语,有可能"更多的是在独白,而非对话"[②]。

要改变这种不对称关系,促进性别正义的早日实现,笔者认为还得从语言着手,打破人权话语的先占优势。这就意味着女权主义者必须创造一些新的语言游戏规则,让它们逐渐

---

① 周宪. 在知识与政治之间[J]. 读书,2014(2):44.

② Edwards A. Violence Against Women Under International Human Rights Law[M]. New York: Cambridge University Press,2011:320.

渗透到现有的语言体系之中,再慢慢瓦解人权话语中的逻各斯中心主义。这项工作不是一朝一夕能完成的,而是一个十分漫长的甚至无限长的过程。维特根斯坦说,"只要继续有'是'这个似乎与'吃''喝'等词有同样功能的词,只要还有'同一的''真的''假的'这样一些形容词,只要我们继续谈论时间之流、空间的广延等,大家就会不断碰到一些同等的难以捉摸的困难,凝视一些似乎不可能解释清楚的事物"①。不过,既然是一场游戏,我们"可以一边玩一边制造规则,也可以一边玩一边改变规则"。② 也许有一天,这些词都会从人类的语言中消失,那时或许又是一个完全不同的世界。

---

① 涂纪亮.维特根斯坦后期哲学思想研究[M].武汉:武汉大学出版社,2007:14.
② [奥]维特根斯坦.哲学研究[M].陈嘉映,译.上海:上海世纪出版集团,2005:46.

软法与硬法之间:国际海底管理局规章的性质分析

项雪平

【摘要】 国际海底管理局规章本质上属于国际组织外部决议。从规则的法律约束力、明确性和第三方性三个维度分析,规章对于实体而言,除申请费和预防做法的要求无法律约束力之外,其余部分都具有法律约束力;除预防做法存在模糊规定外,其余内容明确;对于担保国而言,预防做法并没有法律约束力,内容也模糊,但其余规定明晰;规章的第三方性对于实体和担保国都很强。从整体上看,规章处于软法向硬法发展的过程中,但未最终构成硬法。相较于担保国,规章对实体的法律化程度更强。

【关键词】 国际海底管理局;"区域"规章;软法;硬法

随着深海技术的发展,对国际海底区域[①]进行开采的可能性日益加大。"区域"丰富的矿产资源已成为许多国家和实体争夺的目标。国际海底管理局(下称"管理局")指出"'区域'内的多金属结核、多金属硫化物和富钴锰结核开采潜力也许比历史上的任何时期都大"。[②]在国际法治已初步建立的当代,要进行"区域"开发,就必须遵守《公约》和《执行协定》[③]所确立的"区域"相关法律制度,而不能以"区域"处于主权国家管辖范围之外而任由各国自行其是,这一点,连至今尚未加入《公约》的美国也不否认。[④]

为控制"区域"活动和管理"区域"资源,《公约》和《执行协定》授权管理局根据"区域"活动的需要随时制定相应的规章。[⑤]随着"区域"内活动的开展,管理局先后制定了三部规章[⑥],并以

作者简介:项雪平,女,杭州师范大学沈钧儒法学院教师。

① 《联合国海洋法公约》简称其为"区域",本文亦采此简称。

② ISBA/19/C/5.

③ 《公约》全称为《联合国海洋法公约》,1982 年 12 月 10 日通过,1994 年 11 月 16 日生效;《执行协定》全称为《关于执行 1982 年 12 月 10 日〈联合国海洋法公约〉第十一部分的协定》,1994 年 7 月 28 日通过,1996 年 7 月 28 日生效。为简洁计,本文采用简称。

④ 2012 年 5 月 23 日,美国参议院就美国是否加入《公约》进行听证。这已是第三次听证。在布什政府、克林顿政府时期已各举行过一次听证。国务卿希拉里在作证时极力主张美国加入《联合国海洋法公约》,一个主要的理由就是中国、德国等《公约》的缔约国已开始进行"区域"采矿,而美国的未入则是把自己挡在了"区域"之外。

⑤ 具体授权条款为:《公约》第一百六十条第二款(o)项(2)目、第一百六十二条第二款(o)项(2)目和《执行协定》附件第一节第 15 段。

⑥ 分别为 2000 年、2010 年和 2012 年通过的《"区域"内多金属结核探矿和勘探规章》(下称《结核规章》)、《"区域"内多金属硫化物探矿和勘探规章》(下称《硫化物规章》)和《"区域"内富钴铁锰结壳探矿和勘探规章》(下称《富钴规章》),《结核规章》在 2013 年 7 月管理局第 19 届年会上被修订。

此为依据签订了 17 份勘探合同,另有 8 份勘探工作计划已获得批准。① 管理局认为规章适用于所有实体②,但这一表述与国际法不能直接约束一国国民的传统并不一致。同时,规章在《公约》和《执行协定》之外,增加了担保国的义务,这些义务是否在规章通过后就对担保国产生法律约束力,担保国就此是否应承担相应的法律义务? 这两个问题,不仅关系到管理局对公约规定的落实和"区域"法治化程度的高低,更关系到"区域"及其资源作为人类共同继承的遗产目的的实现。因此,本文拟通过引入三维分析路径,从规章对实体及担保国的约束力、规章的明确性和第三方性等维度分析规章的属性,确定"区域"的法律化程度,为"区域"活动提供参考。

需要说明的是,虽然三规章制定的时间先后跨越了十多年,但除了针对三种资源不同特性所做的一些特别规定外③,三规章的规定基本相同,《结核规章》的修改尤其说明了这一点。④ 事实上,通过三规章的逐渐统一,最后制定统一的《采矿守则》,是管理局追求的目标。⑤ 因此,若无特别指出,本文所称的规章是一个总体的概念,包括管理局制定的三个规章。

一、软法与硬法之间——三维分析路径的引入

自霍布斯和普芬道夫时代开始,关于国际法是不是法律的争议一直不断。但在国际法学者内部,国际法的存在是一个毋庸置疑的事实。⑥ 然而,对于国际法的范围,却有不同的观点。严格的法律实证主义认为,国际法的渊源仅限于《国际法律规约》第三十八条规定的范围,必须基于主权国家的同意。更多的学者认识到国际社会组织化的格局和国家实践的变化以及《国际法院规约》第三十八条仅仅指明了国际法院裁决可依据的法律范围,不再坚持传统的三种渊源,将众多的国际组织制订的规则、规范和标准也纳入国际法的范畴。对于这些法律的性质,以其有无约束力为标准,区分为软法和硬法。⑦ 如果这些法律具有约束力,属于硬法;没有约束力的,则属于软法。建构主义者则更关注法律在实施中的实际效力,注重书本中的法律与行动中的法律的差距,国内法在实施中效力也会存在不同程度的差别,认为采用软法/硬法二分的方法是脱离实际的。事实上,自软法概念问世以来,学者间对软法的内涵和外延至今尚未取得共识,争论也一直持续。在众多的争论中,肯尼斯·艾伯特等于

---

① 至 2014 年 7 月 25 日,与管理局签订的勘探合同共 17 个,获理事会核准、尚待签订勘探合同的工作计划 8 个。上述数字是综合了 ISBA/20/A/2、ISBA/20/C/12、ISBA/20/C/L. 3、ISBA/20/C/L. 4、ISBA/20/C/L. 5、ISBA/20/C/L. 6、ISBA/20/C/L. 7、ISBA/20/C/L. 8、ISBA/20/C/L. 9 得出的,详见管理局网站:http://www. isa. org. jm/en/sessions/2014/documents,2014 年 9 月 15 日最后访问。

② ISBA/19/A/2,para. 68.

③ 主要表现在申请区域的面积、分布和放弃区域时间的不同。详见《结核规章》(修订)第十五条、第二十五条,《硫化物规章》第十二条、第二十七条和《富钴规章》第十二条、第二十七条。

④ ISBA/19/C/7,para. 1.

⑤ ISBA/18/A/2,para. 71;ISBA/19/A/2,para. 67.

⑥ 例如,奥本海提出,有社会即有法律,所以有国际社会必然有国际法;布莱尔利也认为,有国际社会存在即有法律。劳特派特认为国际法是国际社会的法律。参见:[英]詹宁斯. 奥本海国际法(第一卷第一分册)[M]. 王铁崖,等,译. 北京:中国大百科全书出版社,1995:48-53.

⑦ Shelton D. Commitment and Compliance:The Role of Non-Binding Norms in the International Legal System [M]. Oxford:Oxford University Press 2000.

2000 年《法律化的概念》①一文中采用了一个独特的分析路径来理解软法和硬法。

在肯尼斯·艾伯特等人看来,可以从三个维度分析一项制度的法律化程度:(1)义务,即制度规则对国家和其他非国家行为体的法律约束力。(2)明确性,即规则对行为的要求是否明确。(3)第三方性,即有无授权第三方执行、解释或适用规则,或解决争端,或进一步制订规则。每个维度内部都有不同的层次,也能各自改变。具体可用表 1 来表示。

表 1　一项制度法律化程度的三个维度分析

维度	弱	强
法律约束力	无约束力 ←——————→ 有法律约束力	
明确性	内涵模糊 ←——————→ 内容高度明确	
第三方性	外交手段 ←——————→ 独立的第三方	

在这三个维度中,每个维度的强度从左至右逐渐增强,箭头的最左边最弱,箭头的最右边最强。三个维度不同强度的组合构成了一项制度法律化程度的高低。如果一项安排每个义务要求均具有法律约束力,内容明确并授权第三方解释或执行,就是硬法。甚至明确性程度有所欠缺但另外两个方面的法律化程度很高时,也不妨碍该安排成为硬法。但除此之外,三个维度中的一个或多个不同层次变弱,就会出现法律化程度不同的软法。直至没有法律约束力、内涵模糊和第三方性缺失同时出现,该安排就彻底地成为软法。② 这一三维分析方法和前述的软法/硬法二分的分析方法相比,不仅将二分法的区分标准——法律约束力包含其中,还强调了每个维度的连续性特点以及规范的法律化高低程度,使我们不必纠结于软法和硬法非此即彼的关系,从而能够更加深入地理解一项制度的特性。哈特在《法律的概念》一文中认为,国际法仅仅具有"初级规则",缺乏"次级规则"中的变更规则和裁判规则,也没有统一的"承认规则",因此只能称之为初级法律体系。③ 三维分析方法中的义务维度和明确性维度指向的是规范中的行为规则,类似于哈特的初级规则,但第三方性维度指向规则的执行、解释、适用和争端的解决,这在一定程度上与哈特"次级规则"中的变更规则、裁判规则和承认规则类似。

二、规章的法律约束力

(一)规章作为国际组织决议的本质

《公约》规定管理局规章在理事会通过之日暂时生效,在大会批准之日起则全面生效。④这似乎意味着管理局规章的生效无成员国批准。但众所周知,即使在国际社会日益组织化的今天,国际社会也未形成世界性的立法机构,可以制定不经主权国家同意而直接对各国产生法律约束力的规则。从本质上看,管理局的规章属于国际组织的外部决议。国际组织的

① Abbott K W, Keohane R O, Moravcsik A, et al. The Concept of Legalization[J]. International Organization, 2000,54:401-419.
② Abbott K W, Snidd D. Hard and Soft Law in International Governance[J]. International Organization, 2000, 54:421-456.
③ 哈特.法律的概念[M].许家馨,等,译.北京:法律出版社,2011:187.
④ 《公约》第一百六十二条第二款第(o)(2)项,第一百六十条第二款第(f)(2)项。

外部决议,除非经成员国同意,否则没有法律效力。^① 根据一般国际法理论,成员国对国际组织决议的同意方式主要有通过成立国际组织的基本文件进行明示或默示授权和一定条件下的协商一致三种。

虽然第三次海洋法会议第四期会议后订正的单一协商案文建议理事会核准的规章,除非有 1/4 的缔约国在 90 日内不予批准,否则直接生效。^② 但最终通过的《公约》和《执行协定》并没有明确规定管理局规章在制定后直接生效无须经过成员国的同意。相反,第三百一十六条明确规定对于任何关于公约"区域"活动的修正案,在 3/4 缔约国交存批准书或加入书 1 年后对所有缔约国生效。公约的修正包括删除、增加和变更原公约的某些条款。^③ 对于管理局而言,虽然其并无修改公约的意思,更不要求将规章的内容并入公约,使其成为公约的一部分,但为控制"区域"活动而制定规章不可避免地会涉及对《公约》和《执行协定》的解释和具体化。

通过协商一致得到成员国的同意,目前亦尚无实现的条件。据管理局统计,作为审议和核准管理局规则、规章和程序及其修正案的法定机关,2000 年至 2011 年期间,大会仅有两次会议达到法定成员数。其余年份,管理局的会议一直保持在 57 至 66 个成员(约占成员数的 40％至 45％)出席的相对稳定水平。^④ 在议程安排更为集中,使参会国代表逗留时间更短的 2013 年^⑤,出席会议的成员仍然只有 34％,是历年中比例最低的,远未达到吸引更多成员参会的制度改革目标。与管理局 166 个成员^⑥的总数相比,在未达法定出席率情况下通过的决议实在无法称得上协商一致,导致有代表在会议上直接对决议的合法性表示关切。^⑦

默示同意则是指如果一项决议依据基本文件默示条款而形成,而且各国也能够合理预见将受到该决议的约束,那么该项决议就可以取得对成员国的法律效力而直接适用。^⑧《执行协定》附件第 1 节第 1 段规定管理局应有为行使关于"区域"活动的权力和职务所包含的和必要的并符合公约的各项附带权力。如前所述,管理局在制订规章时不可避免地要对《公约》和《执行协定》加以解释和具体化,否则无法完成制定规章的职务要求。在制定的规章中对《公约》加以解释、澄清和具体化是管理局行使附带权力的结果。但必须注意的是,管理局行使附带权力的边界范围是"符合公约"。要使规章得到成员国的默示同意,管理局必须确保规章内容符合《公约》规定,在《公约》和《执行协定》设定的框架范围内完成,不能给成员国及其所担保的实体带来与公约相抵触的义务,规章的内容对于成员国来说必须是可以合理预见的。

---

① 黄瑶. 国际组织决议的法律效力探源[J]. 政治与法律,2001(5).

② [斐济]萨切雅·南丹. 1982 年《联合国海洋法公约》评注(第六卷)[M]. 毛彬,译. 北京:海洋出版社,2009:390.

③ 李浩培. 条约法概论[M]. 北京:法律出版社,2003:366.

④ ISBA/19/A/2,p. 10,footnote 5.

⑤ ISBA/19/A/2,para. 46.

⑥ 《公约》第一百五十六条第 2 款规定,所有缔约国都是管理局的当然成员。截至 2013 年 10 月 29 日,《公约》缔约国 166 个,《执行协定》缔约国 145 个,见联合国海洋事务和海洋法律司网站 http://www. un. org/Depts/los/reference_files/chronological_lists_of_ratifications. htm♯The United Nations Convention on the Law of the Sea,2014 年 4 月 14 日最后访问。

⑦ ISBA/19/A/14,para. 17.

⑧ Detter I. The Effect of Resolutions of International Organizations[M]//Makarczyk J. The Theory of International Law at the Threshold of the 21st Century[M]. The Hague:Kluwer Law International,1996:385.

（二）规章对在"区域"开展活动的实体的法律约束力

自威斯特伐利亚体系以来，国际社会已形成了个人由国家代表的理论①，个人只能通过国家来主张国际法权利和义务。个人及非政府组织要获得国际法规定的社会权利，最终只能通过相应的国内立法的承接。② 这些理论意味着国际法即使规定了个人的权利义务，也必须由国家予以代表或由国家加以转化，而不能直接对其产生法律约束力。但随着现代国际法的发展，个人在国际法体系中的地位逐渐得到发展。③ 现代国际法在很多方面涉及个人的地位，相关的规范和操作层出不穷，个人将最终成为国内法和国际法的规制对象。④ 许多公约都直接赋予了个人权利和对个人加诸义务，甚至允许个人直接以国家或国际组织为被告提请国际争端解决机构解决争端。⑤《公约》也赋予了各实体直接从事探矿和勘探活动的权利以及在探矿和勘探活动中应承担的多项义务，同时《公约》也允许作为合同当事方的实体以管理局为被告将有关争端提交国际海洋法法庭海底争端分庭（下称"分庭"）或有拘束力的商业仲裁法庭解决。⑥ 但个人国际法上权利义务的取得仍然以国家同意为前提。在国家同意的前提下，个人方可直接行使国际法所授予的权利，国际法上的义务也才可直接对个人产生法律约束力。通过批准或加入《公约》或《执行协定》的行为，缔约国明确承认其效力，认可其中直接赋予实体权利和加诸义务的规定。因此，源于缔约国对《公约》和《执行协定》的同意，规章中那些在《公约》和《执行协定》框架范围内，基于《公约》和《执行协定》的原则、宗旨和具体条文，使实体的权利义务具体化而具有可操作性，并不会导致实体产生与《公约》和《执行协定》下的义务相抵触的后果的规定，对实体直接具有法律拘束力，否则就无直接的法律拘束力。

具体而言，规章分别从探矿者、勘探申请者和承包者三个角度分别对程序义务和实体义务提出要求。这些义务，有的仅仅重申了《公约》和《执行协定》的规定，例如要求申请探矿者承诺遵守管理局保护海洋环境的规则、规章和程序，并接受管理局的查核；要求每一核准的勘探工作计划应遵守管理局的规则、规章和程序；要求勘探申请者进行环境影响的评估和提供基线环境研究方案。更多的是对《公约》和《执行协定》原则性规定的具体化，实现可操作性。例如，明确探矿通知包含的内容、格式和提交方式；勘探申请书的格式、内容、所附的资料数据和提交方式；勘探合同中应予确认的面积、放弃时间和合同期限；管理局接受和审核探矿或勘探申请的程序；对勘探的定期审查、探矿或勘探工作的年度报告；探矿者和承包者的海洋环境保护义务；等等。

在众多的义务中，需要引起注意的是要求探矿者和承包者保护海洋环境的预防做法以及勘探申请费问题。由于规章同时规定担保国应采取预防做法保护海洋环境和基于个人是否直接承担国际法上的义务取决于国家的同意，该问题将在下文规章对担保国的效力中一并讨论。对于勘探申请费，《执行协定》将《公约》附件三第一十三条第二款所规定的勘探或

① 魏智通.国际法[M].5版.吴越,等,译,北京:法律出版社,2012:201.

② 徐崇利.经济全球化与国际法中"社会立法"的勃兴[J].中国法学,2004(1).

③ Parlett K. The Individual and Structral Change in the International Legal System[J]. Cambridge Journal of International and Comparative Law,2012,1(3):60-80.

④ Trinidade C. The Access of Individuals to International Justice[J]. Cambridge Journal of International and Comparative Law,2012, 1(3):298.

⑤ 例如《国际人权公约》《欧洲人权公约》规定个人可以直接向欧洲人权法院提起诉讼.

⑥ 参见《公约》第一百八十七条(c)项和第一百八十八条第二款.

开发申请规费 50 万美元修改为 25 万美元。《结核规章》因此确认了 25 万美元的固定规费制度。但《硫化物规章》和《富钴规章》将申请费提高至 50 万美元,《结核规章》修正后,也将申请费提高至 50 万美元。根据《公约》附件三第一十三条第二款,理事会可以对申请费加以审查,但审查的目的限于确保申请费足以支付相应的行政开支。理事会经审查发现申请费不足以支付行政开支的,通过决议决定提高申请费的,应将决议交给成员国,经 3/4 成员国批准或同意使修改生效后才能产生法律拘束力。

(二)规章对担保国的效力

规章涉及担保国的内容并不多,主要为提交内容和格式符合要求的担保书、担保终止时的义务以及保护和保全海洋环境的义务等三个方面。在保护和保全海洋环境方面,规章要求担保国采取预防做法和最佳环境做法确保海洋环境免受"区域"活动可能造成的有害影响;同管理局合作,监测和评价深海底采矿对海洋环境的影响;在管理局为保护海洋环境发布紧急指令时采取措施供保证的义务。

在这些规定中,提交内容和格式符合要求的担保书以及采取预防做法和最佳环境做法是对公约的发展,其余则属于对公约规定的重申和确认。这些规定的效力,区分不同情况而有所不同。对公约确认和重申的部分,源于公约对缔约国的约束力,对担保国具有法律约束力。对于担保书内容和格式要求,提交担保书是《公约》所设定的义务,规章在重申此义务的基础上具体提出了担保书的格式和内容,虽然内容涉及 6 个方面,但并未给担保国增加任何新的义务,因此属于对《公约》的具体化,使其具有可操作性。

对于预防做法,分庭咨询意见以原《结核规章》和《硫化物规章》规则为基础,将预防做法认定为属于担保国进行适当注意的相关因素,可以在规章范围之外适用。咨询意见认为预防做法成为国际习惯法的一部分的趋势已经开始,规章的规定增强了这种趋势。[①] 有学者高度评价了这国际海洋法法庭的第一个咨询意见,认为其具有历史性的意义。[②] 虽然咨询意见将对管理局今后规则的制定产生很大的影响,[③]但咨询意见本身并无法律拘束力,并未形成对规章的有权解释,规章要求的预防做法的法律约束力仍应从其是否符合公约要求的角度加以确定。

《公约》和《执行协定》向来重视海洋环境保护,除第十二章专门规定海洋环境的保护之外,对"区域"活动中的海洋环境保护要求也散见于第十一章。《公约》"区域"环境保护要求最主要的原则为第一百四十五条所规定的防止原则。《里约宣言》原则本身是一种政治共识,并无法律约束力,虽然《公约》有把被普遍接受的国际性规则、标准、规定、程序或做法吸收到公约中,赋予其法律拘束力的传统,但 1994 年通过的《执行协定》也未将 1992 年宣示的《里约宣言》原则 15 纳入其中,赋予其法律拘束力。虽然规章可以依《公约》和《执行协定》的

---

① The Seabed Disputes Chamber of the International Tribunal forthe Law of the Sea, Responsibilities and Obligations of States Sponsoring Persons and Entities with Respect to Activities in the Area, Advisory Opinion, February 2011, p. 41, para. 135.

② David J. Bederman, International Tribunal for the Law of the Sea——Seabed Disputes Chamber—— Advisory Jurisdiction——Seabed Mining——Responsibilities of Sponsoring States, 105 American Journal of International Law 755 (2011).

③ Peter Holcombe Henley, Minerals and Mechanisms: The Legal Significance of the Notion of the 'Common Heritage of Mankind' in the Advisory Opinion of the Seabed Disputes Chamber, 12 Melbourne Journal of International Law 373 (2011).

原则和宗旨加以发展,但这种发展应该是成员国可以合理预见的,预防做法显然在成员国的合理预见的范围之外。因为直至今天,许多国家在其国内法中也未规定预防做法,更遑论同意一个国际组织给自己设定义务了。基于此,规章的预防做法要求对担保国和实体并没有法律约束力。

三、规则的明确性程度

作为规范"区域"活动的行为规则,规章具体包括了探矿申请和开展探矿活动、申请核准勘探工作计划、签订勘探合同、保护和保全海洋环境等方面的内容。这些规则明确说明申请和批准合同的程序,规定了与管理局签订合同的标准条款和条件。大部分条款规定明确,可操作性强,唯有在保护和保全海洋环境方面引入《里约宣言》原则15所反映的预防做法和最佳环境做法内涵较为模糊。

《里约宣言》原则15对预防做法的规定为:各国根据自己的能力应广泛应用预防办法,保护环境。凡有严重威胁或不可逆转的损害,不得以缺乏充分的科学确定性为理由,延迟采取符合成本效益的措施防止环境恶化。作为原则性宣示,该规定较为抽象,何为"充分""缺乏科学确定性"均不明确,这些概念往往会引发许多不同的理解和做法,在不同的情况下,各方往往会对该原则作不同的适用。[①] 同样地,该规定虽然要求采用符合成本效益的措施,但并没有具体规定什么措施才是符合成本效益的,该从哪些方面考量采取行动和不采取行动所产生的有利和不利后果。

规章对预防做法的规定主要体现在:(1)探矿者在探矿时采用预防性办法。实质证据显示可能对海洋环境造成严重损害时,不得进行探矿。[②] (2)担保国对可能造成海洋环境有害影响的行为采取预防做法。[③] (3)承包者应采用预防做法,尽量在合理的可能范围内采取必要措施防止、减少和控制对海洋环境造成的污染和其他损害。[④] 在这些规定中采用了"实质证据""合理的可能范围内""必要的措施"等词,这些词的含义也不明确,环保人士和从事深海采矿的实体之间对此理解差别巨大。[⑤] 虽然规章将"对海洋环境造成严重损害"定义为"区域"内活动对海洋环境所造成的任何使海洋环境出现显著不良变化的影响。这种影响是按照管理局根据国际公认的标准和惯例所制定的规则、规章和程序断定的。然而这又引发何为显著不良变化,哪些标准和惯例是国际公认的问题。

类似地,最佳环境做法的规定往往紧跟在预防做法之后,和预防做法一起出现在规章的同一条款中。然而,最佳环境做法的内涵也不确定,规章对此没有任何的说明和解释。在某些确认了最佳环境实践的公约,例如《波罗的海海洋环境保护公约》和《关于持久性有机污染物的斯德哥尔摩公约》中,其内涵也并不完全相同。有些学者甚至认为最佳环境做法是预防原则的具体措施。[⑥] 在咨询意见中,分庭认为修改前的《结核规章》采用了"可得到的最佳技

---

① Meinhard Schroder, Precautionary Approach/Principle, Max Planck Encyclopedia of International Law,(2009).

② 三规章均规定在第二条第二款,第五条第一款。

③ 《结核规章》第三十一条第二款,《硫化物规章》和《富钴规章》均为第三十三条第二款。

④ 《结核规章》第三十一条第五款,《硫化物规章》和《富钴规章》均为第三十三条第五款。

⑤ Nelson J C, The Contemporary Seabed Mining Regime: A Critical Analysis of the Mining Regulations Promulgated by the International Seabed Authority[J]. Colorado Journal of International Environmental Law and Policy,2005,16(1):27-76.

⑥ 朱建庚. 风险预防原则与海洋环境保护[M].北京:人民法院出版社,2006:201.

术"而《硫化物规章》采用最佳环境做法的规定表明随着科学知识的发展,最佳环境做法的要求更符合担保国的适当注意义务的要求。[①] 也就是说除了认为最佳环境做法是比可得到的最佳技术义务要求更高,咨询意见也没有对最佳环境做法作出具体的解释。或许得期待管理局在将来的规章中作出明确的规定。[②]

四、规章的第三方性

第三方性是指有无授权第三方执行、解释或适用规则,或解决争端,或进一步制定规则。以下的分析表明,有关规章的争端由第三方予以解决,并由第三方适用和执行规章。虽未授权第三方进一步制定规则,第三方在适用和解释规章时也受到一定的限制,但规章仍具有较强的第三方性。

首先,三规章在第八部分均对解决争端作出规定。它要求有关规章的解释或适用的争端按照《公约》第十一部分第五节规定解决,任何终局裁判,在每一缔约国境内均可执行。《公约》第十一部分第五节(第一百八十六条至第一百九十一条)是缔约国为赋予海底争端分庭解决有关"区域"争端的专属管辖权而制定的。[③] 根据第一百八十七条规定,担保国与管理局之间指控对方行为或不行为违反管理局制定的规则、规章或程序,担保国指控管理局制定规章的行为或规章中的某些条款逾越其管辖权或滥用权力,作为合同当事方的管理局与承包者之间有关合同或工作计划的解释或适用、一方针对另一方或直接影响其合法利益的行为或不行为或关于管理局负担赔偿责任的争端,管理局与未来承包者之间关于订立合同的拒绝或谈判合同时发生的法律问题的争端均可以提交国际海洋法法庭海底争端分庭解决。此外,根据第一百八十八条规定,管理局与承包者之间有关合同解释或适用的争端还可以提交有拘束力的商业仲裁,若争端也涉及"区域"内活动的第十一部分及有关附件的解释问题,则该问题应由分庭裁定。从这些规定可以看出,管理局制订规章的行为和权力、规章在适用中有关各方所产生的争端均可由第三方予以解决。

其次,根据《公约》附件六第三十八条规定,分庭为解决争端可适用的法律包括管理局的规章。这一规定授予了分庭适用管理局规章的权力,规章可以由第三方予以适用。当然,分庭在适用和解释规章时也受到一定的限制,即《公约》第一百八十九条的规定,分庭在行使诉讼管辖权时,不能对规章是否符合《公约》表示意见,也不能宣布规章无效。

最后,《公约》附件六第三十九条和规章规定分庭的裁判在每一缔约国境内均可执行,第三十九条还要求按缔约国最高级法院判决或命令的同样方式执行。这就使得管理局规章不仅能在分庭裁判时予以适用,还能在缔约国境内得到执行。

五、结　语

就规章整体而言,不能说其已属于硬法,但也绝非软法。具体到实体,规章除申请费和

---

① The Seabed Disputes Chamber of the International Tribunal for the Law of the Sea, Responsibilities and Obligations of States Sponsoring Persons and Entities with Respect to Activities in the Area, Advisory Opinion, February 2011, p. 42, para. 136,137.

② Hartley D. Guarding the Frontier: the Future Regulations of the International Seabed Authority[J]. Temple International and Comparative Law Journal, 2012,26(2):335.

③ 吴慧. 国际海洋法法庭研究[M]. 北京:海洋出版社,2002:28,196.

预防做法的要求无法律约束力之外，其余部分都具有法律约束力。在具体内容上，除预防做法的规定存在一定的模糊性外，其余还是非常明确的。同时，规章第三方性很强。对于担保国来说，虽然预防做法并没有法律约束力，内容也模糊，但其余规定明晰，第三方性很强。值得注意的是，申请费和预防做法的要求虽然在本质上属于软法，但管理局通过与承包者签订勘探合同，使其成为合同条款而事实上取得了硬法的效果。管理局这种扩大实际影响力的行为是国际组织"职责扩张"的典型表现。① 对于我国而言，一方面应当警惕管理局职责扩张可能带来的负面后果，但也应厘清规章有关担保国义务不同条款的不同性质，为实体进行更多的区域活动提供担保。

---

① ［美］何塞·E.阿尔瓦雷斯. 作为造法者的国际组织［M］. 蔡从燕，等，译. 北京：法律出版社，2011：359.

涉外婚姻家庭领域国际私法弱者利益保护原则研究

胡　婕

【摘要】　随着世界各国联系日益紧密,涉外家庭组建日益增多,带来了众多婚姻、扶养、收养等涉外婚姻家庭领域的争议。在涉外婚姻法律关系中存在着不少由社会环境、自然生理等原因而形成的弱者。对这些特定当事人进行保护,既是人权保护理念兴起的结果,也是出于对实质正义的追求,以期达成真正意义上的公平正义。作为国际私法的基本原则之一,弱者利益保护应当在各国的国际私法立法与司法中得到渗透。但目前对于弱者利益保护原则的研究多着眼于理论问题而对我国的实践现状存在一定的忽视。基于这一问题,本文认为应拓展研究的角度与方向,建立起全面的对弱者利益的保护。首先对弱者利益保护原则的理论问题进行了阐述。对域外各国的国际私法立法与相关国际条约等规范进行查明与分析,根据他们对弱者利益保护的实现途径展开梳理与分类,并通过与这些规范的对比得出目前我国立法中在保护途径与范围上的滞后之处。其次对我国目前的司法实践进行了实证分析,通过案例对司法实践中弱者利益实现的整体情况展开研究,并挑选具有代表性的典型案例进行个案分析,研究司法裁判的具体路径,注意到目前司法实践中存在着准据法适用边缘化的问题。本文通过规范比较与实证研究,全面分析了弱者利益保护原则在我国的实现程度,发现目前立法与司法实践中在弱者利益保护问题上的薄弱之处。最后,针对这些薄弱点,从我国国际私法立法以及司法实践两个方面提出一定的完善建议,包括在立法中拓宽保护范围及保护途径,在司法中对准据法适用问题提高重视,抛弃对外国法的偏见与歧视。

【关键词】　国际私法;法律适用;弱者利益保护原则

一、引　言

(一)选题背景

任何一部法律都是时代的产物,任何一种法律原则或者法律规则的诞生都离不开时代本身。在实质正义的法律追求与人权保护的思想观念下,对人权的重视以及对实质正义的不懈追求,弱者利益的保护问题对于国际私法来说始终是十分重要的命题。

(二)问题的提出

2011 年,《中华人民共和国涉外民事关系法律适用法》正式生效,一定程度上对我国在国际私法领域弱者利益保护原则的立法滞后现象进行了弥补与改进。2016 年开始我国进

作者简介:胡婕,浙江大学国际法硕士研究生。

行编纂民法典工程。①但目前大部分的研究都落脚于对弱者利益保护原则的理论研究,忽视了对我国涉外婚姻家庭领域的司法实践。与此同时不容忽视的是,在我国目前的司法实践中,司法现状与立法精神存在着一定的错位。

(三)研究思路

本文先对弱者利益保护原则的理论问题进行阐述。其次,对域外各国的法律规则与国际私法条约的规范进行查明与梳理。再次,分析我国目前立法实现方式相较于先进国家所存在的不足,并对我国案例进行实证研究以分析弱者利益保护原则在司法实践中的实现程度。最后,通过规范对比以及案例实证分析所得的结果,对保护弱者利益提出完善建议。

二、涉外婚姻家庭领域中弱者利益保护原则的理论问题

(一)涉外婚姻家庭中弱者的界定

首先在对弱者的定义这一问题中,国际私法理论界存在诸多讨论。

在我国理论界,弱者的概念目前也没有形成统一的界定。如有学者认为"弱势群体是指在遇到社会问题的冲击时自身缺乏应变而易于遭受挫折的社会群体"①,也有学者认为"弱者只有在对比之下才会产生,只有少部分的人其生存状态、身心健康程度、生产生活能力等方面处于较为弱势的情况时才出现"②,等等。也有学者对弱者的范围作出了定义,"弱者"的概念主要包括特殊合同中的当事人;侵权事件中的被侵权人,尤其是涉外产品责任以及交通事故;而在婚姻家庭领域中则表现为婚生子女地位存疑的未成年人、被监护人、被收养人、被扶养人等③,其中对涉外婚姻家庭领域的弱者界定多为"婚生子女地位存疑的未成年人、被监护人、被收养人、被扶养人"几类。

但也有学者持有与此不同的意见,他们觉得当前现状之中,与基于所掌握的知识信息等问题而出现的强势、弱势对比,因经济力量不平衡而导致的弱方当事人方为国际私法领域中的弱者。但纯粹因身体健全程度、家庭背景或其他个体生理性要素而导致其成为相对不利状态下的弱方当事人的,他们并非属于国际私法语境下的弱者④,所以在涉外婚姻家庭中并不存在国际私法中的弱者概念。

笔者认为,在涉外婚姻家庭领域,国际私法中的弱者应当为婚姻关系、家庭关系中处于弱势地位的当事人,包括离婚诉讼中明显缺乏生活来源的一方,父母子女人身关系中在生理、心理各方面对另一方形成依赖的当事人,婚生子女地位存疑的未成年人,被监护人,被收养人,被扶养人。

目前在涉外婚姻家庭领域的国际私法立法中除较为明确的法律关系之外,直接以法条的形式规定哪方为"弱者"的现象较少,更为普遍的是在每个法条中进行倾斜性规定。

① 王思斌.社会工作导论[M].北京:北京大学出版社,1998:20.
② 李林.法治社会与弱势群体的人权保障[J].前线,2001(5):23-24.
③ 贺连博.国际私法中弱者权利保护方法[J].法学杂志,2008(5):50-52.
④ 袁发强.我国国际私法中弱者保护制度的反思与重构[J].法商研究,2014(6):98-106.

(二)涉外婚姻家庭领域中对弱者利益保护原则的理论基础

1.弱者利益保护原则是对人权的保护

人作为社会的基础组成因素与法律的最终实践者,若法律的规定与人的基本权利背道而驰,必然违背基础的人性,该法的实施结果必然无法达到其所预期的目标。所以,对人的权利的关注与关怀正在逐渐渗入当代法学的内在核心价值之中,就国际私法弱者保护利益原则而言,则是通过对每一个主体,特别是处于弱势地位民事主体的强调性关注,来贯彻人文关怀。

2.弱者利益保护原则是实质正义的体现

传统国际私法曾认为,人是一视同仁的,要统一而平等地对待。如萨维尼提出的法律关系本座说。

但很快,在国际私法领域学者们便意识到这样的仅仅追求形式上的正义是无法实现国际私法最为核心的价值观念的,更与法治的追求背道而驰。古希腊梭伦提出:"法律的用途是保护双方当事人,从而保证当中的任何一方将不会遭受不应当的不公平对待。"[①]

在国际私法领域,学者对实质正义的追求也表现在了理论的发展之中。1933年,美国学者卡弗斯提出了"结果选择"的方法来使弱者利益获得保护。此后,柯里的"政府利益分析说"以及里斯的"最密切联系说"被提出。从这些学说中我们可以看出,国际私法的发展已不再局限于法律适用形式上的普遍公平,而是立足于实质意义上的正义。

三、涉外婚姻家庭领域立法对弱者利益保护的运用与实践

(一)域外各国立法对弱者利益保护的体现

尽管目前对于"弱者"在婚姻家庭领域如何定义尚存在争议,但各国在国际私法立法中仍主要在婚姻亲子关系、扶养关系、收养关系之间的利益选择平衡中进行。

1.基本制度规定

首先,由于国际私法的几项基本制度与弱者利益的保护密切相关,笔者也查找了一些国家在国际私法基本制度的立法。在识别制度方面,有些国家采用了法院地法:如1979年《匈牙利国际私法》第三条规定。而有些国家的立法体现了新法院地法的理念,如《美国第二次冲突规范重述》第七条。在反致制度问题上,德国《民法典施行法》第四条承认反致,但规定了在违背指引的本意情况下除外。也有国家如《立陶宛共和国民法典》有限度地承认了对本国法律的反致。在公共秩序保留问题上,德国《民法典施行法》第六条从适用结果角度进行衡量,与韩国2001年修正的《韩国涉外私法》类似,认为若某实体法适用的结果与本国公共秩序不相容时予以排除。在法律规避制度中,各国的态度也存在差异,1966年《葡萄牙民法典》第二十一条等都将法律规避作为一种总则性的制度进行了规定;而也有一些国家采取了列举式的方式,在某些特定的涉外民商事关系中规定禁止规避。

2.冲突法规定

在笔者所检索的国家的国际私法立法中,其有关冲突规范的规定如表1所示。

---

① Bodenheimer E Jurisprudence-The Philosophy and Method of the Law[M]. Cambridge:Harvard University Press,1974.

表 1　各国有关冲突法的规定

法律关系	适用方法	域外立法
出身准正	弱者属人法	《多米尼加共和国国际私法》第四十九条
		《委内瑞拉关于国际私法的法令》第二十四条
		《瑞士联邦国际私法》第六十八条
	有利于原则	《奥地利国际私法》第二十一和第二十二条
		《塞内加尔家庭法》第八百四十八条
		《多哥家庭法典》第七百一十条
		《保加利亚关于国际私法的法典》第八十三条
监护	弱者属人法	《奥地利国际私法》第二十七条
		《波兰共和国关于国际私法的法令》第六十条
	有利于原则	《突尼斯国际私法法典》第五十条
	本国法最低保护	《俄罗斯联邦民法典》第一千一百九十九条
		《白俄罗斯共和国民法典》第一千一百零九条
		《吉尔吉斯共和国民法典》第一千一百八十三条
		《哈萨克斯坦共和国民法典》第一千一百二十四条
	直接适用国际条约	《瑞士关于国际私法的联邦法》第八十五条
扶养	弱者属人法	《匈牙利国际私法》第四十七条
		《土耳其共和国关于国际私法与国际民事诉讼程序法的第 5718 号法令》第一十九条
	有利于原则	《阿根廷共和国国家民商法典》第二千六百三十条
	本国法最低保护	《德国民法典施行法》第十八条
		《保加利亚关于国际私法的法典》第八十三条
	直接适用国际条约	《多米尼加共和国国际私法》第五十一条
收养	双方共同属人法	《多米尼加共和国国际私法》第五十条
		《委内瑞拉关于国际私法的法令》第二十五条
	主管机构义务强调	《匈牙利国际私法》第四十三条
离婚	本国法最低保护	《联邦德国关于改革国际私法的立法》第十七条

第一，在亲子关系中，对于出身的确定方面，各国立法大多适用了"有利于原则"与子女属人法的方法，一般希望作出有利于认定为婚生子女的法律适用。

第二，在监护问题上，被监护人的生活大部分情况下主要依赖于监护人的扶助，出于对被监护人利益的保护，应尽可能使被监护人得到监护，故各国立法中多运用"有利于原则"，要求法院适用最为有利于被监护人权利的法律。

第三，在扶养关系中，如表 1 所示，有国家适用被扶养人属人法，由国家使用"有利于原则"，选择最利于被扶养人的法律，有国家给予不低于本国法的保护。

第四,在收养问题上,一般要求适用收养人与被收养人的属人法,收养的条件应当同时满足双方属人法;也有在立法中强调了主管机构的义务。

3.管辖权与判决承认、执行

在管辖权问题中,一般通过给予弱者更多的管辖便利来保护其利益,保障诉讼权利的实现。如《保加利亚关于国际私法的法典》第五条、第七条就监护与扶养制定了特殊的管辖制度。

对于判决的承认与执行,一般国家都运用公共秩序保留制度来维护内国利益的基本底线,即若存在判决不符合本国公共秩序的情况,则不予以承认与执行。如《瑞士关于国际私法的联邦法》等。

(二)国际私法条约对弱者利益保护原则的体现

海牙国际私法会议成立于1893年,是研究和制订国际私法条约的专门性政府间国际组织。在对实质正义的追求之下,在海牙国际私法会议条约的制订上,对于弱者利益的保护愈发强调。但纵观其所通过的条约,主要仍然停留在婚姻家庭方面,重点关注未成年儿童的权利。

1965年《海牙收养管辖权、法律适用和判决承认公约》对收养问题就审批同意、废止与撤销两个方面进行了分割。第五条与第六条更直接地从有利于被收养儿童角度出发,要求管辖机构对收养问题的效力主要应适用被收养儿童的属人法;并对管辖机构作出要求,要求其对收养人尽实质性审查的责任。在收养的废止中,条约第七条规定管辖由被收养人与收养人的惯常居所地共同享有,给予了双方选择权。

1973年《海牙扶养义务法律适用公约》第四至第六条规定,在扶养义务上首先适用扶养权利人惯常居所地国法,但如果适用该惯常居所地国法后,扶养权利人仍然不能从扶养义务人获得扶养时,适用受理机构所在地的内国法。之后海牙国际私法会议于2007年达成了《扶养义务法律适用议定书》。相较于《海牙扶养义务法律适用公约》,《扶养义务法律适用议定书》对亲子之间的扶养关系作出了更为有利于被扶养人的规定。

此外,基于1989年11月20日《联合国儿童权利公约》,出于对未成年人的保护,欧盟各国于1996年通过了《关于父母责任和保护儿童措施的管辖权、法律适用、承认、执行和合作公约》。该公约在规定中对未成年人进行了相当完善而多方面的保护,特别是跨境裁判的承认与执行以及各国合作方面的角度。

欧盟法中,主要有《婚姻事项管辖权及判决的承认与执行公约》和《关于婚姻案件及亲自监护权案件管辖权与判决承认与执行的规定》,在婚姻家庭领域的管辖权与判决承认执行方面进行了规制。

四、我国目前涉外婚姻家庭领域对国际私法弱者利益保护原则的立法与实践

(一)我国立法对弱者利益保护原则的体现

我国国际私法规范目前主要体现在2011年的《中华人民共和国涉外民事关系法律适用法》(以下简称《法律适用法》)及其司法解释中,对于弱者利益的保护主要停留与集中在冲突规范的层面。

在冲突规范层面,《法律适用法》自第二十一条至第三十条为婚姻家庭编。就涉外婚姻家庭,我国目前立法主要在亲子关系、扶养关系、监护关系、收养关系四个方面进行约束。

在亲子关系方面,我国《法律适用法》第二十五条规定在有关父母子女人身和财产关系的争议中,准据法适用的第一顺位为双方共同经常居所地法;在双方当事人没有共同经常居所地的情况下,运用有利于弱者保护的原则。适度放松了法官的自由裁量权,便于法官进行个案分析。

在监护问题中,我国《法律适用法》第三十条规定在监护争议中直接运用"有利于原则"。

与监护相似,在扶养关系中,第二十九条规定扶养争议中,法官直接可运用"有利于原则"进行裁判。

在收养关系中,《法律适用法》通过联结点分割的方式,规定将收养分为收养的条件和手续、收养的效力、收养关系的解除三个方面。

(二)我国涉外婚姻家庭领域司法实践对弱者利益保护原则的实现

1.我国涉外婚姻家庭领域司法实践概况

弱者利益在司法实践中能否得到实现这一问题并不仅仅与立法规则相关,更在很大程度上依赖于法官自由裁量权的发挥。所以司法实践中弱者利益保护的实现程度与立法规定可能存在不一致。

我国涉外婚姻家庭领域案件共计 1474 件。通过笔者案例检索统计得到,我国目前涉外婚姻家庭领域对国际私法弱者利益保护原则的司法实践主要情况如表 2 所示。

表 2 我国涉外婚姻家庭领域司法实践中国际私法弱者利益保护原则实现概况

是否在国际私法层面考虑弱者利益保护原则实现	运用方法(若有)	案由	适用《中华人民共和国涉外民事关系法律适用法》法条	案号
是	共同经常居所地	扶养纠纷	第二十五条	〔2015〕成民终字第 2731 号
		扶养纠纷	第二十五条	〔2016〕粤 01 民再 131 号
		扶养纠纷	第二十五条	〔2016〕鄂 0192 民初 1130 号
		扶养费纠纷	第二十五条	〔2016〕粤 04 民终 470 号
		扶养费纠纷	第二十五条	〔2016〕湘 01 民终 1381 号
		扶养纠纷	第二十五条	〔2015〕海民初字第 533 号
		扶养费纠纷	第二十五条	〔2015〕沪一中少民终字第 8 号
		扶养纠纷	第二十五条	〔2014〕穗云法江民初字第 563 号
		扶养费纠纷	第二十五条、第二十九条	〔2014〕二中少民终字第 08865 号
		扶养纠纷	第二十五条	〔2015〕九法少民初字第 00067 号
		扶养纠纷	第二十五条	〔2014〕江新法民四初字第 88 号
		监护权纠纷	第三十五条	〔2015〕闵民一(民)特字第 39 号
		监护权纠纷	第三十五条	〔2015〕珠横法民特字第 1 号

续表

是否在国际私法层面考虑弱者利益保护原则实现	运用方法（若有）	案由	适用《中华人民共和国涉外民事关系法律适用法》法条	案号
是	有利于原则	扶养纠纷	第二十五条	〔2015〕佛顺法民一初字第473号
		扶养费纠纷	第二十九条	〔2014〕房民初字第12322号
		扶养费纠纷	第二十九条	〔2015〕杭西民初字第2496号
		扶养纠纷	第二十五条	〔2015〕榕民终字第1624号
		扶养纠纷	第二十九条	〔2011〕杭下民初字第863号
		扶养费纠纷	第二十九条	〔2011〕中中法民一终字第776号
		扶养费纠纷	第二十五条、第二十九条	〔2014〕二中少民终字第08865号
		监护权纠纷	第二十五条	〔2016〕京01民辖终288号
		监护权纠纷	第二十五条	〔2016〕京01民辖终289号
		监护权纠纷	第三十条	〔2014〕海民初字第1707号
		扶养纠纷	第二十五条	〔2015〕佛顺法民一初字第437号
		扶养纠纷	第二十九条	〔2014〕闽民申字第1223号
否，未经冲突规范指引即确定准据法或未对准据法选择作合理解释		赡养费纠纷	第二十五条	〔2016〕粤0705民初942号
		扶养费纠纷	第二十五条	〔2016〕粤0705民初1719号
		扶养纠纷	第二十五条	〔2015〕江开法民四初字第391号
		扶养费纠纷	第二十五条	〔2015〕珠横法民初字第101号
		扶养纠纷	第二十五条	〔2014〕江新法民四初字第38号
		扶养纠纷	第二十五条	〔2013〕闵少民初字第104号
		扶养纠纷	无	〔2015〕临民初字第128号
		扶养费纠纷	第二十九条	〔2015〕杭余民初字第94号
		收养纠纷	无	〔2016〕粤2071民初2456号
		扶养纠纷	无	〔2015〕融民初字第845号
		扶养纠纷	无	〔2014〕穗番法少民初字第42号
		扶养纠纷	无	〔2015〕穗番法少民初字第16号
		扶养纠纷	无	〔2014〕珠香法民一初字第1023号
		扶养纠纷	无	〔2015〕穗越法少民初字第39号
		扶养纠纷	无	〔2014〕佛顺法容民初字第2038号
		扶养费纠纷	无	〔2016〕粤0781民初211号

由表 2 可知,其中有 7 件案件未对法律适用作出合理解释,甚至与《法律适用法》规定背道而驰,错误地适用了法律。

此外,有 9 件案件未经冲突规范指引即确定准据法适用。如在〔2016〕粤 0705 民初 942 号叶某 1 与叶某 2 赡养费纠纷案中,原告叶某 1 为被告叶某 2 父亲,经常居所地为中国,于 2013 年出现股骨头坏死的情况,目前无劳动能力、无经济收入。被告叶某 2 于 2008 年在澳大利亚毕业之后即在当地参加工作,经常居所地为澳大利亚。裁判法院根据《法律适用法》第二十五条但未对《中华人民共和国老年人权益保障法》《中华人民共和国婚姻法》中对赡养义务的规定、具体的赡养费标准与澳大利亚相关立法进行比对,直接裁判,亦未说明理由。被告叶某 2 经常居所地为澳大利亚,则其整体收入水平与中国并不一致。若叶某 2 为高收入人群,则其理应承担更多的赡养费用。

上述两种情况共计 16 件。占案例总数的 39%,超过 1/3。准据法选择在法院裁判中存在着被边缘化的倾向。

第一,在运用"有利于原则"进行准据法选择时,在《法律适用法》中"有利于弱者利益保护的法律"采用的是"规则选择",但在司法实践中裁判法官通常将其理解为"结果选择"。

第二,对于"扶养"的误解。这一点集中体现在扶养纠纷中,共计 36 件扶养、赡养纠纷。其中 7 件将其定性为扶养关系适用第二十九条,20 件将其定性为父母子女之间的财产关系适用第二十五条,1 件共同适用第二十五条与第二十九条,其余未作法律适用说明。对同一案由的不同定性导致了适用不同冲突规范的现象,形成了适用不同的准据法的可能。

2. 典型案例分析

我国目前的司法实践中,笔者挑选了在涉外婚姻家庭领域对国际私法弱者利益保护原则的考量最具典型性的案例进行了进一步详细分析。此案例为广东省中山市中级人民法院李敏等诉区兆深扶养费上诉案。

在广东省中山市中级人民法院李敏等诉区兆深扶养费案判决中,裁判法院对涉案两地的实体法律进行了对比,是立法"规则选择"要求的重要体现。李敏、李诚是被告区兆深与李瑞贤的亲生子女,但一直以来都由其母李瑞贤独立扶养,被告区兆深拒绝承认其为亲生子女,并拒绝支付扶养费。法院经审理认为,我国《法律适用法》第二十九条规定扶养争议适用有利于原则,在任何一方当事人的经常居所地法律、国籍国法律或者主要财产所在地法律中有利于保护被扶养人权益的法律。通过对比内地与香港对于未成年人保护立法发现,香港特别行政区的《未成年人监护条例》规定,未成年人向其父母或其他扶养人申请扶养费时,扶养费的额度应考虑到未成年人目前以及未来长期的可能需要,并且应当足够支付由于未成年人的合理基本生活而可能产生的债务,但法院在确定具体额度时也应考虑扶养人的经济情况,不应超过其合理承受范围。而《中华人民共和国婚姻法》规定父母应承担扶养子女的义务,应向未成年的、不能独立的子女支付扶养费。而就扶养费的具体数额,最高人民法院《关于人民法院审理离婚案件处理子女扶养问题的若干具体意见》第七条规定:"子女扶育费的数额,可根据子女的实际需要、父母双方的负担能力和当地的实际生活水平确定。"裁判法院经过对比之后认为,香港与内地关于被扶养人扶养费数额的规定基本一致,均要求在兼顾父母经济状况的同时满足子女生活需求。本案是在我国目前司法实践中唯一对实体法规范进行对比的案例,法院在选择时进行了清晰的查明、对比与判断,对我国国际私法立法中的弱者利益保护原则进行了实践。

五、我国涉外婚姻家庭领域对弱者利益保护原则的完善建议

(一)我国涉外婚姻家庭领域立法完善建议

1.将弱者利益保护上升为我国国际私法的基本原则

在成文法体系中,基本原则或一般条款在一定程度上弥补了法律必然存在的漏洞[①]。法律具有滞后性的特点,时代的进步与发展总是早于法律的发展,所以在实践中必然会出现法律规则没有规定的情况,需要运用法律原则进行裁判。

而弱者利益保护原则无论在立法还是在司法中都有着其始终鲜活的生命力与适用性。与其"头痛医头,脚痛医脚",不如将弱者利益保护原则确立为我国国际私法的基本原则,这是更可采纳的方式。

2.扩大我国涉外婚姻家庭领域的弱者范围

当前,《中华人民共和国涉外民事关系法律适用法》中对于弱者利益的保护采取的仍为列举式的方法,适用范围有限,应当进一步扩大弱者利益保护的适用范围[②]。

第一,我国涉外婚姻家庭领域纠纷司法实践中案件共计1474件,其中离婚相关纠纷共计1406件,同居关系纠纷14件,占案件量的绝大多数。但我国目前国际私法在冲突规范方面对于同居问题所产生的人身财产关系无相关规定。但案件中一方当事人存在生活困难的情况也非少见。全然一概而论的立法方式在个案平等的实现问题上存在缺陷,无法保护弱者的利益。

第二,在其他国家国际私法中,在非婚生子的出身确认方面一般有立法规定,但我国在这一方面存在欠缺,未规定在非婚生子的出身确认方面适用有利于其确认为婚生子的法律。

3.保护途径的改变与拓宽

首先,目前来说,我国对于弱者利益的保护主要停留在冲突规范中。在管辖权、诉讼承认与执行等领域均未作出完善的规定。

第一,以"结果选择"代替"规则选择"。虽然当前司法实践中,裁判法官的该行为系为误解了我国立法的原意,但以"结果选择"作为选择方法,考虑法律适用之后案件实际裁判结果甚至案件执行状况选择,有利于保护弱者利益的法律作为准据法。

第二,对国际私法基本制度进行完善。我国立法中对于国际私法基本制度的规定都相对比较粗糙,可对其进行进一步的完善,通过国际私法的基本制度对弱者利益进行保护。

我国应从国际私法立法的各个层面进行完善,拓宽弱者利益保护的方式,使弱者利益在诉讼阶段的各个时间点上都能得到实现。

4.主管机关法律援助义务的加强

对弱者利益的维护并不能仅仅依靠法律规范层面,我国可参考国际条约,就主管机关对弱者的法律援助义务进行硬性规定。首先,完善民商事案件中的法律援助制度,为无力承担法律服务费或尚无民事行为能力的当事人提供法律帮助;其次,法院在弱势当事人就某些证据未能收集全面时,切实履行法院代为调查取证的职责,保证案件事实呈现的真实性。

---

① 彭诚信.从法律原则到个案规范——阿列克西原则理论的民法应用[J].法学研究,2014(4):92-113.
② 袁雪.法律选择中的弱者利益保护探究——以《涉外民事关系法律适用法》的规定为视角[J].南昌大学学报(人文社会科学版),2014(1):91-96.

（二）我国涉外婚姻家庭领域司法完善建议

通过以上问题均可发现，法律适用问题在我国目前的司法实践中处于被边缘化的地位。但法律适用问题切实关系到案件的裁判结果，是实现司法公正的重要因素。故裁判法院等审理机关，应当重视法律适用问题，尊重我国国际私法立法，恰当地以《法律适用法》为指引确认准据法进行案件裁判。

六、结　语

与其他国家以及国际条约相比，我国立法在涉外婚姻家庭领域对弱者利益的保护相对较为局限和滞后；而在我国的司法实践方面也存在着不容忽视的问题。每一个人都是这个社会的基石，每一个人的权利都要受到尊重与保护。虽然在私法领域，实质平等是当前司法实践的主流追求，但我国距离这一目标的实现仍然有着长远的距离。故在管辖权、冲突规范等领域，更应当将弱者利益作为一个落脚点对现行法律进行考量与修改，使其符合国际私法的价值导向，使其符合对人权的尊重与对实质正义的追求。

我国涉外离婚不动产纠纷的法律适用
——基于"C某与石某离婚后财产纠纷案"案例分析

孙梦怡

【摘要】 在我国涉外离婚案件中,涉及不动产确权和分割的纠纷屡见不鲜。然而司法实践中,对离婚不动产纠纷的法律适用问题,我国法院采取不同的做法,一般依据《法律适用法》第二十四条、第二十七条或第三十六条进行处理。本文从"C某与石某离婚后财产纠纷案"出发,通过梳理该案的争议焦点和裁判观点,并进行一定数量的案例研究,评析司法实践中存在的三种做法,从而提出在现阶段,在处理涉外离婚案件不动产纠纷时,无论是诉讼离婚还是协议离婚,应首先将婚姻关系的解除与不动产物权问题进行分割,针对其中的财产关系问题作出正确的定性的结论。

【关键词】 涉外;离婚;不动产纠纷;法律适用

一、"C某与石某离婚后财产纠纷案"案情简介①

该案是一起离婚财产纠纷案件,原告张振权,男,新加坡籍,被告石某,女,辽宁省辽阳人。原告张振权与被告石某于 2003 年相识,张振权与其前妻于 2013 年 7 月由新加坡初级法院判决离婚,后与石某于新加坡登记结婚。2014 年张振权与石某在辽阳市白塔区人民法院诉讼离婚,判决生效,但该离婚判决未处理双方的夫妻财产关系。2015 年张振权向广东省珠海市香洲区法院起诉,请求法院确认位于石某名下的涉案房屋(该房屋位于广东省珠海市)为夫妻共同财产,并请求法院进行依法分割。一审法院香洲区法院认为,涉案房产购买之时,张振权与前妻尚处于婚姻关系存续期间,与石某属于恋爱关系,其主张将该房产按夫妻共同财产处理涉案房产依据不足,法院不予支持;涉案房屋系石某个人财产而非夫妻共同财产,张振权无权请求分割案涉房屋。张振权不服香洲区法院判决,向广东省珠海市中级人民法院提出上诉。珠海市中级人民法院认为,张振权的上诉请求缺乏事实和法律依据,不予支持;一审法院认定事实清楚,适用法律正确,予以维持。

二、争议焦点及相关法条

本案涉及原告张振权与被告石某之间的身份关系、汇款情况、涉案房产的情况、张振权与前妻之间的婚姻关系等问题,争议焦点在于涉案房产是否属于夫妻共同财产。本文主要讨论本案中涉及的国际私法相关理论问题,暂先对如何依据案件事实认定夫妻共同财产不予讨论,而重点关注离婚案件中不动产纠纷的法律适用问题。本案一方当事人为新加坡籍,属于具有涉外因素的案件。《中华人民共和国涉外民事关系法律适用法》(以下简称《法律适

作者简介:孙梦怡,浙江大学光华法学院国际法硕士研究生。

① 参见〔2015〕珠香法湾民一初字第 404 号民事判决、〔2016〕粤 04 民终 2814 号判决。

用法》)第二十四条①、第二十七条②、第三十六条③分别规定了涉外夫妻财产关系、诉讼离婚、不动产物权案件应当适用的准据法,第二条第二款④则规定了最密切联系原则作为补充。涉外离婚案件中的不动产纠纷究竟应当适用何种准据法,依据《法律适用法》第二十四条、第二十七条还是第三十六条进行处理,作为本案的争议焦点之一和本文的重点进行讨论。

三、裁判观点

一审法院将本案诉争法律关系识别为夫妻财产关系进行处理,故首先依据《法律适用法》第二十四条进行认定:"夫妻财产关系,当事人可以协议选择适用一方当事人经常居所地法律、国籍国法律或者主要财产所在地法律。当事人没有选择的,适用共同经常居所地法律;没有共同经常居所地的,适用共同国籍国法律。"一审法院指出,由于本案中原、被告并没有选择适用法律,也没有共同经常居住地及共同国籍国,故不符合本条规定的情形。在上述联结点的条件无法得到满足的情况下,依据《法律适用法》第二条第二款,"本法和其他法律对涉外民事关系法律适用没有规定的,适用与该涉外民事关系最有密切联系的法律",一审法院运用最密切联系原则,因双方争议的财产在中华人民共和国境内,适用了与本案夫妻财产关系最有密切联系的中华人民共和国法律。二审法院支持了一审法院适用中华人民共和国法律的观点。

四、案例评析

(一)问题的提出

本案中一审法院对确定准据法的表达较为含糊,通过罗列第二十四条和第二条第二款直接得出"适用与本案夫妻财产关系最有密切联系的中华人民共和国法律"的结论。二审法院支持了一审法院对准据法的选择,同时在判决书中指出,由于"张振权为新加坡国籍,本案属涉外离婚财产纠纷案件……因双方争议的财产在中华人民共和国境内,故一审法院适用与本案夫妻财产关系最有密切联系的中华人民共和国法律正确"。这种表述表明,二审法院同样是依据《法律适用法》第二十四条和第二条第二款得出的结论,但论证相较一审法院更详细。其首先将该案性质识别为夫妻财产关系的案件,故先适用考虑第二十四条,但由于原、被告并未选择适用法律,无共同经常居住地,亦无共同国籍国,故第二十四条并不适用,转而适用第二条第二款规定的"最密切联系原则"。又本案涉及的不动产所在地为中华人民共和国,由此得出"与夫妻财产关系有最密切联系"的是中华人民共和国法律。综上,在本案中,法院将"不动产所在地位于中国"作为"具有最密切联系"的一个佐证,而并不是通过直接适用第三十六条"不动产物权关系的冲突规则"⑤得出"适用中华人民共和国法律"的现有结论。

---

① 《中华人民共和国涉外民事关系法律适用法》第二十四条:夫妻财产关系,当事人可以协议选择适用一方当事人经常居所地法律、国籍国法律或者主要财产所在地法律。当事人没有选择的,适用共同经常居所地法律;没有共同经常居所地的,适用共同国籍国法律。

② 《中华人民共和国涉外民事关系法律适用法》第二十七条:诉讼离婚,适用法院地法律。

③ 《中华人民共和国涉外民事关系法律适用法》第三十六条:不动产物权,适用不动产所在地法律。

④ 《中华人民共和国涉外民事关系法律适用法》第二条第二款:本法和其他法律对涉外民事关系法律适用没有规定的,适用与该涉外民事关系有最密切联系的法律。

⑤ 《中华人民共和国涉外民事关系法律适用法》第三十六条:不动产物权,适用不动产所在地法律。

因此,从本案判决书中可知,一审和二审法院均明确将离婚案件中不动产确权及分割问题识别为"夫妻财产关系",依据《法律适用法》第二十四条及最密切联系原则以确定准据法,这也是司法实践中一种较为普遍的做法。但由于《法律适用法》的规则不甚明确,实践中对此类案件如何定性仍存在争议,各法院的做法并不具有一致性。对冲突规则的选择不同导致确定的准据法不同,从而在离婚财产确权与分割的案件中产生不同的判决结果,这种"同案不同判"的存在不利于实现国际私法追求一致性、稳定性的价值目标。

对于上述离婚财产分割的争议,从近年来法院对离婚财产纠纷涉及不动产分割的相关判决中可得知,司法实践中各法院通常存在三种做法:

第一种做法,将诉讼离婚案件中的婚姻关系与财产关系合并处理,统一根据《法律适用法》第二十七条①的规定,诉讼离婚的,以法院地法作为准据法,以此来处理当事人离婚及财产分割问题。例如,2014 年武汉市中级人民法院在"陆某与李某离婚纠纷一案"判决中指出,原审原告陆某为澳门永久居民,故应参照涉外民事案件审理,按照《法律适用法》第二十七条的规定,本案应适用中华人民共和国大陆相关法律规定。② 2015 年,在"王某与佟某离婚纠纷二审"中,王某经常居住地在美国,双方在中国及美国各有房产一套,但北京市第一中级人民法院仍依据第二十七条,适用法院地法,将中华人民共和国法律作为准据法。③ 2017 年,该院在"胡某与 W 某离婚后财产纠纷二审判决书"中明确指出,《法律适用法》第二十七条适用于因离婚所产生的夫妻人身、财产分割等关系,本案为离婚后财产纠纷,是双方基于离婚而产生的财产分割争议,应当适用法院地法,即中国的法律进行审理。④ 延边朝鲜族自治州中级人民法院于 2015 年、2016 年分别针对两起涉及韩国公民的离婚纠纷作出判决,均适用第二十七条法院地法进行审理。⑤ 一些基层法院在诉讼离婚案件中统一依据《法律适用法》第二十七条,以法院地法作为准据法,处理当事人离婚及不动产确权和分割问题。⑥

第二种做法认为,涉外离婚不动产纠纷案件应当根据《法律适用法》第三十六条⑦的规定来处理,严格适用不动产所在地的法律。这种做法将离婚和因离婚引起的财产纠纷分割开来,若当事人诉争标的物系不动产,以不动产所在地法,即中华人民共和国法律作为准据法。例如,广东省阳江市中级人民法院在"陈某甲与黎某乙离婚后财产纠纷二审"中指出,本案属涉港离婚后财产纠纷,因双方当事人争议的不动产在广东省阳春市(广东省辖县级市,由阳江市代管)内,根据《法律适用法》第三十六条"不动产物权,适用不动产所在地法律"的规定,本案争议的不动产在我国,应以我国法律作为解决本案争议的准据法。⑧ 延边朝鲜族自治州中级人民法院于 2014 年至 2016 年分别针对多起涉及韩国公民的离婚纠纷作出判决,由于

---

① 《中华人民共和国涉外民事关系法律适用法》第二十七条:诉讼离婚,适用法院地法律。
② 〔2014〕鄂武汉中民终字第 00178 号
③ 〔2015〕一中民终字第 01007 号
④ 〔2017〕京 01 民终 4772 号
⑤ 〔2015〕延中民三初字第 959 号、〔2016〕吉 24 民初 40 号
⑥ 〔2013〕惠湾法民三初字第 3 号、〔2013〕杭西民初字第 1647 号、〔2014〕江新法民四初字第 97 号、〔2014〕融民初字第 4256 号、〔2016〕皖 0111 民初 5088 号
⑦ 《中华人民共和国涉外民事关系法律适用法》第三十六条:不动产物权,适用不动产所在地法律。
⑧ 〔2015 阳中法民一终字第 814 号。

涉案房产位于中国,均适用第三十六条不动产所在地法作为准据法进行审理。① 一些基层法院在离婚案件涉及不动产确权与分割时,也依据《法律适用法》第三十六条,以不动产所在地法作为准据法,处理当事人离婚及不动产分割问题。② 值得注意的是,该院于 2015 年在"朴某某与金某某离婚后财产纠纷一案"判决书中在提及第三十六条的同时,还提到了第二十四条。但由于本案双方既未协议选择准据法,又无共同经常居所地,也无共同国籍国,所以法院并未成功适用第二十四条,故法院在判决书中称,"本案双方当事人诉争的标的物系不动产,是因离婚引起的财产分割纠纷,现原告朴某某以中华人民共和国法律为准据法,且双方争议的不动产所在地为中国,故本案应适用中华人民共和国法律进行调整"。③ 从延边朝鲜族自治州中级人民法院这份判决书中可以看出,在该案中该院优先适用第二十四条,当该条无法适用时,再适用第三十六条。另一个问题是延边朝鲜族自治州中级人民法院于 2015年、2016 年的判决呈现出"同案不同判"的情况,有的按照上文提及的第一种做法,适用第二十四条,将法院地法作为准据法;有的则按照第二种做法,适用第三十六条,直接适用不动产所在地法,造成司法混乱的现象,导致司法公信力欠缺。

第三种做法为本文中所举的"张振权诉石某离婚后财产分割一案"中所体现出来的原则,即法院适用婚姻财产关系的准据法(《法律适用法》第二十四条和第二条第二款)作出离婚案件中有关不动产财产确权与分割的判决。采取同样做法的还有深圳市中级人民法院于 2017 年在"谢亮森与李健敏物权确认纠纷二审民事判决书"中指出,本案争议问题即李健敏基于夫妻关系对涉案房产是否享有物权权益属于"夫妻财产关系",故适用《法律适用法》第二十四条。而在本案中,双方当事人没有协议选择适用法律,均未提供证据证明双方共同居所地在中国内地或双方共同居所地不在中国香港,二人夫妻财产关系的认定应适用双方共同经常居所地或共同户籍地即我国香港的相关条例。④ 该院于 2018 年在"王桂荣、蔡本俭所有权确认纠纷二审判决书"中,同样将案件归为夫妻财产关系问题,亦适用双方共同经常居所地或共同户籍地即我国香港的相关条例。⑤ 另外,广东省江门市中级人民法院于 2016 年在"吴金爱与谭焕平共有权确认纠纷二审"中,由于当事人选择适用中华人民共和国法律,依据《法律适用法》第二十四条,将中华人民共和国的法律作为该案的准据法。⑥ 一些基层法院也同样采取这种做法,"夫妻财产关系,当事人可以协议选择适用一方当事人经常居所地法律、国籍国法律或者主要财产所在地法律。当事人没有选择的,适用共同经常居所地法律;没有共同经常居所地的,适用共同国籍国法律。"这些案件中一般存在当事人选择适用中华人民共和国法律的情况,故适用中华人民共和国法律较为顺理成章。⑦

（二）观点评析

首先,就第一种观点而言,虽然由最高人民法院民事审判第四庭编著的《〈中华人民共和

---

① 〔2014〕延中民三初字第 539 号、〔2014〕延中民三初字第 528 号、〔2015〕延中民三初字第 973 号、〔2015〕延中民三初字第 335 号、〔2015〕延中民三初字第 824 号、(2016)吉 24 民初 6 号。

② 〔2015〕杭西民初字第 136 号、(2015)杭西民初字第 175 号、〔2017〕粤 1323 民初 3377 号、〔2018〕粤 0605 民初 22327 号。

③ 〔2015〕延中民三初字第 973 号。

④ 参见〔2017〕粤 03 民终 3384 号。

⑤ 参见〔2018〕粤 03 民终 14771 号。

⑥ 参见〔2016〕粤 07 民终 2044 号。

⑦ 参见〔2013〕佛南法民三初字第 696 号、〔2015〕珠横法民初字第 100 号、〔2018〕闽 0105 民初 116 号。

国涉外民事关系法律适用法〉条文理解与适用》中指出，"本条（第二十七条）适用于离婚所产生的夫妻财产分割等关系，而第二十四条对夫妻财产关系的法律适用作出了规定，两者所言的'财产关系'并不一致。前者是因离婚这个法律事实的发生而产生，解决的是离婚后的法律关系，即解除夫妻身份关系、财产分割等；后者指婚姻关系存续期间所产生的权利义务关系，即婚姻关系存续期间财产的归属问题，只有在实行夫妻共同制的夫妻离婚时才存在夫妻财产分割问题"。[①] 但这种将婚姻关系的解除与离婚财产的确权与分割作为一个整体处理的做法，显然忽视了人身关系与财产关系纠纷的本质区别，将两种不同的关系的处理原则混为一谈，曲解了我国《法律适用法》第二十七条规定的"诉讼离婚适用法院地法"的本意。在当事人意思自治原则扩张至婚姻家庭领域的趋势下，立法者并非意图完全限制婚姻案件中当事人在财产关系方面的意思自治。在诉讼离婚案件中如果一味地适用法院地法，则排除了如第二十四条规定的夫妻财产关系中当事人的意思自治原则，使第二十四条形同虚设。除此之外，这种做法会导致中华人民共和国法律的绝对适用，在一定程度上也会对判决的公正性产生影响。

就第二种观点而言，《法律适用法》第二十四条与第三十六条的关系，正如延边朝鲜族自治州中级人民法院在〔2015〕延中民三初字第 973 号中采取的立场，两者是特别条款与一般条款的关系。详言之，不动产物权法律关系实际上与涉外离婚案件中的财产关系存在重合，离婚财产纠纷中的不动产确权或分割问题当然可以理解为不动产物权问题。根据"特殊法优于一般法"，"物之所在地原则"这一一般性规定应当让位于第二十四条有关夫妻财产关系的特殊规定。如果单纯将离婚案件中不动产确权或分割纠纷定性为不动产物权纠纷，未能体现涉外离婚财产分割的特别之处，其中涉及夫妻双方当事人的意思自治、共同经常居所地、共同国籍国等多种联结因素，一刀切地适用"不动产所在地法"不合时宜，毕竟这种不动产物权关系存在的大前提是婚姻关系。

虽然第三种做法将离婚案件中不动产确权与分割案件定性为"夫妻财产关系"，从而适用《法律适用法》第二十四条也存在一定的弊端，但笔者仍相对赞成这种做法。这一立场的明显优势在于，第二十四条能够充分体现涉外离婚案件中夫妻财产关系的独特性，无论是从法理上还是从实践的角度，均属符合逻辑、特色突出的法律适用规则。16 世纪，杜摩兰在解决加纳夫妻财产制的问题中首先提出意思自治原则，他将夫妻财产关系看作是一种默示的合同关系。这一学说产生了深远影响，现在大多数西方国家，如法国、英国、美国等把夫妻关系看作是一种特殊的契约关系，主张在处理夫妻财产关系的法律冲突时，实行意思自治。而《法律适用法》第二十四条一方面规定了夫妻可以自行选择夫妻财产关系适用的法律，另一方面对选择的范围作出了限制，旨在确保选择的法律与夫妻财产关系具有实际的联系。该条款规定当事人选择的范围包括一方当事人的属人法和主要财产所在地国的法律，否则视为未选择。该条款折中了以国籍国法和住所地法作为自然人属人法的冲突，将自然人的经常居所地法和国籍国法均作为属人法适用。将其适用于离婚案件中不动产确权与分割案件，有利于婚姻家庭冲突规范内部的衔接与贯通，并能最大可能地推动产生公正、一致的判决，避免"同案不同判"。司法实践中，如果涉外婚姻的夫妻双方既无共同经常居所地，又无共同国籍国，应当适用《法律适用法》第二条第二款关于最密切联系的规定，如本文重点讨论

---

① 刘贵祥.《中华人民共和国涉外民事关系法律适用法》条文理解与适用[M].北京：中国法制出版社,2011:205.

的案例〔2016〕粤 04 民终 2814 号判决,适用与夫妻财产关系有最密切联系的国家的法律。

五、结　语

综上可知,《法律适用法》第二十四条(补充适用第二条第二款)、第二十七条、第三十六条之间的关系较为复杂,各规则之间的界限并未通过立法明晰。在各层级、各地区法院的司法实践中,甚至同一法院的一些类似案件中,仍存在适用上的摇摆和争议。笔者认为,应从法条本身出发,出台相关司法解释以厘清这三条法条的关系,解决在实践中具体如何适用的问题。现阶段,在处理涉外离婚案件不动产纠纷时,无论是诉讼离婚还是协议离婚,应首先将婚姻关系的解除与不动产物权问题进行分割,针对其中的财产关系问题作出正确的定性。法官在司法实践中应当对此问题加以关注,判决书中尽量避免准据法选择部分的表述过于扼要简明,而应规范审判逻辑,对冲突规范的选择进行缜密说理,以理服人,同时,为往后司法解释的出台提供良好的实践依据。

涉外协议管辖中实际联系原则的困境与发展
——以我国法院裁判实践为视角

杜泽卿

【摘要】 实际联系原则作为当事人意思自治和国家主权相互平衡的产物,不仅国际社会中争议颇大,在我国学术界和司法实践中也对实际联系原则的裁判标准、拓展尺度等存在不同意见。从"一带一路"建设法治保障和构建国际化的司法环境的要求出发,我国应当以《选择法院协议公约》的签订为突破口废除实际联系原则,同时,我国还应当积极树立大国司法理念,不断提升本国司法裁判竞争力。

【关键词】 协议管辖;实际联系原则;"一带一路"倡议

一、涉外协议管辖中的实际联系原则

在国际民商事诉讼争议解决中,协议管辖制度中的"实际联系原则",是指双方当事人在协议中选择的法院应当与系争的诉讼之间存在某种外在或者内在实质上的联系。针对该原则的适用与否,大陆法系国家与英美法系国家有不同的态度,前者通常适用实际联系原则来防止本国管辖权的不当损失,而英美法国家则普遍不做此限制,但是也会通过"不方便法院"等原则来排除与本国无实际联系的案件,避免浪费司法资源。

国际商事诉讼中的协议管辖制度实际上是国际私法中的意思自治原则与国家主权原则相互平衡的产物①。一方面,协议管辖体现了意思自治原则。意思自治在国际私法领域中经历了从无到有、从次要到主要的发展过程。具体到管辖权领域,尊重当事人意思自治有利于在诉讼前期避免国际上的管辖权冲突问题,也有利于在裁判作出后各国的承认和执行。但另一方面,国家主权原则也制衡了当事人在选择法院过程中的意思自治权利。基于维护国家公共利益的考虑,涉外民商事诉讼的管辖权本质上是国家主权的组成部分,代表着主权国家对与本国有关的争议事项进行裁判的权力,有着维护国家利益的深层次考量。

协议管辖中的实际联系原则,则是这两种理论原则的直接体现。当前学术界总体对实际联系原则持批评和质疑的态度。有学者认为其侵害了当事人意思自治的权利,不仅剥夺了当事人选择中立法院的权利,也不符合协议管辖理论的国际发展趋势。但同时,学者们也对贸然废除实际联系原则持否定态度,认为在当前国内语境下坚持实际联系原则仍然有其

作者简介:杜泽卿,男,浙江大学光华法学院国际法硕士研究生。

① 周琦.国际民商事诉讼协议管辖制度研究[D].上海:华东政法大学,2016:60.

重要作用①。不仅满足诉讼经济、高效便利的实际需求,也能够防止案件被毫无限制地转移至与争议无实际联系的国家,维护国家司法主权,保护国际商事交易中处于弱势地位的本国当事人。

笔者认为,实际联系原则存废的背后本质上是如何平衡当事人意思自治和国家管辖权的问题。当前背景下我国"一带一路"建设亟须法治保障,建立国际民商事争议解决中心的愿景也正在逐步实现,这都对我国涉外民事诉讼协议管辖的实践提出了新的挑战。因此,不能对实际联系原则在我国的存废做简单的现实评价,而是应当结合我国实际情况及司法实践做更深入的探讨。本文拟通过案例检索和分析,试图从我国当前的审判实践出发,结合"一带一路"和涉外民商事诉讼国际化的背景,重新检视我国实际联系原则的困境和发展,希望有助于我国找准实际联系原则在涉外民商事审判中的作用和定位。

二、我国涉外协议管辖制度中实际联系原则的实践现状

(一)立法上的演变

1991年《民事诉讼法》即规定了协议管辖制度,但对国内案件和涉外案件采取双轨制,分别规定在第二十五条以及第二百四十四条。2007年《民事诉讼法》依然延续了双轨制,在内容上也并未调整,仅改变了条文顺序。在国内案件中条文依然将实际联系原则限定在五个地点,而在涉外民商事诉讼中仅要求采用实际联系原则,但并未给出列举式的说明。同时最高院解释对此表明,实际联系的地点并不局限于国内案件的五个地点,要求综合诸多因素进行判断,适用方式更加灵活②。2012年修订的《民事诉讼法》首次取消了内外有别的双轨制,在协议管辖问题上不区分涉外案件和国内案件,统一适用第三十四条③。这不仅体现了对当事人意思自治的尊重,也通过列举解释说明了"实际联系地"的具体含义,做到了与国际通行立法接轨,是我国立法成熟的表现。但新的问题随之而来,涉外案件中原本宽泛灵活的实际联系原则在第三十四条中被限定为五个特定连接点,如何理解这种列举说明,在涉外民商事诉讼审判中存在着较大的差异。总体上看,第三十四条尽管统一了国内案件和涉外案件的法律适用,但是在实践中反而造成了对当事人协议选择管辖法院的意思自治的限制和束缚,造成了立法目的和司法实践失衡的现象。

(二)实践分析

1.关于客观联系标准与法律选择标准的争议

对于如何界定"是否存在实际联系",尽管我国立法在第三十四条中作出了列举说明,但是在理论和实践上依然存在较大争议。区分实际联系的理论可以分为客观联系标准与法律选择标准(也即主观联系标准)④。对这个问题,我国司法实践的态度前后曾有较大变化。笔

---

① 王吉文."实际联系原则"的困境:废抑或留[J].河南省政法管理干部学院学报,2011(3):82.

② 参见最高人民法院民事审判第四庭颁布的《最高人民法院涉外商事海事审判实务问题解答(一)》(2004)。

③ 2012《民事诉讼法》第三十四条规定,在不违反本级别管辖和专属管辖的情况下,合同或者其他财产权益纠纷的当事人可以书面协议选择被告住所地、合同履行地、合同签订地、原告住所地、标的物所在地等与争议有实际联系地点的人民法院管辖。

④ 客观联系原则是指实际联系原则应当采取严格的文本解释,即当事人在管辖协议中选择的法院与待解决的争议之间存在的联系必须是客观、真实的,这种联系被限定在《民事诉讼法》第三十四条及《民诉法解释》第三百五十二条中列举的各种情形中。法律选择标准是指应当对实际联系原则做宽泛的理解,当事人通过协议选择适用任意第三国法律作为纠纷解决的准据法,也可以使得该国与争议具有内在的实际联系,从而成为使该国成为符合标准的实际联系地点。

者通过北大法宝、中国裁判文书网等平台全文检索"实际联系""涉外"两个关键词,共检索到 87 份裁定书,经过筛选共找到 13 篇当事人协议选择外国法院的案件,其中有 8 篇其案件争议焦点与"实际联系原则"有关系。其中,有 1 个案件①最高院支持了法律选择标准,对当事人协议选择适用该国法律而形成实际联系的观点进行了肯定,有 5 个案件②最终否定了当事人协议管辖的效力,并且在进行裁判说理中完全没有涉及当事人进行法律选择的标准的考量。另外,从时间维度上我们看到,最高院从 2011 年开始,以德力西能源私人有限公司(Delixy Energy Pte Ltd)与东明中油燃料石化有限公司买卖合同纠纷申请案(以下简称"德力西案")③为典型代表,对此类案件采取了严格的客观联系立场,在这之后的选择外国法院的案件,仅有一起因符合合同联系地的标准而被认定有效,其余管辖协议均被否认了效力的存在。因此就目前司法实践来看,法院都坚持了客观标准适用的立场,并且不认为当事人协议选择适用第三国法律可以作为实际联系的连接点,主观联系标准被排除在司法实践外。

最高院法官也曾撰文认为,2012《民事诉讼法》从文字措辞上支持了"客观联系标准"④。在解释"与争议有实际联系的地点"时,应理解为与法条前述五个地点具有同样客观实际联系的地点,而这种客观联系并不包括准据法的选择。总体上,我们可以看出我国司法实践更加支持客观联系的标准,而法律选择标准已经式微。

2. 关于客观联系标准的尺度把握

实践中,即使在区分标准上适用客观联系标准,在具体认定"客观联系"时亦不存在明确可供参考的规范,实际联系的概念、外延也始终模棱两可。这就要求法官在实践中行使自由裁量权对适用的尺度进行拓展或者限缩。总体来说,尺度的拓展可以有两个维度:一方面,列举的五个地点是否是穷尽式的列举,即在前述提及的五个联系点之外,是否可以认定其他的具有客观联系的地点?另一方面,这是否同时意味着只要案件中存在前述五个地点,就可以认定符合实际联系原则的要求呢?

首先针对是否可以认定其他的具有客观联系的地点的问题进行分析。从文本解释的角度看,在列举五个明确的地点后,第三十四条采取的表述为"……与案件有实际联系的地点",从语义上理解应当是没有穷尽列举的含义,当事人可以在前述条文和司法解释之外,选择其他与案件有实际联系的地点作为裁判依据。从案例分析上看,最高法院也并不认为民诉法的规定是穷尽式的列举⑤。值得注意的是,上述案件均为国内案件,在 87 份裁定书中我们并未发现具有涉外因素的案件中出现被法院认可或者否定的超出五个点之外的客观联系点。

尽管涉外审判中没有作出代表性的意见,但是笔者认为,将协议管辖法院仅局限于五个特定连接点的做法是值得商榷的。其实早在 2004 年最高院曾明确判断实际联系原则不能

---

① 参见最高人民法院〔2009〕民三终字第 4 号民事裁定书。另外,在下文分析中的中化江苏连云港进出口公司与中东海星综合贸易公司合同管辖异议案中最高院也秉持了法律选择的标准,但由于未检索到具体案例,因此不做统计。

② 5 个案件分别为:〔2011〕民提字第 301 号、〔2011〕民提字第 313 号、〔2011〕民提字第 312 号、〔2013〕民提字第 243 号、〔2016〕最高法民终 66 号。

③ 详见最高人民法院〔2011〕民提字第 312 号裁定书。

④ 刘贵祥,沈红雨,黄西武. 涉外商事海事审判若干疑难问题研究[J]. 法律适用,2013(4).

⑤ 详见最高人民法院(2013)民二终字第 35 号民事裁定书。

简单地局限于条文中列举的特定连接点，要综合案情进行灵活的综合判断[①]，并在 2005 年的会议纪要中重申了上述立场[②]。合同纠纷的连接点众多，甚至可能比列举的地点更有利于争议解决的管辖地点，因此限制当事人的选择权并不合理。同时，在 2012 年《民事诉讼法》的规定中，当事人可以协议管辖的范围也不仅仅局限于合同纠纷，在其他财产纠纷中也可以进行协议管辖。财产纠纷涉及的范围甚广，条文中列举的五个地点必然无法全部涵盖，诸如票据纠纷中的票据签发地、承兑地就被遗漏在外。将协议管辖范围狭隘地局限在条文列举的地点中，不仅在逻辑上无法自洽，对司法实践也有害无益。

其次，针对是否只要存在前述的五个地点就可以认定为存在实际联系的问题，我国高等法院以民诉法修订为界限存在着前后不一的立场。在民诉法修订之前，由于并不存在指定的实际联系地点，法院会通过分析具体案情和诉讼请求排除并无实际联系的管辖。但是在民诉法修订之后，由于在法条中已经通过列举规定了五个具体地点，因而在案件中当事人协议选择这些地点的时候，法院通常会认定其具有实际联系。然而，这种联系在特定类型的案件例如海上货物运输合同中并不必然存在[③]。典型的案例如 2013 年广东省高级人民法院关于上海迅欧国际货运代理有限公司、厦门联合物流有限公司诉新洲电子（香港）有限公司一案（以下简称"新洲电子案"）[④]。法院在涉外案件中不加区分地将这些地点认定为存在实际联系，忽视了涉外商事谈判中，强势方往往利用优势地位强迫另一方约定有利于己方的法院地（通常为其住所地或者经常居住地）作为解决争议的管辖法院。这可能反而会导致我国管辖权被不当排除，造成本应我国管辖的案件的国际转移趋势。

值得注意的是，最高院在最新的案例中似乎正在逐步纠正这种错误的裁判思路。吉林新元木业有限公司诉欧航（上海）国际货运代理有限公司案件（以下简称"新元木业案"）[⑤]经历了一审、二审和最高院的再审，法院裁判观点进行反复变化，并最终由最高院确认管辖协议因不符合实际联系原则而无效。然而根据我们的检索，最高院在此类案件的实践仅新元木业一例，但是这种目的与效果的错位在海商事案例中却依然屡见不鲜，因此更明确的司法实践仍然需要时间检验。就目前来看，根据下文的分析我们可以看到这种裁判做法不仅会造成实践中判断标准不统一，立法目的和实践效果的失衡现象，也会对我国"一带一路"建设和发展大国司法理念造成阻碍。

---

① 最高人民法院在 2004 年《涉外商事海事审判实务问题解答一》中解释的，合同纠纷的连接点众多，除了上述五个特定连接点外，还有可能涉及当事人的主要营业地、代表机构所在地、登记地、装运地、转运地、可供扣押财产所在地等，在侵权行为和违约责任竞合的情况下还可能包括侵权行为实施地、侵权结果发生地等。

② 《第二次全国涉外商事海事审判工作会议纪要》第四条："人民法院在认定涉外商事纠纷案件当事人协议选择的法院是否属于《中华人民共和国民事诉讼法》第二百四十四条规定的'与争议有实际联系的地点的法院'时，应当考虑当事人住所地、登记地、营业地、合同签订地、合同履行地、标的物所在地等因素。"

③ 袁发强，瞿佳琪. 论协议管辖中的实际联系地——立法目的与效果的失衡[J]. 国际法研究，2016(5):96-109.

④ 参见广东省高级人民法院〔2013〕粤高法立民终字第 57 号民事裁定书。

⑤ 参见最高人民法院〔2013〕民提字第 243 号民事裁定书。

三、存在的问题分析

（一）实践中判断标准不明确

首先，根据前述分析，尽管从当前最高人民法院的实践和态度来看，当前司法实践更支持"客观标准"，但是学术界对当事人的法律选择能否作为实际联系之考量依据仍然存在较大分歧。我国已故国际私法学者李浩培先生就主张对协议管辖不作过多限制，最大限度地体现当事人之间的意思自治，实现其正当的期望目标。但也有学者（王吉文）认为，由于我国法制状况的不完善，如果不存在实际联系的限制，将导致处于弱势地位的国内当事人选择其他国家作为案件管辖的地点，从而导致我国管辖权被不当排除的情况。

其次，根据前述分析我们可以看到，现行的《民事诉讼法》第三十四条尽管避免了立法上的双轨制，但同时也带来了如何准确把握实际联系原则的拓展尺度的问题。从扩张解释的角度看，存在法律规定的五个地点之外的地点是否也可以被认定为存在实际联系问题。尽管在国内案件中法院的观点更加倾向于认可的角度，但是在案情更为复杂的涉外案件中，如何判定该地点实际联系这一问题也将面临考验。有学者提出可以参考《民事诉讼法》第二百六十五条确定的几个法定的合同纠纷管辖地以及广东高院 2004 年发布的指导意见①来确定实际联系地的认定标准②，但是由于涉外案情通常较为复杂，实践做法也往往难以统一。从限缩解释的角度来看，条文中列举式的规定是否意味着只要选择的法院位于前述列举的五个地点，即可认定与争议事项存在实际联系。这两个问题始终困扰着实际联系原则在实践中的具体运用。另外，我国在与之类似的当事人协议选择法律的问题上已经取消了实际联系要求的限制③，如果在协议选择法律的问题上继续保持肯定的态度，不仅在逻辑上无法自洽，在司法实践中也会造成混乱。

（二）司法实践和立法目的出现了失衡

从涉外协议管辖合同中的立法目的来看，实际联系原则在当前背景下出现了失衡的情况。首先，实际联系原则的目的之一即确保我国法院在国际民商事诉讼的管辖权不会被不当排除，国家主权不受侵害。然而 2012 年《民事诉讼法》第三十四条的列举式说明导致了在实践中五个列举地点被不加区分地认定为与争议存在实际联系，这反而导致了本应该由我国管辖的案件大量外移。以海上货物运输合同为例，航运公司作为交易的强势方，可以在协议中强制约定其住所地法院为管辖法院。根据我国民诉法，这在形式上符合实际联系原则，但其本质上与争议不存在客观的联系。由于 1999 年和 2007 年制定的民事诉讼法采取双轨制，对涉外案件的实际联系标准并未作出明确界定，法官反而可以在案件审判中综合具体情况和诉讼请求，运用自由裁量权排除上述举例中不存在客观联系的地点，维护我国管辖权。相比而言，这不得不说是一种倒退。

其次，从维护意思自治的角度来看，实际联系原则也对当前处于弱势地位的合同方造成了侵害。从当前国际民商事诉讼管辖的趋势来看，越来越多的国家认可当事人选择争议解

① 详见粤高法发〔2004〕32 号，《关于涉外民商事审判若干问题的指导意见》第八条。

② 林欣宇.涉外协议管辖中实际联系原则的理性思辨与实践探索[J].法律适用,2018(4):56.

③ 参见 2012 年《最高人民法院关于适用〈中华人民共和国涉外民事关系法律适用法〉若干问题的解释（一）》第七条。

决的法院无须存在实际联系的观点①。《选择法院协议公约》在该问题上的态度即很好地反映了这一趋势。这种变化的逻辑在于,国际商事合同当事人有强弱之分,在谈判中可能会出现两种情况,一种是强势方压迫弱势方选择有利于其解决争议的法院进行管辖,那么根据上文分析,其在现行实际联系规则下可以更容易地创造联系因素来对该原则进行规避,甚至当前实践反而促成了这种局面的出现,典型案例如上文的新洲电子案;另一种情况是双方在争执不下的时候协议选择第三国中立法院进行管辖,希望避免任何一方因为不了解该国法律体系或者该国的法律保护主义造成的不公正判决。这不仅更有利于当事人选择专业法院解决争议,也对判决的承认和执行有所助益。但是我国实际联系原则同样也否定了这种可能性。这不仅极大地损害了当事人的意思自治,甚至可能妨碍国际贸易的达成。

总体而言,无论从维护我国司法主权的角度抑或从维护当事人合法权益的角度来看,2012 修订的《民事诉讼法》第三十四条在司法实践中都出现了实际上的倒退效果,造成了立法目的和司法实践的失衡。

（三）无法适应逐渐国际化的司法环境

"一带一路"倡议发展至今,我国与沿线国家的经济贸易往来日益频繁,2013－2018 年中国与沿线国家的进出口贸易总额达到 64691.9 亿美元②。多元开放的贸易往来不可避免地带来复杂的国际纠纷,这就需要我国采纳更加符合国际通行标准的诉讼规则解决多元争端。通过比较各国在实际联系原则上的实践,我们看到其在国际规则中正在逐渐淡出,尊重当事人意思自治的管辖权规则才是国际社会的主流观点。

首先,从作为"一带一路"沿线国重要组成部分的欧盟国家来看。2012 年 12 月,欧盟委员会通过《关于民商事案件管辖权和判决执行的第 1215/2012 号条例（重订）》,总体上继续延续了《布鲁塞尔公约》对实际联系原则的否定立场,同时对旧条例的第二十三条作出修改,允许住所在非成员国的当事人协议选择成员国法院管辖。这意味着实际联系原则在欧盟成员国的 12 个"一带一路"沿线国③中均未得到承认。其次,从国际社会更加通行的海牙《选择法院协议公约》（以下简称《公约》）来看,实际联系原则的适用范围已呈现出萎缩的状态。作为对协议管辖制度作出最完整全面规定的国际制度,《公约》在其第一条、第三条、第六条以及第十九条表明了其否定实际联系原则态度。尽管第十九条④例外允许以明确声明的方式拒绝无实际联系的协议管辖,但其本质上只是为了弥合不同国家的管辖权立场,争取更多缔约国的加入,从《公约》本身的立场上看,其并不支持实际联系原则的适用。中国于 2017 年签署加入该《公约》,同样加入的"一带一路"沿线国家包括新加坡、黑山、丹麦以及欧盟 27 国,并且均未作出《公约》第十九条、第二十条的限制管辖权以及限制承认执行与争议无实际联系原则法院作出的判决的说明。

---

① 一般而言,目前的普遍趋势是允许当事人选择一个中立法院来处理当事人之间的争议,例如《公约》第三条、《布鲁塞尔条例Ⅰ》第二十三条第一款。但是,为了保护弱者的利益,一些例外的限制还是有必要的,例如针对消费者合同和雇佣合同等。参见:李浩培.国际民事程序法概论[M].北京:法律出版社,1996:64.

② 基础数[EB/OL]."一带一路"官网,https://www.yidaiyilu.gov.cn/info/iList.jsp? tm_id=513,2019-08-14.

③ 欧盟成员中 12 个"一带一路"沿线国包括:波兰、立陶宛、爱沙尼亚、拉脱维亚、捷克、斯洛伐克、匈牙利、斯洛文尼亚、克罗地亚、罗马尼亚、保加利亚、希腊。

④ 《公约》第十九条"限制管辖权的声明":"一国可以声明,如果除被选择法院所在地外,该国与当事人或者争议并无联系,其法院可以拒绝受理一项排他性选择法院协议适用的争议。"

四、解决办法

（一）废除涉外联系管辖的实际联系要求

目前《公约》虽然已经签订,但仍待全国人大批准,各界对实际联系原则的存废有着较大的争论。笔者认为当前环境下,我国应当以批准《公约》为契机采用分阶段的方式,逐步废除涉外联系管辖的实际联系原则。

这首先有助于平衡当事人的意思自治与国家主权理论的限制。最直观来看,废除实际联系原则可以统一法官在案件中的裁判尺度,避免了法官在认定过程中进行错综复杂的判断,增加了当事人的可预期性。而且由于当事人是通过协商合意挑选法院的,这不仅能保障他们挑选解决争议最合适的法院,也有利于裁判的承认和执行。总体而言,这对体现当事人的意思自治,实现协议管辖的初衷必然是大有裨益。同时,从保护我国管辖权避免案件国际转移的角度来看,废除该原则也是更好的选择。根据上文分析,实际联系原则在实践中并不能避免当事人制造特定的连接点挑选法院,甚至加剧了对管辖权的不当侵蚀。相反在废除后,我国法院依然能够通过适用不方便法院原则来审查当事人选择法院的行为,避免违反公共利益①。

与此同时,以协议管辖法院的签订为突破口,分阶段废除实际管辖原则具有现实上的可能性。第一步,《公约》本身在适用范围上已经排除了专属管辖权及与消费者、雇佣者有关的事项,在范围上仅适用于特定的商事合同事项。并且为了限制当事人的意思自治,也规定了五项例外情形。加入公约后,中国可以选择对《公约》19 项以及 20 项声明保留的方式,或者合理利用上述五项除外情形来否定管辖协议的效力,构建替代性规则。第二步,我国可以《公约》的批准为契机,实现缔约国范围内先行废除实际联系原则,允许当事人选择某个缔约国法院作为管辖法院并且不受到民诉法第三十四条规定的限制。但是专属管辖的除外。同时最高法院根据授权制定公约实施规定,准确界定公约第六条第五项替代性规则的适用范围,对当事人的意思自治进行一定程度的限制,实现实际联系原则的替代性规则具体化。第三步,对于在司法实践中证明废除实际联系可行的,再报请全面废除《民事诉讼法》中有关涉外协议管辖的实际联系原则,并采纳《公约》中通行的国际规则作为认定管辖协议效力的依据。

总体上看,虽然废除实际联系原则会在一定程度上冲击我国管辖权,但能大幅提升对当事人意思自治的保护,营造更加开放包容的国际化营商环境,更好地做到当前背景下我国司法主权和当事人意思自治的平衡,是我国加强司法裁判全球竞争力的必然要求和重要保障。

（二）树立大国司法理念

以"一带一路"的推进为背景来重新审视我国涉外民事诉讼的管辖权,笔者认为管辖权作为"一带一路"司法保障的起点,涉外民事诉讼的管辖权更需要以大国司法理念为主导进行设计。大国司法理念强调应当充分尊重现代国际法原则和规则,营造开放、透明、可预测的国际化纠纷解决环境②。国际纠纷解决的最重要规则就在于当事人意思自治,这与大国司

---

① 刘晓红,周祺. 协议管辖制度中的实际联系原则与不方便法院原则——兼及我国协议管辖制度之检视[J].法学,2014(12):43.

② 孟新军,张飞律."一带一路"背景下大国司法理念的法理审思——以国际私法当事人意思自主原则为视角[C]//胡云腾.法院改革与民商事审判研究——全国法院第 29 届学术讨论会获奖论文集.北京:人民法院出版社,2018:1436.

法理念的先进性、包容性、透明性、能动性的核心要求不谋而合。实际联系原则的存废问题根本争议在于对当事人的意思自治在管辖权范围内应当进行何种程度的限制,具体来说即如何正确看待当事人选择境外第三方中立法院管辖。在"一带一路"倡议下,考虑到国际通行规则普遍允许,我国应转变过于重视司法主权的理念,更加重视促进和保障国际交往功能,以开放的姿态予以接纳。

（三）提升我国司法裁判的竞争力

废除了实际联系原则,就相当于将我国法院的审判质量放在全球范围内进行衡量和比较。当事人会更倾向于选择专业性更强、更可以解决争议的法院。当前我国涉外审判的制度优势还很薄弱,提升我国司法裁判竞争力,不仅仅是提升自己司法制度水平的需要,也是为了更好地应对世界审判的挑战[①]。更加开放的管辖权规则是我国司法裁判竞争力提升的必要前提,同时我国司法裁判竞争力的提升会为我国涉外民事诉讼的管辖权提供更充足的保障,二者相辅相成,互为表里。

国际商事法庭是我国人民法院服务保障"一带一路"的重大举措,致力于形成便利、快捷、低成本的"一站式"争端解决中心。我国应当立足于"一带一路"倡议,以开放的姿态和灵活的安排来解决国际商事纠纷,充分发挥自身诉讼与仲裁相结合的独特优势,积极参与国际司法竞争,凸显我国独特的国际司法服务理念,树立我国司法裁判的国际声誉和话语权。

---

① 蔡伟.国际商事法庭:制度比较、规则冲突与构建路径[J].国际法研究,2018(5):175.

双边投资协定(BIT)中最惠国条款的法经济学分析

张宏乐

【摘要】 最惠国条款在国际条约中的出现,有其历史的必然性和偶然性。国际社会对最惠国条款的认识也随着国际实践而不断发展深入。最惠国条款在历史发展中的不断反复就是人们认识最惠国条款的外部轨迹。近年来国际投资仲裁中对最惠国条款的争论表明国际社会对该条款的功能和价值再次出现了分歧。用法经济学的方法对双边投资协定中最惠国条款的分析和研究表明,最惠国条款的价值功能仍然存在,但对其外部性的忧虑成为近年来一些国家对最惠国条款采取谨慎态度的主要因素。因此,对双边投资协定中最惠国条款进行限制和细化将成为以后一个时期各国 BIT 实践的趋势。

【关键词】 最惠国条款;双边投资协定;功能;外部性

一、最惠国条款概述

最惠国条款的出现最早可以追溯到 12 世纪[1]。1800 年到 1900 年间最惠国条款频频出现在各类友好、通商和航海条约当中。在随后的近一个世纪中,最惠国条款在国际贸易领域得到了较为充分的发展,最为典型的表现是 WTO 协定中的最惠国待遇条款。

从 20 世纪 90 年代以来,随着国际投资的不断增长,国际投资协定也随之大量出现。截至 2009 年上半年,国际社会中双边投资保护协定(BIT)的数量就达到 2701 项[2],涉及 170 多个国家,其中绝大多数为发达国家与发展中国家之间签订,从而在全球范围内形成了双边投资协定的庞大网络。根据联合国贸易和发展会议 2016 年的《世界投资报告》统计,截至 2015 年年底,全球共有国际投资协定 3304 个,其中双边投资协定 2946 项。联合国贸易和发展会议的报告认为,虽然近年来每年签订的双边投资协定数量在减少,但全球范围内双边投资协定的总量一直在增加。

在这些双边投资协定中,最惠国条款与国民待遇条款一起成为协定中的重要条款。国民待遇条款提供了外国投资者和本国投资者之间的平等待遇,而最惠国条款则保证来自不

作者简介:张宏乐,1970 年生,男,法学博士,宁波财经学院副教授。

[1] Endre Ustor, First Report on the Most-Favoured Nation Clause, [1969] 2 Y. B. Int'l L. Comm'n 157, 159, U. N. Doc. A/CN. 4/213, para 10. 根据经济合作组织 2004 年的报告,最惠国条款起源于 12 世纪,See Most-Favored-Nation Treatment In International Law, Working Papers on International Investment by OECD, No 2004/2.

[2] Recent Developments in International Investment Agreements (2008-June 2009),IIA MONITOR No. 3 (2009)International Investment Agreements,UNCTAD/WEB/DIAE/IA/2009/8,at 7.

同国家的外国投资者也能享受同样的待遇。这两个条款的目的都是确保投资者能有一个公平竞争的良好环境。但最惠国条款近年来在国际投资争端中频频出现,使得国际社会不断对其制度价值和功能进行重新审视和评估。本文试图从法经济学的角度分析最惠国条款的制度价值和历史发展脉络,以便我们对双边投资协定中的这一重要条款有更进一步的认识和理解。

二、最惠国条款的制度价值——交易成本的节省与预期利益的产生

交易成本理论是新制度经济学的重要内容。著名经济学家、诺贝尔奖获得者科斯教授在其著名论文《企业的性质》一文中首次提出了"交易费用"的概念;在另一篇文章《社会成本问题》中又提出了著名的"科斯定理",即交易费用为零的情况下,无论权利如何界定,都可以通过市场交易达到资源的最优配置。然而,由于现实社会中交易费用不可能为零,又推出科斯第二定理,即在交易费用为正的情况下,不同的权利界定,会带来不同效率的资源配置。

著名经济学家威廉姆森从契约角度出发,将交易费用分为"事前的"和"事后的"两类。所谓事前的交易费用是指起草、谈判、保证落实某种契约的成本,也就是达成合同的成本。所谓事后的交易费用是指契约签订后所发生的费用(如法院费用),或当事人为确保交易关系的长期化和持续化所必须付出的费用等。[①]

现有的法经济学研究将国际社会视为要素市场,将国家视为追求利益最大化的理性人。由于国际社会的外部性的存在,国家为了解决外部性问题往往会采取两种方式,即双边条约或多边机制,而国家在各种国际机制之间的选择就是基于交易成本和战略选择的考量。[②]

关于最惠国条款的理论基础,约翰·杰克逊先生有过非常经典的论述,他认为:最惠国政策至少有两个理论基础,即所谓"经济的"和"政治的"。从政治的范畴看,如果没有最惠国条款,各国政府可能会试图确定特殊的歧视性国际集团类别。这些特殊的集团分类可能会引起憎恨、误解和争端,因为被"忽视"的国家会对这种排斥还以颜色。因此,最惠国既有助于减少各国之间的对峙,又可抑制政府求助于短期的、暂时的政策,防止给这个饱受冲突的世界"雪上加霜"。[③]

从经济学的角度来看,非歧视会产生一种表示友好的效果,即有利于促进自由贸易的"市场规则",将扭曲减少到最低限度。其次,经济学理论认为最惠国经常引起贸易自由政策的普遍化,因而可以产生更多的贸易自由(最惠国的多重效果)。最后,最惠国观念可以使规则制度的成本最小化。

在国际投资领域,一个显著的特点是,多边协定很难达成,而双边协定较为常见。这其中的一个重要原因是投资问题较为敏感,涉及缔约国的方方面面,达成一个全面的多边投资协定非常困难,谈判耗费时日,缔约成本非常巨大。在这种情况下,双边投资协定成为一种不可或缺的无奈选择。然而,如果一个国家在签订 BIT 时,又要考虑其他缔约国 BIT 中是否又有了更加优惠的待遇,那么会导致缔约国选择等待。这时,最惠国条款的制度价值就显现出来。最惠国条款最为重要的作用,它可以使缔约国在签订条款时,不必过于担心对方在

---

① 黄祖辉.制度的魅力——新制度经济学小品文文集[M].杭州:浙江大学出版社,2014:70.
② 张弛.国际法学的"量子力学革命"——评法经济学在国际法研究中的应用[J].东南学术,2012(1):96-97.
③ [美]约翰·H.杰克逊.世界贸易体制——国际经济关系的法律与政策[M].张乃根,译.上海:复旦大学出版社,2001:178-179.

日后给予其他国家更加优惠的政策,从而加快签订条约的步伐。而最惠国条款的存在也可以让缔约国不必时时更新条约,从而节省缔约成本。具体来说,最惠国条款在经贸领域的影响可以表现在两个方面。

（一）最惠国条款在经济贸易领域的积极影响

最惠国条款在国际贸易领域给缔约方带来的好处在于:第一,使本国的商品和货物在他国市场上与任何第三国的商品和货物立于平等的地位。第二,可以分享其他第三国谈判的成果。第三,可以节省未来的谈判。第四,可以有效地保护现有的已经商定的减让成果。比如,如果 A 国在某种关税上从 B 国获得某种减让,那么就会约束 B 国在以后的谈判中不给予第三国更优惠的税率。如果 A 国和 B 国没有这样一个最惠国条款,那么他们在谈判时就会趋于保守,在最初谈判中达成的减让就会大打折扣。第五,最惠国条款使得各缔约方不能在谈判中威胁取消以前的减让成果。因为即使一方取消某一双边减让成果,只要最惠国条款还存在,另一缔约方还是能自动享受到优惠。[①] 所以,约翰·H.杰克逊将最惠国条款称作贸易自由化的"放大器"。而赵维田先生则认为:最惠国原则的独特法律结构具有一种奇妙功能,即自动减少贸易限制的多边效应。……自由贸易纯属一种理想和宗旨,在现实世界无法完全排除或阻止各国以各种理由采取的不恰当的干扰和限制,人们只能尽力减少它们。若从最惠国待遇的"最惠"背后含义的"最少限制"意思上理解,恰能满足这个要求。再者,最惠国待遇的这种自动放宽限制的多边效应,还有助于国际统一规则的形成。在历史上作为民间侨商领袖领事的职能与特权就是借助最惠国条款而逐渐形成统一的国际规则的。[②]

在国际投资领域,最惠国待遇标准的法律价值和意义在于:它使外国投资者在投资东道国的投资及与投资有关的活动方面的权利和义务具有平等性,使应受同等待遇的外国投资者确实受到同等待遇,使其相互之间在待遇上不至于厚薄有别而构成歧视。[③]

然而,在国际投资领域比国际贸易领域更为复杂的问题是,国际投资中的待遇不仅涉及投资条约所涵盖的投资的待遇,还涉及投资者的待遇,而且这些待遇包括所有与投资相关的活动。这就使得一国政府在投资领域签订含有最惠国条款的条约时,更为小心和谨慎。国民待遇和最惠国条款放在一起进行规定的时候,保证了投资者之间的非歧视待遇,不论其是外国国籍还是内国国籍。投资者这时还可以选择一种其认为最优惠的待遇。[④]

（二）最惠国条款在经济贸易领域的消极影响

第一,最惠国条款会产生"搭便车"现象,从而使双边谈判的双方趋于谨慎。从理论上讲,一个国家完全有可能通过最惠国条款享受到其他国家达成的优惠条件,而不用作出任何的减让和承诺。[⑤] 比如,X 国和 Z 国签订了一个含有最惠国条款的条约,在条约中 X 国给了 Z 国一些优惠,这些优惠条件是 X 国在以前与 Y 国签订的条约中没有的,而这个条约也含有

---

① Schwartz W F, Sykes A O. The Economics of the Most-Favored-Nation Clause[M]// Bhandar: J S, Sykes A O. Economic Dimensions in International Law: Comparative and Empirical Perspectives. London: Cambridge University Press, 1997:62.

② 赵维田.世界贸易组织的法律制度[M].长春:吉林人民出版社,2000:75.

③ 牛光军.国际投资待遇论[D].长春:中国政法大学,2000:33.

④ Vesel S. Clearing a Path through a Tangled Jurisprudence: Most-Favored-Nation clauses and dispute settlement provisions in bilateral investment treaties[J]. Yale Journal of International Law,2007,32:125-130.

⑤ Guzman A T,Sykers A O. Research Handbook in International Economic Law[M]. Cheltenham, UK: Edward Elgar,2007:13.

最惠国条款。那么,Y 国就可以根据与 X 国条约中的最惠国条款要求得到 X 国新近给予 Z 国的新的优惠。这样,原来 X 国与 Y 国之间的约定平衡就被打破,而 Y 国并没有付出任何对价。[①]

第二,对于那些经济相对落后的国家来说,最惠国条款纵使是互惠的,但实际上可能仍是片面的,因为他们出口的货物要比进口的货物少很多。[②] 这种情况在国际投资领域同样存在。那些资本输出国希望一个保护范围最大的最惠国条款,而这些条款对于资本输入国而言则意义不大。同时,许多发展中国家的经济政策建立在有选择的市场干预基础上。这意味着这些国家对那些能给他们的经济带来积极影响的投资者比较欢迎。而这些国家对最惠国条款的担忧是:一个无条件的最惠国条款会否影响其经济发展战略?[③]

综上所述,最惠国条款的目的在于"建立和保持长期的、国家之间的最基本的非歧视的平等",[④]尤其是在国际贸易和国际投资领域都起到了积极的作用。虽然有些国家的国内法特别是宪法中已经规定有非歧视原则,但是这种规定对于外国投资者而言还是不充分的,因为一国立法机关可以随时单方面修改立法。在外国投资者看来,一项国际协定中的最惠国条款,由于产生的是国际义务,东道国不能单方面修改。所以,对于投资者而言,这种条款对于他们才更为可靠。但是,这种国际义务有时又会与东道国的经济发展战略相抵触,使得一些东道国,特别是经济较为落后的国家,对于最惠国条款的适用变得日益谨慎。因此,对于最惠国条款,随着各国对其理解的深入和实践的发展,其制度意义仍有待于国际实践的验证。

三、对最惠国条款外部性的忧虑之一——最惠国条款发展过程中的反复

外部性通常也称为溢出效应。当两个市场主体在进行交易时,没有参与交易活动的第三方得到好处或受到伤害,这个交易的外部性就出现了。最惠国条款具有典型的外部性的特征。

两个国家缔结条约,给予对方一些优惠的待遇,而由于最惠国条款的存在,这种优惠可以非常容易地被第三方享受。中国在 1999 年的入世谈判中,与美国的谈判最为艰难,也受到其他国家或缔约方瞩目,就是因为如果美国在谈判中把很多问题都解决了,其他缔约方就不需要在这些问题上重复谈判,根据 WTO 协议中的最惠国条款,就可以享受到中美之间协议中规定的优惠待遇。

由于最惠国条款这种外部性的存在,最惠国条款在发展过程中受到各国的怀疑。各国都希望将最惠国条款的负外部性成本降到最低,所以,在历史发展过程中,出现了有条件的最惠国条款和无条件的最惠国条款。这两种最惠国条款相互影响,犬牙交错发展,但无条件最惠国条款最终被各国所接受。

(一)有条件最惠国条款和无条件最惠国条款并存的阶段

1750 年英国与西班牙所签协定中最惠国条款已经初步具备了现代模式:一方允许并同

① Most-Favored-Nation Treatment,UNCTAD Series on issues in international investment agreements,UNCTAD/ITE//IIT/10(Vol. III),UN,1999. at 9.

② 引自吴昆吾《最惠国条款问题》,外交部条约委员会印行,1929 年 3 月。该文献藏于上海图书馆近代文献库.

③ Most-Favored-Nation Treatment,UNCTAD Series on issues in international investment agreements,UNCTAD/ITE//IIT/10(Vol. III),UN,1999. at 10.

④ See Rights of Nationals of the United States of America in Morocco(Fr. V. U. S.),1952 I. C. J. 176,192(Aug. 27).

意给予或将要给予其他任何国家的所有权利、特许权、免税和豁免将同样给予另一方的国民;反之亦然。① 但在欧洲,拿破仑时代以后所签订的条约中大多是有条件的最惠国条款。据称,1830 年至 1860 年三十年间所缔结的条约中有 90% 是有条件的最惠国条款。② 而 1860 年英法两国签订的旨在实行自由贸易的"科布登—切维利尔条约"第一次明确提出"相互给予无条件的最惠国待遇",使得最惠国条款有了质的飞跃。③ 这种模式也被称为欧洲模式最惠国条款或者无条件最惠国条款。

而美国独立后签订的第一个条约,即 1778 年美法条约,却包含了与欧洲模式最惠国条款不同的最惠国条款:"法国国王与合众国互相约定,此国不以商务与行船上任何特殊利益给其他国家,假使这些利益不是彼缔约国得以立即同样享受的。彼缔约国得自由享受同样利益,倘若该利益是自由给予的;或须偿付同样的报偿方得享受该利益,倘若利益是有条件给予的。"④该条款被解释为一方在同第三国一样支付赔偿之后即有权享有同样的减让。由于减让(即优惠)的取得是以支付额外的赔偿为条件的,这种形式的最惠国条款被称为美式最惠国条款或"有条件的"最惠国条款。⑤ 这种"有条件的"最惠国条款并非美国的发明,它也发源于欧洲,是欧洲各国通商条约中最惠国条款的最初形式。但是,它在欧洲只存在了很短的一段时期(如前所述,大约只有三十年的时间),但美国却拿来加以发展,成为其从 18 世纪 70 年代直到 19 世纪 20 年代的主要条约实践。⑥当时的美国国务卿约翰·谢尔曼在 1898 年的一段话中非常简明地表明了美国对此问题的观点:"对一个没有作出补偿的国家给予和一个作出补偿的国家一样的优惠,就打破了最惠国条款所试图保证的平等……"⑦ 按照这种观点,最惠国条款不是一个国家可以凭此获得其他优惠的途径,而是一个对任何有最惠国条款国家的给予相同交易条件的承诺。就像某个学者所评价的那样,有条件的最惠国条款在实践中就等同于没有任何最惠国条款。⑧

然而美国将这种有条件的最惠国条款实践一直坚持到第一次世界大战后。此后,出于其产品出口的需要,美国开始放弃贸易保护主义和有条件的最惠国条款。1924 年,当时的国务卿休斯在敦促国会通过与德国签订的新条约以执行贸易政策的新变化时说:"国家的利益和基本目标是保证平等的待遇,但有条件的最惠国条款事实上不是平等待遇的产物,也不能够保证这种平等待遇。而且,在实践中适用有条件的最惠国条款时,如何判定是否构成平等补偿也极其困难……在当前情况下,美国贸易的扩张需要平等待遇的保证,而不能再冠以

---

① 薛峰. 论最惠国待遇原则[D]. 重庆:西南政法大学,2003:16.

② Endre Ustor, First Report on the Most-Favoured Nation Clause,[1969] 2 Y. B. Int'l L. Comm'n 157, 159, U. N. Doc. A/CN. 4/213,p162.

③ 赵维田. 世界贸易组织的法律制度[M]. 长春:吉林人民出版社,2000:53.

④ 王铁崖. 最惠国条款的解释[A].//郑正来. 王铁崖文选. 北京:中国政法大学出版社,1993:504.

⑤ 薛峰. 论最惠国待遇原则[D]. 重庆:西南政法大学,2003:16.

⑥ Stanley K. Hornbeck, The Most-Favored-Nation Clause (pt. 2), 3 Am. J. Int'l L. 619, 620-21 (1909).

⑦ Letter from Secretary of State John Sherman to William I. Buchanan (Jan. 11, 1898), in 5 Moore's Digest of International Law 278 (1906), quoted in Hornbeck, supra note 1, at 408.

⑧ Boris Nolde, La Clause de la Nation La Plus Favorisée et les Tarifs Préférentiels, 39 Recueil des Cours de l'Académie de Droit International 1, 91 (1932). Cited from Scott Vesel, Clearing a Path through A Tangled Jurisprudence:Most-Favored-Nation Clauses and Dispute Settlement Provisions in Bilateral Investment Treaties, 32 YALE J. INT'L L. 125, 130 (2007),p6.

有条件的最惠国条款。"①

所以,在自由贸易思想占了主导地位的情况下,有条件的最惠国条款就被证明是无益的。就像联合国特别报告员评论的那样:"只要美国还是一个纯进口国,有条件的最惠国条款就符合美国的利益。当战后美国在世界经济中的地位发生急剧改变以后,有条件的最惠国条款就显得不够用了。要想成功进入国际市场,基本的条件是消除对美国产品的歧视,而这只有通过无条件的最惠国条款才能做到。"②虽然美国在1923年以后摒弃了有条件的最惠国条款,这种形式的条款在国际商业条款中也基本消失。然而,在外交关系和领事关系领域,美国所签订的很多条约当中,这种有条件的最惠国条款仍一直存在。③

(二)最惠国条款的回退阶段

第一次世界大战的爆发不仅加剧了各国之间的紧张关系,同时也影响了各国对于最惠国条款的理解,从而造成了最惠国条款实践的回退。整个战争期间,人们都注意到该条款使用中的"不自然的"效果,即该条款要求一个国家给予其盟友和其疏远国家以同样的优惠。④战后,各国为恢复其被破坏的经济,竞相实行贸易限制,所以很多条约中的最惠国条款都终止了,或者事实上没有得到执行。在一战后签订的《国际联盟公约》和1919年所签订的一系列和平条约中,都加入了这样的条款:战胜国强迫战败国赋予他们单方面的无条件最惠国待遇,而且各国期限也有不同,德国五年,澳大利亚、保加利亚和匈牙利是三年。盟国在其他一些小的条约中也要求波兰等小国家在五年内在关税事项上给予前敌对国家单方面的优惠。⑤

这样,最惠国条款又回到了单方面最惠国条款的时代,而且很多条约的签订都是带有强迫性的。第一次世界大战后几年,最惠国条款一直未能回到战前其在商业条约中的地位,有条件的最惠国条款又开始盛行。1929年的经济危机使这种状况雪上加霜,国际社会保护主义泛滥,连最坚持"自由贸易"的英国也放弃了最惠国原则,开始实行英联邦特惠区制度。⑥

(三)自由贸易的重新崛起以及最惠国条款的新发展

第一次世界大战结束以后兴起的贸易保护逐渐引起世界的不满。1927年国际联盟国际经济会议就得出结论:"各国相互在关税和贸易条件方面给予对方互惠的无条件的最惠国待遇对于各国间商业的自由和健康发展是至关重要的……"因此"强烈建议最惠国条款的范围和形式应该是最宽泛和最自由的,并且不应该通过任何条款和解释将其弱化或缩小。"⑦最惠国条款在国际商业条约中逐渐复苏。在1920—1940年期间,全世界含有最惠国条款的条

① Change in Favored-Nation Clauses, 5 Hackworth Digest of International Law §502, at 273 (1942), quoted in Endre Ustor, Fourth Report on the Most-Favoured-Nation Clause,〔1973〕2 Y. B. Int'l L. Comm'n 97, 98, U. N. Doc. A/CN. 4/SER. A/1973.
② Endre Ustor, First Report on the Most-Favoured Nation Clause,〔1969〕2 Y. B. Int'l L. Comm'n 157, 159, U. N. Doc. A/CN. 4/213. at 163.
③ Marian Nash Leich, Diplomatic Privileges And Immunities (U. S. Digest, Ch. 4, S2) Most-Favored-Nation Status, American Journal of International Law April, 1983.
④ Endre Ustor, First Report on the Most-Favoured Nation Clause,〔1969〕2 Y. B. Int'l L. Comm'n 157, 159, U. N. Doc. A/CN. 4/213. at 162.
⑤ Endre Ustor, First Report on the Most-Favoured Nation Clause,〔1969〕2 Y. B. Int'l L. Comm'n 157, 159, U. N. Doc. A/CN. 4/213. at 162.
⑥ 赵维田. 世界贸易组织的法律制度[M]. 长春:吉林人民出版社,2000:54.
⑦ Endre Ustor, First Report on the Most-Favoured Nation Clause,〔1969〕2 Y. B. Int'l L. Comm'n 157, 159, U. N. ,at 169.

约有 600 多个。到了第二次世界大战后,1948 年生效的关税与贸易总协定(GATT)第一次在世界范围内把最惠国原则纳入多边贸易体制,将其置于更加广泛而稳定的基础上,从而完成了另一次历史性的飞跃。[①] 此后,在《服务贸易总协定》(GATS)和《与贸易有关的知识产权协定》(TRIPs)中也加入了最惠国条款,最惠国条款从贸易领域逐步扩展到其他领域。

这种国际实践的变化也引起了国际法学界的注意,联合国国际法委员会在认识到最惠国条款对于各国条约实践的重要性后,在 1968 年至 1978 年间开始了最惠国条款的国际法编撰活动,并最终在 1978 年形成了一个《关于最惠国条款的草案》,但该草案并没有提交联合国大会讨论。联合国国际法委员会的委员们认为,由于各国对此问题还存在较多分歧,对于最惠国条款还需要进一步的研究和国际实践的发展。

20 世纪 50 年代以来,经济全球化给世界经济带来了深刻的变化,其不仅表现为国际贸易的迅速增长,国际资本的全球流动更是以前所未有的速度快速增加。在 1980 年到 2000 年之间,全球外国直接投资流入量的增长水平超过同期 GDP 增长水平的 16%,2000 年一年的全球外国直接投资流入量就是 20 年前的 20 倍之多。[②] 为了给国际投资的稳定发展创设一个良好的法律环境,各国在双边层次、区域多边层次和全球性多边层次进行了大量合作,产生了一系列重要的国际文件,其中包含大量的双边投资保护协定和区域投资条约。[③] 在这些条约当中,无条件的最惠国条款不仅发挥了重要作用,同时也显示出其蓬勃的生命力。虽然各国在最惠国条款方面的条约实践还有很大差异,各国对此理解还不一致,但该条款在国际投资协定中已成为不可或缺的核心条款。但与以往在贸易领域的最惠国条款不同,国际投资领域中的最惠国条款涉及事项较多,其中会涉及一国主权范围内的一些敏感事项,使得最惠国条款的适用也更为复杂。

我国著名学者赵维田先生认为,最惠国原则在其长期的发展历史上几度兴衰的事实,向人们揭示了这样一条真理:这条国际法规则确有它产生的经济基础和存在的客观需要,自有它在国际经济学上的合理价值和理论根据。纵使国际社会不同国家实行不同的经济制度或奉行不同(甚至相反)经济贸易政策,只要彼此约定共同遵守市场机制,公平竞争,机会均等,就能把对国际市场的人为干扰或扭曲减至大家都可接受的最低限度。[④] 笔者也认为,最惠国条款发展的历史表明,最惠国条款从产生到逐渐发展成熟,世界政治经济的社会基础是其不断发展完善的根基。

四、对最惠国条款外部性的忧虑之二——近年来对最惠国条款范围的争论

(一)最惠国条款适用范围问题的提出

这个问题是随着近年来国际投资协定的大量发展而产生的。由于国际投资所涉及的事项较多,特别是很多条约当中还规定了东道国当地救济用尽原则和投资者—东道国国际仲裁机制,所以其适用范围也较复杂。

全球范围内三千多个双边投资协定的结果是各国都处于一个错综复杂的条约关系中

---

① 赵维田.世界贸易组织的法律制度[M].长春:吉林人民出版社,2000:54.

② The Economic Intelligence Unit,"2010 年世界投资前景:繁荣还是衰退?"(World Investment Prospect to 2010 Boom or Backlash?)(Laza Kekic),第 22 页。转引自王贵国.国际投资法[M].北京:法律出版社,2008:3.

③ 蔺志军.双边投资保护协定中最惠国待遇研究[D].北京:中国政法大学.2006:4-5.

④ 赵维田.世界贸易组织的法律制度[M].长春:吉林人民出版社,2000:54-55.

心,而每个条约都含有最惠国条款。然而,根据每个条约中最惠国条款的条文不同,每一个最惠国条款中所包含的原则有着很大的区别。① 因此,对最惠国条款的理解和适用就变成一个条约解释的问题。②

然而,对最惠国条款的适用虽然在具体案件中有所不同,在国际社会引起各国政府和各国学者对这一问题进行关注的却是 ICSID 1997 年受理的 Maffezini 诉西班牙政府案③。在该案中,阿根廷投资者 Maffezini 主张,最惠国待遇能够适用于争端解决事项,因此其有权根据该条款享受第三方条约在争端解决方面规定的更优惠的待遇,从而有权提起 ICSID 仲裁。而仲裁庭作出的裁决也支持了投资者的主张。从该案后,投资者竞相通过援用最惠国条款以提起国际仲裁。④ 2000 年 8 月至 2008 年 6 月间,投资者至少已在 7 个 ICSID 投资仲裁案件中主张最惠国条款可以适用于争端解决事项,并据此提起仲裁,相关仲裁庭已经就此作出了裁决。Salini 案和 Plama 案是两个最先反对将最惠国条款适用于争端解决事项的案例,但这一过程中也并非没有不同的声音。⑤

在 RosInvest 案中,申请人认为自己购买的俄罗斯公司的股票因为政府的征收行为而贬值,于是根据英国—俄罗斯 BIT 的最惠国条款引用丹麦—俄罗斯 BIT 中的仲裁条款,向斯德哥尔摩商会仲裁院提起仲裁。仲裁庭支持了申请人的主张,认为英国—俄罗斯 BIT 第三条关于最惠国条款适用于"投资的管理、维持、使用、享有和处置",而通过仲裁方式解决投资争议的权利应当是"使用"和"享有"投资的部分内容。⑥ 在另一个案件中,中国香港居民 Tza Yap Shun 依据中国政府与秘鲁政府 1994 年签订的 BIT 第三条第二款的规定主张适用秘鲁—哥伦比亚 BIT 中的更为有利的争议解决条款,仲裁庭也支持了申请人的主张。⑦ 2011 年的 Hochtief 案中,申请人根据德国—阿根廷 BIT 中的最惠国条款主张适用阿根廷—智利 BIT 中较为有利的争议解决条款,仲裁庭同样认为争议的解决属于投资管理的一部分,支持了申请人的主张。⑧ 而在 2017 年 3 月作出裁决的 Ansung Housing 案中,申请人根据中国—韩国 BIT 中的最惠国条款,主张该案的诉讼时效不适用 3 个月的限制,而仲裁庭则没有支持申请人的主张,认为中国—韩国 BIT 中最惠国条款所指向的待遇不包含时效问题。⑨

(二)最惠国条款适用范围纠纷的实质

很多国家不愿意将最惠国条款的适用范围扩大到争端解决条款,本质上来讲是担心最惠国条款的外部性无限扩展,超出本国签订 BIT 时的预期,从而给政府造成不必要的被动局

---

① OECD Working Papers on International Investment No 2004/2, "Most-Favoured-Nation Treatment in International Investment Law" (2004). available at http://www.oecd.org/dataoecd/21/37/33773085.pdf, as of 2009/8/4.

② Scott Vesel, Clearing a Path through A Tangled Jurisprudence: Most-Favoured-Nation Clauses and Dispute Settlement Provisions in Bilateral Investment Treaties, 32 YALE J. INT'L L. 125, 130 (2007), at 138.

③ Maffezini v. Spain, ICSID Case No. ARB/97/7, Decision on Jurisdiction, 5 ICSID (W. Bank) 396 (2000), available at http://www.worldbank.org/icsid/cases/emilio_DecisiononJurisdiction.pdf.

④ 陈安,蔡从燕.国际投资法的新发展与中国双边投资协定的新实践[M].上海:复旦大学出版社,2007:190-191.

⑤ 陈安,蔡从燕.国际投资法的新发展与中国双边投资协定的新实践[M].上海:复旦大学出版社,2007:203-204.

⑥ 黄世席.国际投资仲裁中最惠国条款的适用和管辖权的新发展[J].法律科学,2013(2):179.

⑦ Tza Yap Shum v The Republic of Peru, ICSID Case No. ARB/07/6, Decision on Jurisdiction and Competence, 19 June 2009, paras. 150-153 and para. 216.

⑧ Hochtief AG v The Argentine Republic, ICSID Case No. ABB/07/31, 24June 2011, Decision on Jurisdiction, para. 65-66.

⑨ Ansung Housing Co., Ltd. v The People's Republic of China, ICSID Case No. ARB/14/25, March 9, 2017, Award.

面;另一方面,由于争端解决条款是一个特殊的条款,其往往会涉及本国的政治体制或司法体制,因此担心争端解决条款会给国内的政治体制或司法体制造成冲突。所以,当这个问题在 Maffezini 案中出现时,马上就引起国际社会的警觉,特别是那些拉美新兴经济体国家。因为这些国家近年来正在经历经济的下滑与国内政治的动荡,国民与外资之间的矛盾日益加深。因此,他们非常不希望外资所引起的纠纷由国际社会来处理,而希望这些纠纷在国内得到解决。

而这几个相关案件的仲裁庭在最惠国条款是否能适用于争端条款的不同态度,说明最惠国条款的适用并不必然包括最惠国条款,而取决于具体条约中具体条款的规定。而一些国家在看到这些案例所带来的不利影响后,在新签订的 BIT 中,对最惠国条款的适用也加上了特别的限制,明确规定最惠国条款不适用于争端解决机制。

这些都说明由于最惠国条款的外部性不很明确,经历了几百年的发展后仍然有当初未曾注意的外部性溢出(或者这个外部性溢出是由于 ICSID 争端解决机制的出现才产生的)。当缔约国意识到这个外部性问题的时候,有些国家如发达国家处之泰然,有些国家就如坐针毡。因此,国际社会对最惠国条款的适用范围问题就出现了分歧。但因为最惠国条款毕竟只是条约中的约定,各国还可以在今后的实践中稍作调整,使之在各国可以接受的轨道上继续运行。

五、结论和建议

最惠国条款在国际贸易和投资协定中的普遍存在,证明了最惠国条款存在的必要性。最惠国条款的出现一方面是因为投资协定的复杂性和缔结条约的高成本,使得各个缔约国不可能因为某一个待遇的问题而另外签订新的条约,最惠国条款的存在就解决了这个问题;另一方面,最惠国条款的外部性问题一直是各国关注和忧虑的问题,从最初的有条件最惠国条款到近年来对最惠国条款加以限制,其实就是对最惠国条款外部性的担忧。因此,防止最惠国条款给本国带来负外部性的成本,也就成为缔约国在签订双边投资协定时要着重考虑的问题。

随着国际社会的发展,全球化和网络化已经成为不可逆转的趋势。虽然现在国际社会又出现了逆全球化的杂音,但各国经济一体化的加深仍是主要的趋势。而且,这种经济一体化程度越高,对国际社会的政治稳定就更加有利。因此,各国经济的不断开放和进一步融合,对国际社会整体福利的提高有重要意义。在这种情况下,最惠国条款刚好发挥了它应有的作用。有些发展中国家,如阿根廷,在金融危机中损失惨重,又在后续的事件中在国际仲裁庭被裁决赔偿巨额损失,但这种结果并不是最惠国条款的过错。这些案件如果不是提交到国际仲裁庭,而是由这些国家国内的仲裁机构或法庭来审理,可能结果更糟。因为如果导致投资者回本国申请外交保护,该国的损失可能不仅仅是经济损失,政治上的损失则无法估量。

我国签订的双边投资协定数量众多,近年来我国又从一个吸引外资最多的发展中国家成为一个对外投资大国,这样一个双重角色使得我们在双边投资协定的签订和更新的过程中较为谨慎。最惠国条款在双边投资协定中的重要地位使其受到缔约各国的重视,也要求我们在这一趋势下采取适度审慎的态度。因此,在签订新的双边投资协定时或对原来的协定进行更新时,对最惠国条款进行一定的限制和细化是符合我国当前的对外开放实践的。

The Application and Interpretation of GATT Art. XXI (Security Exception): A Close Look at China-U. S. Trade War

JIN Chun

【Abstract】 Due to the ever-increasing trade related conflicted, the role of WTO and the application and interpretation of the General Agreement on Tariffs and Trade (GATT) have been frequently challenged. Currently, the most significant conflict in global trade is the China-U. S. trade war, which involves the national security exception, namely the GATT Article XXI. As the trade war deepens, related legal disputes are increasingly focused on whether the U. S. can successfully invoke GATT XXI (Security Exception). In order to reverse the trade deficit and promote the domestic economy, the U. S. President has launched a series of actions, including the Trade Expansion Act of 1962, Section 232. Furthermore, the U. S. government began to impose higher tariffs and impose sanctions on imports from other countries for national security reasons. Although it seems that Section 232 is a unilateral trade restriction which may violate the WTO agreements, GATT Article XXI permits WTO members to protect its national security interests. Since the establishment of GATT 1947, there were many implemented trade sanctions which invoking Article XXI as a justification for such action. It is clear that with its flexibility and self-judging feature, Article XXI is a powerful exception provision. However, its ambiguous nature may lead to negative consequences. Firstly, the invoking country does not require prior consent from other WTO members before or after the imposition of sanctions; secondly, there is no justification requirement for the invoking country; thirdly, there is no prior approval requirement for the invoking country; fourthly, the invoking country can define its essential security interests. This is due to the factor that Article XXI has the great possibilities to be abused, which permits the WTO member to violate its WTO obligations. In term of this, it is significant to define the WTO Panel's jurisdiction over Article XXI. With the expansion of international trade, there are many situations that the national security interests and commercial interests are tangled together without clear boundaries. The aim of

Author: JIN Chun, Ph. D. Candidate, Zhejiang University Guanghua Law School; Master of Laws, University of New South Wales. E-mail Address: nikki2020@163.com.

this essay is to examine the legitimacy of Section 232 and the future of WTO dispute settlement system. It is the United States that created the WTO and its dispute settlement system. Now the U. S. is undoing it. This is because the Trump government is blocking the launching of the formal process for selecting new member of Appellate Body. Due to the fact that WTO may no longer be effective in the future, this paper introduces some possible solutions to solve trade disputes in alternative ways. It is worth noting that he WTO's dispute settlement mechanism is possible to revert to the era before 1995 of the GATT's General Agreement. By consensus and launch the AB selection procedure by voting, WTO members could compete with the U. S.. As for the relation with China, the U. S. may not agree to an enforceable WTO dispute settlement system unless China shifts its economic model and reduces dependence on state-owned enterprises and industrial policies. In term of this, China and the U. S. should engage in bilateral trade and investment discussion covering the entire range of trade issues that divide the U. S. and China. In the absence of WTO, consultation and cooperation may be the ideal approach for both states. If the United States does not alter its existing policies, there will be two outcomes that may lead to a reduction in the degree of justice in international trade. First one is that the U. S. will force the dispute settlement system to be less independent, which means it will reduce the incidence of jurisdiction in the GATT. To be sure, the GATT has a unique advantage in resolving disputes. Firstly, WTO members can achieve confirmation that the Panel reports are binding. Thus, they would check for unilateralism, including unilateral retaliation after violation of WTO rules. Secondly, WTO members may use arbitration in accordance with Article 25 of the DSU. Armed force and wars are never the best solution to resolve disputes unless the civilized approach does not work. As a responsible second largest economy in the world, China should keep its position and never abandon the basic principle in terms of China's essential interests. The aim of consultation is to get a sustainable and enforceable agreement. In order to achieve this goal, both China and the U. S. should respect each other's sovereignty and based on the principle of good faith. To sum up, although the role of the WTO may no longer exist in the future, the purpose of international trade law will never change.

【Key Words】 GATT; trade war; security exceptions

1. Introduction

Free trade has contributed a lot to the international economy. Since it may affect national security, inevitably, trade conflicts are increasing. Consequently, the phrase "National Security" whose flexibility allows it to serve various situations is now a heated discussion. [1]The key to this issue is the ambiguity and political influence of this concept which

---

[1]　Lindsay P. The Ambiguity of GATT Article XXI: Subtle Success or Rampant Failure? [J]. Duke Law Journal 2003,52(14):1277-1313.

may sever as the barrier to free trade. Due to the ever-increasing trade-related conflicts, the role of WTO and the application and interpretation of the General Agreement on Tariffs and Trade (GATT) have been challenged a lot. Currently, the most significant conflict in global trade is the China-U. S. trade war, which involves the national security exception, namely the GATT Article XXI. As the trade war deepens, related legal disputes are increasingly focused on whether the U. S. can successfully invoke GATT XXI (Security Exception.

The aim of this essay is to examine the legitimacy of Section 232 and the future of WTO dispute settlement system. This essay is structured as follows. Part Ⅰ starts with a brief introduction of the structure of the essay. Part Ⅱ will offer the background of China-U. S. trade as well as the Section 232 investigation. Part Ⅲ discusses the main issue regarding Article XXI GATT and makes some attempted discussion about the jurisdiction of WTO Panels. Due to the fact that WTO may no longer be effective in the future, part IV introduces some possible solutions to solve trade disputes in alternative ways. Finally, Part V concludes.

2. The China-U. S. Trade War

2.1 Background

China's emergence as an economic giant has driven it to be one of the U. S. most important trading partners, but it also changed China into U. S. major competitors in many fields of international trade and politics. [1] As a result, China and the U. S. have stared an ongoing war since 2006 on many trade-related polices, which also arise conflicts involving WTO disputes. [2] On 23 March, 2018, the President of the U. S. officially signed a document based on Section 301 of the Trade Act of 1974, instructing U. S. trade representatives to import $60 billion from China to the United States and the Treasury Secretary proposed to restrict Chinese companies. In response to U. S. investment and acquisitions, [3] China took countermeasures within a few days and imposed tariffs on U. S. imports, officially triggering a trade war between the world's two largest economies. [4] After several twists and turns, at a meeting in Argentina between the presidents of the two countries, both sides agreed to pursue a China-U. S. relationship based on cooperation and stability and refrain from increasing tariffs or imposing new tariffs. [5]

---

[1] Chow C K. Daniel/ McGuire William/Sheldon Ian: A Legal and Economic Critique of President Trump's China Trade Policies [J] The University of Pittsburgh Law Review, 2017,79(1): 257.

[2] Loridas K. United States-China Trade War: Signs of protectionism in globalized economy [J]. Suffolk Transnational Law Review 2011,34(2): 403.

[3] U. S. Tariff Plan Against China Contradicts its Own Commitments: Chinese Diplomat. The XINHUANET Website, http://www. xinhuanet. com//english/2018-03/26/c_137067093. htm.

[4] Claussen Kathleen. The Other Trade War [J]. The Minnesota Law Review, 2018,103(1):2.

[5] Ibid.

The cost of this trade war lies not only in the area of the global economy, but also include the damage to the international trade law. Hence, more attention should be paid to the application and interpretation of the national security exception (GATT Article XXI).

2.2 Section 232 Investigation on "National Security"

The history of the Trade Act of 1962, Section 232, can be traced back to the period of the Cold War when national security is the primary concern for the U. S. [1] This section gives the presidents a lot of discretion as to the interpretation of "national security", and its scope could be expanded. [2]

In order to reverse the trade deficit and promote the domestic economy, the U. S. President has launched a series of actions, including the Trade Expansion Act of 1962, Section 232. Furthermore, the U. S. government began to impose higher tariffs and impose sanctions on imports from other countries for national security reasons. [3] This subsection will first analyze whether the U. S. could invoke Article XXI(b) (iii), then it explores to what extent the Panel has the jurisdiction over Article XXI.

Based on the Trade Act of 1962, section 232, Trump has adjusted the tariffs on imported steel and aluminium into the U. S. . Undoubtedly, steel is a kind of capital intensive good. Hence, the tariffs of this kind of product is not a piece of news. As an essential trade protection strategy, steel tariff could undermine the free trade system. [4] Since steel production usually worth several billion dollars, a subtle trade deficit could have serious consequences. For example, the low-cost steel industries in developing countries, like China, may lead to the declining international competitiveness of the U. S. steel industry. [5] This in turn, is likely to bring a recession in the U. S. For this reason, sometimes governments need to restrict steel imports to protect the domestic steel industries, states may impose restrictions on certain trade allies to protect their own interests. However, it is controversial whether the U. S. could invoke GATT Article XXI for national security reasons.

Although it seems that Section 232 is a unilateral trade restriction which may violate the WTO agreements, GATT Article XXI permits WTO members to protect its national security interests. [6] It is clear that the GATT Article XXI aims to balance free trade and national sovereignty. Section 232 of the Trade Expansion Act of 1962 does not give a clear definition of national security, which means the president has the authority to expand the

---

① Section 232 Investigations: Overview and Issues for Congress. The EVERYCRSREPORT Website, https://www.everycrsreport.com/reports/R45249.html.

② Ibid.

③ Grewal D S. A Research Agenda for Trade Policy Under the Trump Administration [J]. Yale Journal of International Law, 2019,44:5.

④ Wallin E, Astrom E. Trade Wars Are Good, and Easy to Win: A Study of Trump's Steel Tariffs and International Trade [J]. Umeå School of Business and Economics (USBE), Economics 2018,15(9).

⑤ Ibid.

⑥ Grewal D S. A Research Agenda for Trade Policy Under the Trump Administration [J]. Yale Journal of International Law,2019,44:5.

scope of this concept. ①Some scholars argue that national security is being used as an excuse to protect the U. S. industries and their political purposes in this situation. ② Therefore, the legitimacy of invoking national security exception is the primary issue needed to be addressed.

The following subsection will give an overall review of GATT Article XXI and explores the jurisdiction of WTO Panels.

3. GATT Art. XXI（Security Exception）

3.1 Historical review of GATT Art. XXI

There is a close connection between national security and international trade law, ever since they were born. ③ Since the establishment of GATT 1947, there were many implemented trade sanctions which invoking Article XXI as a justification for such action. ④ It is clear that GATT Article XXI plays a significant role in modern international trade. This subsection will provide an overview of GATT Article XXI.

The drafting background of this clause is different from today's society. Therefore, it is essential to learn from its origins and have an insight into its intention. After World War II and the Cold War, geopolitics changes constantly, therefore, national security exception was born. ⑤In the International Trade Organization (ITO) Charter, the predecessor of security exceptions, there was no single provision named Security Exceptions, it was parallel with other provisions as a General Exception clause. As one of the drafters said, on the one hand, the security exception cannot be too tight to prohibit every trade measures merely for security reasons; on the other hand, it cannot be so broad allowing WTO members to invoke this provision for commercial purposes. That means the ambiguity of GATT Article XXI is to balance international trade and national sovereignty. The very first draft was the first official appearance of security exceptions. What is worth noting is that, although GATT XX and GATT XXI have a common origin, they have one significant difference, which is the chapeau. ⑥ It is said in Article XX's chapeau: " Subject to the requirement that such measure is not applied in a manner which would constitute a means of arbitrary or unjustifiable discrimination between countries. . . "⑦ Since there is no such chapeau in GATT

---

① Knoll D D. Section 232 of the Trade Expansion Act of 1962 [J]. Maryland Journal of International Law, 1986, 10(1): 56.

② Ibid.

③ Bhala R. National Security and International Trade Law: What the GATT Says and what the United States Does [J]. University of Pennsylvania Journal of International Economic Law, 1998,19 (2): 265.

④ Ibid.

⑤ Bonnan R. The GATT Security Exception in A Dispute Resolution Context: Necessity or Incompatibility? [J]. Currents International Trade Law Journal, 2010, 19 (3): 2.

⑥ Ibid.

⑦ Grewal D S. A Research Agenda for Trade Policy Under the Trump Administration [J]. Yale Journal of International Law, 2019,44:6.

XXI, a conclusion may be drawn that claiming party may use this provision even it is an unjustifiable discrimination. This suggests that GATT XXI was born with flexibility. This is strong support for the claiming party. Furthermore, there is no qualifying language to limit the claiming party's right, which means they could expand the concept as they wish. Therefore, it is possible for the WTO Panel to invoke the broader purposes of the GATT. [1] That is to say, it is feasible to use a contextual reading method.

The following part will explore the reason for Article XXI's ambiguous nature and the consequences of it. Obviously, with its flexibility and self-judging feature, Article XXI is a powerful exception provision. In terms of this, one famous scholar has described it as "cowboy behavior". [2] There are several principles allowing a WTO member to be a "cowboy": firstly, the invoking country does not require prior consent from other WTO members before or after the imposition of sanctions; secondly, there is no justification requirement for the invoking country; thirdly, there is no prior approval requirement [3] for the invoking country; fourthly, the invoking country can define its essential security interests. This is due to the factor that Article XXI has the great possibilities to be abused, which permits the WTO member to violate its WTO obligations. [4] For example, Premier Khrushchev once satirized Article XXI is too broad to use as its self-judging nature: even buttons may relate to national security as they are essential products of soldiers' clothes. [5] This indicates that the WTO member may be granted broad mandates as there is no specific definition of those important terms. [6] In view of the background of GATT, wars and military conflicts are primary concerns, which are still essential elements of national security currently. [7] However, in peaceful times, the situation is different. Therefore, the scope of the exception in Article XXI remains unclear. To sum up, flexibility and sovereignty concerns may contribute to its ambiguity.

Some other factors may also contribute to GATT Article XXI's ambiguity. Firstly, it would be more efficient to resolve trade disputes through diplomatic approaches. [8] That is due to the factor that a WTO member must consult with the other party if it wants to solve

---

① Ji Y Y. Security Exception in the WTO System: Bridge or Bottle-Neck for Trade and Security [J]. Journal of International Economic Law, 2016,19 (2): 7.

② Bhala R National Security and International Trade Law: What the GATT Says and what the United States Does [J]. University of Pennsylvania Journal of International Economic Law 19 (2), 1998: 264.

③ Ibid.

④ Bonnan R. The GATT Security Exception in A Dispute Resolution Context: Necessity or Incompatibility? [J]. Currents International Trade Law Journal, 2010, 19 (3): 9.

⑤ Grewal D S. A Research Agenda for Trade Policy Under the Trump Administration [J]. Yale Journal of International Law, 2019,44:7.

⑥ Grewal D S. A Research Agenda for Trade Policy Under the Trump Administration [J]. Yale Journal of International Law, 2019,44:7.

⑦ Lindsay P. The Ambiguity of GATT Article XXI: Subtle Success or Rampant Failure? [J]. Duke Law Journal 2003,52:6.

⑧ Ibid, at 13.

a dispute and it usually takes at least 60 days before a WTO member get the WTO to consult for a complaint. ① In contrast, the diplomatic approach may take less time. Secondly, an ambiguity concept gives maximum protection of national sovereignty. ② This is because national security may be various in different situations. Nevertheless, this essay submits that the above arguments have some weakness as explained below. Undoubtedly, solving trade disputes from the diplomatic approach is more feasible as there is no complicated procedures. However, it is worth noting that a powerful state (economically or politically) is generally in a positive position which could impair the weaker nation's interests. Therefore, the ambiguity of GATT Article XXI may also relate to diplomacy concerns.

The ambiguity feature of GATT Article reflected in its language. The word "emergency", for instance, can have various meanings. In United States-Trade measures affecting Nicaragua, Nicaragua argued that an essential requirement of invoking Article XXI is self-defense. ③ In other words, only there is actual aggression, a member could invokes Article XXI. ④ However, the Panel did not support its claim. Instead of expressly using specific words, GATT Article XXI choose the ambiguous language. This suggests that the meaning of "emergency" is reserved. For example, Article XXI would not have protective power if a sanctioning member had to wait for nuclear weapons or other substantial damage. ⑤ In addition, "emergency" may also refer to drugs or terrorist organizations. ⑥ Therefore, GATT Article XXI should keep its ambiguity to odder maximum protection for national security.

The first word of this provision, "nothing", shows it is an all-inclusive concept. ⑦ This suggests that once a member state invoke Article XXI, it can breach GATT obligations for security reasons. ⑧ It may lead to conflicts and disputes as there is a contradiction between Article XXI and other GATT obligations. For example, Article I (most-favored-nation rule) may be excepted by Article XXI. ⑨ Thus, the lack of a specific definition of GATT Article XXI may cause chaos.

To conclude, Article XXI was born in ambiguity, which is necessary to balance international trade and national security. However, it did cause a problem for the application. The jurisdiction of GATT Article XXI, for instance, often bring problems for WTO members.

---

① Lindsay P. The Ambiguity of GATT Article XXI: Subtle Success or Rampant Failure? [J]. Duke Law Journal 2003,52:6.

② Ibid.

③ GATT, United States-Trade Measures Affecting Nicaragua, Report by the Panel, L/6053, 14, para 5.3.

④ Ibid.

⑤ Bhala R. National Security and International Trade Law: What the GATT Says and what the United States Does [J]. University of Pennsylvania Journal of International Economic Law, 1998,19 (2): 275.

⑥ Grewal D S. A Research Agenda for Trade Policy Under the Trump Administration [J]. Yale Journal of International Law,2019,44:9.

⑦ See above note 5, at 268.

⑧ See above note 5, at 265.

⑨ Ibid.

3.2 GATT/WTO Jurisdiction on Art. XXI

A significant question must be solved before discussing the WTO Panel's jurisdiction over Article XXI. That is, whether national security is a political issue or trade issue. ① With the expansion of international trade, there are many situations that national security interests and commercial interests are tangled together without clear boundaries. ② There are various arguments for and against this problem. Some argue that the WTO Panel cannot review an Article XXI case as it is more than trade conflict while others hold the view that the self-judging elements allow the WTO Panel to review national security defenses. ③ However, it is still widely controversial due to the lack of a clear definition.

There are also many arguments favoring WTO jurisdiction in GATT Article XXI. Although there are many self-judging languages in this provision, it still cannot exclude the WTO Panel's right of review. ④ Firstly, the WTO judicial bodies may exercise jurisdiction to trade conflicts regarding Article XXI. Evidence includes the literal interpretations of this provision which limit the self-judging language, such as "which it considers". ⑤ Some scholars maintain that the definition of "war or other emergency" should be decided by a WTO Panel. ⑥

As mentioned above, Article XXI is a "cowboy behavior". However, there are some checks that are likely to restrict this behavior. ⑦ Firstly, in most situations, the sanctioning member will give a prior announcement to other WTO members before invoking Article XXI. This is because the sanctioning member wants to gain as much support as possible for political purposes. The second restriction lies in the chapeau of Article XXI(b). The claiming member has the responsibility to ensure its measures are "necessary" for "essential security interests. "⑧ In other words, even though the terms in Article XXI are broad, the International trade members can examine the invocation of this provision.

As for "it considers" language, it also suggests that a WTO Panel has the right to review a national security claim. ⑨ This view is supported by Understanding on Rules and Procedures Governing the Settlement of Disputes (DSU). ⑩ Based on GATT XXⅢ and Settlement of Disputes (DSU) Article XXⅢ DSU I, as long as the Panel is granted that the

---

① Claussen K. The Other Trade War [J]. The Minnesota Law Review, 2018,103 (1): 3.

② Lindsay P. The Ambiguity of GATT Article XXI: Subtle Success or Rampant Failure? [J]. Duke Law Journal, 2003,52: 5.

③ Bhala R. National Security and International Trade Law: What the GATT Says and what the United States Does [J]. University of Pennsylvania Journal of International Economic Law, 1998,19 (2): 275.

④ See above note 2, at 4.

⑤ Ibid.

⑥ See above note 2, at 7.

⑦ Bhala R. National Security and International Trade Law: What the GATT Says and what the United States Does [J]. University of Pennsylvania Journal of International Economic Law, 1998,19 (2): 270.

⑧ Ibid.

⑨ Claussen K. The Other Trade War [J]. The Minnesota Law Review, 2018,103 (1): 5.

⑩ Ibid.

terms of reference include Article XXI, it has the right to review the invocation of GATT Article XXI. [1] This view is also supported by WTO jurisprudence. [2] "Party considers that it is not practicable" in DSU Article XXII also suggests the similar information as Article XXI "it considers" language, which provides discretion for WTO members. This provides some strong basis favoring WTO Panel has jurisdiction over GATT Article XXI.

Arguments against WTO jurisdiction in Article XXI mainly involve the literal interpretations of this provision and cases of the International Court of Justice (ICJ). [3] However, as mentioned above, due to its ambiguity, it is difficult to define the contextual meaning of GATT Article XXI. Another evidence is the self-judging nature which permits WTO members to determine the scope of national security. There is a case which may cater to this view. In United States-Trade measures affecting Nicaragua, the establishment of the Panel states that the Panel has no authority "to examine or judge the validity of or the motivation for the invocation of Article XXI (b) (iii) by the United States". [4] This suggests that, the reason for Panel refusing review the invocation of Article XXI by the United States is not the GATT Article XXI itself excluded Panel's jurisdiction, but is the establishment of the Panel had not granted the right for Panel to review. [5]

In addition, some scholars hold the view that the word "it" in this Article allows WTO members rather than WTO Panel or another body to determine whether the measures taken by the member of the sanctions meet the requirements. [6] In terms of this, the WTO Panel has no jurisdiction in GATT Article XXI.

Nevertheless, this essay argues that the above arguments are incomplete as explained below. Undoubtedly, national security is a part of sovereignty which should not be interference by other WTO members nor a WTO Panel. Despite the fact that the lack of explicit provisions in GATT, there is no direct evidence to deny its right to review. [7] It is important to note that improper trade measures often affect national interests. Taking the Trade Measures Affecting Argentina Applied for Non-Economic reason for example, the trade conflict has led to political disputes which endanger the national security. In other words, trade and national security are interdependent. Therefore, this essay believes that the self-judging nature of GATT Article XXI cannot exclude WTO Panels' jurisdiction.

---

[1]   Lindsay P. The Ambiguity of GATT Article XXI: Subtle Success or Rampant Failure? [J]. Duke Law Journal, 2003,52: 13.

[2]   Alexandroff S A, Sharma R. The National Security Provision-GATT Article XXI [M]. The World Trade Organization: Legal, Economic and Political Analysis, 2005: 1573-1574.

[3]   See above note 1, at 3.

[4]   GATT, United States-Trade Measures Affecting Nicaragua, Report by the Panel, L/6053, 14, para. 5. 3.

[5]   Lindsay P. The Ambiguity of GATT Article XXI: Subtle Success or Rampant Failure? [J]. Duke Law Journal, 2003,52: 5.

[6]   Bhala R. National Security and International Trade Law: What the GATT Says and what the United States Does [J]. University of Pennsylvania Journal of International Economic Law, 1998,19 (2): 268.

[7]   Ibid.

However, there are rare cases involved "national security" in the judicial practice of multilateral trade. Previously, only a few cases involved GATT XXI. For instance, in the Czechoslovakia v. United States dispute,[①] and Swedish Import Restrictions on Certain Shoes.[②]Therefore, the following section will analyze the very first case which the WTO Panel decision interpreting the "security exception".

3.2.1 Russia-Measures concerning traffic in transit

On 5 April 2019, the Report of the Panel in Russia-Measures concerning Traffic in Transit (DS512) was released.[③]This report is the milestone in WTO history as the WTO Dispute settlement Panel made its first decision on the jurisdiction to review national security exception.[④] The claim was initiated by Ukraine. Ukraine alleged that the restrictions on traffic and transit by Russia were inconsistent with the trade regulation Article V and GATT Article X.[⑤] However, Russia invoked GATT Article XXI, arguing that these measures are "necessary" for essential security interests concerning two states' tense relationship.[⑥] In addition, Russia claims the WTO Panel has no jurisdiction to review the dispute.[⑦] The Panel determined that Russia's restrictions are taken in "international relations emergency" and thus meet the requirements to invoke GATT Article XXI.[⑧] To sum up, the WTO Panel has jurisdiction over national security exception.

According to the report, the Panel first analyzed Russia's claim under GATT Article XXI. Generally, a WTO Panel would determine whether there is any violation of GATT obligations and then justify the arguments. This is because Russia did not respond to Ukraine's claim directly. Although the chapeau of Article XXI permits a member to protect its security interests, it is limited to XXI (b).[⑨] The Panel found that a sanctioning member's measures need an overall examination of whether to meet the requirements of Article XXI.[⑩] That is to say, this provision is not "self-judging".

With respect to "essential interests", the Panel pointed out that the specific interests will relate to various situations which are ever-changing.[⑪] In other words, the Panel a-

---

① Alexandroff S A, Sharma R. The National Security Provision-GATT Article XXI [M]. The World Trade Organization: Legal, Economic and Political Analysis, 2005: 1573-1574.

② Ibid.

③ Russia-Measures concerning Traffic in Transit (DS512). The WTO Website, https://www.wto.org/english/tratop_e/dispu_e/cases_e/ds512_e.htm.

④ Russia-Traffic in Transit case: Trade Law Guide, Commentary- Report of the Panel Released, The WTO Website, https://worldtradelaw.typepad.com/ielpblog/2019/04/the-russia-traffic-in-transit-panel-report.html.

⑤ See above note 3, para. 7.2.

⑥ See above note 3, para. 7.3.

⑦ See above note 3, para. 7.4.

⑧ Russia-Traffic in Transit case: Trade Law Guide, Commentary- Report of the Panel Released, The WTO Website, https://worldtradelaw.typepad.com/ielpblog/2019/04/the-russia-traffic-in-transit-panel-report.html.

⑨ Ibid.

⑩ Russia-Measures concerning Traffic in Transit (DS512), para. 7.102.

⑪ Ibid, para. 7.130.

greed that every member has the right to determine its essential interests. ① However, due to the fundamental obligation of applying and interpreting GATT Article in good faith, the Panel has the jurisdiction to review whether members' measures were made in good faith or the measures were "implausible" for protection purposes. ② The Panel mentioned that the wars or other emergencies in a global context will cause significant change which also alters WTO evaluation's consistency. ③ Moreover, unlike Article XX, the evaluation of Article XXI does not need a prior determination. Therefore, once the Panel found the measures were in terms of reference, it will decide whether they are under GATT Article XXI. ④

After analyzing Russia's measures, the Panel found they complied with the requirements in Article XXI (b). As the Panel conducted, "which it consider necessary" should be interpreted by the invoking member and the Panel only offer restrictions concerning the principle of international law and good faith. ⑤ In terms of this, the Panel determined that Russia's measures were related to emergencies in international relations.

As the very first report involving the WTO Panel's jurisdiction, it is significantly meaningful. It determines that Article XXI is not totally a "self-judging" provision and provide detailed evaluation steps for similar cases. To sum up, the WTO Panel has inherent jurisdiction to review national security exception.

3.3 The legitimacy of Section 232

According to Section 232, the Secretary of Commerce and the President should be responsible for protecting the national security and economic welfare of the state. ⑥In addition, if the Secretary of Commerce finds that imports entering the U. S. market threaten national security, the President can take unilateral action to adjust the imports. ⑦ Obviously, these unilateral provisions provide great flexibility for the U. S.

President Trump has imposed tariffs on steel and aluminium products invoking Section 232 of the Trade Expansion Act of 1962. ⑧ According to this provision, the Presidents are authorized to impose restrictions on imported products which threaten national security. GATT Article XXI did permit WTO members to impose restrictions and bans on trade concerning national security. Although WTO members can decide their "essential national interests", this provision is not "self-judging". ⑨ The report of DS512 specifically defined WTO Panel's jurisdiction and the evaluation steps of GATT Article XXI. According to the

---

① Russia-Measures concerning Traffic in Transit (DS512), para. 7.131.

② Ibid, para. 7.132 and 7.135.

③ Ibid, para. 7.108.

④ Russia-Measures concerning Traffic in Transit (DS512), para. 7.109.

⑤ Ibid, para. 7.133.

⑥ Trade Expansion Act of 1962 Section 232, see also 15 C. F. R. Section 359.4.

⑦ Generally 15 C. F. R Section 232, 19 U. S. C. Section 1862 (b)-(c).

⑧ Section 232 Investigations: Overview and Issues for Congress. The EVERYCRSR Website, https://www.everycrsreport.com/reports/R45249.html.

⑨ Russia-Measures concerning Traffic in Transit (DS512), para. 7.106.

Panel，WTO members can impose bans and restrictions for national security purposes which relate to nuclear material or traffic and when international relations are in emergency. [1] In terms of this, the U. S. may not able to prove the tariffs imposed on different states against steel and aluminium relate to "essential national security".

The domestic law of WTO members may not only play the role as an evidence provider but also compliance or non-compliance with international obligations. [2] The question arises: which kind of law should be invoked. In other words, what should the WTO Panel do when there is a conflict between the municipal law and international law. According to DS512, WTO dispute settlement Panels must review whether a sanctioning member meets the requirements of GATT Article XXI, including the context and purpose, the overall architecture of the WTO as a separate package of responsibilities and obligations.

To conclude, due to the lack of a clear definition of GATT Article XXI, the invocation of this provision usually bring a lot of problems concerning jurisdiction. However, the report of DS512 provides an insight into the WTO Panel's reference, which ensures that WTO Panels have jurisdiction over GATT Article XXI.

3.4 The interpretation of three keywords in Article XXI(b)(iii)

To determine whether it is lawful for the U. S to invoke security exception, it is significant to pay attention to the following keywords in GATT XXI(b)(iii).

In terms of "which it considers" there are several different interpretations. The Panel explained that after expressing the "considers" of the sanctioning member, the other decisions are left for WTO members. In Russia's case, the Panel has taken the text, context and background of GATT Article XXI into consideration before determining the measures' necessity. [3] That is to say, when reviewing Section 232, the Panel also needs to consider the relationship between the U. S. and other sanctioned countries. Therefore, it seems that the U. S. restrictions are not fair enough, as several states are enjoying zero tariffs. [4]

When it comes into "essential security interests", the Panel defined that it usually relates to "armed or latent armed conflict", "heightened tension or crisis" or "generally instability". [5] Furthermore, these situations often lead to certain interests, such as defense or military interest or the maintenance of law or public interests. [6] However, the Panel refused to include the above circumstances into "emergency in international relations". [7] In

---

[1]　Russia-Measures concerning Traffic in Transit (DS512), para. 7.106.

[2]　Michael T. Advanced Introduction to International Trade Law [M].Chelthenham Edward Elgar, 2015: 58.

[3]　Russia-Measures concerning Traffic in Transit (DS512), para. 7.82 and 7.132.

[4]　Wallin E, Astron E. Trade wars are good, and easy to win: a study of Trump's steel tariffs and international trade [J]. Umeå School of Business and Economics (USBE), Economics, 2018,15: 10.

[5]　See above note 1, para. 7.76.

[6]　Ibid.

[7]　Ibid.

other words, the situations should be directly refered to defense of military interests. Otherwise, it is out of the scope of "emergency in international relations". ①For these reasons, the invocation of GATT Article XXI need to a contextual interpretation. In light of this, the U. S. needs to prove the tariffs relate to military interest rather than commercial interests.

As for "essential security interests", although every WTO member has the right to determine its own security interests, this discretion is based on good faith principle. ② For this reason, the invoking member should meet the minimum requirement to protect its interests. ③ In addition, members must elaborate on its security interests and "demonstrate their veracity". ④ To be sure, the U. S. has the discretion to explain its "necessity". However, this does not mean that the U. S. is completely unrestricted. As mentioned above, based on the obligation of good faith, the U. S. must provide evidence to prove its "essential security interests". Still, it is relatively hard to prove and review the evidence in terms of security interests. Therefore, another point of view may be served as an approach to international dispute settlement.

4. Alternative Solutions to trade dispute without WTO

Potential negative features of the WTO could either derive from issues from within the WTO or matters outside of the WTO that is negatively related to attributable to the WTO's operations or existence. ⑤ The following factors may have led to the demise of the WTO: Firstly, it did not respond to change the circumstances. Secondly, many Members felt left out or disenfranchised. Thirdly, developing states felt the WTO Agreements and processes did not adequately support their interests. Fourthly, it failed to include related regimes properly. In the future that had no or an irrelevant WTO, we should choose an alternative resolution of international trade disputes.

The current U. S. stalemate poses a significant threat to the WTO. Firstly, the invocation of Section 232 is a kind of trade protectionist which threaten the international trade system. In addition, the U. S. has undermined the authority of the WTO. ⑥This is because the U. S. refusal to reappoint members of the WTO Appellate Body has led to the fact that the appellate tribunal cannot meet there quirement of three judges. ⑦ If this continues,

① Russia-Measures concerning Traffic in Transit (DS512), para. 7.76.

② Ibid, para. 7.132.

③ Ibid, para. 7.138.

④ Ibid, para. 7.138.

⑤ Picker, Colin: Conceiving Utopian and Dystopian Post-WTO Regimes and Environments: Methods, Theories and Approaches. The SSRN Website, https://ssrn.com/abstract=3300515 or http://dx.doi.org/10.2139/ssrn.3300515

⑥ China's Position on the China-US Economic and Trade Consultation. The XINHUANET Website, www.xinhuanet.com/english/download/20190602fulltext.doc.

⑦ Bacchus James: Trump is Threatening the Rule of Law - What's at Stake? The CIGIONLINE Website, https://www.cigionline.org/articles/trump-threatening−rule-law-whats-stake

there will be only one member left, which means it can no longer be valid. This indicates that if there are not enough judges in the future, then the right to appeal will be rejected. [1] It is important to note that, if there is no opportunity to appeal, obviously the WTO dispute settlement system will be paralyzed. [2] This suggests that the U. S. is changing the framework and the role of the WTO.

Furthermore, if there is no such institution to solve trade dispute, the international trade system will face even more significant risks in the future. For example, some weaker members are likely to work together against the U. S. unfair trade restrictions and bans using the arbitration that permitted under the WTO treaty. According to Article XXV, any two WTO members can choose to use arbitration when they have a trade dispute. [3] This means that they can decide on their own procedures without interpretation. "Arbitration" is not defined in Article XXV, which suggest in the WTO world there is no such thing as private arbitration procedure. [4] However, it still possible for two countries engaged in a trade dispute to get a mutual understanding. [5] It is clear that the other countries would not be able to use the option of arbitration in any of their disputes with the U. S..

An alternate set of solutions to these problems will be discussed. It is possible for the WTO's dispute settlement mechanism to revert to the era before 1995 of the GATT's General Agreement. [6] By retaining some of the power of WTO members, it is likely to salvage the binding dispute resolution of the WTO. [7] This is because GATT allows parties to file claims in front of a three-person Panel. However, even the Panel was established, the consensus is required so that the losing party could veto the report's adoption. [8] In the U. S. case, the circumstance would be different if there is still resistance to AB's selection procedure as parties are still capable of bringing cases under the WTO system. To be sure, parties all have the ability to vote over the Panel's reports' adoption. [9] This suggests that other members of the WTO could defy the U. S. by consensus and launch the AB selection procedure by voting.

Many WTO members have proposed a response to U. S. policies. The European Union, made a formal procedural suggestion, such as require the AB to complete proceed-

① Hahn M J. Balancing or Bending? Unilateral Reactions to Safeguard Measures [J]. Journal of World Trade, 2005,39(2): 320.

② Ibid.

③ General Agreement on Tariffs and Trade (GATT)

④ WTO Analytical Index 'DSU-Article 23'. The WTO Website, https://www. wto. org/english/docs_e/legal_e/28-dsu_e. htm#art23.

⑤ Ibid.

⑥ Shaffer G. A Tragedy in the Making? The Decline of Law and the Return of Power in International Trade Relations [J]. Yale Journal of International Law, 2018,64: 12.

⑦ Ibid.

⑧ Ibid.

⑨ Understanding on Rules and Procedures Governing the Settlement of Disputes, arts. 17, 15 Apr 1994, Marrakesh Agreement Establishing the World Trade Organization, Annex 2, 1869 U. N. T. S. 401.

ings within 90 days. ① Nevertheless, this proposal also provides AB with a single, non-renewable term of 6-8 years, which enhance AB's independence. ② Therefore, this proposal was criticized by the United States as it seems to support WTO judicialization. Meanwhile, a discussion paper was issued by Canada to discuss further the possibilities of wakening AB's jurisdiction to satisfy the U. S.. ③ The paper not only adopted means to limit AB dicta but also constrain the AB by a more strict standard of review. As for the relation with China, the U. S. may not agree to an enforceable WTO dispute settlement system unless China shifts its economic model and reduces dependence on state-owned enterprises and industrial policies. In term of this, China and the U. S. should engage in bilateral trade and investment discussion covering the entire range of trade issues that divide the U. S. and China. ④ To be sure, a trade war cannot resolve the essence of conflict. In the absence of WTO, consultation and cooperation may be the ideal approach for both states. Secondly, as a Member that is an interested party of the product at issue, China, at the time formally request consultations with the U. S. pursuant to Article XII and Article VIII of the Safeguards Agreement and Article XIX(2) of the GATT with respect to the U. S. safeguard measures on aluminium. ⑤ If China and the EU apply this kind of standard, the U. S. is likely to argue that its action is not in the area of a safeguard measure. In terms of this, the WTO has dealt with similar cases. For instance, in Chile-price Band System⑥, the Panel held that an "ordinary customs duty" is to be understood as "referring to a customs duty which is not applied based on factors of an exogenous nature" and therefore inconsistent with Article 4. 2 of the Agreement on Agriculture. ⑦ Therefore, there are specific difficulties in the practical level.

If the United States does not alter its existing policies, there will be two outcomes that may lead to a reduction in the degree of justice in international trade. ⑧ It is clear that the U. S. will force the dispute settlement system to be less independent, which means it will reduce the incidence of the jurisdiction in the GATT. ⑨ To be sure, the GATT has a unique advantage in resolving disputes. Firstly, WTO members can achieve confirmation that the

---

① European Union, WTO Modernization: Introduction to Future EU Proposals. The EUROPEANUNION Website, http://trade. ec. europa. eu/doclib/docs/2018/september/tradoc_157331. pdf.

② Gregory Shaffer: A Tragedy in the Making? The Decline of Law and the Return of Power in International Trade Relations [J]. Yale Journal of International Law, 2018,64: 13.

③ Ibid.

④ See above note 2, at 10.

⑤ Hahn M J. Balancing or Bending? Unilateral Reactions to Safeguard Measures [J]. Journal of World Trade, 2005,39(2): 320.

⑥ DS207, Chile-price Band System. The WTO Website, https://www. wto. org/english/tratop_e/dispu_e/cases_e/ds207_e. htm

⑦ DS207, Chile-price Band System, para. 7. 52-7. 60.

⑧ Shaffer G. A Tragedy in the Making? The Decline of Law and the Return of Power in International Trade Relations [J]. Yale Journal of International Law, 2018,64: 15.

⑨ Ibid.

Panel reports are binding. Thus, they would check for unilateralism, including unilateral retaliation after the violation of WTO rules. Secondly, WTO members may use arbitration following Article 25 of the DSU. [1] In term of this, the AB division of the secretariat would ensure members could appeal Panel decision. Thirdly, this mechanism is likely to create a permanent accreditation body. [2] Finally, if the WTO adopts multilateral rules, the dispute settlement mechanism can also implement new multilateral agreements. To be sure, regardless of the consequences, the WTO dispute settlement mechanism will continue to function.

Armed force and wars are never the best solutions to resolve disputes unless the civilized approach does not work. As a responsible second—largest economy in the world, China should keep its position and never abandon the basic principle in terms of China's essential interests. The aim of the consultation is to get a sustainable and enforceable agreement. In order to achieve this goal, both China and the U. S. should respect each other's sovereignty and based on the principle of good faith. To sum up, although the role of the WTO may no longer exist in the future, the purpose of international trade law will never change.

5. Conclusion

Theoretically, GATT Article XXI aims to balance the relationship between sovereignty and free trade. Due to its ambiguous nature, however, the abuse of this provision may drive other member states at risk of being victims of the security exception. Although the latest WTO Panel report indicates that Panels have jurisdiction over GATT Article XXI, it is still challenging in terms of the definition of the key phrases. Given the fact that the WTO may be no longer useful in the future, it is necessary to seek alternative solutions concerning trade disputes.

The WTO Panel has the right to review the U. S. Section 232 investigation. It suggests that the U. S. should bear the responsibility unless it can prove its legitimacy. On the other hand, instead of passively accepting the U. S. non-reciprocal trade restrictions, China should actively seek solutions. Otherwise, the scope of the trade war will expand. The current WTO system, however, is not prepared for this kind of situation. In addition, U. S. trade policies have undermined the authority of the international trade system. The current crisis is likely to promote the development of international trade law and create a new trading system. Although the application of GATT approaches may lead to challenges, the overall stability in the long term outweighs the disadvantages.

---

[1] Andersen S, et al. Using Arbitration Under Article 25 of the DSU to Ensure the Availability of Appeals [J]. Trade & Economic Integration Working Paper, 2018,17: 25.

[2] Ibid.

弱者保护原则下 B2C 跨国网购合同管辖权研究

徐志民

【摘要】 随着"一带一路"建设的推进,我国在电子商务领域扮演起"领跑者"角色。网购数量的增加带来争议案件的激增,当此类案件进入法院后,首先面临的便是管辖权确立问题,但是我国这方面的规则少之又少。虽然近几年,我国对于网络空间管理制度等方面有了初步探索,但是在立法技术和具体制度上仍然落后。其实,不仅是中国,其他国家在此领域的研究也仅是独善其身,并没有将该问题置于国际视野之下,各国只注重对本国利益保护的做法,即使作出判决也得不到他国的承认和执行。因此,本文认为,首先应当基于国际私法趋同化原理,对现有规则进行梳理,形成共性的处理规则,在此规则指导下,结合中国国情,进行我国个性方案的设计。

【关键词】 弱者保护原则;B2C 模式;跨国网购合同;管辖权研究;最低限度联系

一、引 言

(一)选题背景

1. 时代大背景——网购基数大、争议案件激增

随着"一带一路"的持续推进,中国逐渐成为时代的引路人和风向标。中国报告大厅统计的数据显示,截至 2017 年中旬,我国网购居民数就达 5 亿人之多,相比 2016 年年底,增加了近 10.2%(详见图 1.1)。

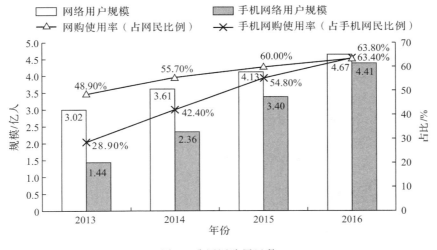

图 1 我国网购居民数

资料来源:www.chinabgao.com.

作者简介:徐志民,浙江大学光华法学院法律硕士研究生。

网购行业的发展,展现出了多种特征和趋势,特别是跨国电子商务的迅速发展,跨国网购成为时代的新宠。

涉外网购群体数量的增加,导致围绕涉外网购合同产生的争议迅速增长。以浙江省为例,本文针对浙江省 2009 年到 2017 年这 9 年来网购案件的增长量情况做了一个简单统计(见表 1)。

表 1　2009—2017 年网购案件数量

年份	2009	2010	2011	2012	2013	2014	2015	2016	2017
网购案件数量/起	5	6	8	32	57	120	233	297	438

可见,争议案件数量的增加,亟须处理规则不断创新,才能更好地适应时代发展的要求。

2.理论大背景——实质正义的实现

我国国际私法学科的发展用了近四十年的时间,取得了长足的进步。最明显的就是价值追求的变化,以往案件追求的是形式正义,目的是获得同案同判的结果,但忽略了对于个案公正的追求。随着社会的发展,社会关系日益复杂、多元,传统的法律理论也源源不断地受到来自现代化的挑战,因此,社会要进步就不得不思考作出调整,否则,当事人的权益无法得到有效的保护。基于此,当代中国开始从对传统规则的遵守,向新规则的引进和创新转变,目的是通过强大的国家干预,充分保护弱者的利益,让公平公正得以真正实现①。所以,当代国际私法对实质正义的追求已成为国际社会的主流观点。这也是本文将跨国网购合同管辖权确立规则的探讨置于弱者保护之下进行的重要原因。

(二)研究综述

1.国内立法现状的特点及存在的问题

(1)立法现状

据统计,围绕电子网购产生的争议主要集中在电子商务合同和侵权两个领域。总的来说,我国目前该领域的立法情况表现出以下几个特点。

第一,注重侵权领域的立法,忽略了对于合同领域的关注。大部分的理论研究局限于从 B2B 合同进行切入,很少有从 B2C 的视角入手的。

第二,注重通过司法解释的方式来解决此类问题,忽略了立法工作的进行。法院审理此类案件,多数依赖于最高院作出的司法解释。

第三,注重管理制度方面的研究,对法律理论及立法方面研究严重缺乏。非直接性和非针对性的规定成为主要研究形式,而且只作概念上的梳理,缺乏系统性规定。

(2)立法现状折射出来的问题

可以看出,无论是在法律制定还是法律适用上,我国仍然表现得能力不足,缺乏对国际新兴理论的有效借鉴和深入探讨,在立法技术和立法模式上也缺乏有效的判断和思考,横向层面上的立法比较狭窄,这给司法实践带来巨大的挑战。

二、B2C 跨国网购合同管辖权综述

跨国网购合同是一种新型合同形式,它打破了传统消费合同的一般表现形式,具有自身

---

① 张严方.消费者保护法研究[M].北京:法律出版社,2003:249.

特性,正是这些特性对传统合同管辖权确立规则形成不小挑战。

（一）文本语境下 B2C 跨国网购合同管辖权再界定

对于 B2C 跨国网购合同管辖权的概念,学界没有统一而权威的说法,在国际层面,各国对于每个术语的范围界定有所不同。在没有先前理论可以借鉴的前提下,只能从词义拆解方法学的角度来加以探析。按照拆解学的理论,基本可以分解成"跨国""网购合同""管辖权"三个重要法学词语。

首先是"跨国",该词语表明的是消费合同的涉外性,参见主流教材,涉外性是指涉外买卖合同诸多法律关系中,至少有一个因素是涉外的,此即传统涉外性判断的"三要素说"。① 然而在互联网环境下,上述标准无论是主体的识别还是客体物理空间的判断,抑或是法律关系具体内容的甄别上都面临困境,因此,不应当只局限于传统"三要素说"所提及的三种传统因素是否涉外这一僵化的标准,此语境下的涉外性应为只要与一国法域内存在某种最密切联系来加以判断就可以,此为对于文本语境下,涉外性的重新界定②。

其次是"网购合同",随着电子贸易发展日渐成熟,跨国电子商务的模式也越来越多,而本文注重探讨的是 B2C 模式的跨国网购合同问题,因此,本命题之下的跨国网购消费合同应做限缩性理解。

再次是"管辖权"。参考国内诸多教材,涉外案件的管辖权概念各种各样,包括在其他国家,管辖权(jurisdiction)一词在国外也存在宽泛化的理解,即把狭义的管辖权和审判权都囊括在内,实现的是三个概念的合体③,导致的结果是对该概念的扩张使用。因为本篇文章是一篇国际私法的文章,因此需要对该概念进一步明确化,文本语境下所探讨的是狭义的管辖权概念,即该争议需要由哪个法院处理的问题,也就是直接管辖权问题。

综上所述,B2C 跨国网购消费合同的管辖权确立是指在 B2C 模式下,参与买卖的双方当事人(特指一方为狭义消费者的情形)通过互联网交易方式订立或者履行合同(主要指线上履行的合同,因为线下履行的合同往往会落脚到现实的物理空间之中,所以传统的确立规则便可以适用),在此期间产生的争议诉诸何国法院受理并加以解决的问题。

（二）国内法传统管辖权确立规则的研究现状及其面临的挑战

1. 该类案件管辖权传统确立规则

根据李浩培老师在其著述中的分类,我国现有的传统管辖权确立规则,大致分为十八类。而常见的往往仅包含着四种,即一般管辖规则、特别管辖规则、保护管辖规则、协议管辖规则。但上述规则在面对互联网本身所具有的虚拟性等特点问题时,所表现出的困境整体主要有以下几点。

第一,基于互联网无边界的特点,对传统管辖权中的现实地域概念形成挑战。网络是没有边界的,所以没有办法将这一个虚拟存在的空间像现实的世界一样,割裂成若干个独立的区域④。所以很难去界定当事人所处的地理位置,而人往往是不断移动的,因此对传统的以地域为联结点的管辖权确立规则形成了挑战。

第二,网络数字传输技术的特性对传统的"原就被"规则形成挑战。由于网络环境下进

① 李双元,欧福永,金彭年,张茂.中国国际私法通论[M].3 版.北京:法律出版社,2007:45.
② 胡家强.对国际私法调整对象和范围的重新认识[J].中国海洋大学学报(社会科学版),2003(1):34-35.
③ 刘家兴,潘剑锋.民事诉讼法学教程[M].2 版.北京:北京大学出版社,2005:349.
④ 何其生.电子商务的国际私法问题[M].北京:法律出版社,2004:17.

行的行为可以不断重复,使得被告身份难以确定。特别是对于一些经营者所使用的网络系统,在用户进行数据输送过程中会产生复制问题,特别是在有关网址并没有经过允许的情况下就被设定了链接,这时候链接中不会形成连接对象的复制件,这就让未经允许设定链接的链接者的身份难以确定①。

第三,网络参与者身份的虚拟性给"国籍身份"的确认带来挑战。由于网络活动参与者的身份是虚拟存在的,这就让参与者的国籍身份的确定工作变得十分艰难,无论是国籍还是住所,都需要依赖强大的网络技术支持,而就目前的网络技术发展来看,一时之间很难达到这样的技术水平,因此对依赖国籍和住所等确定案件管辖权的案件,形成巨大的挑战。

第四,协议管辖的滥用,导致审理结果实质正义的丧失。协议管辖是合意的体现,因此挑选的标准和方式也显得五花八门。这种自由的态度使得原本法条中规定的联结点变得更加模糊,案件陷入了自相矛盾的境地,最终影响整个案件的审理。

三、趋同化视野下国际通行规则体系的尝试性构建

(一)共性与个性辩证思维下共性方案寻找的必要性

以往针对此类案件,多数国家采取的是"独善其身"的立法模式,为了保护本国利益不断创设新理论,目的是让本国取得管辖权。但是随着国际交流的日益加深和国际私法趋同化不断加强,各国独善其身谋取"私利"的做法不但不能让本国利益得到最有效的保护,而且还会损害自身利益。

1.传统上,两种价值理念追求背后不可调和的博弈

在一起跨国网购案件中,一方是坐在电脑前的买方,另一方是扮演着强大销售者的卖家公司。两者在本次买卖中,本身具有不平等性,而在面对此类矛盾争议时,传统上各国采取的立法价值追求大致可以分成两类。

一种是对消费者的保护,即采取"目的国"理论,这体现了对于弱者保护理念的贯彻②。采取该原则的大多是电子商务发展欠发达的国家,因为这些国家的国民扮演着购买者的角色;而另外一种立法模式是对于销售者的企业一方进行保护,即"来源地国"理论,支持该种理论的是一些电子商务高度发达的国家,其在国际贸易之中扮演着销售者的角色,其本国企业往往通过互联网对外销售商品或者提供服务,所以本国在立法时会不断拓宽对于联结点的选取,使得自己国家获得该案件的管辖权。

2.新时代,两种价值理念不断趋同化——以欧盟为例

随着全球化的不断深入,一国的对外争端解决规则不仅影响着国内市场的活跃性,对国际社会也产生了重要影响。如果国内立法过于追求对本国利益的保护,想必外国投资者和贸易者也不愿意与之合作,在这一点上,各国逐渐有了清醒的认识。其中以欧盟为例,欧盟比较有影响力的两个立法文件便是《布鲁塞尔公约》和《布鲁塞尔规则》。

《布鲁塞尔公约》侧重消费者权益保护。当发生争议时消费者被赋予选择权,其可以根据自己的意志选择由交易时住所地法院进行管辖,也可以选择对方当事人住所地法院进行管辖,而对方当事人被剥夺了管辖权的选取空间,销售者只能就该争议在消费者所在地的法

---

① 刘益灯.电子商务中消费者保护的国际私法问题研究[M].长沙:中南大学出版社,2009:141.
② 朱丽."倾斜性保护"原则正义价值研究——以劳动者保护展开[J].陕西社会主义学院学报,2012(2):36-42.

院提起诉讼。但是该问题的规定过于简单,针对诸如什么样的宣传才算是在目的国进行宣传,或者说如何界定销售者在该国针对特定群体有特定的宣传行为……未做明确规定。

接下来《布鲁塞尔规则》随之提出,它对《布鲁塞尔公约》既有所保留,又有所突破,保留之处体现在保留了《布鲁塞尔公约》对于消费者的保护,仍然坚持着弱者保护的基本原则,只是在细枝末节上做了突破。

所以说,无论是《布鲁塞尔公约》还是《布鲁塞尔规则》都透露出对消费者的绝对性保护。但是再到后来,特别是《罗马公约》的修订,欧盟的做法则发生了转变,欧盟在面对此类案件争议时,也可能从标的来源地入手,适用"来源地国"的法律。通过这一变化,可看出欧盟从前期对消费者利益的绝对保护,到后来的"两条腿走路",采取不排除适用来源地国管辖的原则作为例外情形。

这种兼顾性的趋同化立法,将来必然成为一国国内乃至国际社会的立法趋势,它是各国认清时代背景和国际私法趋同化理论的最有利证明,也证明了在国际上构建起一整套该类问题处理规则的必要性和合理性。

3.电子商务强国的最新研究动态——以美国为例

(1)"长臂管辖"规则和最低限度联系规则的确立

与欧盟相反,美国则更加侧重对企业一方的保护,它通过一些经典的判例,确立起"长臂管辖"规则和最低限度联系规则。这两个原则是相配套使用的,只有满足了最低限度的联系,这才会使得"长臂管辖"原则适用上满足美国宪法所规定的程序正当。但是至于什么样的行为才算是存在着最低限度的联系,其标准是怎样的,没有作出详细规定。而且,对于在受诉法院所在地存在这样的针对性行为问题,对于发生在网络领域的交易,一切合同的签订和交易的完成都依赖于虚拟程序和空间的实现,再加上网络空间和平台的开放性和包容性,使得任何一个移动主体都会在不经意间接触到此类广告宣传行为,因此,这样的针对性行为在网络空间内似乎变得更加模糊。

(2)对于美国两规则的理性思考和综合评价

美国通过实施"长臂管辖"的原则,确实在很大程度上获得该类案件的管辖权,保护本国国民或者企业。但是随着国际社会的不断推进,美国的"长臂管辖"还展现出了一些其他的趋势。

首先,"长臂管辖"权确立规则仅仅是在一国非居民自然人作为被告的时候加以启动,而一国的国民作为原告一方时,也需要基于原告的有关规定来确定本国的法院是否对该案有管辖权,所以一般属人管辖规则是一般性原则①,而"长臂管辖"规则以及配合使用的最低联系原则则是涉外管辖权确立的补充,是特别性的属人管辖规则。

其次,该规则存在过度扩大管辖权的问题。因为一起案件只要满足一个因素与法院地发生联系,就可以基于"长臂管辖"原则行使管辖权。所以单纯从实务来看,虽然创设了最低限度联系原则来限制"长臂管辖"规则的滥用,但是该限制性条款的确立本身也具有一定的模糊性。所以还需要对"长臂管辖"规则进一步改进适用。

4.国际社会此类案件通行处理规则尝试性构建

无论是欧盟还是美国都应当重新思考如何整合规则,在国际社会层面设计出一套共性

---

① 张丝路.长臂管辖效果辩证及对我国的启示[J].甘肃社会科学.2017(5):32-33.

方案。在笔者看来应当做以下几方面努力。

（1）对于弱者保护原则的"弱者"重新界定

国际社会对于弱者有着不同的界定，并且也有优劣之分，根据徐冬根老师的观点，弱者应定义为"必须是在特定的民商事法律关系中处于不利或者是弱势的一方"①，但是对于跨国B2C贸易，这种"弱者"偏袒性保护必须审慎用之。在我看来，应当成立国际组织，把这种想要纳入国际进行销售生产的小型企业，采取一种特殊的扶植保障政策和审查备案机制，在管辖权确定问题上应与大型企业区别对待，这种区别性对待是满足实质正义的基本理念的。同时，要考虑争议双方的实质性实力差距，包括了企业在本地区的实际销售的业绩和在各国的整体资产情况，如果实力差距较为悬殊，且消费者处于绝对弱势时，此时应当是启动弱者的偏袒性保护。这只是初步的设想，具体的细化考量标准需要进一步去完善，也可以配合国际社会互联网技术的进步和国际备案制度的跟进，让这一标准更加接近于公正，而不再是"一刀切"的做法。

（2）在立法技术上：完善相关的软性立法

对于国际社会比较认可的软化立法应做吸收和借鉴，比如说最低限度的联系原则、不方便管辖原则以及最密切联系原则等，目的是让构建的规则不会陷入僵化，确保案件实现实质正义。

（3）在具体制度上：调适和完善具体制度的相关建议

无论是《联合国国际货物买卖公约》还是《国际商事合同通则》，都在努力将跨国消费者合同的争议处理排除在外②。针对这一问题，必须努力构建起国际兼采的通行争议处理体系，这种处理体系的构建不是对传统处理模式的完全抛弃，而是不断革新。

第一，以通行的传统管辖规则为基本。

近些年来，国际上出现了很多新兴的理论，比如说"第四国际空间论"③，这些新理论存在一定缺陷，正确的路径应当是对传统规则调适，针对一般管辖规则中确立的关于地域和当事人身份、国籍等标准，要借助互联网技术和管理体制的不断完善，对被告一方的当事人进行身份和地理位置精准确定，实现对于现实联结点的寻找。并将互联网管理工作法律化，通过立法的形式对各方的权利和义务进行区分，让相关信息提供义务划分更加明晰化，不断推动互联网实名备案登记工作。

第二，以协议管辖作为确定管辖权的重要补充。

在传统的案件中，协议管辖往往作为处理争议的首选，但是在B2C涉外网购消费合同中，一方面，由于贸易发生在网络空间，所以对当事人的位置很难进行明确化；另一方面，该类B2C模式比较复杂，涉及一方倾斜性保护的问题，要做到对弱势一方的保护，就必须对这种意思自治进行严格的限制。在保护的策略上，各国也提出了相应的策略，其中比较合理的是"逆向选择"，由消费者来对该案件管辖权的法院进行管辖，让处于弱势一方的消费者成为优势的一方。

同时，还应当充分考虑协议管辖地有效性问题。由于网购合同的签订完全是在网络环

① 黄进,肖永平,刘仁山.中国国际私法与比较法年刊(第13卷)[M].北京:北京大学出版社,2010:76-77.
② 徐冬根.人文关怀与国际私法中弱者利益的保护[J].当代法学,2004(5):11.
③ Darrel Menthe. Jurisdiction in Cyberspace:A Theory of International Space[J]. Mich. Telecomm. Tech. L. Rev,1998(69).

境下进行的,所以这种虚拟性存在的合同突破了传统国内法对于协议管辖所要求的书面形式的要求,而且从各国的实践来看,大部分的国家都对这一问题持放宽对待的态度①,同时在选择管辖法院时应当具体明确而清晰,不能仅满足于国内法要求的提醒注意义务。

第三,对一些特殊管辖规则的整合和创新。

①吸收借鉴美国的最新特殊管辖规则并加以调适。

针对"长臂管辖"规则的滥用问题,需要思考如何进一步明确此种最低限度联系的考量因素。

首先,不应当对这种联系做简单的认定。以美国 Inset Systems,Inc. v. Instruction Set, Inc.案②为例,此类案件应当依赖于一种交互程度为最低限度联系的判断。不仅仅是考虑宣传的问题,还要考量是否在本地进行销售、所销售的数量等问题,只有达到一定数量之后,才可以行使管辖权。

其次,强化对于实质审查制度的建立。对行为与法院之间的联系做实质性考量,要综合全案进行;同时不能过分考量网站的属性而不去考虑行为的实质表现,既要考虑合同订立时的行为表现,还要考虑到后续的表现,即不仅要考虑到行为人的网络行为还要考虑到其他的一些行为,以此形成对"有目的性"的证明;还要考虑到行为在法院地所产生的效果的问题,特别是被告所进行的行为对于所处的真实社会所产生的影响。

②吸收借鉴欧盟等国家和地区的最新特殊管辖规则并加以调适

首先,"来源地国"和"目的国"理论的确立标准明确化。针对两理论存在的扩大本国法院对于此类案件的管辖范围问题,应当建立起实质审查的标准,强化网络技术的研究,综合案件的各种要素去分析把握。同时要不断地依赖互联网技术的进步,把"来源地国""目的国"等一些难以确定的要素固定下来,强化国际网站备案机制。

③逐步完善"不方便管辖制度"的构建并加以调适

不方便管辖制度能更好地保护被告一方的利益,避免因为个别国家对于本国消费者的过度保护而让被告一方丧失了救济的途径。

第一,提出异议的主体。通行的普通管辖权的异议主体往往是被告一方,因此此种异议提出的主体自然应当是被告一方。第二,法院能不能主动启动该原则。只要该法院有案件的管辖权,被告没有提出异议,法院对于该原则是不能主动来进行适用的。第三,对于不方便管辖原则的实质性审查问题,应当由受诉法院来作出初步的审查,如果对于审查的结果仍然有异议,此时可以提交国际层面相关组织,作出最终的审查。

(4)在具体机构设置上:设立专门的争议处理机构

在管辖权的确定上,也有很多新的理论不断地出现,比如说对于"网络空间自治论"中所倡导的"网络法院"的构建,虽然其在制度设计上缺乏可行性,而且主张的由 ISP 制定相关的规则缺乏依据,但是也为我们提供了一些思路,应当在国际社会建立一个专门的机构,一方面负责弹性标准的认定,另一方面负责接受相关 IP 地址设立、变动的程序性备份工作,统领

---

① 联合国国际贸易法委员会《电子商务示范法》第六条规定:当法律要求信息具有书写形式时,一条数据信息应当被视为符合该要求,只要该数据消息中含有的有关信息可以被读取而能够在随后引用。

② 该案讲述的是,康涅狄格州的公司 Inset Systems 起诉一家位于马萨诸塞州的公司 Instruction Set 商标侵权,原因是该公司使用了与原告相同的名称,作为该公司域名,并在互联网上进行广告宣传,因此原告将本案诉讼到康涅狄格州地区法院处理。

各国总备份任务；同时，由其来制定相关的规则，比如说制定通行的《互联网管辖公约》。

四、共性方案指导下中国管辖权确立规则个性方案的设计

法律层面上的全球化，并不是在说，要消灭具体国家的个性，但这种个性的制定应当是在共性方案指导之下结合本国国情的考量。

（一）立法和管理制度上的建议

基于我国目前的基本国情，我国依然是电子商务的输入国，所以在国际共性处理方案指导下，中国个性方案的设计应当将国情与上述理论进行结合，以欧盟的立法思想为指导，强化对作为弱者一方的消费者的保护，同时应当树立起一个贸易大国的形象，吸收进一些先进的礼让制度。

1. 注重软化立法技术的吸收借鉴

针对形成的"盲眼的冲突法规范"①问题，应当在立法技术方面注重对一些平衡性原则的吸收借鉴。另外需要进一步明确"弱者保护原则"中的"弱者"的含义，只有这样才能更好地引导涉外电子商务贸易发展。

2. 相关现有具体规则的调适建议

在具体规则上，应当坚持对传统规则的调适。具体的调适方式在前面已经进行论述，在此不再进行展开，其本质要与国际社会保持一致，保障判决的认可与执行。

3. 应当加强国际合作

通过国际上的合作推进互联网技术的进步，同时可以引领在国际上构建起整套争议解决体系，让各国在该类案件的管辖权问题上，向着一个方向不断地努力。

五、结　语

国际社会作为一个大家庭，国际社会的成员国如果依然坚持的是独善其身的立法做法，不仅不会让 B2C 跨国网购合同管辖权确立方面的案件的争端得以真正解决，也将会严重阻碍国际社会的往来和电子商务本身的发展。因此，国际社会必须整合出一整套切实可行的此类案件的争端处理规则。中国在国际规则的指导下，结合本国国情设计出适合我国的个性解决方案，从而更好地利用本国在新一轮技术革新中形成的天然优势，更好地领跑国际经济的发展。

---

① 袁雪.法律选择中的弱者利益探究——以《涉外民事关系法律适用法》的规定为视角[J].南昌大学学报（人文社会科学版），2014（1）：95-96.

论"一带一路"投资风险及其法律应对

——以"尤科斯诉俄罗斯案"为视角

刘 勇

【摘要】 "尤科斯诉俄罗斯案"由尤科斯公司及其股东分别向欧洲人权法院、海牙常设仲裁院、瑞典斯德哥尔摩商事仲裁院提出的多个争端组成。该案的发生源自俄罗斯政府对尤科斯公司采取的税务稽查以及与之相关的高额税款与罚金、财产冻结、强行破产等措施。欧洲人权法院判令申请人胜诉,认定俄罗斯的行为是对申请人财产权的非法干预,但海牙地方法院以及斯德哥尔摩地方上诉法院以仲裁庭缺乏管辖权为由分别撤销了海牙常设仲裁院与瑞典斯德哥尔摩商事仲裁院的实体裁决。该案一方面展现了"一带一路"沿线国家常见的投资风险以及投资者寻求多元法律救济的可行路径,另一方面也印证了管辖权问题在国际投资仲裁中的重要地位。基于该案申请人的经验与教训以及"一带一路"沿线国家投资风险的特点,中国投资者应重视投资条约项下的"管辖权风险",必要时向欧洲人权法院寻求法律救济,适时进行国籍筹划,并采取适当措施以避免投资条约中利益拒绝条款的适用。

【关键词】 "尤科斯诉俄罗斯案";"一带一路";管辖权风险;国籍筹划;利益拒绝条款

自习近平主席于 2013 年提出"一带一路"倡议以来,国际社会予以了广泛而热烈的响应。当前,全球 100 多个国家和国际组织积极支持和参与"一带一路"建设,联合国大会、联合国安理会等重要决议也纳入"一带一路"建设内容。"一带一路"建设逐渐从理念转化为行动,从愿景转变为现实,建设成果丰硕。截至 2016 年年底,中国企业对"一带一路"沿线国家投资累计已经超过 500 亿美元,为有关国家创造了大量的税收与就业岗位。[①]党的十九大报告也明确指出,应以"一带一路"建设为重点,坚持"引进来"和"走出去"并重,推动形成全面开放新格局。"一带一路"建设的重要内容之一是加强沿线国家投资领域的区域合作,致力于减少相互之间的投资壁垒与保护投资者合法权益。[②]"一带一路"建设一方面给中国投资者带来了前所未有的历史机遇和"走出去"的重要动力,另一方面也促使他们认真考量与评估沿线国家复杂多变的投资壁垒与风险。因此,通过研究典型国际投资仲裁案来揭示"一带一路"沿线国家投资风险的主要特点,并在现有的国际投资法律框架下阐明中国投资者的应对策略,无疑具有重要的现实意义。

本文原刊于《环球法律评论》2018 年第 1 期。

作者简介:刘勇,法学博士,浙江财经大学法学院副教授。

① 习近平在"一带一路"国际高峰合作论坛开幕式上的演讲[EB/OL]. (2017-05-24)[2018-01-06]. http://www. beltandroadforum. org/n100/2017/0514/c24-407. html.

② 国家发展改革委、外交部、商务部. 推动共建丝绸之路经济带和 21 世纪海上丝绸之路的愿景与行动[EB/OL]. (2015-06-08)[2018-01-06]. http://news. xinhuanet. com/gangao/2015/06/08/c_127890670. htm.

一、引言：问题的提出

晚近，中国投资者在海外市场通过国际仲裁进行的维权之路并非一帆风顺。2015 年国际投资争端解决中心（International Centre for Settlement of Investment Dispute，以下简称 ICSID）受理的"中国平安诉比利时案"以仲裁庭裁定无管辖权为由结案。① 2017 年海牙常设仲裁院（Permanent Court of Arbitration，以下简称 PCA）管理的"黑龙江国际经济技术合作公司等诉蒙古国案"（以下简称"黑龙江国际公司诉蒙古国案"）同样被仲裁庭以无管辖权为由驳回中国企业的全部诉求。② 中国企业在上述两案的败诉有一个共同的原因，即中国分别与比利时、蒙古国签订的双边投资协定（Bilateral Investment Treaty，以下简称 BIT）的特定条款均存在模糊或缺漏之处，而仲裁庭又对此类条款作了狭义的约文解释，这使得仲裁庭行使管辖权缺乏必要的条件。例如，依据 1991 年中国一蒙古国 BIT 第八条，缔约方仅同意将"有关征收补偿额的争议"提交国际仲裁。而"黑龙江国际公司诉蒙古国案"的诉争点是蒙古国政府取消中国企业的采矿权是否构成一项征收。仲裁庭据此认为，只有东道国法院才有权决定是否存在一项征收行为；只有当诉争点是有关征收的补偿额时，仲裁庭才有管辖权。代理蒙古国的 Milbank 律师事务所声称，该案的裁决可能会对中国在全球的海外投资产生深远影响，因为大量缔结于 20 世纪 80－90 年代的所谓中国"第一代 BIT"包含相同的限制国际仲裁受案范围的条款。③ 在中国"第一代 BIT"被修正或取代之前，投资者通过援引此类 BIT 来寻求国际仲裁的法律救济时仍可能面临仲裁庭无管辖权的窘境。

另一方面，"一带一路"沿线国家④投资风险的复杂与多样性正日益凸显。"一带一路"沿线国家的法治水平参差不齐，法律体系不够健全，执法程序多有瑕疵，相关政策与法律还经常因外部经济、政治环境的变化而不断调整，故投资环境存在很多不确定性因素。⑤ 在西亚、中亚、南亚、东南亚、东欧等"一带一路"沿线国家，中国投资者正遭遇多样化的政治风险，包括政府审查（反腐败审查、环保审查、反垄断审查等）、本土化要求、群体性劳动纠纷、税务争议等。⑥ 有关"一带一路"沿线国家的投资风险及其应对策略，"尤科斯（Yukos）诉俄罗斯案"可为我们提供重要的借鉴和启示。

---

① 关于该案的详细述评，可参见：刘勇.中国平安诉比利时王国投资仲裁案——以条约适用的时际法为视角[J].环球法律评论，2016（4）：162-177.

② China Heilongjiang International Economic & Technical Cooperative Corp.，Beijing Shougang Mining Investment Company Ltd.，and QinhuangdaoshiQinlong International Industrial Co. Ltd. v. Mongolia，PCA.该案裁决报告并未公开，本文对该案的分析主要参考以下文献：Milbank Secures Significant Victory for Mongolia over Chinese SOEs in Treaty-Based Arbitration，https://www. milbank. com/en/news/milbank-secures-significant-victory-for-mongolia-over-chinese-soes-in-treaty-based-arbitration. html；任清.中企诉蒙古国政府败诉的警示[EB/OL].（2017-08-09）[2019-04-01].http://finance. sina. com. cn/fawen/dz/2017-08-09/doc-ifyitamv7835084. shtml；漆彤.败诉：黑龙江国际经济技术合作公司等诉蒙古政府案[EB/OL].（2017-07-08）[2019-11-23].http://fxy. whu. edu. cn/coil/ch/index. php/archives/373/.

③ 中国与部分"一带一路"沿线国家签订的 BIT 也有此类限制性条款。如 1988 年中国一波兰 BIT、1989 年中国一保加利亚 BIT、1991 年中国一匈牙利 BIT、1992 年中国一乌克兰 BIT、1992 年中国一摩尔多瓦 BIT、1993 中国一白俄罗斯 BIT、1993 年中国一克罗地亚 BIT、1993 年中国一立陶宛 BIT 等。

④ 据"中国一带一路网"公布的信息，"一带一路"沿线国家共有 70 个。https://www. yidaiyilu. gov. cn/info/iList. jsp？cat_id＝10037&cur_page＝1，2017-12-19.

⑤ 国家开发银行."一带一路"国家法律风险报告（上）[M].北京：法律出版社，2016：3.

⑥ 律商联讯.一带一路法律风险地图初现[J].进出口经理人，2017（5）：66-67.

自 2004 年开始,俄罗斯石油巨头尤科斯公司及其股东分别在欧洲人权法院(European Court of Human Rights,以下简称 ECHR)、PCA 与瑞典斯德哥尔摩商事仲裁院(Arbitration Institute of the Stockholm Chamber of Commerce,以下简称 SCC),就俄罗斯政府的同一"征收行为"提出了多项指控和赔偿诉求。因此,"尤科斯诉俄罗斯案"实际上由三个国际争端解决机构所处理的多个案件组成。在国际投资争端解决的历史上,该案因其申请人索赔金额之高(超过 1140 亿美元)、东道国被裁决赔偿金额之多(超过 500 亿美元)、耗时之久(ECHR 与 PCA 均耗费近十年之久才作出最终裁决)、案情演绎之"跌宕起伏"(PCA 与 SCC 临时仲裁庭的裁决分别被仲裁地法院撤销)而颇为引人关注。另一方面,虽然俄罗斯政府对尤科斯公司采取征收行为有其特定的政治与经济原因,但该案所涉的东道国管制行为在"一带一路"沿线国家仍具有一定的共性,且俄罗斯通过管辖权异议成功地挫败了申请人在 PCA、SCC 仲裁庭提出的多项诉求,这与中国投资者在部分涉华仲裁案件的遭遇有相似之处。基于此,本文将从这三个投资争端解决机构的裁决报告中梳理出核心的法律争议,并结合部分涉华投资争端案的审理情况,为中国企业事先预防与事后应对"一带一路"沿线国家的投资风险提出一些建议。

二、"尤科斯诉俄罗斯案"的案情概要

(一)案件的缘起[①]

此案的发生源自俄罗斯政府 2003 年 7 月至 2007 年 11 月期间对尤科斯公司(OAO NeftyanayaKompaniya YUKOS)采取的税务稽查以及与之相关的高额税款与罚金、财产冻结、强行破产等措施。尤科斯是一家成立于 1993 年的控股公司,主要从事石油、天然气产品的开采、生产与销售业务。苏联解体后它被私有化,成为俄罗斯当时最大的石油公司。2003 年 7 月开始,俄罗斯税务部门对尤科斯公司自 2000 年以来的交易与纳税情况进行了多次检查。税务部门认定,尤科斯公司在摩尔多维亚(Mordoviya)、下诺夫哥罗德(Nizhniy Novgorod)、卡尔梅克(Kalmykiya)等低税率地区设立了 27 家影子公司(sham companies),并通过这些影子公司来销售其石油产品,目的在于逃避纳税义务。另外,尤科斯公司在出口退税、证券交易等方面也有一定的欺诈行为。为此,尤科斯公司须补交增值税、利润税、财产税、能源销售税等税金,并须为其恶意逃税行为缴纳罚款,总额超过 100 亿美元。尤科斯公司曾分别在莫斯科地方商事法院、联邦商事法院与宪法法院寻求法律救济,试图阻止俄政府的指控与干预,但均被法院驳回。

在此期间,莫斯科地方商事法院还同意了税务部门的财产冻结要求,查封了尤科斯公司的部分财产。莫斯科地方商事法院于 2004 年 6 月 30 日发布了强制执行的命令,要求尤科斯公司必须在 5 日内上交上述款项,否则将处以高额罚金。由于尤科斯公司未能在规定时间内履行义务,该公司所拥有的 24 家子公司也被查封,部分子公司的财产被政府强制拍卖。2006 年 3 月 9 日,尤科斯公司的破产程序正式开始,俄罗斯税务部门被纳入债权人名单。之后,尤科斯公司的全部财产(包括其拥有的子公司的股份)被估价并拍卖给两家国有企业(俄

罗斯石油公司与俄罗斯天然气公司)。2007 年 11 月 23 日,在仍有大量债务无法偿还的情况下,破产程序终止,尤科斯公司被注销。

在上述行政程序进行的同时,针对尤科斯公司主要股东的刑事指控与强制措施也随之展开。2003 年 6 月,尤科斯公司的两名大股东霍多尔科夫斯基(Khodorkovskiy)与列别德夫(Lebedev)因涉嫌公司与个人逃税、挪用公司财产、欺诈、伪造交易等罪名被逮捕并羁押。2005 年 6 月,莫斯科地方法院认定上述指控成立,判处两名被告 8 年监禁,并要求其缴纳尤科斯公司以及其个人未交的税款。

(二)裁判要点

1. ECHR 的判决

2004 年 4 月 23 日,尤科斯公司向欧洲人权法院提出申诉,指控俄罗斯政府的行为违反了《欧洲人权公约》与《第一议定书》第一条(财产权的保护)。① 法庭认为,《第一议定书》第一条项下政府对财产权的合法干预应满足三项条件:符合国内法律规定;为了正当目的;行为与目的之间是成比例的。尽管俄罗斯对尤科斯公司债务的强制执行措施(包括查封公司的财产、收取高额的执行费、强制拍卖财产等)具有合法性以及目的的正当性,但是没有在正当目的与措施之间取得平衡。俄罗斯不合理地要求尤科斯公司在短期内支付高额的费用,也没有讨论执行程序之外的其他替代性方法,且执行程序过于仓促,完全不顾尤科斯公司提出的给予宽限期的要求。因此,法院判决俄罗斯违反了《第一议定书》第一条。②

2005 年 3 月 5 日,尤科斯公司的两名个人股东霍多尔科夫斯基和列别德夫分别向欧洲人权法院指控俄罗斯违反了《欧洲人权公约》以及《第一议定书》第一条。申诉人主张,俄罗斯法院要求申请人缴税属于《第一议定书》第一条所称的对个人财产权的干预,且依据俄罗斯国内法,公司的官员不应为公司未缴税款负责,所以这一干预不具有合法性。法院认定,对法人财产的合法干预首先应根据国内法来进行;俄罗斯的民法、税法并没有规定"揭开公司面纱"制度,即要求公司官员为公司债务承担责任。俄罗斯法院的判例也表明,公司的税款不应要求其股东来支付。因此俄罗斯的干预行为不具有合法性,被申请人违反了《第一议定书》第一条。③

2. PCA 仲裁庭的裁决

2005 年 2 月,尤科斯公司的三名外国股东 Hulley Enterprises(塞浦路斯公司)、Yukos Universal(英国公司)与 Veteran Petroleum(塞浦路斯公司)分别依据《能源宪章条约》(Energy Charter Treaty,以下简称 ECT)向 PCA 发出仲裁通知并启动仲裁程序。申请人与被申请人一致同意在海牙进行仲裁。临时仲裁庭组成后三案被合并审理。④

① 《第一议定书》第一条规定,任何自然人或法人均有权和平地拥有其财产。任何人的财产均不得被剥夺,除非基于公共利益并按照法律与国际法的一般原则所规定的条件来进行。但是,上述规定不得剥夺一国根据普遍利益而控制财产之使用,或者为确保税款或其他特别税或罚金的支付而认为有必要强制执行法律之权利。

② OAO NeftyanayaKompaniya YUKOS v. Russia, ECHR Application No. 14902/04, Decision on Merits, 20 September 2011, paras. 645-658.

③ Khodorkovskiy and Lebedev v Russia, ECHR Application No. 11082/06 and 13772/05, Judgement, 25 July 2013, paras. 858-885

④ Hulley Enterprises Ltd v The Russian Federation, PCA Case No. 226, Final Award; Yukos Universal Limited (Isle of Man) v The Russian Federation, PCA Case No. 227, Final Award; Veteran Petroleum Ltd v The Russian Federation, PCA Case No. 228, Final Award, 18 July 2014.

仲裁庭对俄罗斯政府的税务稽查、财产冻结、强制拍卖、破产程序等行为进行了审查,裁定被申请人违反了 ECT 第十三条(征收)[①],因为被申请人的行为并非出于公共利益的需要(真实目的是要实现国家对石油资源的控制),同时征收带有歧视性(其他同样在低税地区设立贸易公司的石油巨头未获如此严苛待遇),未按照法定程序进行(如在远离莫斯科的赤塔地区关押两名自然人股东并导致其律师难以与其会面),且未给予补偿。[②] 仲裁庭要求被申请人赔偿 Yukos Universal 各项损失共约 18 亿美元。[③] 仲裁庭还裁定申请人 Hulley 与 Veteran 分别获得约 400 亿美元[④]与 82 亿美元[⑤]的赔偿。俄罗斯于 2016 年 2 月 9 日向海牙地方法院以仲裁庭无管辖权为由提出撤销之诉。具体来讲,俄罗斯主张本案具有《荷兰民事诉讼法典》第一千零六十五条第一款所规定的可撤销仲裁裁决的法定事由,包括缺乏有效的仲裁协议、仲裁庭越权、仲裁庭组成不合法等。最终,法院支持俄罗斯的主张,以缺乏仲裁协议为由撤销了仲裁庭在上述三个案件中的所有裁决。[⑥]

3. SCC 仲裁庭的裁决

2007 年 3 月 25 日,Quasar(西班牙公司)等拥有尤科斯公司在美发行的托存凭证(Yukos American Depository Receipts)[⑦]的投资者向 SCC 发出仲裁申请,指控俄罗斯非法地处分了尤科斯公司的财产并导致投资者的损失,这构成了 1990 年西班牙—苏联 BIT 项下的征收或国有化。仲裁庭认定,俄政府对尤科斯公司的征税行为是武断和任意的,政府冻结财产、强制拍卖等行为以及拒绝考虑尤科斯公司提出的偿还债务的替代性措施,是故意地阻止其采用其他方法来缴纳税款,该行为违反了 1990 年西班牙—苏联 BIT 第六条并构成了征收。[⑧] 关于补偿的金额,仲裁庭以 2003 年 12 月 9 日申请人购买托存凭证时的价格为依据,判决被申请人赔偿约 200 万美元。[⑨] 之后,俄罗斯以仲裁庭无管辖权为由向斯德哥尔摩地方法院和上诉法院提出撤销上述裁决的要求,主张本案不属于 1990 年西班牙—苏联 BIT 第十条[⑩]项下的可仲裁的事项,因为本案的争议是俄罗斯的干预行为是否构成一项征收而不是有关征收补偿的金额或支付方式。斯德哥尔摩地方法院驳回了该请求,[⑪]但地方上诉法院最终支持了俄罗斯的主张。[⑫]

---

① ECT 第十三条规定,缔约一方的投资者在缔约另一方境内不得被国有化、征收或采取具有类似效果的措施,除非征收符合下列条件:基于公共目的;非歧视;根据法定的正当程序;给予充分、及时、有效的补偿。

② Yukos Universal Limited (Isle of Man) v The Russian Federation,PCA Case No. 227, Final Award, paras. 1375-1585.

③ Yukos Universal Limited (Isle of Man) v The Russian Federation, PCA Case No. 227, Final Award,para. 1888.

④ Hulley Enterprises Ltd v The Russian Federation, PCA Case No. 226, Final Award, para. 1888.

⑤ Veteran Petroleum Ltd v The Russian Federation, PCA Case No. 228, Final Award ,para. 1888.

⑥ Judgment of Hague District Court, Case No. C/09/477160 / HA ZA 15—1, 15—2,15—3, 20 April 2016, para. 4.2, 5.97.

⑦ 托存凭证是指由一国之托存银行收集并保管本国投资者于境外投资所获的有价证券后,向该等投资者发行的代表投资者对原始有价证券享有所有权的可流通证券。参见:叶林.证券法[M].3 版.北京:中国人民大学出版社,2008:20.

⑧ Quasar and others v. The Russian Federation, SCC, Case No.024/2007,Award, 20 July 2012,paras. 120-128.

⑨ Quasar and others v. The Russian Federation, SCC, Case No.024/2007,Award, 20 July 2012, paras. 187-190.

⑩ 1990 年西班牙—苏联 BIT 第十条规定,如果投资者与东道国之间有关第六条项下应当支付的赔偿(compensation due)的金额和支付方式的争端,在一方发出书面争端通知后六个月内不能通过友好协商解决,则投资者可选择通过瑞典斯德哥尔摩国际商事仲裁院或依据联合国国际贸易法委员会仲裁规则成立的临时仲裁庭来处理。

⑪ Judgement of Stockholm District Court, Case No. T15045—09. 11, September 2014, pp. 32-36.

⑫ Judgement of Svea Court of Appeal, Case No. T15045—09, 18 January 2016, pp. 3-12.

三、"尤科斯诉俄罗斯案"的核心争议:仲裁庭的管辖权问题

(一)仲裁庭与法院对于诉争条款的不同观点

俄罗斯政府与法院对尤科斯公司采取的税务征收、财产查封与强制拍卖等行为毫无疑问构成了对后者的征收或对其财产权的不当干预,即使这些行为乃基于正当目的并依据国内法而实施,但在实施力度与程序上显然与预期实现的公共政策目标不相吻合、不成比例。因此 ECHR 与 PCA、SCC 仲裁庭一致裁定其败诉并不令人意外。令人意外的是,PCA、SCC 临时仲裁庭的多个裁决被仲裁地法院以仲裁庭无管辖权为由撤销。法院的依据均在于案件所涉的国际投资条约中缺乏争端双方同意接受仲裁的规定,即缺乏有效的仲裁协议。

在 PCA 仲裁庭的管辖权审理阶段,被申请人主张 ECT 对俄罗斯无法律效力,理由是尽管俄罗斯政府已经于 1994 年签署了该条约,但议会一直拒绝批准。不过,ECT 第四十五条为该条约的生效提供了一个"临时"的途径,即只要缔约国没有明确声明拒绝 ECT 对其临时生效,且临时生效与该缔约国的宪法、法律或法规不相抵触,则 ECT 可在该缔约国立法机关正式批准前对其临时适用。仲裁庭认为,俄罗斯从未明确声明其拒绝 ECT 对其临时生效,且从临时生效制度的目的来看,它是指 ECT 作为一个整体而不是某一条款对俄罗斯临时生效,因此无须审查 ECT 的每一个条款是否与缔约国的国内法相符,另外俄罗斯的国内法中也没有与 ECT 存在明显冲突的条款。最终,仲裁庭裁定 ECT 对俄罗斯有法律效力,且俄罗斯在 ECT 第二十六条①表达了同意接受国际仲裁庭管辖的意愿。② 海牙地方法院采用了更有利于俄罗斯的文义解释方法。它主张,ECT 第四十五条的通常含义表明,所规定的临时适用机制应取决于 ECT 具体条款(而非 ECT 作为一个整体)与俄罗斯法律的相符性;如果某一条款与俄罗斯的宪法、法律或法规不相符,则该条款不得俄罗斯临时适用。法院查明,俄罗斯的外国投资法并没有明确允许投资者可通过国际仲裁来解决其与东道国之间的投资争议,这与 ECT 第二十六条中的国际仲裁机制相冲突。因此,ECT 第二十六条对俄罗斯不得临时适用。最终,法院以俄罗斯没有在 ETC 中明确接受国际投资仲裁机制、本案缺乏仲裁协议为由撤销了仲裁庭在上述三个案件中的所有裁定。③ 在此,法院对于"相符性"的审查采用了十分严格的标准,也就是说只有当俄罗斯国内法中明确规定投资者与东道国之间的争议可提交国际仲裁,这才与 ECT 第二十六条中的国际仲裁合意相吻合。④

在 SCC 仲裁庭的管辖权审理阶段,被申请人同样辩称本案仲裁庭无管辖权,因为 1990 年西班牙—苏联 BIT 第十条仅将可仲裁的争端限于"有关征收的赔偿金额与支付方式"。仲裁庭通过有效解释与目的解释方法对系争条款进行了扩展的解释。它认为,对于条约用词的解释不得导致该条款其他部分的内容没有积极的意义或者是多余的,而被申请人的解释

---

① ECT 第二十六条规定,缔约一方与缔约另一方的投资者之间因投资发生的争端,应优先通过友好协商解决。一旦友好协商不能在任何一方发出通知之日起三个月内解决争端,则投资者可将其争端提交至东道国法院或国际仲裁机制。

② Yukos Universal Limited (Isle of Man) v The Russian Federation, PCA Case No. 227, Interim Award on Jurisdiction and Admissibility, 30 November 2009, paras. 394-398.

③ Judgment of Hague District Court, Case No. C/09/477160 / HA ZA 15—1, 15—2,15—3, 20 April 2016, paras. 5.58-5.97.

④ 张建. 能源宪章条约对签署国的临时适用机制研究——以"尤科斯诉俄罗斯仲裁案"为中心的探讨[J]. 甘肃政法学院学报,2016(3):133-134.

将可能导致第十条项下的仲裁永远不可能发生,只要东道国简单地宣布无义务对征收进行补偿即可。BIT 的目的之一就是使缔约方在 BIT 项下的承诺获得国际化并强化对投资者的保护,而对第十条进行狭义解释将缩小西班牙或苏联的承诺,这违背了 BIT 的目的与宗旨。最后,仲裁庭驳回了被申请人的异议并裁定其对本案有管辖权。①

在 SCC 仲裁裁决的司法审查阶段,斯德哥尔摩地方法院对第十条进行了扩张性的目的解释,拒绝了俄罗斯的撤销之诉。② 但地方上诉法院对诉争条款采用了严格的文义解释。它认为,与 1990 年西班牙—苏联 BIT 的前言相似的措辞在苏联签订的很多 BIT 中均存在,但这些 BIT 的争端解决条款却存在不同之处。由此可见,BIT 的每一个争端解决程序并非必须遵循前言中的条约目的与宗旨。两者并无必然的联系。在缺乏明确用词的情况下,解释者不得通过参考条约的目的和宗旨来增加条约项下本来没有的义务。因此,上诉法院认定仲裁庭对本案无管辖权,并同时推翻了仲裁庭有关赔偿额的裁定。③

(二)仲裁庭与法院的条约解释方法之争

仲裁地法院之所以采取了与仲裁庭截然不同的立场,是因为前者与后者的条约解释方法存在本质的不同:前者坚持使用最具确定性同时也是最为严格的约文解释方法(狭义解释),强调条约用词的通常含义要优于条约的目的与宗旨,且条约用词反映了缔约国的真实意图,因此不得在条约文本之外为缔约国增加其并未明确接受的法律义务;后者则采用更加灵活的目的解释与有效解释方法(扩张解释),主张在条约用词的字面意思之外依据条约之目的来探究其含义,并赋予每一个用词以特定的意义与效力,最终解释结果无须拘泥于条约的字面意思。条约的约文解释与目的解释是两个无法兼容、协调的解释方法,采用不同的解释方法必然得出互不相容的结果。而作为解释国际公法的通常规则,《维也纳条约法公约》第三十一条并没有为条约的约文、目的、上下文等解释性要素设定一个上下等级关系或强制性的先后顺序。④ 因此,法院与仲裁庭的解释结果最终要取决于它们给予这些解释性要素何种权重以及与之相关的价值取向的选择。相对于仲裁庭的"投资者偏好"和扩张管辖权的倾向,海牙地方法院选择给予东道国更多的尊重,强调仲裁庭拥有管辖权的前提之一是俄罗斯的国内法明确接受(而非不明确反对)国际投资仲裁机制,并在决定 ECT 是否临时适用时谨慎考查 ECT 的每一个条款(而非将 ECT 作为一个整体)是否与俄罗斯的国内法相冲突,以确保临时生效制度的适用是公正合理的。这一价值考量促使其固守 ECT 的约文并采用文义解释,因为约文通常被认为反映了缔约方的真实意愿,是缔约方意思的权威表示。

条约解释者给予上述解释性要素何种权重,属于其职权范围内的事项。从方法论的角度来说,尽管文义解释与目的解释皆有局限之处,但两者均没有背离《维也纳条约法公约》中的条约解释通常规则,故其合法性并不应受到质疑。这对于投资者可能是一个难解的问题。故此,将投资条约中颇具争议或语焉不详的某一条款交给仲裁庭或法院来解释,本身就是一个有些"冒险"的举动。可资佐证的是,针对中国 BIT 中常见的"有关征收补偿额的争议"这一用词,"黑龙江国际公司诉蒙古国案"主要采用了约文解释方法,作出了对申请人不利的狭义解释并以无管辖权为由驳回了申请人的诉求;而"谢业深诉秘鲁案""北京城建诉也门案"

① Quasar and others v. The Russian Federation, SCC, Case No. 024/2007, 20 July 2012,paras. 32-67.
② Judgement of Stockholm District Court, Case No. T15045-09, 11September 2014, pp. 32-36.
③ Judgement of Svea Court of Appeal, Case No. T15045-09, 18 January 2016, pp. 3-12.
④ 李浩培. 条约法概论[M].北京:法律出版社,2003:351-358.

与"世能公司诉老挝案"的仲裁庭则依据有效解释原则与目的解释方法作出了对申请人有利的宽泛解释,裁定其有管辖权。① 基于此,投资者应寻求更具确定性的法律救济路径,或援引内容更为清晰、保护更加有力的投资条约来提出仲裁申请。

四、对中国企业的启示

(一)厘清"一带一路"沿线国家投资风险的特点

据悉,尤科斯公司被处罚、拍卖并最终走向破产,与当时俄罗斯政府试图对石油产业进行国有化并最终控制能源产业命脉的政策导向有关。政府通过对尤科斯公司处以重税和罚金、查封并低价拍卖尤科斯的核心资产,最终由国有企业全盘接管尤科斯的资产。尤科斯公司破产,其资产收归国有将使得国际油价上涨,有助于俄罗斯获取经济振兴所需资金,并进一步提升俄罗斯彼时在国际石油战略格局中的话语权。② 另一方面,尤科斯公司的 CEO 霍多尔科夫斯基和其他股东长期资助俄政府的反对派,且多次公开指责俄政府的政策,与部分反对派议员交往甚密,政治声誉日隆,甚至有可能在 2008 年竞选总统,从而对俄罗斯政府造成了威胁。③ 由此,尤科斯公司遭遇了与其他石油公司不同的歧视性待遇。可资佐证的是,自 2004 年开始,俄政府同时对卢克伊尔(Lukoil)、西伯利亚(Sibneft)以及 TNK－BP 三家石油公司在低税率地区贸易公司的销售行为启动了税务调查,但最终政府与这三家石油巨头达成了和解,后者在缴纳高额罚款后可继续正常经营。④ 进言之,"尤科斯诉俄罗斯案"凸显"一带一路"沿线国家投资风险的如下两个特点。

第一,政治经济环境的改变极易导致投资政策导向发生变化。普京总统在 2000 年开始其第一个任期后,国家政策发生重大转折。他致力于打击因 20 世纪 90 年代初大规模私有化而产生的寡头集团,以防止他们向政治领域渗透,制裁经济犯罪和掌握国家经济命脉,确保国家政治与经济的稳定。⑤ 俄罗斯政治与经济政策的重大改变无疑是政府对尤科斯采取"间接征收"的重要原因。有研究显示,"一带一路"沿线国家的政治风险经常来源于投资合同签署后东道国政治和社会经济环境的改变。⑥ 例如,2011 年缅甸政府因政府更迭及中央与地方政府之间政治斗争而单方面停止密松水电项目,迄今未见重启的迹象。⑦ 又如,蒙古国投资政策的连续性较差,每届新政府成员上任都要对上届政府未实施的决议进行重新审查。⑧ 中国企业对蒙投资经常要面对政府换届所带来的不利影响,目前至少有 30％的中资

① Tza Yap Shum v. Republic of Peru, ICSID Case No. ARB/07/6, Decision on Jurisdiction and Competence, 19 June 2009, paras. 30-40. Beijing Urban Construction Group Co. Ltd. v. Republic of Yemen, ICSID Case No. ARB/14/30, Decision on Jurisdiction, 31 May 2017, paras. 48-109. Sanum Investments Limited v. Lao People's Democratic Republic, PCA CaseNo. 2013－13, Award on Jurisdiction, 13 December 2013, paras. 322-334.

② 冯玉军. 尤科斯事件的多维透视[J]. 国际石油经济,2004(9):5-7.

③ Newcombe A. Yukos Universal Limited (Isle of Man) v The Russian Federation:An Introduction to the Agora [J]. ICSID Review,2015,30(2):283-284.

④ Khodorkovskiy and Lebedev v Russia, Application No. 11082/06 and 13772/05, Judgment, 25 July 2013, paras. 8-19.

⑤ 张颖. 普京向俄罗斯寡头出重手[N]. 中华工商时报,2003-11-13(5).

⑥ 陈文."一带一路"下中国企业走出去的法律保障[M]. 北京:法律出版社,2015:272.

⑦ 国家开发银行."一带一路"国家法律风险报告(上)[M]. 北京:法律出版社,2016:6.

⑧ 编委会."一带一路"沿线国家法律风险防范指引(蒙古国)[M]. 北京:经济科学出版社,2016:55-57.

企业因此在蒙古国市场遭遇失败。[①] 另外,印度的政府决策反复多变、延宕日久是其民主体制最大的特点之一,新政府经常撤销旧政府与投资者签订的投资合同。[②]

第二,政府执法的对象选择以及程序有一定的随意性与歧视性,法治水平参差不齐。俄罗斯政府启动针对尤科斯公司的强制执行程序后要求其在 5 日内履行高达 100 亿美元的债务,而通常情况下政府会给予债务人至少 3 个月的履行期。尤科斯公司还曾请求法院暂停强制执行程序或许可其分期付款,因为其没有足够的现金来补交税款与缴纳罚金,也难以寻求第三方的融资,而且强制执行将可能直接导致其破产,但上述合理的请求均被法院驳回。当前,"一带一路"沿线部分国家的行政执法程序十分复杂与随意,有时会基于政治利益与国家安全的需要,有选择性地对某些外国投资者进行执法。[③] 例如,乌克兰政府经常通过国有化政敌资产的方式来打击反对派。[④] 根据世界银行 2016 年营商环境指南提供的数据,印尼的合同执行率在全球 189 个国家中排名 170,远低于东亚及亚洲地区的平均水平。此外,印尼部分地方政府的腐败程度以及自治权限均较高,执法标准经常前后矛盾,中国企业面临高度多变的投资环境。[⑤]

据学者统计,1990—2014 年期间捷克、波兰、俄罗斯、乌克兰、印度、哈萨克斯坦等十个"一带一路"沿线国家被诉的案件数量均超过了 10 起,在所有国际投资仲裁的被诉方中位居前列。[⑥] 对于这一投资高风险区域,中国投资者应及时关注东道国投资环境的变化,包括执政党、国内法以及所缔结的投资条约的改变,并准确预判可能发生的政治风险。例如,印度政府于 2015 年 12 月发布了新的 BIT 范本,新范本预示着印度外资立法与政策的重大转折以及对国际通行的投资保护标准的背离。目前印度已经向 47 个国家发出终止现有 BIT 的通知并要求与后者按照新范本重新签订投资条约。[⑦] 新范本在以下方面作了重大修正:收紧了适格投资者的认定标准,要求投资者在东道国有真实和实质性的经济活动,例如有权任命东道国企业的董事会成员或其高级管理人员,且东道国企业的外国控股公司与小股东不再受到条约保护;适格投资的定义不再以"财产"为基础,而是以"企业"为表现形式,要求投资者在东道国设立法律实体,且对东道国经济有重大贡献;最惠国待遇条款与保护伞条款被删除;为投资仲裁程序设置了更加苛刻的前置条件和时间要求。如果投资者与东道国无法通过友好协商来解决争端,则投资者应首先向东道国法院或行政机关提出申诉,寻求当地救济的持续时间不少于 5 年。只有当用尽当地救济且已经满足了 5 年的要求,投资者才可提出仲裁请求,且提出的时间必须在知道或应当知道东道国违反投资条约之日起 6 年内,或者在当地救济程序结束之日起 1 年内。[⑧] 印度出台新范本的根本目的是通过调整 BIT 的结构与

① 王玉柱.蒙古国参与"一带一路"的动因、实施路径及存在问题[J].国际关系研究,2016(4):73.

② 梅新育.在印度直接投资的风险分析[J].国际经济合作,2014(5):68.

③ 李玉壁,王兰."一带一路"建设中的法律风险识别及应对策略[J].国家行政学院学报,2017(2):78.

④ 国家开发银行."一带一路"国家法律风险报告(上)[M].北京:法律出版社,2016:6.

⑤ 杨超.印尼经济特区:中企投资的机遇和风险[J].国际经济合作,2016(12):46-47.

⑥ Wellhausen R L. Recent Trends in Investor - State Dispute Settlement, Journal of International Dispute Settlement,2016,7(1):117-126.

⑦ Grant H,Kabir Dl. The 2015 Indian Model BIT: Is This Change the World Wishes to See? [J]. ICSID Review,2017,30(3): 216-217.

⑧ Model Text for the Indian Bilateral Investment Treaty[EB/OL]. (2017-12-27)[2018-01-06]. https://static.my-gov.in/ rest/s3fs-public/mygov_15047003859017401.pdf.

内容来构建投资者保护与东道国管制权之间的更佳平衡,并试图避免印度政府在今后的国际投资仲裁案中遭遇不利结果。[①] 从上述各种严苛的实体标准和冗长复杂的法律救济程序来看,这种"再平衡"实质上就是单方面强化东道国的主权权力、强迫外国投资者在争端发生之日起 5 年内必须使用印度国内拖沓与低效的行政和司法程序,并削弱国际仲裁机制对东道国管制行为的审查权。上述明显偏向东道国利益的条款与中国促进和保护海外投资的"一带一路"倡议以及 2006 年中国—印度 BIT 形成了强烈的冲突,并很可能导致中印 BIT 被终止[②],故值得中国投资者警醒并提前采取应对策略。

(二)重视与化解中国 BIT 下的"管辖权风险"

以投资条约为基础建立的国际仲裁庭是否有权审理某一争端,取决于其是否同时拥有属事管辖权、属人管辖权与属时管辖权。[③] 详言之,属事管辖权是指该争端属于投资条约的适用范围,包括争端属于投资条约项下可仲裁处理的对象、争端所涉投资属于适格投资等;属人管辖权是指争端双方符合投资条约项下适格当事人的条件;属时管辖权是指争端发生在投资条约已经生效且投资者已经完成投资行为后。任何一个条件的缺失都可能导致仲裁庭无管辖权。

PCA、SCC 临时仲裁庭的多个裁决被仲裁地法院以仲裁庭无管辖权为由而撤销,而且 SCC 仲裁庭所审理的争端还涉及 1990 年西班牙—苏联 BIT 项下"关于征收补偿额的争议"之解释,而中国"第一代 BIT"也有大量相似的条款。这就促使我们开始关注中国企业在 BIT 项下的管辖权风险。申言之,基于中国 BIT 部分条款的特点,仲裁庭至少有一定的理由作出无管辖权的裁定并驳回投资者的仲裁请求,导致案件尚未进入实体审理阶段就被终止。

目前涉华投资争端解决实践已经给我们呈现了两个管辖权风险:一是中国与同一个国家签订的新旧 BIT 之间未做好衔接工作,或者说新约的过渡条款过于模糊,导致在新约生效前已经发生、尚未依据旧约启动仲裁程序的争端不能获得新约项下的可仲裁性,出现了新旧 BIT 之间的"仲裁空白",导致仲裁庭以缺乏属时管辖权为由驳回投资者的诉求;二是中国于 20 世纪 80—90 年代中期签订的大量 BIT 在文本上将国际仲裁的受案范围限于"有关征收补偿额的争议"。就其字面意思而言,这排除了仲裁庭对征收是否存在等其他事项的管辖权。一旦中国投资者未经过东道的国内司法程序就直接将东道国的管制行为指控为征收并诉至国际仲裁,仲裁庭就可能以约文解释为由裁定其缺乏属事管辖权。以上两个管辖权风险事实上亦有关联之处,因为后一风险可能是导致前一风险的原因之一。例如,在"中国平安诉比利时案"中,尽管争端发生于 2009 年中国—比利时 BIT 生效之前,[④]但申请人仍然选择该 BIT 作为仲裁庭有管辖权的依据,原因之一就是本案首要的争议是比利时政府对富

---

① Sathyapalan H K. Indian Judiciary and International Arbitration: BIT of a control? [J]. Arbitration International,2017,33(3): 503-515.

② 目前商务部条法司官方网站仍将 2006 年中国—印度 BIT 标注为生效状态,但已经不再展示条约全文。参见:我国对外签订双边投资协定一览表[EB/OL]. (2016-12-12)[2017-12-27]. http://tfs.mofcom.gov.cn/article/Nocategory/201111/20111107819474.shtml.

③ Voon T, Mitchell A, Munro J. Legal Responses to Corporate Manoeuvring in International Investment Arbitration[J]. Journal of International Dispute Settlement, 2013,5(1):41-44.

④ 2008 年 10 月 14 日中国平安通过中国驻布鲁塞尔大使馆向比利时提交了第一封有关争端的通知,此为本案开始的时间。Ping An Life Insurance Company of China, Limited and Ping An Insurance (Group) Company of China, Limited v. Kingdom of Belgium,ICSID Case No. ARB/12/29, Award, 30 April 2015, para. 105.

通集团的干预行为是否构成征收,而 1986 年中国-比利时 BIT 规定的可仲裁的事项却仅限于"有关征收补偿额的争议"。因此,尽管面临属时管辖权缺失的风险,申请人仍然选择以 2009 年 BIT 为由主张 ICSID 仲裁庭有管辖权,同时以 1986 年 BIT 为由提起了赔偿要求。

上述两项风险主要源自中国 BIT 本身的不足或历史性特点,如缔约时谈判代表的经验不足或疏忽,导致新约的过渡条款并没有就特定期间内发生争端的可仲裁性作出明确的安排[①];由于中国曾长期作为最大的资本输入国之一并对国际仲裁解决投资争议抱有疑虑之心,维护东道国对外资的宽泛管制权与"用尽当地救济"的优先地位是谈判代表遵循的指导方针之一[②],由此导致中国曾经在 BIT 中严格限制国际仲裁机构的受案范围;另一方面则可归咎于中国 BIT 之外的原因,如中国投资者没有预先评估一旦提起仲裁可能面临的法律风险,没有注意到发出争端通知的时间因素在投资仲裁中的重要性。又如,审理国际投资争端的仲裁庭在法律推理与条约解释上存在较大的不统一性与不确定性[③],这也给投资者选择维权路径与策略带来了困扰。

对于上文第一种"管辖权风险",即新旧两个 BIT 之间的"仲裁空白",中国投资者可先行向东道国法院提起诉讼。待新约生效后,再将东道国的管制行为以及法院的判决一并诉至国际仲裁机构,目的在于创造新约生效后发生的一个"新争端",满足仲裁庭之属时管辖权的要求,且此争端在诉因上有别于之前向东道国法院提出的案件,故不受"岔路口条款"以及"既判力原则"的约束。[④] 对于第二种"管辖权风险",投资者可以考虑向投资仲裁之外的国际司法机构(如 ECHR)寻求救济,或通过国籍筹划来转变自己的"身份",以寻求比中国 BIT 更有利的投资条约的保护。

(三)必要时向 ECHR 寻求法律救济

《欧洲人权公约》的《第一议定书》第一条将财产权也规定为基本人权之一。尤科斯公司及其两名股东均向 ECHR 指控俄政府与法院的行为侵害了其在《第一议定书》第一条项下的权利并获得了法庭的支持。目前,《第一议定书》的批准国为 47 个,其中"一带一路"沿线

---

① 中国曾经与 11 个国家先后签订新旧两个 BIT。其中,部分新约明确规定其取代旧约并不适用于其生效前发生的争端(如 2007 年中国-韩国 BIT),还有一部分新约则"语焉不详",要么规定"新约适用于其生效前或生效后作出的投资"(如 2010 年中国-尼日利亚 BIT),要么规定"新约取代旧约,但新约不适用于其生效前已进入司法或仲裁程序的与投资有关的任何争议或请求,此类争端应适用旧约"(如 2009 年中国-比利时 BIT),甚至只是简单地声明"新约取代旧约"(如 2010 年中国-瑞士 BIT)。

② Gallagher N. Role of China in Investment:BITs, SOEs,Private Enterprises, and Evolution of Policy[J]. ICSID Review,2016,31(1):88-93.

③ Fauchald O K. The Legal Reasoning of ICSID Tribunals – An Empirical Analysis[J]. European Journal of International Law,2008,19(2):301-334. Saldarriaga A. Investment Awards and the Rules of Interpretation of the Vienna Convention:Making Room for Improvement[J]. ICSID Review,2013,28(1):197-205. Pierre L. On the Reasoning of International Arbitral Awards[J]. Journal of International Dispute Settlement,2010,1(1):55-62.

④ "既判力原则"(res judicata)是指有合法管辖权的法院就案件作出终局判决后,在原当事人间不得就同一事项、同一诉讼标的、同一请求再次提起诉讼。该原则的适用需要具备当事人、诉因以及诉求三要素的一致性。参见:薛波. 元照英美法词典[M]. 北京:法律出版社,2003:1189;傅攀峰. 国际投资仲裁中既判力原则的适用标准——从形式主义走向实质主义[J]. 比较法研究,2016(4):146-147;Giorgetti C. Horizontal and Vertical Relationships of International Courts and Tribunals-How Do We Address Their Competing Jurisdiction? [J]. ICSID Review,2015,30(1):100-105.

国家有 22 个。① 这些国家被判令违反《第一议定书》第一条的案件并不罕见。② 对于中资企业来说,如果因中国部分 BIT 的条款而面临仲裁庭"管辖权缺失"的风险,那么就可以考虑援引《欧洲人权公约》第三十四条③以及《第一议定书》第一条向 ECHR 提起诉讼。不过,中资企业选择 ECHR 作为投资争端解决的场所,既有有利之处,也有不利之处,还需要我们进行谨慎的评估。

首要的有利之处是可以规避因中国部分 BIT 而引发的仲裁庭之"管辖权缺失"。其次,中资企业的身份(国籍)不会成为案件受理的障碍,因为根据《欧洲人权公约》第三十四条的规定,申诉人无须为欧洲理事会成员国的国民。④ 再次,为了充分保障《欧洲人权公约》下的基本人权,ECHR 对于案件的属人管辖权持比较宽松的态度,即使申诉人在案件审理过程中被东道国政府注销也仍然享有诉讼资格。例如,在"尤科斯诉俄罗斯案"的管辖权审理阶段,被申请人曾辩称,申请人已经于 2007 年 11 月被解散和注销,故法院缺乏属人管辖权。法庭认为,尤科斯公司于 2004 年 4 月提出指控时尚未启动清算程序;《欧洲人权公约》第三十四条项下的"违法行为的受害者"标准不能采用机械、僵硬和不灵活的方式来适用。不受理申请人的申诉不仅将损害个人所享有的权利,而且还将鼓励政府去剥夺个人在具有法律人格时提出申诉的权利。由此,法庭驳回了被申请人的异议。⑤ ECHR 在"Capital Bank AD v. Bulgaria"以及"Karner v. Austria"等案件中也持相同的观点。⑥

不利之处在于,相对于国际投资仲裁的"投资友好"倾向来说⑦,ECHR 并不会关注投资者的全部财产损失,也不会作出东道国有征收行为的认定,《欧洲人权公约》也不可能像投资条约那样规定东道国必须为其征收行为给予"充分、及时与有效的补偿"。而这会影响到最终投资者能获得的赔偿金额。与 PCA、SCC 等仲裁庭相比,ECHR 给予被申请人更多的尊重和司法克制。ECHR 更多关注成员国干预行为的程序,集中于审查成员国行使其主权权力的过程是否符合《欧洲人权公约》的要求。例如,在"尤科斯诉俄罗斯案"中,法庭多次声称

---

① ECHR,Simplified Charter of Signatures and Ratifications[EB/OL]. (2017-05-15)[2017-12-20]. https://www.coe.int/en/web/conventions/search-on-treaties/-/conventions/chartSignature/3.

② ECHR 自 1959 年成立至 2016 年,共发布了 19570 项判决。其中,被判决违反《第一议定书》第一条的案件共有 3098 起,占所有案件的 11.93%。在这些案件中,"一带一路"沿线国家的占比位居前列。其中,土耳其位居第一(21.07%),俄罗斯第二(17.68%),罗马尼亚第三(15.04%),乌克兰第四(10.91%),摩尔多瓦第五(3.42%)。参见:ECHR. Violation by Article and by States (1959—2016)[EB/OL]. (2016-07-16)[2017-12-20]. http://www.echr.coe.int/Documents/Stats_violation_1959_2016_ENG.pdf.

③ 《欧洲人权公约》第三十四条规定,ECHR 可受理任何个人、非政府组织或个人团体指控缔约国违反其在公约或议定书中的权利。缔约方承诺不为这些权利的实施设置任何障碍。

④ 王志华. 俄罗斯与欧洲人权法院二十年:人权与主权的博弈[J]. 中外法学,2016(6):1562.

⑤ OAO NeftyanayaKompaniyaYUKOSv. Russia,ECHR Application No. 14902/04,Decision on Admissibility,29 January 2009,paras. 439-443.

⑥ Capital Bank AD v. Bulgaria,ECHR Application No. 49429/99,Judgment,24 November 2005,paras. 74-80. Karner v. Austria,ECHR Application No. 40016/98,Judgment,24 July 2003,para. 25.

⑦ 不少学者认为,国际投资仲裁有偏袒外国投资者的倾向。这主要是因为国际投资仲裁机制自产生之日起,就是以保护投资者为基本价值取向的。它将因东道国公法行为而产生的投资争端进行私法化,并用私法审查标准来处理此类争端。东道国一有违反投资条约之行为,即被判承担赔偿责任,仲裁很少给予适当的尊重与司法克制。参见:徐崇利. 晚近国际投资争端解决实践之评判:"全球治理"理论的引入[J]. 比较法研究,2010(3):143-145;王燕. 国际投资仲裁机制改革的美欧制度之争[J]. 环球法律评论,2017(2):185-186;朱明新. 国际投资争端赔偿的法律问题研究[M]. 北京:中国政法大学出版社,2015:200-202.

其不会审查缔约国的国内法本身,关键是看缔约国的干预行为是否与其国内法相一致以及国内法的解释与适用是否与《欧洲人权公约》的原则相一致。对于俄罗斯征收行为的"核心环节"(拍卖尤科斯公司的财产),法庭并没有予以审查而只是指出俄罗斯政府作出拍卖决定过于仓促,向申请人收取的执行费过于高昂,没有考虑其他可履行尤科斯公司债务并使其免于破产的替代措施等,并裁定被申请人的行为与目的之间不成比例。这也充分体现了ECHR 的"补充性角色",因为它在监督缔约国履行公约义务时十分注重维护缔约国的主权以及政治、法律的多样性,并承认缔约国法律有权自主决定实施公约的具体方式。① 此外,尽管法庭判处了 ECHR 历史上最大金额的赔偿(约 19 亿欧元),但仍远低于 PCA、SCC 仲裁庭基于相同事实作出的裁决结果。原因在于,PCA、SCC 仲裁庭依据国际投资条约认定俄罗斯实施了征收行为,并按照财产被征收时的实际价值来判处赔偿责任。而 ECHR 只判决俄罗斯的特定行为(罚金与强制执行程序)不成比例地干预了申请人在《第一议定书》第一条项下所享有的权利,对于申请人财产被查封并拍卖的实际损失并不予置理。② 最终,ECHR 只是要求俄罗斯赔偿申请人之前支出的罚金和执行费,而不是因为俄罗斯的行为而导致的全部财产损失。③

究其根本,ECHR 在保护财产权时注重维护私人利益与政府管制权之间的平衡,④这与仲裁庭的"投资者偏好"有较大的差别。前者承认成员国在管理私人财产方面拥有广泛的自主权,而法庭的权力是审查成员国对该自主权的行使过程是否违反《欧洲人权公约》。后者则依据投资条约或协议来审查东道国的行为是否"违约",很少关注该行为的公益目的或公法属性。ECHR 的司法实践确立了《第一议定书》第一条项下合法干预行为的三项标准:具有国内法上的合法性;基于正当目的(公共利益);行为与目的之间具有相称性、成比例性。其中,第三个要件"比例原则"要求行政机关在执法时,在能够实现执法目的的若干方式中,选择对公民权利与自由的侵害最小的一种。⑤ 如果中国投资者在中东欧国家遭遇行政或司法机关不公平的对待或非合理的处罚,则可以考虑通过设在东道国的项目公司将之诉至ECHR。另外,"尤科斯诉俄罗斯案"的审理结果也表明,以东道国项目公司的名义在 ECHR起诉东道国,并不影响中国投资者在某一投资仲裁庭再次指控东道国并寻求赔偿,因为争端当事人及诉因均存在不同。⑥ 反之亦然。⑦

(四)适时做好法人投资者的国籍筹划

投资者拥有适格的国籍是仲裁庭行使管辖权的条件之一,这决定了谁有资格提起一项仲裁请求。在 PCA 仲裁庭审理的争端中,俄罗斯曾主张申请人 Yukos Universal Limited 并

① 范继增.欧洲人权法院适用比例原则的功能与逻辑[J].欧洲研究,2015(5):102-103.
② McCarthy C. The Problems of Fragmentation and Diversification in the Resolution of Complex International Claims[J].The Journal of World Investment & Trade,2016,17(1):140-146.
③ de Brabandere E. Complementarity or Conflict? Contrasting the Yukos Case before the European Court of Human Rights and Investment Tribunals[J].ICSID Review,2015,30(2):345-352.
④ 蔡从燕,李尊然.国际投资法上的间接征收问题[M].北京:法律出版社,2015:163-164.
⑤ 胡建森.论公法原则[M].杭州:浙江大学出版社,2005:538-539.
⑥ SCC 仲裁庭特别宣称,本庭不受 ECHR 关于"Yukos Universal v The Russian Federation 案"之判决的约束,因为该案所援引的法律依据(诉因)以及当事人均与本案不同。Quasar and others v. The Russian Federation,SCC,Case No. 024/2007,Award,20 July 2012,paras.24-25.
⑦ OAO NeftyanayaKompaniya YUKOS v. Russia,ECHR Application No. 14902/04,Decision on Merits,paras. 520-526.

非 ECT 意义上的适格投资者,因为它只是设在英国马恩岛的空壳公司,实际控制人是居住在以色列(非 ECT 缔约国)的若干石油寡头。但仲裁庭强调只要是依据 ECT 成员国的国内法注册成立的公司就具有适格当事人的资格,并驳回了此异议。① 国际投资条约通常适用以下标准来判断法人投资者是否具有缔约一方(母国)的国籍:公司依据其母国的法律而注册成立(注册地标准);公司的住所地或实际管理地或主要营业地位于母国(住所地或实际营业地标准);公司受母国国民的控制(实际控制标准)。投资条约有时会采用上述一种标准,有时也会并用其中两种标准。② 例如,波兰和英国缔结的 BIT 将法人投资者界定为依据缔约一方现行有效法律而成立的公司或其他实体,而伊朗和瑞士的 BIT 不仅要求投资者须按照缔约一方法律政策成立,而且还应在该缔约方有营业场所并进行实际经营活动。③ 目前 BIT 以及自由贸易协定(Free Trade Agreement,以下称 FTA)投资章节的趋势是通过开放式的定义将"投资者"的涵盖范围尽可能扩大化,而不是限制在一个有关投资者的种类列表中。④ 其中,在通常订有利益拒绝条款的情况下,对投资者最为宽松的单一注册地标准在 BIT 与 FTA 中再获青睐。例如,中国曾经在以往的 BIT 中强调投资者须符合注册地与住所地双重标准,⑤ 但晚近签订的中国—加拿大 BIT、中—日—韩投资条约、中国—韩国 FTA 和中国—澳大利亚 FTA 均采用单一的注册地标准,将非自然人的投资者界定为依据缔约一方的法律所组建的法人或其他实体,不论其是否以营利为目的,也不论其是否采用有限责任制。单一注册地标准也为 ECT、加拿大 2014 年 BIT 范本、⑥ 美国 2012 年 BIT 范本⑦ 与德国 2008 年 BIT 范本⑧ 所采用。

目前公认的规则是,一个谨慎的投资者可以在进行投资时对法人结构(国籍)进行专门的设计,以便使自己在多样化的投资协定下获得最大的保护。相应地,这也增加了他们在国际机构提出诉求的机会。⑨ 中国投资者可以选择在那些与"一带一路"沿线国家签订有数量庞大且内容宽松的 BIT 的第三国设立关联公司,然后以关联公司的名义再向"一带一路"沿线国家进行投资,以寻求更优 BIT 的保护。例如,目前荷兰是全球范围内签订 BIT 数量最多的发达经济体之一,⑩ 且这些 BIT 对于投资者的国籍认定十分宽松,荷兰国内法对于公司

---

① Yukos Universal Limited (Isle of Man) v The Russian Federation,PCA Case No. 227,Interim Award on Jurisdiction and Admissibility,paras. 420-425.

② Feldman M. Setting Limits on Corporate Nationality Planning in Investment Treaty Arbitration[J]. ICSID Review,2012,27(2):281-282.

③ [德]鲁道夫·多尔斯,[奥]克里斯托弗·朔伊尔. 国际投资法原则[M]. 2 版. 祁欢,施进,译. 北京:中国政法大学出版社,2014:47-51.

④ [尼泊尔]苏里亚·P. 苏迪贝. 国际投资法:政策与原则的协调[M]. 2 版. 张磊,译. 北京:法律出版社,2015:55.

⑤ 参见 2003 年中国—德国 BIT 第二条、2004 年中国—芬兰 BIT 第二条、2005 年中国—葡萄牙 BIT 第二条、2009 年中国—瑞士 BIT 第一条。

⑥ 2014 Canada Model Bilateral Investment Treaty[EB/OL]. (2017-05-25)[2017-12-20]. https://www. italaw. com/sites/default/files/files/italaw8236. pdf.

⑦ 2012 U. S. Model Bilateral Investment Treaty[EB/OL]. (2014-04-24)[2017-12-20]. https://www. italaw. com/sites/default/files/archive/ita1028. pdf.

⑧ 2008 Germany Model Bilateral Investment Treaty[EB/OL]. (2011-03-13)[2017-12-20]. https://www. italaw. com/sites/default/files/archive/ita1025. pdf.

⑨ Emmanuel Gaillard,Abuse of Process in International Arbitration[J]. ICSID Review,2014,29:627-632.

⑩ 截至 2017 年 12 月,荷兰尚在生效的 BIT 共有 90 个,其缔约数量在发达经济体中仅次于德国(96 个)。BITs of Netherlands[EB/OL]. http://investmentpolicyhub. unctad. org/IIA/CountryBits/148♯iiaInnerMenu,2017-12-27.

注册的要求也十分简单,这吸引了大量的外国企业到荷兰注册公司以获得荷兰 BIT 项下实体权利的保护并有权提起投资仲裁。[①] 荷兰与"一带一路"沿线国家签订的 BIT 大多只规定了投资者国籍的注册地标准与实际控制标准,同时允许投资者将其与东道国的所有投资争端诉至 ICSID,而且这些 BIT 均无"利益拒绝条款"。[②] 1990—2014 年间,就投资者母国来说,由荷兰投资者启动的国际仲裁案件数量位居全球第二位(69 起)。主要原因是荷兰对外签订了大量投资条约,且其国籍认定标准十分有利于投资者,获得荷兰国籍有助于投资者起诉东道国。[③] 另外,新加坡与"一带一路"沿线国家签订的 BIT 也有这样的特点[④],也可作为关联公司的设立地。当 BIT 以注册地为单一标准来判定投资者的国籍时,仲裁庭通常会尊重条约的文本规定,对此类在缔约一方设立的所谓"媒介公司"(intermediate companies)予以认可,同意其有权提出仲裁请求。[⑤] 如在"Saluka v. Czech 案"中,申请人 Saluka 是一家在荷兰注册的公司,它通过购买其母公司 Nomura 持有的捷克公司的股份而获得了捷克—荷兰 BIT 项下适格投资者的身份。被申请人主张 Saluka 只是一家空壳公司,与荷兰并没有实质上的经济联系。但仲裁庭坚持采用 BIT 中的注册地标准,并主张不能在 BIT 的文本之外施加额外的要求,最终裁定其有管辖权。[⑥]

中国企业的国籍筹划还需注意时间要求。一旦国籍筹划时间过晚,则有可能被仲裁庭认定为权利滥用或缺乏管辖权而驳回仲裁请求。中国企业至少应在争端发生前或政府实施干预行为之前就完成在第三国的公司注册或将资产转让给第三国的公司,完成投资者的国籍转换。如果资产转移、公司注册等法人重组在争端开始后才进行,那么仲裁庭就可能认为该行为是一种权利滥用,或主张法人重组的主要目的就是依据投资条约提出仲裁,并最终以缺乏属时管辖权为由驳回投资者的请求。[⑦] 关于争端开始的时间,有些仲裁庭以投资者向东道国发出争端通知的时间为准,有些仲裁庭以投资者提出仲裁请求的时间为准,有些甚至以被指控的政府管制行为的实施时间为准。[⑧] 在"Libananco v. Turkey 案"中,申请人 Libananco 是一家在塞浦路斯注册的公司,它拥有两家土耳其公司的股份。该两家公司于 2003 年 6 月 12 日被土耳其政府征收,故 Libananco 依据 ECT 提出仲裁申请。仲裁庭认为,申请

---

① 黄世席. 国际投资仲裁中的挑选条约问题[J]. 法学,2014(1):71-72.

② 参见 1985 年也门—荷兰 BIT、1994 年越南—荷兰 BIT、1995 年蒙古国—荷兰 BIT、1998 年克罗地亚—荷兰 BIT、1999 年保加利亚—荷兰 BIT、2002 年哈萨克斯坦—荷兰 BIT、2003 年老挝—荷兰 BIT、2003 年柬埔寨—荷兰 BIT、2005 年亚美尼亚—荷兰 BIT. BITs of Netherlands[EB/OL]. http://investmentpolicyhub. unctad. org/IIA/CountryBits/148♯iiaInnerMenu,2017-12-27.

③ 需要注意的是,正是基于这个原因,委内瑞拉、南非以及印度尼西亚三国已经终止了其与荷兰之间的 BIT. 参见:Wellhausen R L. Recent Trends in Investor - State Dispute Settlement[J]. Journal of International Dispute Settlement,2016,7(1):117-125.

④ 参见 1993 年波兰—新加坡 BIT、1995 年捷克—新加坡 BIT、1997 年匈牙利—新加坡 BIT、2006 年斯洛伐克—新加坡 BIT、2007 年土耳其—新加坡 BIT. BITs of Singapore[EB/OL]. http://investmentpolicyhub. unctad. org/IIA/CountryBits/190♯iiaInnerMenu,2017-12-27.

⑤ Topcan U. Abuse of the Right to Access ICSID Arbitration[J]. ICSID Review,2014,29(3):627-632.

⑥ Saluka Investment BV (the Netherlands) v. Czech Republic, UNCITRAL, Partial Award, 17 March 2006,paras. 226-244.

⑦ Gaillard E. Abuse of Process in International Arbitration[J]. ICSID Review2017,32:17-33.

⑧ Voon T, Mitchell A, Munro J. Legal Responses to Corporate Manoeuvring in International Investment Arbitration[J] Journal of International Dispute Settlement,2014,5(1):41-48.

人没有证明自己在 2003 年 6 月 12 日之前实施了投资行为（购买股份），故仲裁庭无管辖权。① "Vito G Gallo v. Canada 案"的仲裁庭也持相同的观点。②

另外，如果在资产重组时政府的干预行为尚未正式实施但是争端已经可以合理预见，这种情况下仲裁庭也可能会驳回申诉。可预见性取决于争端何时开始，且资产重组与嗣后争端之间的关系越密切，两者间隔的时间越短，则争端的可预见程度就越高。③ 在"Philip Morris Asia v. Australia 案"中，被申请人辩称，Philip Morris 集团在 2011 年 2 月才完成法人重组，将其澳大利亚公司（该公司拥有本案所争议的商标权）卖给在香港注册的 Philip Morris Asia，目的就是要利用 1993 年香港－澳大利亚 BIT 来提出指控。仲裁庭认为，在 2010 年 4 月澳大利亚首相和卫生部长宣布即将通过烟草简明包装（plain packaging）的法律后，在申请人决定重组其资产前，投资者就可以合理预期即将会发生一起争端，尽管该法直至 2011 年 11 月 21 日才获得议会的通过并于同年 12 月 1 日起正式生效。在争端已经可合理预见时，投资者通过法人结构的重组来获得某 BIT 下的保护并提出国际仲裁的行为是一种权利滥用。仲裁庭据此认为自己无管辖权。④ 在"Pac Rim v. Republic of Salvador 案"中，被申请人主张，申请人于 2007 年 12 月 3 日将其注册地从开曼群岛变更为美国内华达州，就是为了获得《多米尼加－美国－中美洲自由贸易协定》（以下称《中美洲自由贸易协定》）的成员国资格，并获得该协定投资仲裁机制下的诉权。仲裁庭认为，2007 年 12 月 3 日之前申请人已经意识到其采矿业务获得政府许可有难度，但之后它仍然与政府进行了多轮谈判和磋商，谈判一直持续到 2008 年 3 月 13 日萨尔瓦多总统公开宣布拒绝给予申请人采矿权与环保许可。因此，双方发生争端的时间最早应为 2008 年 3 月 13 日。仲裁庭主张，关于合法的国籍筹划与滥用程序的区分，关键是要看投资者是否可以合理预见一项争端有高度的可能性即将发生，而不仅仅是一项可能的冲突。最终它驳回了被申请人有关申请人滥用权利的异议，理由是申请人的资产重组是在争端变得高度可能之前进行的。⑤

（五）避免利益拒绝条款的适用

利益拒绝条款也是投资仲裁案的被申请人主张驳回投资者诉求的理由之一。该条款是指投资条约的缔约一方保留在特定情况下拒绝给予缔约另一方的投资者在条约项下的部分或全部实体性权利，从而导致仲裁庭无管辖权，尽管从表面上看该投资者是缔约另一方的国民。投资条约中的利益拒绝条款通常与投资者国籍的单一注册地标准相结合，⑥成为缔约方阻止非缔约方的企业通过在缔约一方设立所谓"空壳公司"或"邮箱公司"来获得 BIT 之保护的重要手段，以避免单一注册地标准可能带来的非缔约国投资者"搭便车行为"。另外，利益

① Libananco Holdings Company Limited v. Republic of Turkey, ICSID Case No ARB/06/8, Award, 2 September 2011, paras. 510 - 537.

② Vito G Gallo v. The Government of Canada, NAFTA/UNCITRAL, PCA No. 55978, Award, 15 September 2011, paras. 328.

③ Voon T, Mitchell A, Munro J. Legal Responses to Corporate Manoeuvring in International Investment Arbitration[J]. Journal of International Dispute Settlement, 2014, 5(1): 41-47.

④ Philip Morris Asia Limited (Hong Kong) v The Commonwealth of Australia, PCA Case No. 2012-12, Award on Jurisdiction and Admissibility, 17 December 2015, paras. 580-586.

⑤ Pac Rim Cayman LLC v Republic of El Salvador, ICSID Case No. ARB/09/12, Decision on the Respondent's Jurisdictional Objections, 1 June 2012, paras. 2.77-2.85. paras 3.31-3.44.

⑥ Feldman M. Setting Limits on Corporate Nationality Planning in Investment Treaty Arbitration[J]. ICSID Review, 2012, 27(2): 281-284.

拒绝条款也有助于协调缔约方对于没有开展实质性商业活动的"空壳公司"的国籍认定标准。采用单一注册地标准的中国—加拿大 BIT、中—日—韩投资条约均规定了利益拒绝条款,ECT、2014 年加拿大投资范本以及 2012 年美国投资范本也有此内容。利益拒绝条款的适用应具备以下条件:投资者由缔约一方的国民或非缔约方的国民控制或拥有,或由无外交关系的第三方控制或拥有,且在缔约另一方境内无实质性的商业活动或与缔约另一方没有实质性的经济联系。① 因此投资仲裁案件的被申请人通常会提出的抗辩是投资者为非缔约国的企业所拥有或控制,且在缔约另一方(即所谓的投资者母国)境内并无实质性的经济活动。考虑到跨国公司多层级股权结构的复杂性,有时申请人的实际控制者或所有者难以确定,故各方争议的焦点往往集中于申请人是否在缔约一方从事了"实质性商业活动"。仲裁庭对此加以了澄清。

在"Pac Rim v. Republic of Salvador 案"中,被申请人辩称,依据《中美洲自由贸易协定》的利益拒绝条款,缔约方可拒绝授予申请人该协定项下的所有利益。仲裁庭认为,申请人为非缔约方加拿大的企业所拥有,且其在美国并无实质性商业活动,它在美国没有雇员、办公场所、董事会、有形财产和银行账户,也没有向政府纳税和从事任何采矿业务。以上情况满足了利益拒绝条款的适用条件。因此仲裁庭驳回了申请人的诉求。② 在"AMTO v. U-kraine 案"中,被申请人声称,尽管申请人是一家成立于拉脱维亚(ECT 缔约方)的公司,但申请人并未证明其未受非缔约方的控制或拥有。仲裁庭查明,申请人主要在乌克兰、芬兰、美国等多个国家从事金融投资业务,它在拉脱维亚拥有办公室和多个银行账户,并向政府缴纳居民所得税与增值税,还为其两个雇员支付社会保险金。因此申请人通过其在拉脱维亚的场所实施了投资活动,并雇用了少量却固定的员工。申请人营业活动的规模并非判断实质性商业活动的必要条件。据此,仲裁庭主张自己并无必要再审查申请人是否为非缔约方的国民所控制或拥有,并驳回了被申请人的异议。③

除了实体上的判断标准外,仲裁庭还对被申请人援引利益拒绝条款提出了程序上的要求:利益拒绝并非自动适用的权利,被申请人必须采取积极的行动且应在申请人在东道国实施投资或争端发生前就通知投资者该权利,④ 且利益拒绝主张不具有溯及既往的效力,它只能针对通知之日起的投资行为有拘束力。⑤ 该通知可以采用被申请人的政府公报、国内法或者与投资者的往来信件等方式。⑥ 不过,也有仲裁庭主张,利益拒绝条款的援引最晚可不迟于被申请人提出管辖权异议的阶段,且可以溯及既往地产生效力。⑦ 以上裁决意见的差异主

① 漆彤. 论国际投资协定中的利益拒绝条款[J]. 政治与法律,2012(9):98-99;贾怀远. 对外投资中的利益拒绝原则[J]. 国际经济合作,2017(1):80-81.

② Pac Rim Cayman LLC v Republic of El Salvador, ICSID Case No. ARB/09/12, Decision on the Respondent's Jurisdictional Objections, 1 June 2012,paras. 4.60-4.92.

③ Limited Liability Company AMTO v. Ukraine,SCC, Case No.080/2005, Final Award, 26 March 2008,paras. 59-70.

④ AnatolieStati, Gabriel Stati, Ascom Group SA and Terra Raf Trans Traiding Ltd v Kazakhstan, SCC, Case No 116/2010,Award,19 December 2013,para.745.

⑤ Yukos Universal Limited (Isle of Man) v The Russian Federation,PCA Case No. 227, Interim Award on Jurisdiction and Admissibility,paras.457-458.

⑥ Plama Consortium Limited v Republic of Bulgaria, ICSID Case No ARB/03/24, Decision on Jurisdiction,8 February 2005, para.157.

⑦ Ulysseas,Inc v The Republic of Ecuador,UNCITRAL, Interim Award,28 September 2010, para.172-174.

要源自涉案的投资条约文本以及仲裁庭的条约解释方法的不同。[①]

对中国企业来说,要避免利益拒绝条款的适用,关键是要满足在投资条约的缔约一方有实质性商业活动这一实体性要求。基于此,中国企业可在第三国设立以进行跨国投资为目的的关联公司,同时应具备办公场所、雇员、纳税记录、董事会会议记录等条件,将抽象的"实质性商业活动"具体化与证据化,以此获得仲裁庭的支持。[②]

五、结 语

"尤科斯诉俄罗斯案"充分展现了投资者可利用不同国际条约所授予的权利来起诉东道国的不当管制行为。针对俄罗斯税务部门与司法机构的干预与强制行为,尤科斯公司及其股东分别援引《欧洲人权公约》的《第一议定书》以及 ECT、1990 年西班牙—苏联 BIT 在 ECHR、PCA 以及 SCC 仲裁庭等机构相继起诉俄罗斯。该案不仅涉及东道国行政机构与司法部门对尤科斯公司的税务稽查、强征税款与强制破产等措施,而且还涉及东道国对尤科斯公司自然人股东的刑事指控与强制措施。此类投资风险在"一带一路"沿线国家具有一定的代表性。同时,该案也为中国企业应对其与"一带一路"沿线国家之间的投资争端提供了一些重要的思路,特别是提醒投资者在中国部分 BIT 项下所面临的仲裁庭"管辖权缺失"的风险。

鉴于"一带一路"沿线国家政治风险多发、法治水平不一、执法程序不尽如人意等特点,同时考虑到中国与部分"一带一路"沿线国家签订的 BIT 限制了可仲裁的事项,中国企业应在现有的投资保护法律体系内,汲取以往涉华投资仲裁案件的教训,重视中国 BIT 项下的"管辖权风险",必要时向 ECHR 寻求法律救济,适时进行国籍筹划,并采取措施以避免投资条约中利益拒绝条款的适用。

不容否认的是,晚近部分仲裁庭开始在投资条约文本之外、依据善意与禁止权利滥用等一般法律原则来判定投资者的仲裁资格,以阻止投资者采取不正当的"条约挑选行为",并维护仲裁程序的完整性以及"确保当事人之间善意和公平地进行仲裁"。[③] 一旦仲裁庭认定申请人与其关联方(如母公司或子公司或家庭成员)之间进行资产重组的主要动机就是获得投资条约下的申诉权,那么就会裁决该投资者及其投资不受投资条约的保护。但是,在国际投资条约对于投资以及投资者的定义日益宽泛的背景下,撇开条约的客观标准来区分合法的国籍筹划与滥用诉权并非易事,因为这涉及对投资者的主观意志的判断,况且一般法律原则只能作为法律适用的补充手段,而仲裁庭也只在极少数案件中直接适用一般法律原则来驳回投资者的诉求。仲裁庭也承认,仅仅以权利滥用为由来拒绝投资者的仲裁请求只能在极少数情况下才能采用。[④] 更多的情况是,仲裁庭在根据案件事实以及投资条约的文本来评估投资者的行为时会提及善意原则,以进一步印证自己依据客观标准作出的结论。从这个角

---

① Gastrel G, Paul-Jean L C. Procedural Requirements of "Denial-of-Benefits" Clauses in Investment Treaties: A Review of Arbitral Decisions[J]. ICSID Review, 2015, 30(1):78-80.

② 贾怀远. 对外投资中的利益拒绝原则[J]. 国际经济合作, 2017(1):80-81.

③ Voon T, Mitchell A, Munro J. Legal Responses to Corporate Manoeuvring in International Investment Arbitration[J]. Journal of International Dispute Settlement, 2014, 5(1):41-64.

④ Voon T, Mitchell A, Munro J. Legal Responses to Corporate Manoeuvring in International Investment Arbitration[J]. Journal of International Dispute Settlement, 2014, 5(1):41-65.

度来说,善意原则的适用与其他国际投资法律规范的适用之间并无实质性的区别。① 因此,该原则的援用并不会对中国投资者通过合法手段来寻求多元化的法律救济构成明显的障碍。

总之,中国投资者一方面应努力践行习近平总书记有关"一带一路"的重大倡议以及十九大报告的重要精神,秉承"开放合作、互利共赢"的基本原则,积极与沿线国家进行资本、人才、技术等的深度合作,为"一带一路"建设进入全面实施阶段和沿线国家的经济社会发展作出自己的贡献;另一方面,应理性审视"一带一路"沿线国家在历史传统、政治体制、法律体系以及执法程序等方面的多样性与复杂性,深入调研沿线国家的主要投资风险,在现有的法律框架下选择适当的投资方式与股权结构,并切实把握不同的争端解决机制的特点,为可能发生的投资纠纷预先确立合理的维权策略与路径。

---

① de Brabandere E. "Good Faith", "Abuse of Process" and the Initiation of Investment Treaty Claims[J]. Journal of International Dispute Settlement,2013,3(3):609-636.

市场经济地位之争

——中国诉欧盟反倾销"替代国"做法 WTO 案评析

詹　东

【摘要】　2016 年 12 月 12 日,中国就欧盟对华反倾销调查中继续使用"替代国"做法开启了 WTO 争端解决程序。本案的争议点在于:中国的市场经济地位和《中国入世议定书》第十五条的关系如何? WTO 成员针对中国产品反倾销调查过程中使用的"替代国"做法在第十五条有关款项后能否继续沿用? 本文从该案问题产生的背景出发,结合现有材料和条约解释规则,通过分析该案的核心问题,对 WTO 争端解决机构对该案的裁决结果作出合理预判。

【关键词】　市场经济地位;《中国入世议定书》第十五条;"替代国"做法

一、引　言

在《中国入世议定书》(以下简称《议定书》)第十五条关于"替代国"做法有关规定到期前后,欧美相继表示拒绝承认中国的市场经济地位,同时通过修改法律等方式在对华反倾销调查中继续沿用"替代国"做法。2016 年 12 月 12 日,中国就美国、欧盟的做法,先后提出世贸组织争端解决机制下的磋商请求,正式启动了世贸组织争端解决程序。[①]

近年来,国内外对《议定书》第十五条有关条款到期后的法律效果有广泛的讨论和研究,并形成了一些具有代表性的观点。各界主要关注的问题集中在两个方面:首先是中国市场经济地位和《议定书》第十五条的关系,即中国市场经济地位在 2016 年后是否能自动获得 WTO 成员的承认。其次是《议定书》第十五条有关条款到期后,WTO 成员在对中国发起的反倾销调查中是否还能够沿用"替代国"做法来确定产品的正常价值。

本文首先从市场经济地位问题产生的背景出发,分析问题产生的原因,在本案相关方提交的材料基础上归纳本案的争议焦点。再结合条约解释规则、有关历史资料等方法和材料对 WTO 争端解决机构对该案的裁决结果做合理的预判。

二、市场经济地位问题背景探析

(一)市场经济地位问题的由来

中国在 2001 年入世之时,经过曲折的谈判过程最终达成了一揽子入世协议。《议定书》第十五条关于"替代国"做法的规定便是谈判结果之一。根据《议定书》第十五条 a 款(ii)项,

---

作者简介:詹东,男,1995 年生,四川遂宁人,浙江大学光华法学院 2018 级硕士,研究方向为国际法。

① 何小桃. 中国就美国、欧盟对华反倾销"替代国"做法,先后提出世贸组织争端解决机制下的磋商请求,正式启动世贸组织争端解决程序[EB/OL]. (2016-12-12)[2018-01-01]. http://www.nbd.com.cn/articles/2016-12-12/1061056.html.

如受调查的生产者不能明确证明生产该同类产品的产业在制造、生产和销售该产品方面具备市场经济条件,则该 WTO 进口成员可使用不依据与中国国内价格或成本进行严格比较的方法。同时,依据第十五条 d 款,无论如何,a 款(ii)项的规定应在中国加入之日后 15 年终止。因为第十五条"替代国"做法的规定是中国入世时对于以美国为首的西方国家对中国"非市场经济地位"质疑的一个妥协,尽管其并未明确认定中国为"非市场经济国家",但是该条却被普遍解读为对中国"非市场经济国家"的定性,而被称作"自动终止条款"的 d 款也进一步被解读为当条件到期成就后,中国将自动获得市场经济地位。鉴于市场经济地位对于中国企业在国际贸易中获得公平待遇的重要性,近年来,中国通过贸易投资协定谈判等方式,先后取得了俄罗斯等近百个国家对我国市场经济地位的承认。但是,以欧美为代表的部分 WTO 成员也明确表示 2016 年之后不会承认中国市场经济地位。

关于 2016 年第十五条相关条款到期后,中国市场经济地位能否自动获得认可是近些年来国内外各界一直广泛探讨的问题。著名的欧洲贸易法律师奥科诺在 2011 年撰文指出,WTO 规则和有关协定并没有关于中国市场经济地位的规定,2016 年后中国自动取得市场经济地位的说法实际上是一种误读。[①] 随后,新加坡著名学者高树超也发文反驳了奥科诺的观点,并指出《议定书》第十五条相关条款到期后将实际产生中国市场经济地位被自动认可的效果。[②] 在此之后,著名杂志《国际贸易与海关》在 2014 年就该问题组织了一场广泛深入的讨论,众多学者纷纷表达了其研究看法。

而就官方而言,中国和美欧之间就中国的市场经济地位问题一直有较大的分歧。中国政府一直以来通过谈判致力于寻求美欧等发达经济体承认中国的市场经济地位,但未取得实质性进展。2016 年中国入世 15 周年到来之际,欧洲议会将是否承认中国的市场经济地位纳入了议程。2016 年 5 月,欧洲议会以压倒性票数通过了拒绝承认中国市场经济地位的决议,并呼吁欧盟采取反倾销措施。2016 年 11 月 9 日,欧委会向欧洲议会和理事会提交了一份修改现行反倾销条例的提案。该提案取消了"非市场经济国家"名单,提出建立以"市场扭曲"为核心的反倾销机制,以该机制来延续先前的"替代国"做法。而中国的另一大贸易伙伴美国,在 2017 年 11 月,特朗普政府正式拒绝了中国请求市场经济地位获得承认的要求。同时,在中国诉欧盟反倾销"替代国"做法案中,美国作为第三方向争端解决机构提交了一份法律解释文件。该份文件从事实和法律两个层面阐述了其认为 2016 年后在反倾销领域延续"替代国"做法具有合法性的理由。

(二)争议焦点归纳

本案最大的争议为《议定书》第十五条相关条款到期后的法律效果。中国政府立场比较鲜明,即要求 WTO 成员按照第十五条规定,在 2016 年后对中国发起反倾销调查时停止使用"替代国"价格的价值确定方法,同时积极寻求中国的市场经济地位得到承认。综合欧盟和美国提交的材料来看,本案问题的核心在于:第一,《议定书》第十五条与中国市场经济地位的关系。第二,第十五条相关条款到期后其他 WTO 成员能否在对中国的反倾销调查中

① O'Connor. When Will China's NME Status End? [EB/OL]. (2011-11-27) [2018-2-24]. http://worldtradelaw. typepad. com/ielpblog/2011/11/when-will-chinas-nme-status-end. html.

② Henry Gao. If you don't believe in the 2012 myth, do you believe in the 2016. myth? [EB/OL]. (2011-11-30) [2018-2-24]. http://worldtradelaw. typepad. com/ielpblog/2011/11/if-you-dont-believe-in-the-2012-myth-do-you-believe-in-the-2016-myth. html.

继续使用"替代国"做法。

三、市场经济地位与《议定书》第一十五条关系分析

（一）《议定书》第十五条之解释争议

关于《议定书》第十五条相关条款到期后的法律效果，国内外先后进行过多次研究和谈论。针对这些研究结果进行总结分析，可以发现，目前国内外对于第十五条到期后的法律效果的具有代表性的观点主要有以下几种。

1. 市场经济地位无关说

该观点主要以欧洲贸易法律师奥科诺为代表。针对 2011 年在中国举行的达沃斯世界经济论坛上中国前总理温家宝代表官方阐述的中国的市场经济地位将在 2016 年被承认的立场①，奥科诺发表了题为《中国不会自动取得市场经济地位》的短文，其认为首先 WTO 规则和《议定书》都没有明确的关于中国非市场经济地位终结的规定，而第十五条过渡期结束后要终止的仅仅是反倾销领域正常价值确定的测算方法。同时，基于第十五条第 d 款的措辞和前后逻辑来看，15 年过渡期到期后终止的仅仅是第十五条的 a 款（ii）项，序言和其他部分则保持有效。② 在此基础上，第十五条剩余部分应当解释成为 WTO 成员继续在反倾销调查过程中使用"替代国"做法提供了合法性基础。

2. 市场经济地位自动取得说

该观点以新加坡学者高树超为代表。该观点认为，从法律解释上来说，第十五条 a 款（ii）项废除以后，虽然 a 款（i）项仍然有效，但剩余条款应当解释为无论中国是否达到市场经济的条件，反倾销调查中的商品正常价值的认定都只能依据中国的国内价格。因此 2016 年后对中国发起的反倾销调查，第一十五条剩余款项不能再成为"替代国"做法的合法性基础。同时，该观点进一步论述，在一十五条 a 款（ii）项废除后，对中国的反倾销调查中正常价值测算方法将适用 WTO 一般规则。鉴于《关贸总协定》第六条注释的情况不符合现行中国国情，欧盟将难以援引该条来沿用反倾销过程中的"替代国"价格做法。③ 还有观点进一步指出，第十五条 a 款（ii）项的废除，实际效果上等同于整个第十五条的废除，这将在客观上赋予中国市场经济地位。④

（二）中国市场经济地位与第一十五条的关系

首先，关于第十五条到期后中国将自动取得市场经济地位的推演逻辑应该是这样的：根据第十五条 a 款（ii）项规定，如受调查的生产者不能明确证明生产该同类产品的产业在制造、生产和销售该产品方面具备市场经济条件，则进口国可使用不依据与中国国内价格或成本进行严格比较的方法。该项预设了一个可驳回推定：中国出口产品生产商处于非市场经济条件下。根据该预设，WTO 成员可以在反倾销调查过程中使用"替代国"价格来确定产品

---

① 李增新. 温家宝：希望欧盟承认中国完全市场经济地位［EB/OL］.（2011-09-14）［2018-04-05］. http://finance. sina. com. cn/roll/20110914/122410477712. shtml.

② O'Connor. The Myth of China and Market Economy Status in 2016［EB/OL］.［2018-2-24］. http://worldtradelaw. typepad. com/files/oconnorresponse. pdf.

③ Henry Gao. If you don't believe in the 2012 myth，do you believe in the 2016. myth?［EB/OL］.（2011-11-30）［2018-2-24］. http://worldtradelaw. typepad. com/ielpblog/2011/11/if-you-dont-believe-in-the-2012-myth-do-you-believe-in-the-2016-myth. html.

④ 彭德雷. 2016 年后的"非市场经济地位"——争论、探究与预判［J］. 国际贸易问题，2015(6)：166-176.

正常价值。而 2016 年到期后,第十五条 a 款(ii)项无条件终止,则可以进一步推出中国将自动取得市场经济地位。

这样的逻辑其实是有问题的。首先,"市场经济"并非 WTO 规则下的概念。在 WTO 诸多正式文件以及《议定书》中都没有关于其定义以及判断标准的规定。虽然美国,欧盟都在各自的立法实践中制定过其国内法意义上的市场经济判断标准,但国际上尚未形成统一判断规则。其次,第十五条仅仅规定了反倾销领域的特殊价格测算方法,解决的并非是中国的市场经济地位问题。这一点在欧盟"紧固案"上诉机构报告第四部分第三节中也获得了确认。因此,在没有明确规定的情况下,WTO 成员便不存在 2016 年后主动承认中国市场经济地位的义务。再者,第十五条 d 款实际上将第十五条有关条款分成了三个层次:首先是国家整体经济状况,根据第十五条 d 款第 1 句,如果根据进口成员国国内法标准能够证明中国是一个市场经济国家,a 款便不再适用。反之,则进入第十五条 d 款第 3 句话确定的产业或部门层次,根据进口成员国国内法标准能够证明其整个产业或部门具备市场经济条件,则 a 款不再对该产业或部门适用。反之,则需要进入 a 款确定的情况,由被调查企业证明其生产具有市场经济条件,如果受调查企业证明失败,则调查当局可以使用"替代国"方法来寻找具有可比性的价格或成本。因此,证明中国是否具有市场经济地位只是能否适用"替代国"价格的充分条件而非必要条件。综上,该问题的结论应当是:《议定书》第十五条虽然与中国的市场经济地位有重要联系,但其仅仅涉及 2016 年后反倾销领域特殊的价格测算方法的终止,和中国的市场经济地位是否应得到承认是两个不同的问题。2016 年 5 月我国外交部部长王毅在会见法国外交部长时明确表示:《议定书》第十五条明确规定,世贸组织成员应该在 2016 年 12 月 11 日终止在对华反倾销调查中使用"替代国"的做法。这是世贸组织所有成员都应该遵守国际条约的义务,不取决于任何成员的国内规则。无论是否给予中国市场经济的地位,欧盟都有履行第十五条规定的法律义务。官方态度的转变同样表明,中国对于这两个问题的区分有了更清晰的认知。

四、预测:WTO 争端解决机构对该案的裁判结果

如前所述,本案的核心争议点在于第十五条到期后的法律效果,欧盟在其第一轮书面概述中主要通过两个方面来论述了第十五条到期后继续采用"替代国"做法的合法性。首先,从规则体系的角度入手。欧盟认为,《关贸总协定》第六条补充规定明确授权调查机关有权在确定价格可比性存在特殊困难时,不采用出口国的价格与成本而采用第三国的价格与成本。在强调价格"可比性"的基础上,欧盟认为补充规定和《议定书》第十五条关于"可使用不依据与中国国内价格或成本进行严格比较的方法"的内容证明了《反倾销协定》第二条确定产品正常价值的方法的列举并非穷尽性的,以此来证明 WTO 规则下使用"替代国"做法的合法性。在此基础上,欧盟进一步认为,《议定书》第十五条通过其文本措辞如"确认价格可比性""国内价格与成本""非严格比较方法"等强调了本条关注的是产品的正常价值即可比性问题。借此,欧盟提出根据第十五条在确定价格可比性时,应当将其他法律纳入考量范围,如《关贸总协定》第六条。同时,第十五条关于"被调查行业市场经济"等规定也表明第十五条不仅仅和《关贸总协定》第六条相关,因为后者注释第二段强调的是"国家"这个整体的非市场经济条件。所以,《反倾销协定》第二条也应当纳入考虑范围,因为第二条第二款中还有关于"特殊市场情况"的规定内容。在这个部分,欧盟试图论述《议定书》第十五条与《反倾

销协定》第二条以及《关贸总协定》第六条及其补充规定具有一致性,来说明第十五条到期后,欧盟仍然可以借助 WTO 一般规则继续采用"替代国"做法。在此基础上,欧盟进一步论述了第十五条 a 款(ii)项到期后的法律效果。首先,基于十五条条款内部的措辞和逻辑问题,欧盟认为 a 款(ii)项到期后并不能影响第十五条剩余部分的效力。其次,其指出第十五条相关条款的意义在于反倾销调查中举证责任的分配。在通过比较新旧第十五条适用的法律后果后,欧盟指出,第十五条 a 款(ii)项到期后,被调查的中国出口商便不需要再承担证明市场经济条件的举证责任,但是如果相关市场经济条件的证据缺失,欧盟仍然有权按照 WTO 相关规则不采用中国国内的市场价格或成本来确定正常价值。

综合来看,本案的争议要点进一步细化为了两个:第一,《议定书》第十五条和《关贸总协定》以及《反倾销协定》相关规则是什么关系? 第二,第十五条 a 款(ii)项到期后的法律效果是举证责任的再分配还是"替代国"做法的终结?

(一)《议定书》第十五条是 WTO 一般反倾销规则的例外

欧盟在第一轮书面概述中通过强调《关贸总协定》第六条的"可比性"要求,从而认为该条已经授权调查当局可以继续使用"替代国"做法,并得出了第十五条与 WTO 一般反倾销规则具有一致性的观点。笔者在下文要结合相关条款的用语、结构设计、内容以及历史资料来分析为何《议定书》第十五条是 WTO 一般反倾销规则的例外。

首先,在反倾销调查过程中核心问题之一即确定产品的正常价值。而在实践中要确定一个具有可比性的正常价值则通常需要经过三个步骤:第一是选取比较对象;第二是考察比较是否适当;第三是考察比较是否公平。每一个步骤的要求都在 WTO 一般反倾销规则中有明确规定。关于选取比较对象问题,《关贸总协定》第六条第一款和《反倾销协定》第二条第 1 款均将正常价值表述为"正常情况下出口国供消费的同类产品的可比价格",结合条约上下文来看,只有在该"国内价格"缺失等特殊情况下,调查当局才可以寻求其他的正常价值确定方法,如第三国可比价格或成本构造价格,因此,为了确保可比性,在正常价值确定过程中首先选取"国内价格"进行严格比较是 WTO 反倾销规则所确定的一般原则。在确定了计算正常价值的基础后,调查当局需要进一步考虑确定的正常价值和该产品的出口价格比较是否适当的问题。《关贸总协定》第六条第一款 b 项和《反倾销协定》第二条第二款则明确列举了使用"国内价格"进行严格比较不适当的情形:国内价格的缺失,出口国国内市场存在特殊情况以及该产品在出口国国内市场销售数量过低。因此,要适用《反倾销协定》第二条第二款来说明选取国内价格进行严格比较无法满足可比性要求的话,需要证明两个要件:第一,产品出口国国内存在特殊的市场情况。第二,该特殊市场情况使得国内价格与出口价格比较不适当。若能成功证明适用国内价格进行严格比较不适当,则可以选用规定的第三国可比价格或成本构造价格。这也从侧面证明了首先使用国内价格进行严格比较是确定正常价值的一般原则。在满足前两个步骤的要求后,还需要考虑所选取的产品正常价值和出口价格比较是否公平来确保具有可比性。根据《关贸总协定》第六条第一款最后一句以及《反倾销协定》第二条第四款规定:"为了保证公平比较,应根据每一案件的具体情况,适当考虑影响价格可比性的差异,包括在销售条件和条款、税收、贸易水平、数量、物理特征方面的差异,以及其他能够证明影响价格可比性的差异。"以上便为 WTO 一般反倾销规则中关于正常价值确定的设计逻辑。

在明确 WTO 一般反倾销规则的设计逻辑后,再看《关贸总协定》第六条的补充规定和

《议定书》第十五条,这两条虽然反映了确保"可比性"的要求,但实际上其内容仅仅涉及的是选择比较对象的问题。因为第六条补充规定和《议定书》第十五条的内容都是在一定条件下,在确定正常价值的第一个步骤即比较对象时可以直接绕过使用国内价格进行严格比较的两个例外。而关于比较是否适当即是否存在特殊市场情况以及比较是否公平的问题,则是由《反倾销协定》第二条第二款和第二条第四款来解决的问题。因此,欧盟在概述中仅仅通过强调"可比性"来论证 WTO 反倾销一般规则授权其继续使用"替代国"价格的说法存在逻辑混乱的缺陷,同时具有模糊争议焦点,扭曲事实的嫌疑。

其次,结合《议定书》第十五条内容和 WTO 一般规则进行比较分析。《议定书》第十五条 a 款(i)(ii)项规定了在调查机关对来自中国的产品发起调查时,是否具有市场经济条件的举证责任应当由中国企业承担。而在 WTO 反倾销一般规则中,有两处规定了进口国可以不使用出口国产品的国内价格进行严格比较。首先是《关贸总协定》第六条的补充规定。该规定被普遍解释为授权 WTO 成员在一定条件下在反倾销调查过程中可直接使用"替代国"价格。该条件即调查机关需要完成证明进口产品来自贸易被完全或实质上完全垄断的国家,且所有国内价格均由国家确定的情况下,在确定第 1 款中的价格可比性时可能存在特殊困难的举证责任。另外一处即《反倾销协定》第二条第二项,该条规定,当使用出口国产品国内价格进行严格比较不适当时,调查机关可以使用第三国可比价格或者成本构造价格作为产品的正常价值。但前提是,调查机关需要证明产品出口国存在"特殊市场情况",并且该情况已经影响到了价格的可比性。与 WTO 一般反倾销规则相比,《议定书》第十五条一方面规定了对来自中国的产品发起反倾销调查过程中可以直接使用"替代国"做法,另一方面中国企业还需要承担不利的举证责任。这与"主张权利者需要先负承担举证责任"的法理精神是完全相矛盾的。事实上,这是中国在"复关"和"入世"谈判中面对美欧为首的西方国家对中国入世的质疑所承担的权利减损。而欧盟在书面概述中,似乎想要忽略这内容上的例外规定,试图通过曲解规则来达到继续使用"替代国"做法的目的。

最后,根据条约有效性解释原则以及中国入世前后欧盟官方态度也可证明第十五条是 WTO 一般规则的例外。首先,《议定书》第十五条规定了关于确定补贴和倾销时价格的可比性问题,该条的来源可以追溯到 1992 年的多边谈判文件《关于中国议定书及工作组报告有关内容的初步综合问题单》,该文件明确说明了:在对中国发起的反倾销调查过程中,应当对涉及倾销的中国产品给予特殊的过渡性规定。1995 年 11 月,美国发表的关于中国的入世文件第一次提出在中国入世后要继续对其使用"替代国"做法。随后遭到中国的明确拒绝。在此之后,中美之间就该条款进行了多年的谈判,直到 2000 年 6 月才形成议定书草案,其中中美双方就"替代国"做法最终达成一致。① 随后,才形成了今天的《议定书》的第十五条。而在中国入世前夕,欧盟理事会在 2001 年 10 月 9 日也通过了支持加入中国的决定,欧委会在该决定的提案中也对《议定书》第十五条进行了解读,在提案的概要性说明中表述为:"最终,在中国的入世议定书里确定了关于专门应对来自中国的进口商品适用贸易防御工具(反倾销,反补贴,保障措施)的关键性条款。考虑到中国经济正在转型,会在一定的时期内适用这些偏离 WTO 一般规则的例外规则,使 WTO 成员对于来自中国货物有害的涌入(无论是因其

---

① 彭俊,刘豪. 中国《议定书》第一十五条的法律争议分析[J]. 中国律师,2017(1):71-74.

量大或价低)保持比常态下更严密的控制。"①综合上述历史资料,欧盟和美国忽视当初谈判结果,提出的关于《议定书》第十五条与 WTO 一般规则具有一致性的解释,显然违反了条约的有效性解释原则。

综上所述,从 WTO 规则的用语,结构设计,与《议定书》第十五条内容的比较,以及结合条约解释规则来看,《议定书》第一十五条都应当是 WTO 一般规则的例外。

(二)第一十五条到期后法律效果——"替代国"做法的终止

如前面分析,关于第十五条有关条款到期后的法律效果,有很多争论。要明晰相关款项到期后的法律效果,需要结合 WTO 争端解决机构使用的条约解释规则——《维也纳条约法公约》,从相关条款文意、上下文、目的和宗旨等角度来对其进行解释。

首先,根据文意解释的规则来解释第十五条 a 款的序言。第十五条序言中写道:"WTO 进口成员应依据下列规则,使用接受调查产业的中国价格或成本,或者使用不依据与中国国内价格或成本进行严格比较的方法。"在对该序言解释时,有论点提出:首先,序言中的"应当(shall)"是公认的创设权利与义务用语。其次,序言虽然明确规定"依据下列规则",但是"依据"不等于"严格适用"。因此调查当局基于序言的授权便可继续使用"替代国"做法。而根据《布莱克法律词典》,"依据(basis)"的含义为"基本原则"。同时,第十五条 a 款(i)项和(ii)项分别确定了在不同条件下应当使用或可以不使用调查产业的中国国内价格或成本进行严格比较的规则。这两条规则的表述与序言表述完全一致,因此,a 款序言确定了调查当局在对中国发起反倾销调查时应严格以(i)项和(ii)项确定的基本规则为依据,不得背离。而"应当(shall)"虽然是授权性表述,但是应当从条文整体来解释。序言的表述为"应当依据下列规则",此处"应当"是修饰"依据下列规则"。因此,从整体来看,序言中的"应当"是在一定条件下的授权,该条件即(i)项和(ii)项确定的情形。所以,从文意解释的结果来看,即使 a 款(ii)到期以后,a 款序言也不得成为调查机关继续使用"替代国"做法的法律依据。这一结论在欧盟"紧固案"上诉机构报告中也能得到证实:"既然第十五条 d 款规定了第十五条 a 款效力的终止……这两条都是有关正常价值认定的专门规定。换句话说,第十五条 a 款规定了对中国产品反倾销过程中认定其正常价值的例外规则,第十五条 d 款则反过来规定这些例外规则将在 2016 年失效,并规定了某些可能导致早于 2016 年失效的条件。"可见,上诉机构在报告中也表示,a 款(ii)项在 d 款规定的条件成就后,会使得整个 a 款关于例外规则即"替代国"做法的规定失效。

其次,从体系解释的角度来看,在 WTO 规则中,目前只有《关贸总协定》第六条第一款补充规定和《议定书》第十五条规定了在反倾销调查过程中"替代国"做法的使用。正如注释明确规定了"替代国"做法的使用条件是国内市场贸易和价格均完全由国家垄断,第一十五条关于"替代国"做法的使用条件应当是 a 款(ii)项规定的内容。同时,第十五条 a 款(ii)项作为中国入世权利减损的承诺,还规定了到期时间即中国入世后 15 年后。因此,过渡期满后,a 款(ii)项失去效力,则依据第十五条使用"替代国"做法的条件不存在,所以调查当局无法再启动第十五条规定的"替代国"做法。

---

① European Council. Proposal for a Council Decision Establishing the Community Position within the Ministerial Conference Set up by the Agreement Establishing the World Trade Organization on the accession of the People's Republic of China to the World Trade Organization[R]. Official Journal,2002-02-26(0314-0315).

综合以上的解释和分析,可以得出结论:第十五条到期后,WTO 成员应当给予中国 WTO 规则下的一般待遇,终止继续使用"替代国"做法。

（三）结果预判

目前该案尚处于审理阶段,正式的专家组报告尚未形成。结合该案的争议焦点和上述分析,关于中方停止使用"替代国"做法的诉求,应该会得到 WTO 专家组和上诉机构的支持。

五、结　语

本文首先从中国市场经济地位问题的背景出发,分析了中国市场经济地位问题产生的原因。归纳了中国和欧美在该案中的争议焦点——中国市场经济地位与《议定书》第十五条的关系和第十五条有关款项到期后,"替代国"做法是否能够继续使用。

从第十五条条款整体以及 WTO 一般规则来看,第十五条仅仅规定了对中国进行反倾销调查时可采用的"替代国"做法,并未规定中国市场经济地位的问题。因此《议定书》第十五条与中国市场经济地位挂钩实际上是一种不合理的解读。同时,在此基础上,结合条约解释规则,有关历史资料分析可以得出《议定书》第一十五条与 WTO 一般规则是例外关系,有关款项到期后,其他 WTO 成员不得再继续沿用"替代国"做法。

即使中国在该案中的诉求得到 WTO 争端解决机构的支持,中国国际贸易面临的形势依旧较为严峻,积极争取中国的市场经济地位,得到其他国家承认,才是解决问题的根本方法。首先要明确目前世界并没有统一的市场经济判断标准。[1] 而国企问题目前是欧盟、美国等国家和地区对我国市场经济发展过程中抵制和批评最集中的领域,也是全球新一轮经贸规则博弈过程中重点关注的问题。经过多年的社会主义改革,中国的社会主义市场经济状况已经基本满足欧美的判断标准,而国企的存在和相关问题并非中国的特有情形,并具有相当的合理性。要想促进世界其他国家对中国国有企业现状合理性的认知,承认中国的市场经济地位,可以通过贸易投资协定的谈判来突破该困境。依托于中国主导的 RCEP(区域全面经济伙伴关系)协定谈判以及"一带一路"区域合作机制,再加上更为灵活的双边贸易投资协定,将中国的国企问题纳入谈判内容当中,一方面促进世界对中国市场经济地位的认可,另一方面可以使得中国在新一轮经贸规则博弈中积极参与,占据有利地位。

---

① 孙昭.寸土必争的世贸争端[M].北京:产权出版社,2015.

社会认同理论视角下海外中国留学生群体与国家软实力提升

邓祎纯

【摘要】 当下,硬实力不再是衡量一个国家发展状况的唯一指标,于我国而言,提升软实力重要性显著。随着国际传播的语境中新媒体赋予海外中国留学生群体在其各所在国一定的话语权及其群体规模的不断扩大,其在提升国家软实力方面的潜力应该得到挖掘。本文从社会认同理论的视角出发,以日益扩大且具有代表性的海外中国留学生群体为重点研究对象,通过访谈、问卷调查与案例分析探究其对提升中国国家软实力的作用,发现该群体国际传播外部环境大体良好、积极性较高、理性程度待提升,较少以群体为单位定期进行国际传播,国际传播内容选择恰当、渠道多元,建议通过增强海外中国留学生群体对祖国向心力、建设强有力的国际传播载体等方式进一步调动国际传播积极性,提升该群体增强国家软实力方面的有效性,并以此为提升海外华人群体国际传播有效性、积极性提供一些思考和借鉴。

【关键词】 海外中国留学生;软实力;国际传播;国家形象

一、引 言

随着交通、信息技术的高速发展和世界范围内较长时间的大体和平,海外华人(具有中国血统、长期居留海外、获得外国国籍的群体)、海外中国留学生群体不断扩大,在国际社会上所受到的关注与日俱增。无论是华人群体还是海外中国留学生群体,皆是对外展示中国文化与魅力的特殊媒介,作为中国历史文化观念的传承者与海外生活方式体验者,他们时刻经历着中外文化与传统的冲突、碰撞与融合。而在"地球村"预言成真的今天,即使身处国外,海外华人、中国留学生群体与祖国的联系仍有着史无前例的便利,因此,如何恰当引导,使他们"在地传播",更好地向世界传递中国文化,发挥其蕴藏的巨大力量值得关注。

本文以最擅长使用互联网与新媒体技术却鲜少被关注的海外中国留学生群体为重点研究对象,将该群体的社会活动分类为线上部分以及线下部分,验证其在不同的社会活动中对国家软实力的提升作用以及现存的问题。通过音频电话访谈,对分布于不同国家的海外中国留学生展开小范围访谈,了解该群体的基本社会活动构成,以初步假设其进行国际传播的主要场合、渠道、切入点以及进行国际传播的外部环境。其后在对访谈结果进行整理的基础上,分别以海外中国留学生群体、外国民众为调查对象设计关于海外中国留学生群体国际传播及其效果的问卷,两份问卷的数据相互佐证,分别回收有效问卷 150 份、102 份。

作者简介:邓祎纯,1996 年生,浙江温州人,上海外国语大学传播学硕士研究生。

二、概念界定

（一）海外中国留学生群体

海外中国留学生群体通常是指留居外国,参与学习与研究的学生,其中高中、大学本科及以上阶段参与国外学习者数量正在不断扩大,这为本文以之作为重点关注对象提供了理由。较之于拥有华人血统、长期生活在海外的华人群体,海外中国留学生群体与祖国联系更为密切。其一方面具有中国历史文化观念,并在义务教育阶段接受本国传统文化、爱国主义的熏陶,对本国的认同感与民族自豪感更为强烈;另一方面海外生活经历使之能够亲身体验外国文化与社会,这两点使其成为最需要、也是最能够克服文化差异与偏见的海外力量,成为最乐意进行本国信息对外传播与软实力提升的主力军。

（二）社会认同理论

社会认同理论主要讲述群体与个人的关系,以及群体身份带来的影响,指出群体成员之间不需要相互面识和经常面对面聚集,群体身份的建立是在认知层面而非情感层面,群体身份被认为至关重要,这不是一个简单的归类,而是直接关系到一个人是谁[①],这一理论运用于海外中国留学生这一群体格外恰当。海外中国人正是一种群体身份,"这种身份并非时刻发生作用,而是由特定的情境激活,一旦被激活,群体成员会按照群体规范行事[②]",而情境不仅包括时间,更有特定事件、人群接触。

三、海外中国留学生群体提升国家软实力的影响因素

就群体内部而言,海外中国留学生群体的积极性、组织性以及群体进行国际传播时的理性程度会影响其作用的发挥,就群体外部而言,外国民众对中国的看法、态度、兴趣会影响其为提升国家软实力而对外介绍中国时的积极性、渠道和内容的选择,因此,通过了解目前海外中国留学生群体提升国家软实力的外部环境、群体积极性、理性程度以及组织性,我们能初步了解海外中国留学生群体是否愿意、是否能够良好地进行提升国家软实力的活动,确认其是否能作为提升国家软实力的重要载体。

（一）外部环境以及海外中国留学生群体积极性

外国民众对中国的兴趣和关注有利于海外中国留学生群体积极对外介绍中国,而同样,海外中国留学生群体对外的积极介绍,无疑会增强外国民众对中国的了解和兴趣,可见,海外中国留学生群体国际传播的外部环境和其对外介绍中国的积极性呈正相关关系(见图1)。

图 1　海外中国留学生群体国际传播积极性与外部环境关系

样本中接近半数(44.67%)的海外中国留学生认为留学期间浏览海外网站时看见的对

---

① Severin W J,Tankard J W. Communication Theories：Origins，Methods and Uses in the Mass Media[M]. Boston：Addison Wesley Longman Inc. ，2000：167.

② Severin W J,Tankard J W. Communication Theories：Origins，Methods and Uses in the Mass Media[M]. Boston：Addison Wesley Longman Inc. ，2000：168.

于祖国的评价正面居多,84.57%的答卷者所在学校有对于中国传统文化的关注或是对传统节日的庆祝活动,此外,97.06%外国答卷者对中国感兴趣,外国民众对了解中国的态度是海外华人、中国留学生群体国际传播外部环境进一步的验证,也是更为直观的验证。

综上,海外中国留学生群体国际传播环境良好,外国民众对中国大多持正面态度并较感兴趣,这有利于该群体对外介绍中国并得到良好反馈与互动。

84%答卷者在海外留学期间曾向海外民众介绍本国,总体而言国际传播积极性较强。多数答卷者对于出国留学抱有大体正面积极的动机,学习知识与文化的目标能令该群体更好地融入所在国,克服文化差异。良好的国际传播外部环境与提升国家软实力的积极性,为海外中国留学生群体在提升国家软实力方面发挥作用,起正面推动力量。

(二)海外中国留学生群体组织性

群体活动较之于个人活动往往能获得更大的社会影响力和传播效果,群体形式的对外介绍活动不仅利于扩大海外中国留学生群体国际传播的对象群体,且有利于引起当地媒体的关注,使群体活动中传递的信息获得裂变传播的机会。

对于生活在时空局限性下的该群体,微博、脸书等国内外社交媒体成为其保持联络与组织性的重要渠道。访谈表明海外中国留学生群体组织性较强,但其群体组织在国际传播上所起作用尚不明确。仅46.67%海外中国留学生加入所在国、校内海外中国人、海外华人社团或组织,可见,该群体在组织性方面提升空间较大。

综上,该群体初具组织性,组织涉及线上线下,但覆盖范围有待提升,且未充分以群体形式有组织地进行对外介绍祖国、宣传活动。

(三)海外中国留学生群体国际传播理性程度

在海外中国留学生群体为提升国家软实力而进行国际传播的过程中,理性与否将影响其对国家软实力的影响是正面或是负面。

多数海外中国留学生在维护本国形象上较为理性,并且有较强的积极性,但是,仍有少部分海外中国留学生理性程度较低,部分积极性较弱(见图2)。

较强的积极性有利于海外中国留学生群体踊跃投身对国家软实力的提升,但在这个过程中,采取正确、理性的方式十分必要。

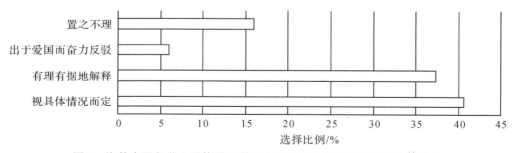

图2　海外中国留学生群体对不利于本国的言论和新闻报道采取的行动

四、海外中国留学生群体提升国家软实力方面的优势

海外中国留学生群体在提升国家软实力方面积极性强、行为较为理性,确能作为国家软实力提升的一个载体。

基于此,下文着重分析优势并为扬长补短提出建议。

(一)人数众多,分布广泛

截至 2017 年,中国出国留学人数已达 60.84 万人[①],数据显示 84.31% 的外国答卷者表示身边有海外中国留学生,表明该群体在海外基数大、分布广,且已为国际社会所注意。越庞大、有存在感的群体国际传播影响力越卓越,在提升国家软实力方面可能发挥积极作用的人数更多,因此,这是海外中国留学生群体在提升国家软实力方面的优势之一。

(二)认同群体身份,责任感强

82.67% 的答卷者认为自己在国外代表着中国国家形象,论证了社会认同理论在其身上的应用——对离开祖国的海外中国留学生群体而言,国家概念更为鲜明,它是自身归属感、群体身份感的来源,当其离开本国时,中国人这一群体身份被国外情境激活,作出与群体身份相符的行为。但同时,仍有 17.33% 的答卷者不认为自己在海外代表国家形象,如图 3 所示。

不这么认为
17.33%

是的
82.67%

图 3　海外中国留学生群体是否认为自己在国外代表中国国家形象

(三)就地传播,言行举止共同塑造中国魅力

较之于国内民众而言,海外中国留学生群体能够面对面接触外国民众,而面对面的就地人际传播不仅能使得个人作为"媒体"为中国发声,且在这个过程中,其个人行为举止,都生动地塑造着国人的形象,这使得就地传播能够更直观、更全面地展现中国魅力。

(四)传播渠道大体符合外国民众偏好

通过向海外中国留学生群体和外国民众分别发放问卷,对比前者对外介绍中国时的渠道选择与偏好和后者获取关于中国的信息的选择和偏好,发现海外中国留学生群体由于拥有国外生活的经历,对当地文化和人们的思考习惯有所了解,在传播渠道上大体符合外国民众偏好。

从图 4 至图 6 中可见,网络论坛与社交媒体是海外中国留学生群体最愿意尝试的传播渠道,且收效良好,而日常生活中的社会活动尝试的人数次之,但同样效果明显,校内社团活动或课堂渠道尝试者较少,收效较小或是未能得到合适的发挥与运用。

综上,海外中国留学生群体倾向于通过网络论坛、社交媒体以及日常生活中的社会活动进行对中国的介绍,基本符合外国民众了解中国的渠道选择,合理性良好。但同时,该群体未能对外国民众青睐的"通过与中国传统或文化有关的活动了解中国"予以足够的重视。可见,线上的介绍和交流固然意义重大,线下的活动也不可忽视,应增加与中国传统或文化有关的活动的组织和开办。

---

①　赵晓霞.留学为我带来了什么?〔N〕.人民日报(海外版),2018-04-06(9).

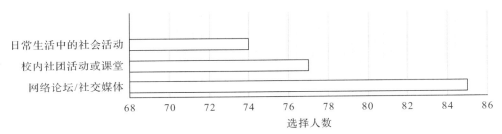

图 4　海外中国留学生群体对外介绍中国的渠道选择

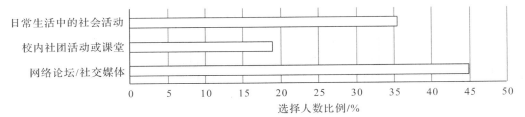

图 5　海外中国留学生群体认知中对外介绍中国的最有效渠道

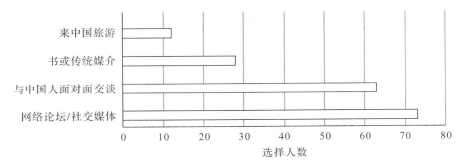

图 6　外国民众通常通过哪些渠道了解中国

（五）传播内容符合外国民众兴趣

海外中国留学生群体较之于国内民众更了解外国民众的思维方式和理解习惯以及对中国的兴趣所在。数据显示,其通常向海外民众介绍本国的传统习俗以及语言、文化、艺术,次之为经济发展、美食、景点风光、时事(见图7)。

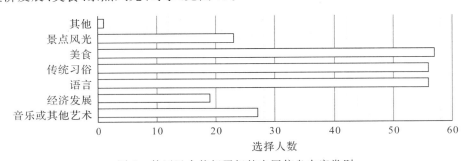

图 7　外国民众偏好了解的中国信息内容类别

外国答卷者对中国的美食(小吃)、传统习俗以及语言最感兴趣,次之为华语音乐以及其他艺术形式、景点风光、经济发展状况。在最令答卷者印象深刻的了解中国的经历中,中华美食,传统习俗与节日,和海外中国人、华人朋友的接触以及其对中国的介绍出现频次最高,再次表明"在地传播"的不可替代性,提示了未来海外中国留学生群体、海外华人群体进行国际传播的突破口。

综上,海外中国留学生群体能够巧妙地选择不易产生误解且为外国民众所感兴趣的内容展开对中国的介绍,合理性较强。文化折扣低的内容更为外国人所感兴趣,而掌握他们的兴趣所在有利于祖国在对海外中国留学生群体国际传播进行引导时"借题发挥"。而由于富有影响力的海外华人自媒体缺乏,官方传播内容丰富性不足,可在海外大型社交媒体上官方创办账号或频道,并接收海外中国人、华人群体的视频、图文投稿,一方面为其介绍中国提供了更为有影响力的平台载体,同时有利于汇聚分散的力量,另一方面有利于扩大国内官方媒体的海外影响力、号召力。

五、海外中国留学生群体提升国家软实力的方式

(一)线下活动

访谈表明,多数海外中国留学生将大多数时间用于课业,并倾向于在学校里、图书馆里度过时间,仅有周末、课余用于休闲娱乐。课堂、超市、街道是他们和外国人接触的主要场合。在校内,中国留学生和外国学生同堂上课,但更倾向于首先与母国同学交往、联络、建立社会关系。

综上,海外中国留学生群体的线下活动主要是生活、学习、娱乐三个部分,而在这三个环节的线下活动中,生活与学习成为他们最容易接触到外国人的部分。

数据显示,多位受访者表现出线下对外介绍中国的积极性,传统习俗是海外中国留学生介绍本国时最常见的切入点,而传统习俗最为集中展示的时间通常为传统节日期间。对于海外民众而言,对中国传统节日的庆祝不仅是体验中国文化的丰富多彩的一种方式,也是表达对中国友好的一种方式。84.67%的答卷者校内有对于中国传统文化的关注或传统节日的庆祝活动,而这也成为海外中国留学生群体对外介绍中国传统与文化的最佳契机之一。

节日使得就地传播和面对面交流相结合,创造中国留学生介绍中国文化与特色、展示中国的发展状况、通过自己的言行举止展示国人素质礼仪与中国国家形象的契机,让外国民众不需要亲自赴中就能体验中国的魅力,增进其对中国的兴趣和喜爱,而有组织的对外传播活动又能进一步增进海外中国留学生群体的组织性,增强群体内部凝聚力。

(二)线上活动

海外中国留学生群体的线上活动主要分为两个部分——国内网站浏览与社交媒体使用,国外网站浏览与社交媒体使用。微信等社交媒体使之与国内的亲友保持即时的联系,国内社交媒体则为他们提供了一个在全球信息网上搭建一张更小的联络网的机会。对国内网站的浏览使之了解国内大事,保持对本国的热爱和传统传承,避免其对本国的社会生活感到陌生与遥远。

而其国外网站浏览与社交媒体使用目的包括两方面:建立新社会关系、融入当地、学习所在国语言;关注本国发展、维持与本国的联系、维护国家形象。

综上,线上的海外中国留学生群体与提升国家软实力相关的国际传播活动大致包括:对外媒涉华新闻的评论转发、对海外华文媒体活动的支持、通过新媒体渠道发表介绍中国的内容等方面,以下选择案例进行分析。

对官方宣传活动的助力:海外华文媒体无论是在数量、关注量方面均成绩优异,近年来,官方宣传片如《中国一分钟》等海外投放频率较高、反响大。海外中国人、华人群体在提升官媒海外传播影响力方面起到了较大作用,以下以《辉煌中国》第一集在 YouTube(油管)上的评论为例,选取热度排名靠前的 250 条评论为样本进行内容分类分析,发现对视频进行支持的主力来源正是海外中国留学生群体,如 A 某表示"走出中国才知道中国多么强大",可见在对官方宣传的支持过程中,海外中国留学生群体也增强了自己爱国的信念和报效祖国的使命感,足见其国际传播积极性与官媒海外国际传播强度存在一定的相互促进性。

反驳中国"威胁"论,消除外国民众的误解。此处仍以 YouTube 为案例来源以避免平台差异导致的干扰,不同于《辉煌中国》发布来源的国内官方媒体性质,You know nothing about China 是典型自媒体账号。在其发布的一部介绍中国和平发展理念的纪录片的评论区有许多来自海外批评与指责的声音,一些不友好言论甚至宣扬着中国"威胁"论的说法,对于这些误解与刻意曲解,许多海外中国留学生进行了对祖国形象的捍卫与对中国"威胁"论的反驳、对中国发展之路的解释。如一位外国网友在评论中提到中国的发展将会取代欧洲的地位,一位求学英国的海外中国留学生回应道:中国更注重的其实是提高国民的幸福感而非霸权主义。但是,我们仍可以看见部分海外中国留学生群体在跨文化交流过程中面对误解和偏见欠缺理性,以不良言论抨击外国民众的行为,而更有部分个体群体身份感未被激活,出于搞怪、发泄等缘由,其发布的一些讽刺性的话语可能加剧外国民众的误解,不利于国家爱好和平形象的塑造,对国家软实力将产生不良影响,如前文所述,该群体国际传播言行的理性程度仍有提升空间。

六、海外中国留学生群体对于提升国家软实力的效果

(一)海外中国留学生群体视角下自身对提升国家软实力的作用

当海外中国留学生群体对外进行对中国的介绍并获得较佳反响,他们倾向于认为自己努力按照所属群体的规范行事且效果不错,这会促使其为群体做贡献,提升他们维护本国形象、对外介绍的积极性(见图 8)。

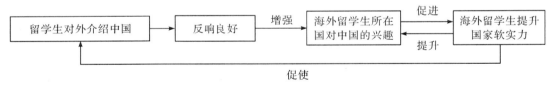

图 8　海外中国留学生群体对外介绍中国所获反响与其提升国家软实力积极性的关系

本文通过海外中国留学生群体对外国民众了解中国造成的影响来反映其在提升国家软实力上所起的作用。超过半数海外中国留学生认为对本国的介绍增进了对方对中国的了解,此外,部分海外中国留学生认为解开了对方对中国的误解、增进了对方对中国的喜爱,仅5.51% 答卷者表示自己对本国的介绍未能得到对方的回应或被反驳。

(二)外国民众眼中海外中国留学生在其了解中国过程中扮演的角色

超过 80% 的民众认为海外中国留学生群体对其了解中国至少起一些作用。其中,有87.21% 外国民众认为留学生对中国的介绍能够对自己发挥作用:其中 29.07% 的答卷者认为海外中国留学生群体的介绍使他们对中国更感兴趣,而 24.42% 的答卷者认为海外中国留

学生群体的介绍帮助他们消除了对中国的误解,18.6%的答卷者认为使得他们更了解中国,15.12%的答卷者认为使得他们更喜爱中国。

可见,海外中国留学生群体在国际传播、提升国家软实力、维护本国形象方面的确有不小作用,同时,提升空间仍然较大。

七、结论与建议

随着中国热的不断升温,以及国家官方媒体、民间新媒体自媒体的积极对外宣传介绍,海外中国留学生、海外华人群体进行国际传播时受阻较小,外部环境大体良好。但超过半数的海外中国留学生未参与海外中国人(留学生)组织,这不利于国外情境充分激发其爱国热情与群体身份感,且大多海外中国留学生组织以内部联系与团结为主要目标,在对外群体性地介绍本国方向有所欠缺。但是,海外中国留学生群体身份感强,提升国家软实力积极性较高,其中极少数由于缺乏积极性或未能找到恰当时机或身边缺乏听众,未能在此方面发挥作用,需要合理引导以提升其国际传播的积极性与技巧。总之,该群体得天独厚的跨文化传播优势难以忽视,其对海外民众兴趣点所在把握基本准确,传统习俗、美食等文化折扣小而贴近民众生活的内容才能够在民间层面让中国真正走向世界。

综上,海外中国留学生群体在提升国家软实力、建设本国形象方面确有特殊优势。其对外介绍中国渠道多元,线上线下的传播活动中,该群体都发挥重要作用,渠道多元,效果良好,但线上言行理性程度有待提升,在海外网络中存在着该群体内部不团结、以不当言论维护中国或抨击他国民众的行为,不利于国家爱好和平形象的塑造,对国家软实力将产生不良影响。此外,部分海外中国留学生在对外介绍方面不擅长或不积极,则又提示我们以合理的方式对其介绍中国的方式加以引导。

为进一步发挥海外力量在提升国家软实力进程中的特殊优势,适当破除其在国际传播过程中受到的阻碍,提出以下几点建议。

(一)密切与海外中国留学生、海外华人群体的联系,进一步增强其对祖国的向心力

利用新媒体技术与平台,与散落海外各地的海外中国留学生、海外华人群体保持密切的联络与互动,低成本提升其对华的向心力。线上与线下互动相结合,组织适当的慰问活动(如疫情之下为留学生发放防疫"健康包"的活动),官方引导下建立的海外中国留学生社团、海外华人协会,使得海外国际传播的有生力量和祖国"同呼吸",提升其国际传播的积极性、群体内部组织性。

(二)恰当引导,官民合作,提升海外中国留学生、华人群体国际传播理性程度

在如何以恰当的方式进行对外介绍与国家形象维护这一点上,来自国际传播专家相关的讲座能使得海外华人得到适当的帮助和引导。

同时,近年来国内官方媒体进驻国外大型网站与社交媒体并作出国际传播的有益尝试,如果能够得到海外中国留学生、华人群体更广泛的支持(转发、评论等)将有更佳成效,应该建立一定激励机制,促进互动,鼓励更多海外中国留学生、海外华人对海外国际传播的形式、内容提出建议,形成官方宣传、民间支持,民间建议、官方改进的良性互动机制。

(三)建设有力海外华文新媒体,鼓励海外国际传播力量形成"人人都是媒体"氛围

诸如 You know nothing about China 这样的优秀海外自媒体频道,以中英字幕克服语言障碍,以视频形式通过影像降低文化折扣。这样的成功经验提示我们自媒体形式在移动

媒体时代能为提升软实力发挥作用。因此,可为海外中国留学生、华人群体中建设自媒体、获得一定反响、达到一定规模者提供奖励与表彰,间接提升该群体在新媒体时代的线上影响力。此外,我国目前缺乏"独立自主"的强有力的国际传播渠道,如借助海外中国留学生群体、华人群体,扩大微信海外版、微博国际版的影响力,不仅能够侧面展示中国文化发展之迅速,且能循序渐进地提升国内社交媒体软件的海外影响力与使用范围,为国际传播提供强有力的平台载体。

（四）提升群体组织性,鼓励以群体形式开展海外国际传播活动

许多海外中国留学生认为自己势单力薄效果不佳或未能找到恰当时机,团体形式开展的海外国际传播活动能中和个体不同的特长、个性,发挥其各自的长处,且能通过规模性引起当地社会、所在国更多的关注,利于获取当地媒体的关注、新闻报道,达到裂变传播的效果。

（五）找准提升软实力的突破口,弥补部分传播错位

外国民众对祖国兴趣所在和海外中国留学生群体选择的主要介绍方面仍存在一些偏差,应进一步找准传播对象的需求,有针对地展开传播。考虑到在语言、思维模式、叙事方式上的不同,在传播、交流过程中不仅需要重视双方文化差异,更要注意如何讲好中国故事,与国际接轨的叙事和引人入胜的内容缺一不可。

（六）积极组织海外中国留学生群体线下传播活动

在提升国家软实力的多种渠道中,网络成为大多数海外中国留学生的选择,而线下活动由于需要一定的成本、精力、时间和组织性,未能得到积极运用和开展。

其实,汉服游行、春节庆祝等活动不仅能展示中国文化与传统的魅力,且能通过海外中国留学生群体的言行举止、待客之道表明中国爱好和平的态度。此外,官方媒体或政府可对分布各国的中国留学生、海外华人群体提出倡议,提供主题征集活动,进行世界范围、各洲范围的中国传统、文化、美食、习俗宣传和交流活动,为相关活动筹集（众筹或国家拨款）经费。

中美贸易战对浙江制造业供应链的影响与应对策略

黄伟锋

当前,浙江经济发展的外部环境发生了明显变化,浙江经济一向以领先开放为特征,外向型程度非常高,正在发生的中美贸易战已经或即将对浙江制造业产生极大的冲击,对浙江制造业供应链的影响巨大,需要我们认真研判,积极应对。

一、中美贸易战对浙江制造业供应链的影响

(一)浙江受中美贸易战影响居于前列

浙江开放经济走在前列,大量中小企业与美国企业有往来,据杭州海关统计,2017 年,浙江省对美国进出口额为 4197.6 亿元,几乎占到全国十分之一。从美国第一轮对中国 500 亿美元和第二轮 2000 亿美元的加税项目分析,出口损失较大的省市基本上是东部沿海省市,排名前五的分别是广东、江苏、浙江、上海和山东。倘若进一步考虑用出口损失占 GDP 比重来衡量清单对各省市的经济冲击大小,前五个省市分别是浙江(1.56%)、江苏(1.09%)、上海(0.87%)、山东(0.73%)、广东(0.40%)。可以预见的是,未来中美贸易战战火大概率是有加码的可能,浙江外贸面临压力,因此在当下需要认真研判,评估中美贸易战对浙江产业的影响,积极应对。

从 2019 年 3 月起,中美贸易摩擦持续发酵,对双边经贸都产生了相应影响。2019 年 1—5 月浙江出口增长从 1 季度的 9.3% 回落至 5.9%,同比增速下降 7.7 个百分点,同期出口交货值回落至 4%。据省商务厅估算,"301 调查清单"涉及浙江机械和电子设备、电子和电气产品、塑料机器初级产品等 14 类 820 余种,占全省出口的 2.3%。当时预计下半年出口对经济回升的支撑力度或弱于上半年。

美国第二轮关税清单可能会对中国的劳动力就业市场造成一定的压力。按照不同的贸易类型来看,一般贸易的出口损失超过 50%,加工贸易的出口损失占 27% 左右。一般贸易中国的附加值相对比较高,而且集中在劳动力密集型的传统行业。加工贸易虽然中国的附加值比较低,但却是紧密联系的全球生产链的一部分,美国的新关税清单将严重扰乱全球生产链的布局,给在中国的企业特别是跨国公司的投资和雇工带来不确定性,跨国公司可能被迫考虑搬出中国到东南亚其他发展中国家发展,因此对中国的就业造成不利影响。

作者简介:黄伟锋,男,汉族,1963 年 3 月生,浙江工业大学法学院国际法学科副教授,研究方向为国际经济法、国际法。社会职务:致公党浙江省委员会委员、致公党省委会监督委员主任、致公党浙工大委员会副主委、浙江省检察院特约检察员、浙江工业大学纪委特邀监察员;浙江省国际经济法研究会常务理事、浙江省当代国际问题研究会理事。

（二）对浙江高端制造业技术创新形成阻滞

美国 7 月 6 日实施的 818 项商品均来自此前公布的清单，其余 284 项商品为新增条目经过公众听证后实施。新清单增加了电机、电气设备和塑料等行业的产品，剔除了核反应堆、锅炉、机械器具、光学外科用仪器等行业的部分产品，主要针对的是中国的高端制造业，中国受损严重的主要是高端制造业，机械设备类（HS 两位码 84－90）的出口损失约为 144 亿美元。浙江电机一类的产品受影响比较大，如卧龙集团的机电产品在美国第一轮对中国加关税项目中，受损在四千万美元左右。

中国的技术追赶引发美国恐慌，或许是美国对华贸易战的主要根源，高新技术行业成为本轮中美贸易战的主战场。《中国制造 2025》中列出的十大重点领域：新一代信息技术产业、高档数控机床和机器人、航空航天装备、海洋工程装备及高技术船舶、先进轨道交通装备、节能与新能源汽车、电力装备、农机装备、新材料、生物医药及高性能医疗器械，成为中美贸易摩擦事故的高发地。

根据美国 2017 年自中国进口数据统计，第二轮清单中电机、电气设备和机械器具两个行业从中国进口约 900 亿美元，所占比重约 45%，因此，中国的高端制造业是美国打击的主要目标。中国出口损失最严重的五大行业中，电机电气设备和机械器具两个行业居前二，出口损失额之和约占总出口损失的 35%。

从技术阻断看，浙江高新技术"干中学"通道或被阻断，一般而言，进口及利用外资是发展中经济体实现技术追赶的重要途径之一，美国以知识产权保护为由限制外资对华技术外溢效应。改革开放以来，浙江企业积极寻求通过技术、管理和组织创新实现产业升级进而提升在国际产业分工中的地位，不仅存在现实必要性而且存在现实可能性，学习、创新和升级的微观主体是企业，无论他们是集群企业还是非集群企业，从外部获取知识并将其转化为企业的实际能力都是企业获得竞争优势的主要途径，美国是浙江企业获得高新技术"干中学"的主要通道。

（三）对浙江传统产业升级形成冲击

在中美第一轮贸易战中，美国打击的主要是中国钢铁和铝产品的出口，中国打击的主要是美国的农产品，双方的清单中都没有涉及纺织行业等传统产业。但是在第二轮中，双方所发布的清单均出现了纺织行业相关产品。在美国 7 月公布的 2000 亿美元增税清单中，中国的纺织服装产品首当其冲，在美方建议的 6031 个征税税号中，与纺织服装产品税号相关的达 1000 余个，约占增税清单的六分之一。受新增关税影响，而且现在很多美国工厂也正处于观望时期，不会轻易下单。美国第二轮 2000 亿美元的产品清单不仅仅涵盖了电机电气设备和机械器具等高端制造业行业，很多低端制造业产品（如棉花、纸板纸浆、木制品等）和消费品（如食品、纺织品、家具）也位列其中。如果贸易战继续升级，纺织行业或将在下半年受到一定影响。

美国商务部数据显示，2018 年 1－2 月，前四大对美国纺织品服装出口国为中国、越南、印度、孟加拉国，占比分别为 35.8%、10.9%、6.9%、5%。目前中国仍占有绝对优势，越南作为美国第二大纺织品服装进口市场，因其产业配套相对完善、生产成本低、劳动力充裕等，最有可能承接订单转移。中美贸易摩擦将使越南占据有利条件，抢夺中国出口到美国的纺织品服装订单，这对处于产业升级的中国纺织品服装企业来说是严峻挑战，浙江受到的影响特别大。

（四）对浙江制造业全球供应链重构产生预期

如果中美贸易战持续下去，跨国公司供应链就会重构，虽然跨国公司与供应商的合作往往会经过漫长的磨合，更换供应商的成本将会让跨国公司不堪重负，但是美国持续加大压力会使他们考虑供应链的重构。这对近年来大量进入这种供应链的浙江企业来说，是个严重的问题。在全球经济一体化的今天，众多出口产品正是全球产业链合作的结果，中美贸易战将对全球供应链的格局产生深远影响，加征关税后，将很可能导致整个产业链条上的所有利益相关者受到损害。这其中也包括在中国营商的美国企业。美国对中国 2000 亿美元商品加征关税 10％于 2019 年 9 月 24 日生效，这里，特朗普留了一个"尾巴"——宣称在 2020 年 1 月会对这 2000 亿美元商品的关税增加到 25％，就是为受加征关税影响的美国企业转移供应产业链预留时间。

大国之间的竞争某种意义上也是供应链的竞争。供应链总成本的结构性变革，深刻改变了世界贸易格局。在中美贸易战深化的背景下，新一轮国际产业链重构正在进行，例如，浙江天乐集团经过努力已经进入了国际产业的高端供应链，但是，现在出问题了，宝马等很快会在中国之外找到替代者。在调研中，发现企业担心的中美贸易战最大的后果是供应链断裂，企业断供，出口受阻，改革开放几十年积累起来的浙江制造业国际高端供应链面临重大挑战。重构产业链对区域经济影响至大，对企业构成重大冲击，对企业效益和企业高质量发展构成重大挑战。

（五）对浙江企业"走出去"构成不利影响

美国采取的贸易保护措施不只涉及货物贸易，还将制定新的投资限制条款，用于限制中国投资购买美国公司技术。除了对美货物贸易，浙江以海外并购为主的对美投资也将受到较大影响。对中国企业并购美国企业的限制可能会给浙江产业转型升级带来更长远的影响。据了解，2017 年浙江对美并购项目共 22 个，并购额 6.2 亿美元，占全省并购额的 11.51％，浙江省对美投资并购额占中国对美投资额的比重则达 54.39％。

中美贸易战给世界带来的改变是长期的、负面的，即使贸易战能以最好的结局收场，世界各国仍难以避免损失。浙江有不少企业把到东南亚投资生产和以其为出口基地作为应对，缺乏向美国高端企业并购的勇气，让人感觉有点气馁。

二、应对中美贸易战影响的对策建议

（一）认真研判，积极应对

世界各国的经济往来从来没有如此之紧密，但全球范围内的贸易战风险也从来没有如此之高。贸易战不仅会破坏全球产业链、增加生产成本，更为重要的是，贸易战对创新及技术传播造成巨大伤害。

浙江这次受到的影响很大，特别需要认真研判形势，分析二轮加税项目对浙江产业的影响，及时关注并预测双方的动向，提出大众化的解决办法，给企业提供信心和信息服务；针对出口额大、对浙江经济贡献大的企业，政府应该成立专门研究小组，给这些企业提供"特殊"服务。尤其是中小企业研究力量不足，这样政府就要从整体上考虑制造业的应对措施，提出指导性建议，以多种模式来抵消中美国贸易战中隐藏的潜在不利影响。

需要对反制措施效果进行评估，力争把措施对我国国内生产生活的影响降到最低。需要尽可能减少对我国国内生产、人民生活需要的影响，需要处理好眼前利益和长远利益、风险和机遇、边缘利益与核心利益之间的关系。

(二)坚持开放,做强做大

浙江改革开放 40 多年的成就,是在开放、全球化的状态下达到的,这其中的重要一环是与美欧的经贸往来。从 20 世纪中后期开始,全球经济一体化进程不断加速,浙江企业积极参与国际产业分工并在许多领域中显示出强劲的国际竞争力。在经济全球化的背景下,跨国公司寻求在全球范围内优化其资本与生产要素的最佳组合。所以要坚定不移地推动改革开放,坚定支持经济全球化。企业嵌入全球价值链或者全球生产网络意味着企业和集群获得了国际性知识链接,要引导浙江企业改变单纯以出口为主的发展模式,积极响应国家"一带一路"倡议,通过赴境外设计境外营销公司、境外企业等措施,借助当地资源和劳动力及区域优势谋求新发展。

一方面,浙江企业要积极进行海外投资,在海外建厂规避美国的政策;另外一方面积极开拓新兴市场,尽量实现出口市场的多元化,减少对美国的依赖,积极争取把自己的命运掌握在自己手里。省内各地在这方面已经积极行动,2019 年 1—5 月浙江对"一带一路"沿线国家进出口增长了 11.0%,高出平均增速 2.0 个百分点,从欧盟、日、韩等国家进口也增长较快。

短期内中美贸易冲突对浙江制造业将产生一定的负面影响,今年规模最大的 10 个出口制造业行业全部出现增速回落,但中长期会影响这些行业的治理结构和资本结构,更重要的是有助于全球视野的形成。有的企业进行全球化布局,就是一个规避贸易保护主义风险的应对办法;有的企业在越南、泰国、南非、罗马尼亚和墨西哥都建有工厂,如果特朗普对中国商品加征关税,他们会把相应的订单放在影响小的地方的工厂,海外建厂不仅是为了离客户近一点,节省物流成本,也给打破贸易壁垒增加了一种可能性。

浙江的劳动力密集产业已在全球失去竞争优势而正在艰难地进行产业升级。企业的全球价值链功能升级是一个"两步走"的过程:首先需要嵌入全球价值链获取知识(特别是研发与销售环节的知识)溢出与转移;在此基础上通过开拓国内市场或者新兴市场来培育企业的研发能力与销售能力,进而实现功能升级。

(三)坚持创新,智造引领

要想赢得这场贸易战,唯一的出路是"练好内功",保持经济增长。坚持把增强创新能力摆在首要位置,增强浙江工业升级的动力。要围绕"两化"深度融合需要,力争在一些关键领域,集中突破一批基础共性和核心关键技术,提高浙江省工业基础能力与智能技术、产品和装备水平。坚持把发展智能制造作为战略重点,抓住新一轮产业变革浪潮和信息化发展趋势,探索智能制造生产方式,建立数字化条件下的工业生态体系。浙江要加快产业军民融合步伐,推动国有战略性科研成果向民用市场转化,打造一个比较完整的"中国创新体系",应对跨国企业新培养完整的产业链。浙江制造业应该全面推进全球化战略,大力实施市场化改革,走高质量发展的道路,通过不断地研发创新,使浙江制造产品走在世界的前列。企业自身强大了,就不怕跨国公司的供应链重构。

(四)坚持品质,强质强链

对区域而言,在当前的经济发展中,应对中美贸易战,不仅要招商新构产业链,更要重视在现有优势产业中加固产业链。中美贸易战对工业压力大,企业要主动应对,企业不创新、不改革,不强质强链,就难以走出现在的困境。

坏事可以变成好事,挑战可以转化为机遇,加征 25% 关税后,一些可替代性强的中国商品将不得不退出美国市场,但还有一部分不完全依赖价格优势的中高端产品仍然能够进入。近年来从中国与主要贸易伙伴的出口结构来看,高附加值商品出口增长相当快,占比也在不断提高,有望弥补对美出口损失。此次中美贸易战对建设"品字标"浙江高端制造业产生较大影响,美国通过对国内制造业的减税,以及对原材料和进口产品的增税,实际上改变了全球供应链的成本结构,导致包括中国在内的许多国家总的供应链成本面临上升压力。对中国尤其是外贸大省浙江的企业来说,最核心的应对策略就是通过尽快提升供应链效率,加快库存周期、现金周期,降低供应链总成本。

中美纺织贸易摩擦由来已久,在最艰难的时候也没有阻挡住中国纺织业发展,反而加速中国纺织产业升级。浙江纺织业经历了摆脱低附加值向高附加值发展、摆脱高能耗高污染向低能耗低污染发展、摆脱粗放型向集约型方向发展的历程,通过自主创新、产业升级、优化结构、节能环保、协调发展等手段,实现企业价值不断提升、生命力不断延长。

(五)坚持体制改革,"强身健体"

随着浙江制造业水平提升,出口商品结构不断优化、进口替代产品逐渐增多,为应对贸易摩擦奠定了较好基础。我们可以通过改革开放,"强身健体"。在开放当中允许组织创新,进行体制改革,是我们发展的基本经验,但是从内部看我们现在面临的经济形势是成本在变化,并且核心是体制成本的重新上升。我们的经验已经证明,体制成本下降,经济就会很好地发展;体制成本上升,整个国家、民族就会被拖住。

三、结　语

中美贸易战有倒逼效应,客观上可以通过改革助推浙江经济转型,从浙江以往的经验可以看出,经济形势越困难,浙江发展反而越有亮点,这很大程度上源于体制机制的灵活性和民间经济的长久韧性。可以由"扩张出口"向"提升出口"的策略转型。随着信息技术的发展,供应链已发展到与互联网、物联网深度融合的智能供应链新阶段。智能供应链的创新和应用,将重塑市场经济的血脉和神经,对于促进经济高质量发展、推进供给侧结构性改革,都具有重要意义。加快绿色发展,推动形成低碳循环发展新模式。坚持生态文明建设与工业文明建设相结合,推动工业走绿色、循环、低碳发展之路。我们要用更加开放的方式吸引优质资本。从规模经济到质量经济转变,需要更多优质资本,要做大地方发展平台,营造好环境,留住自己的资本,也吸引外部资本进来。

论法律全球化背景下知识产权制度的趋同化与差异化

——以"混淆可能性"标准的继受路径为视角

马旭霞

【摘要】 当人类社会生活的发展进入由经济全球化带来的一体化时代,国与国之间贸易的边界开始逐渐模糊。随着法律全球化的展开,随之而来的是各国在不同方面法律规制的趋同化(legal convergence)。这种趋同化逐渐从制度的趋同化延伸至法理、法律原则、法哲学等抽象理论的趋同化。虽然趋同化是法律全球化时代的主要趋势,但对国际知识产权制度的继受却在不同国家和区域呈现出不同程度的差异化(legal divergence)。结合法律趋同化的原因及理论,以TRIPs条约中"混淆可能性"标准的继受为切入点,分析TRIPs在中国、美国和欧盟内本土化过程中所产生差异化的程度与原因。

【关键词】 法律趋同化;法律差异化;本土化;"混淆可能性"

一、引 言

全球化进程的推进与加速使其影响力已经渗透到人类生活的方方面面,从经济、政治、文化到法律都受其影响。国际法律规则的统一化催生出调节不同领域的国际条约。各国在加入国际条约后,必须遵循国际条约所规定的义务,并根据相应规则标准对国内立法进行调整。在这样的前提下,国家之间的法律规则在国际法律制度的调节下开始趋于相似。这种由法律国际化带来的法律趋同化,同时又加速并扩大了法律全球化的渗透力。然而,在接受这种统一化法律规则或标准的过程中,各国的不同国情决定了此种趋同化的程度,在本土化过程中,这些国际规则的本土化进程并不是一帆风顺的,有的时候甚至会呈现出反抗(resist)和抵制(reject)的结果。以知识产权保护制度为例,TRIPs条约在发达成员和发展中成员立法和司法实践中继受的路径恰恰反映出法律全球化进程中的趋同化和差异化。

二、法律趋同化理论

法律趋同化的理论主要启蒙于欧洲的融合(European convergence)[1],在 Peter De Cruz 的《变迁世界下的比较法》中,他提到现代英国的法律制度已经开始更积极地在判例法体系

本文原刊发在《新疆师范大学学报》2017 年第 6 期。

作者简介:马旭霞,浙江财经大学法学院讲师,香港城市大学法学博士,研究方向为国际经济法、知识产权法。

下进行成文立法,而大陆法系也逐渐开始更依赖判例法。① 在对欧洲大陆内部法律改革进行仔细调查分析后,Markesinis 指出欧洲大陆在私法领域解决纠纷方式的趋同化原因在于立法者和法院越来越需要共同化的、国际化的标准,而这也毫无疑问说明法律趋同化正在欧洲大陆蔓延开来。② De Groot 也同样观察到该趋势,她进一步指出欧洲国家的法律制度开始逐渐形成一个国与国之间有着极度相同或者统一的法律制度的新法系。③ 这种潜移默化的趋同化进程开始从欧洲逐渐蔓延至全球。

在 Mark Van Hoecke 和 Mark Warrington 所著的《法律文化,法律范式,法律原则:比较法的新模式》一书中,两位学者以欧洲人权公约(European Convention on Human Rights)的订立为例展现了法律趋同在欧洲的渗透程度,欧洲人权公约在欧洲人权法院的适用与解释对欧洲理事会成员国内部统一保护人权的标准和实践产生直接影响。当然,两位学者同样指出,在这种趋同化下仍有差异保留,但是这种差异已经不再是法律模式或范式的差异,而只是趋同化程度的差异,这种差异不直接导致根本性的异化。④ 欧洲法律趋同启蒙了法律趋同理论产生。在现阶段的法律全球化进程中,国际条约的缔结和国际组织从国际层面对成员国法律制度的调节和规范已经进一步促进法律趋同化的扩展,比如 CISG(《联合国国际货物销售合同公约》)和 TRIPs(《与贸易有关的知识产权协定》)将成员之间与贸易有关的商事制度和知识产权保护制度统一化(harmonizing)。

在 Chris Arup 的著作《新世贸组织协定:服务和知识产权相关的法律全球化》一书中,他提到了趋同理论的设想即如果每个国家想要满足来自全球供应商的期待,那么他们应该有相似的规范制度。根据该设想,随着经济全球化影响的扩张,各国之间通过缔结条约和遵守国际条约下的统一的义务使各自内部调整商事或社会生活具体方面的法律规范趋于统一,例如 UNCITRAL(联合国国际贸易法委员会)和 WTO(世贸组织)等国际组织下一系列为了"保证服务和商品全球化自由流通而订立的条约"。⑤

三、趋同理论的法理分析

从学者理论的分析来看,奠基法律趋同化学说的主要哲学理论有四种:公共法理论(Jus Commune)、法律进化理论(legal evolution theory)、人类共性论(nature of human theory)和科技进步所带来的社会同化效应。

① Markesinis B. The Gradual Convergence[M]. Oxford:Oxford University Press,1994:24.
de Groot. "European Education in the 21st Century[M]//de Witte, Forder. The Common Law of Europe and the Future of Legal Education. Netherlands:Kluwer Press,1992:68.
② Hoecke M V,Warrington M. Legal Cultures, Legal Paradigms and Legal Doctrine: towards a New Model for Comparative Law[J]. International and Comparative law Quarterly, 1998, 47(3):56.
③ Sassen S. Territory, Authority, Rights from Medieval to Global Assemblages[M]. Princeton:Princeton University Press, 2007:77.
⑥Ibbetson D J. Common Law and Ius Commune[M]. London:Selden Society Press,2001:34.
④ Sassen S. Territory, Authority, Rights from Medieval to Global Assemblages[M]. Princeton:Princeton University Press, 2007:77.
⑥Ibbetson D J. Common Law and Ius Commune[M]. London:Selden Society Press,2001:34.
⑤ Sassen S. Territory, Authority, Rights from Medieval to Global Assemblages[M]. Princeton:Princeton University Press, 2007:77.
⑥Ibbetson D J. Common Law and Ius Commune[M]. London:Selden Society Press,2001:34.

第一，Jus Commune 一般被大陆法系法官用来指大陆法系一些不变的法律原则，在欧洲大陆法系国家中，其主要是指稳定的法律参照点（a secure point of reference），但在英国的普通法下，其并不被理解为参照点（point of reference）。① 这个理论的建立基础是一个设想，即当世界还没有国家建立之前，只有一个法系来调整整个文明世界，而这个法系就是罗马教廷公共法（Roman-Canonic Jus Commune）。② 然而，这个理论并不是很完善并且伴随很多争议，其中最为代表性的就是 Merryman 和 Clark 的观点。首先他们认为罗马法（jus commune）理论只适用于世界的局部范围内，或者更确切地说只局限于天主教地区，其并不能代表整个世界，而且随着时间推移该理论会被舍弃；其次，他们指出这个理论并不包含欧洲境内不实行罗马教会法的国家，所以其局限性显而易见；同时由于普通法系和大陆法系的差异性，在两种法系中实行统一的法制会减损大陆法系和普通法系两者的利益。③

第二，法律进化理论坚称，文明的发展和制度的变化会不可避免地带来法律的进化。那些法制落后的国家会随着国际市场与国内市场的互动而不得不改变自身落后的法律从而能向国际通行的法律制度和规范看齐。Cruz 教授认为，由于大陆法系的建立早于判例法系，所以其必然存在得以长时间被欧洲大陆作为法律传统而承袭的优势。法律进化论的逻辑就是判例法系会逐渐向大陆法系靠拢，同样的，随着时间的推移，大陆法系中的某些方面也开始被判例法系所影响并逐渐向判例法系靠拢。④ 在这样的假设下，大陆法系和判例法系的分界点也会越来越模糊。随着法律全球化的推进，以美国为首的判例法系国家也开始越来越多地进行成文立法，而大陆法系国家在私法领域也越来越多地依靠法官自由裁量权（discretion）解释相应的规则。⑤ 在该理论的框架下，讨论大陆法系或是英美法系的先进性是无关紧要的。因为任何脱离社会文化还有意识形态背景下的法律进化说都是抽象而没有实践价值的。

第三，人类共性说认为人类都具有共性，这种共性会引领人类建立相似的社会结构、法律和法系。所以不同国家法律制度的多样性会逐渐趋同。然而，Merryman 和 Clark 认为该学说并没有对人类的共性下一个确定的准确的定义，并且其真实内容也不得而知。所以不同的人会有不同的理解，而这种理解的多元化最终会导致不同国家法律制度的多样性。

第四，科技进步所带来的社会同化效应。在该理论中，荷兰经济学家丁伯根指出在相同的国际环境影响下，两种互相对立的制度会相互同化，最终会衍生出"最优秩序"的经济体制。⑥ 马尔库塞在《单向度的人》一书中指明科技的飞快进步所带来的"工具理性"思维打破了科技、人和自然三者之间的平衡，且使多元主义逐渐消退。⑦ 虽然马尔库塞的批判主义思想过于消极，但是间接也支持了趋同化理论的观点。

---

① Cappelletti M，Merryman J，Perillo J M. The Rise of the Jus Commune，Italian Legal System[M]. Stanford：Stanford University Press，1967：102.

② Markesinis B. The Gradual Convergence[M]. Oxford：Oxford University Press，1994：45.

③ Markesinis B. The Gradual Convergence[M]. Oxford：Oxford University Press，1994：89.

④ Dworkin R. Law's Empire[M]. Cambridge：Harvard University Press，1994：78.

⑤ Markesinis B. The Gradual Convergence[M]. Oxford：Oxford University Press，1994：95.

⑥ Watson A. Legal Transplant[M]. Charlottesville：University of Virginia Press，1974：35.

⑦ [美]赫伯特·马尔库塞. 单向度的人——发达工业社会意识形态研究[M]. 上海：世纪出版集团，2008：77.

四、法律趋同的实现路径

根据 Merryman 和 Clark 的分析,在全球化背景下主要有三种方式实现法律趋同化。

第一,法律的统一。法律统一的典型表现就是国际条约的缔结。为了方便贸易和资源的交流,国际组织开始统一规范进而制定普遍适用的规则来调整国际商事和经济活动。这些国际规则有些具有一定制约力,有一些没有制约力。而对于在国际范围有制约力的条约而言,成员必须履行国际规则所规定的义务,须将国际条约中所涵盖的规范转化至国内法中并赋予相应的执行力。从这一层面来看,这些国际条约有着超国家的效力;另一种法律统一的表现就是区域共同法的建立。例如欧盟法,欧亚经济联盟条约(Treaty on the Eurasian Economic Union),其在区域内或联盟内是最高法源,统领成员国国内法。法律的统一会间接影响各国之间的法律结构、制度、程序,并使其逐渐呈现相似的趋势,这种相似趋势最终会延伸至法的适用和法的解释。

第二,法律移植。根据 Alan Watson 的学说,法律移植是法律规则从一个国家的法域转移至另一个国家的法域的过程。[①] 随着经济全球化的推进,世界各国开始不同程度的法治现代化进程。对法治程度较高国家的法律制度的移植造成了很多国家之间在某方面法律制度的趋同。但是 Alan 所指的法律移植是传统意义的法律移植。随着法律全球化的展开,现代意义的法律移植已经不再局限于"水平的"(horizontal)移植,纵向的移植开始在世界范围内普遍展开。Jonathan B. Wiener 指出法律全球化下移植方式侧重于垂直的、跨梯队的(trans-echelon)移植。举一个典型的例子,当代中国的知识产权制度是在外力作用下所形成的。这种外力作用主要来自于西方发达国家在国际贸易互动中产生的知识产权纠纷,同时加入 WTO 后,TRIPs 对成员国的义务的相关规定也进一步催促国内知识产权制度的变革。在不断的贸易互动和法律解释的影响下,国际条约的规则最终会内化成为成员国国内社会生活某一具体方面发展的必要规则,以商标来说,目前中国的商标法的修订基本上是围绕TRIPs 的规定而展开的,但是 TRIPs 的标准过于抽象和概括,因此在这种规定转化为国内立法后需要不断地通过司法实践中的法官解释而具体化。值得注意的是,Jonathan 还提到自下至上的法律移植,即一国的法律制度影响到国际条约的制定。仍然以 TRIPs 为例,纵观 TRIPs 的内容,不难发现很多规则的制定都深受美国及其他发达国家的自身制度的影响。比如,TRIPs 第十六条第一款所提到的判定侵害商标专用权的混淆可能性(likelihood of confusion)标准在 WTO 诞生之前就是美国《兰汉姆法案》中判定商标侵权的最根本标准。由于美国是判例法国家,美国法官已对"混淆可能性"进行了多重的解读,并在不断地解释中形成了体系化的界定方法。美国知识产权保护制度的构建起步很早并建立了相应的立法和司法制度及配套的海关条例,在 TRIPs 建立之前就已经在判定商标侵权的"混淆可能性"方面积累了大量经验,且在判定"混淆可能性"所考量因素的范畴上也远远广于其他成员国。

第三,自然趋同。关于自然趋同,其实质是随着经济社会文明的发展,国与国之间的法律制度自然而然地互相类似。比如,国际交流和贸易的频繁,科技的共享,对全球问题的关注,学术交流,国际共同文化的形成等因素都导致国家与国家之间的共性不断增多,慢慢地

---

① Potter P B. The Chinese Legal System: Globalization and Local Legal Culture[M]. New York: Routledge Press, 2001: 6.

也就形成了趋同的社会文化环境,这种趋同的文化环境又促进了不同法域法律价值取向的相似。

五、法律趋同下的差异性

(一)条约在社会内化的差异性

在知识产权领域,发展中国家对 TRIPs 的继受(reception of TRIPs)并不是直接照搬照抄,而是根据自身条件选择性的继受。以中国的商标制度为例,虽然在加入世贸组织并成为 TRIPs 的成员方后,我国进行了一系列有关知识产权保护的法制改革,但是中国民众对于知识产权保护的认识仍是处于初级阶段。美国作为知识产权强国,在国际知识产权保护与知识产权有关的贸易中掌握极大的话语权。美国在每年都会公布《特殊 301 报告》(Special 301 Report),在该报告中会列出其认为在知识产权保护方面欠缺的国家,中国经常被美国列在观察名单(watch list)之中。但是即使完善了相应立法、司法、行政并加强知识产权保护的力度,中国仍被以美国为首的发达国家抱怨条约遵守问题。中国是知识产权输入国,虽然正在向知识产权输出国转型,但其本身如果短时间内实行对知识产权的高强度保护,会在本土社会产生排斥效应。以早先的山寨问题举例,美国及其他发达国家认为中国的山寨问题是干扰自己国家知识产权战略和国际市场份额的威胁,并以此为基点指责中国知识产权保护的漏洞,但与山寨问题平行出现的是中国本土市场对于奢侈品的巨大需求力,这种巨大的需求力并不与可带动的本土消费能力成正比。此外,与奢侈品行业相关的知识产权保护中的反混淆(anti-confusion)和反淡化(anti-dilution)的制度构建和配套的实施措施在当时还并不完善,同时又由于国内市场对山寨的狂热追捧,令山寨产品的存在变得"合理化"。这种"合理化"也让国外学界对知识产权保护和科技发展成果在公民中正义分配的矛盾予以重视。对知识产权创新程度不高的发展中国家而言,外来科技的涌入很快会刺激本土市场的相应需求,但由于产品高昂的价格使部分阶层的民众无法真正享受到科技发展所带来的技术进步与生活便利。在这种对先进技术的渴望与低消费能力的落差刺激下,山寨产品应运而生,它们的出现正好填补了这种落差。从专利法的角度出发,高端科技产品价格的背后隐含专利权人技术许可的高端许可费,这使得科技发展的益处在民众中无法得到正义的平等的分配,同时也使创新的原动力始终掌握于发达国家手中。因此部分中小型企业只能通过分析与解构(deconstruction)获取先进技术,在此基础上再进行研发和创新。如果采取强硬的知识产权保护标准,不但会打击本土产业的自主创新,也会助长知识产权的消极作用,使国外专利权人在国内市场造成垄断。山寨产品对知识产权人确实造成了一定损害,但这种损害并不会对其依靠专利商标许可的整体获益造成严重的影响,因为两种产品所针对的消费者群体不同,且由于明显的价格差,购买者往往也没有对产品的出处产生混淆。

山寨产品与奢侈品在国内市场的共存间接反映出知识产权法可以促进社会分配正义,这种正义建立在知识产权人需要让渡自己的一部分权利上,且这种让渡仅会对知识产权人依靠智力创造的获益造成微小的损失。依照 TRIPs 的相关规定,山寨产品确实需要规制从而保护知识产权人的利益,但是 TRIPs 却无法根除山寨现象,因为山寨现象的确对削减知识产权制度所带来的不平等有一定作用。在知识产权的保护利益的价值取向方面,各国也呈现出不同的侧重。美国更倾向于保护知识产权的私人利益,在 San Francisco Arts &

Athletics(SFAA)，Inc v. United States Olympic Comm① 一案中，San Francisco Arts & Athletics 计划开展世界"同性恋奥林匹克运动会"(Gay Olympic Games)，并在海报、销售的 T 恤、纽扣和贴纸上运用"Olympic"字样进行宣传。然而 SFAA 将"Olympic"运用于商业用途的行为已经违反了美国《业余体育法案》(Amateur Sports Act)的相关规定，美国奥林匹克委员会有权利予以阻止。美国奥委会确实通过申请法院禁令阻止了 SFAA 对于该词语的运用，该裁定也得到了美国地区、巡回法院和最高法院的支持。虽然 SFAA 辩称美国法院赋予美国奥委会对通用字的专用权的判决属于差别对待且违反了美国宪法第五修正案，但是最高法院并没有将美国奥委会按照政府组织机构进行认定，而只是将其作为非政府的私人组织看待，因此美国宪法第五修正案不适用。在此案中，法院将公共领域的通用字直接以私有财产的形式进行保护，其直接反映出当知识产权私有财产属性和公众表达自由的价值发生冲突时，美国法院对私有财产属性保护的倾向性。

我国在 2002 年颁布的《奥林匹克标志保护条例》第九条规定"本条例施行前已经依法使用奥林匹克标志的，可以在原有范围内继续使用"②。该规定反映出我国在知识产权保护制度的设计上更侧重于对公共利益的衡量，且从我国知识产权制度的历史发展来看，保护的途径更依赖于刑事和行政程序，这也体现出我国早期在知识产权保护制度设计的价值导向上更侧重于通过公法途径来实施，这与美国的私法保护路径截然不同。但是该条在 2018 年 6 月 28 日颁布的修订案中被删除，在不断对外开放和对国内知识产权制度的完善过程中，知识产权保护理念也在公民价值观中被不断渗透，知识产权的私有财产属性的重要性在国内立法中也越来越得以体现。修订后《奥林匹克标志保护条例》中也融入了 TRIPs 商标侵权认定的"混淆可能性"标准，将第十二条改为"未经奥林匹克标志权利人许可，为商业目的擅自使用奥林匹克标志，或者使用足以引人误认的近似标志，即侵犯奥林匹克标志专有权，引起纠纷的，由当事人协商解决……"③。

我国对于 TRIPs 义务的遵守过程虽然呈现出差异性和不确定性，但也反映出我国同意和认可 WTO 条约的合理性和合法性。TRIPs 在我国的本土化过程一方面折射出国际规则和本土文化互相调和的动态性，另一方面也映射出国际知识产权制度构建的局限性。这种局限性使得 TRIPs 在我国的继受路径呈现出"选择性适应"(selective adaptation)状态。"选择性适应"理论来源于 Pitman Potter 对中国本土法律文化和国际法律规则互动过程的研究成果④，国际条约在成员国内与本土法律文化相互排斥、协调和同化的过程即一种"选择性适应"过程，而在这整个过程中本土法制对于国际规则的选择性继受也是为了应对国际条约的局限性而存在的，并使国际规则的转化更具合理性和合法性。

（二）法官解释的多样性

除了国际条约在社会内化进程中的差异性，法官在国际规则本土化过程中对规则的解释与运用也呈现出多样性，该种多样性也反作用于条约在不同成员的继受程度。

美国是判例法国家，判例的灵活程度使法律的生命力源源不息，从而更好地适应社会发

---

① San Francisco Arts & Athletics，Inc v. United States Olympic Comm. At 534-35.
② 2002 年《奥林匹克标志保护条例》第九条。
③ 2018 年《奥林匹克标志保护条例》第十二条。
④ 2018 年《奥林匹克标志保护条例》第十二条。

展的种种变化与挑战。^① 美国是知识产权保护的强国,在知识产权保护的执行方面也采取强保护的立场,其强硬态度源于知识产权创新被认为是国家财政收入的重要来源之一。

相较于商标和著作权的保护,美国对专利权的保护力度远远超过其他两种知识产权。原因在于科技的领先和创新是美国占据全球市场份额和全球贸易话语权的保障。在 TRIPs 的起草过程中,以美国为首的发达国家将自己知识产权的保护模式无形地渗透到 TRIPs 的条文和标准中,使得 TRIPs 看起来更像是美国等发达国家国内知识产权保护制度的延伸化和跨国家化。从某个角度讲,TRIPs 自订立至现在,其在美国本土的继受更自然,TRIPs 的标准既没有违背美国现存的法律制度,也不与美国本土的政治与经济利益相抵抗。然而对于美国本土的知识产权保护战略而言,TRIPs 的标准略显薄弱和简单,所以即使美国本土的立法和法官的释法没有违背 TRIPs 所规定的义务,TRIPs 的标准已经远远不能满足美国在全球维持霸权主义的需求,且由于现阶段美国侧重采取贸易保护主义,并尽可能抵制全球化进程对其之前形成的国际贸易和利益分配结构造成的冲击,TRIPs 规则也会逐渐在新一轮的双边和多边谈判中被架空和取代。

TRIPs 并没有直接在条约中具体规定如何协调公共健康、公共利益和知识产权专有权保护的冲突,而是赋予成员国自由选择权利穷竭的方式:国家穷竭、区域穷竭和国际穷竭。选择方式的不同决定平行进口的合法性。从某种角度来说,国际趋同化无法渗透到权利穷竭问题,但是无论选择怎样的权利穷竭方式,其并不影响知识产权的侵权认定。允许平行进口并不代表权利人无法再向法院诉求保护自己的专有权。以商标权举例,美国在 TRIPs 生效前,一直对与商标有关的平行进口持保守态度,并在很多案例中拒绝允许平行进口产品进入国内。然而,从 Katzel 案之后^②,美国海关颁布了对于平行进口商标侵权的例外——“共同控制的例外”,使与商标有关的平行进口在美国国内合法流通有了可能性。但是这种例外有一个大前提——平行进口产品的生产商和商标权人属于“共同控制或关联”关系。而法官对于“共同控制或关联”的判断标准也因为不同的事实而不同,并没有形成一个非常统一的标准,大致通过是否有共同的控制股份和是否对公司的经营、投资有共同控制权等因素来进行判断。在 United States of American v. 83 Rolex Watches v. Sam's Wholesale Club and Wal-Mart Stores 案中,法官从海关条例例外规则的演变出发,得出之前的判例法中并没有排斥与美国公司有共同控制关系的外国生产商所生产的真货的流通。^③ 在该案中,法官引用在 Bell & Howell v. Mamiya Co. 案中所采用的判断共同控制的标准——“在经营和章程上有效地控制”(effective control in policy and operations)^④和在 Weil Ceramics 案中所采用的股份控制标准来判断平行进口的产品是否属于海关条例所规定的例外^⑤。但是,从实质上看,虽然海关放低了对于平行进口的门槛,法院对于该例外的解释却非常严格,符合共同控制标准的平行进口产品少之又少。从某种意义上讲,法官对例外的解读形成了一种对贸易自由主义的隐形屏障。

---

① Dworkin R. Law's Empire[M]. Cambridge:Harvard University Press,1994:82.

② A. Bourjois & Co., Inc. v. Katzel, 260 U. S. 689 (1923).

③ United States of America v. 83 Rolex Watches v. Sam's Wholesale Club and Wal-Mart Stores. 992 F. 2d. 508; 1993 U. S. App. LEXIS 11746;15 Int'l Trade Rep. (BNA)1607;27 U. S. P. Q. 2D(BNA)1115.

④ Bell & Howell; Mamiya Co. v. Masel Supply Co., 548 F. Supp. 1063,1065(E. D. N. Y. 1982).

⑤ Weil Ceramics & Glass, Inc. v. Dash, 484 U. S. 851, 98 L. Ed. 2d 108,108 SCt. 152(1987).

此外,美国判例法通过 Lever Brothers 案①建立的"物理性重大差异"方法(physical and material difference)又使海关条例所规定的共同控制的例外多了一道屏障——即使进口的产品和美国本土经销商有足够的证据证明是共同控制的关系,但是该进口的商品只要由本土经销商或商标权人证明具有"物理性重大差异",该产品仍被认定为商标侵权。

随着经济全球化的发展,越来越多的发展中国家和发达国家开始采纳国际穷竭原则并允许平行进口来促进贸易自由化。随着越来越多的进口市场允许平行进口和全球市场贸易壁垒的逐渐削减,美国开始改变对待商标平行进口的强硬态度,平行进口商标侵权认定的标准也不再复杂化,从"共同控制"的认定转向对"混淆可能性"的判断。如果平行进口的产品并没有与本土经销商售出的产品产生"混淆可能性",就没有商标侵权产生,平行进口的产品可以在国内合法流通。但是对于"混淆可能性"的判断法院依旧采取严格态度,虽然采取的同样是"物质性差异"标准,但扩大了对差异的解释,将不可见的非物理性的差异(non-physical material differences)也归为导致混淆的"重大差异"中。② 比如,商标权人许可位于两个存在气候差异和水质差异国家的生产商制造化妆品或清洁产品,所产出的产品都是真品但却为了应对不同的气候和水质,在成分上有一定差异,这种差异如果导致消费者混淆了产品的出处,仍然属于商标侵权。除成分以外,售后服务、安全警示方式等都被美国法院通过判例法列为判断非物理性差异的因素。这种扩大解释虽然限制了商标平行进口的数量,但是不可否认的是,美国并没有在判例中明确排斥商标平行进口的合法性。从对商标平行进口态度的转变可以看出法律全球化使各国之间利益的制约越来越紧密,这种紧密联系使各国市场的边界逐渐模糊,也使自由贸易在法律全球化的大环境中被不断促进。

欧盟作为一个整体,是 TRIPs 的成员国,其本身内部由超国家的欧盟法来协调欧盟成员国各国的法律制度,欧盟法在欧盟成员国中具有最高效力。说到欧盟法的法源,主要分为三大块,主级法源(primary source of law),例如欧盟运行条例(Treaty on the Functioning the European Union);次级法源(secondary source of law),如欧盟商标指令(Trade Marks Directive);还有解释主级法和次级法从而使其在欧盟成员国更好地被贯彻实施的欧洲法院(The Court of Justice of the European Union)判例法及一些基本原则。在这些法源中,以欧盟为整体签订的国际条约在欧盟法法源中被放在了位于主级法和次级法之间的位置,也就是说国际条约效力大于次级法而弱于主级法。从这个角度而言,TRIPs 应该是欧洲法院法官审判案件时解释次级法源的重要依据。然而,在实行上却并非如此简单。

在 Schieving-Nijstad vof and Others v Robert Groeneveld 一案中,欧洲法院认为 TRIPs 的适用只能在欧盟次级法没有相关规定的前提下进行,而且对其解释必须符合字面意思和 TRIPs 建立的目标。③ 这已经与前述国际条约的效力不相吻合。在 Yassin Abdul-

---

① Lever Brothers Company v United States of America, 981 F. 2d 1330; 299 U. S. App. D. C. 128; 1993 U. S. App. LEXIS 469;15 Int'l Trade Rep. (BNA) 1065;25 U. S. P. Q. 2D(BNA)1579.

② Heraeus Kulzer LLC v. OMNI Dental Supply,2013 U. S. Dist. LEXIS 91949.

③ Case C-89/99, Schieving-Nijstad vof and Others v Robert Groeneveld [2001] ECR I-5851, paragraph 55.

Jointed Cases C-402/05 and C-415/05, Yassin Abdullah Kadi and Al Barakaat International Foundation v. Council of the European Union and Commission of the European Communities,ECR,

Paragraph 285, available at < http://eur-lex. europa. eu/legal-content/EN/TXT/HTML/? uri = CELEX: 62005CJ0402&from=EN>.

lah Kadi and Al Barakaat International Foundation 案①中,欧洲法院法官认为国际条约所规定的义务不能违背欧盟条约,也就是说即使 TRIPs 规定的义务成员必须遵守,但是由于欧盟法在欧盟境内至高无上,如果 TRIPs 的规定妨碍了欧盟整体利益,其仍可以被排除在接受范围内。另外,欧洲法院判例法所规定欧盟法的直接效力(direct effect)更限制了 TRIPs 的趋同化效应在欧盟境内的延伸。

然而即使每个成员就不同的国情对平行进口所采取了不同程度的商标保护力度,最终结果并未背离或偏离 TRIPs 的精神和总体目标,依然从与平行进口有关的商标保护来看,虽然在保护力度与方式上欧盟和美国采取不同的态度,但是 TRIPs 第十六条所涵盖的最重要标准"混淆可能性"(likelihood of confusion)并没有因为法院保护的不同的方式而被忽略和边缘化。在欧盟和美国的司法实践中,对于平行进口中商标侵权的认定标准也围绕"混淆可能性"的解释展开,而解释的扩大和缩小主要从法官对"混淆可能性"认定的自由裁量权适用中体现。美国是知识产权保护大国,其自主知识产权所创造的收入是国内财政收入的主要来源。在商标保护上,法官对于"混淆可能性"往往采取扩大解释,例如,从"物理性的重大差异"判断标准(physical and material difference)直接扩大至"非物理性的差异"(non-physical material difference)标准。这种扩大解释从某种意义上增加了平行进口货物在国内流通的困难与阻碍,但从另一方面看,美国法院判例法已经为商标平行进口打开一条合法的渠道——以不产生导致侵权的"混淆可能性"为前提,商标平行进口可见在美国也被逐渐地包容和允许。

对于欧盟境内而言,如前所述,欧盟法凌驾于欧盟成员国任何国内法,成员国的国内法必须无条件服从欧盟主体法和次级法。如果国内法有违前述欧盟法,成员国还会承担相应的国家责任。因此,欧盟法的超国家效力导致一些以欧盟为整体所签订的国际条约的效力被放置在了较"尴尬"的位置,包括 TRIPs。欧盟内部提倡并保障贸易自由化和市场一体化。在欧盟运行条约中具体化了自由贸易的主要内容,其中最主要的就是货物流通自由。在这样的基础上,欧盟境内采取区域穷竭原则。但是,区域穷竭原则并不意味着穷竭是绝对没有限制的。"混淆可能性"依然是认定商标平行进口侵权的最重要标准并被具体规定了相应的次级法(secondary law)——《欧盟商标指令》(Trade Marks Directive)中。然而该标准下的保护力度仍然要受到欧盟法所倡导的贸易自由的限制。欧洲法院在裁定与平行进口的商标侵权时,必须要判断该种商标保护是否在欧盟境内造成垄断和阻碍了欧盟境内货物的自由流通,这也决定了欧洲法院对"混淆可能性"的界定不得不采取缩小解释,只判定该"混淆可能性"是否来源于产品之间的"物理性的重大差异"〔从案例来看更多倾向于对再包装(re-package)或者再贴标(relabeling)合法性的认定〕,并未像美国那样采取扩大解释——连同肉眼所见的细微差别也纳入考量范畴。但是即使是做缩小解释也并没有将"混淆可能性"排除在认定平行进口商标侵权的标准外,在"混淆可能性"的认定上欧盟和美国都采用"重大差异"检测法,这也反映出法律全球化趋势下司法实践的趋同化效应。对于 TRIPs 第十六条

---

① Case C-89/99, Schieving-Nijstad vof and Others v Robert Groeneveld〔2001〕ECR I-5851, paragraph 55.

Jointed Cases C-402/05 and C-415/05, Yassin Abdullah Kadi and Al Barakaat International Foundation v. Council of the European Union and Commission of the European Communities, ECR,

Paragraph 285, available at < http://eur-lex. europa. eu/legal-content/EN/TXT/HTML/? uri = CELEX: 62005CJ0402&from=EN>.

的规定,在《欧盟商标条例》第十条已有了明确的吸收和转化,而对于该条的解释主要由欧洲法院根据欧盟主体法的规定和具体案情进行判断。因此,从某种角度看,TRIPs 在成员国的继受程度受到法官解释的影响,法官的解释又反过来体现当地不同的文化和经济政治环境,也反映出条约在成员中的本土化路径。

无论从美国还是欧盟整体来看,法律趋同化确实影响到了立法和法院的释法,然而这种趋同化却因各个成员的本土利益和保护主义产生了差异,并且在趋同化的进程中,此种差异性是无法被同化的。但是,在法律趋同化的引领下,吸收方式的差异化并没有脱离统一的国际法律规则的标准和目标,这同时也使法律趋同化更好地渗透到不同的国情中,进而更好地促进法律全球化。

六、结　语

经济、政治和文化的自由理念带来了不同国家私法和公法领域的趋同化并通过国际组织和国际条约使趋同化效应逐步扩大。但是法律的全球化始终要受到本土法律文化的限制,这种法律文化往往被本土的法律制度和国情决定,正如 Pitman B. Potter 所言,外国法或者国际条约在国内的继受程度依赖于本土的社会和经济需求。当本土原有的规则与规范无法适应新的社会发展和经济需求时,外国法或国际法的规则自然会取代原有的规则而进入接受国的法律文化当中。[①] 国际条约和不同的社会经济需求之间的相互适应过程又映射出各国在法律全球化影响下的差异性和多样性。

这种差异性并不代表法律全球化被抵制,从知识产权国际保护制度的角度出发,发展中国家对于国际条约的继受是一个选择性适应过程,条约可以在立法上渗透却无法直接完全地渗透于社会理念中。只有通过不断的司法实践和经济、科技、市场规制的不断完善才能使 TRIPs 的标准真正内化于成员国本土社会,而在此过程中知识产权保护强度的差异性并没有使全球化下的趋同效应产生异化。

但是,差异性的存在也提醒我们再一次审视 TRIPs 在成员中本土化程度的有限性,发展中国家对于其最低标准的选择性适应,和发达国家对于其最低标准的高标准解读导致知识产权保护的价值无法在发达国家和发展中国家相平衡,而这种不平衡性也使发展中国家和发达国家在知识产权贸易往来过程中摩擦不断。TRIPs 的确带来了知识产权法律全球化风潮,也促使发展中国家不断完善,改进自身的制度从而与国际规则接轨,但是我们在不断追逐欧美发达国家标准的同时,也需要停下来思考先进的制度和规则是否真正符合本土在特定时期的社会化需求,知识产权保护的理念是否能真正渗透于本土文化当中,同时审视知识产权法在人类科技进步的利益、正义分配中所扮演的角色。

---

① Potter P B. The Chinese Legal System:Globalization and Local Legal Culture[M]. New York:Routledge Press,2001:12.

后　记

　　法治与发展论坛由浙江大学国际法研究所和浙江省法学会国际法研究会（原名国际经济法研究会，自 2014 年 5 月起更名为国际法研究会）主办。前三届在浙江大学宁波理工学院召开，龚缨晏教授给予了大力支持。2008 年的论坛在杭州柳莺宾馆召开，得到了杭州市工商局拱墅分局鼎力相助。2009 年的论坛在衢州宾馆召开，由衢州市中级人民法院承办、衢州市人民检察院协办。2010 年的论坛在杭州黄龙宾馆召开，由杭州市人民检察院和新湖集团承办。2011 年的论坛在台州凤凰山庄召开，由台州市中级人民法院承办。2012 年的论坛在宁波开元饭店召开，由宁波市中级人民法院承办，浙江大学宁波理工学院法律系协办。2013 年的论坛在金华中院召开，由金华市中级人民法院和金华仲裁委员会承办。2014 年的论坛在温州中院召开，由温州市中级人民法院和温州市人民检察院承办，浙江大学宁波理工学院法律系协办。2015 年的论坛在杭州百瑞大酒店召开，由浙江大学国际法研究所和浙江大学宁波理工学院法政学院承办。2016 年的论坛在杭州紫金港大酒店召开，由浙江大学国际法研究所和浙江工商大学法学院承办。2017 年的论坛在杭州紫金港大酒店召开，由浙江大学国际法研究所和浙大宁波理工学院法政学院承办。2018 年的论坛在杭州紫金港国际饭店召开，由浙江理工大学法政学院承办。2019 的论坛在金华召开，由浙江师范大学法政学院承办。从 2010 年起，论坛都打印了论文集；并且自 2012 年起，论文集由浙江大学出版社正式出版。欢迎大家来稿。

金彭年

2020 年 9 月 18 日